교회성장을 위한
예배와 음악
MUSIC IN WORSHIP

전희준 지음

미드웨스트

나의 찬송이신 하나님께
모든 영광을 돌립니다.

부족한 사람이 『예배와 음악』을 출판하게 된 것은
오직 나와 함께하신 하나님의 은혜임을 고백합니다.

사랑하는 신촌성결교회와 한국교회의 예배음악이
새롭게 변화되기를 바라며 이 책을 바칩니다.

그러므로
형제들아 내가 하나님의 모든 자비하심으로 너희를 권하노니
너희 몸을 하나님이 기뻐하시는 거룩한 산 제물로 드리라
이는 너희가 드릴 영적 예배니라 (롬 12:1)

추 천 사

　우리의 신앙생활에서 『예배와 음악』은 하나님의 영광을 찬양하는 길잡이가 되는 동시에 건강한 교회로 성장하는데 가장 큰 역할을 하기도합니다. 그러므로 『예배와 음악』은 우리들의 신앙생활에서 떼어 놓을 수 없는 귀한 하나님의 선물임을 알아야합니다. 뿐만 아니라 우리는 그 은혜를 생각하며 모이기를 힘쓰고 전능하신 하나님의 영광과 존귀를 높이 찬양하며 감사해야합니다.
　그런데 오늘의 예배와 음악은 하나님께 찬양하기보다는 사람들을 즐겁게 하는 노래들이 범람하고 있습니다. 이유는 『예배와 음악』에 대한 이론이 정립되어 있지 않기 때문입니다. 이러한 어려운 때에 믿음으로 살아온 전희준 장로님이 『예배와 음악』에 대한 지침서를 출판하게 된 것은 교회음악지도자와 목회자 그리고 한국교회를 위해서 더 없이 귀한 일이므로 진심으로 축하합니다.
　종교개혁자 마틴 루터(M. Luther)는 일찍이 "음악은 성경 다음으로 하나님께서 우리에게 주신 가장 귀한 선물이라고 하였습니다. 그래서 나의 삶 속에서 음악은 세상의 무엇과 바꾸지도 않고 빼앗기지도 않겠다"고 그는 고백하였습니다. 그리고 그는 종교개혁을 하면서 사제에게 빼앗겼던 예배음악의 기초가 되는 회중찬송을 회복시켜 놓았습니다.
　저자인 전희준 장로님은 평생을 교회음악지도자로 충성을 다하여 주님의 교회를 섬기며 살아온 예배음악에 대한 열정이 언제나 활활 타오르는 불꽃과 같은 생활이었습니다. 뿐만 아니라 대학교수로 연구 활동을 하며 많은 교회음악지도자와 목회자를 길러낸 성실한 학자이기도합니다. 이러한 생활 속에서 그동안 연구하고 강의한 자료를 정리하여 출판한 『예배와 음악』은 교회음악지도자들과 목회자들에게 많은 도움이되리라 믿으며 길잡이가 되리라 믿습니다.

　이 『예배와 음악』의 특징은 음악과 신학을 접목시킨 이론과 실제를 통합하여 체계를 세운 책이라고 할 수 있습니다. 그러므로 교회음악지도자와 목회자들뿐만 아니라 신학대학의 실천신학분야의 교재로도 널리 읽혀야할 참고 자료가 되리라 믿습니다. 바라기는 한국교회의 예배와 음악이 갈 길을 잡지 못하고 방향감각을 잃은 상태에서 오염되어가고 있는 이때에 이번에 출판된 본 『예배와 음악』을 통해서 예배와 음악에 대한 바른 이해와 새로운 예배음악 문화가 형성되는 계기가 되기를 기대해 봅니다.

　또한 계속해서 교회음악에 관한 좋은 저서를 많이 내어서 한국교회음악 발전과 한국교회가 건강하게 성장하고 부흥 발전하는데 크게 기여하기를 기대합니다.

2006년 11월
기독교대한성결교회 증경총회장
신촌교회 원로목사
정 진 경

추 천 사

먼저 전희준 교수님께서 우리교회, 우리나라에 꼭 필요한 책을 이 혼란하고 어려운 때에 써주신데 대하여 감사드립니다. 우리나라교회는 세계교회가 주목하며 그 부흥하는 원천을 캐보고자 오늘도 그 탐구의 줄을 늦추지 않고 있습니다. 세계에서 숫자적으로 제일 큰 교회들이 120년밖에 안 되는 교회역사를 이루고 있는 한국 땅에 우뚝 우뚝 서있고 선교면에서도 세계에서 두 번째로 세계 각 나라에 많은 선교사들을 보내고 있습니다. 그래서 세계인들은 경이로운 눈으로 이 모든 것을 감찰하고 있습니다.

참으로 이상한 일입니다. 정치면으로나 문화면을 보면 금방 일이 날 것 같은 나라인데도 그 조그만 땅에 대학이 350개나 되고 부패는 극에 달했으나 아직도 하나님께서 우리 뒤에서 버티고 계시니 이상한 나라가 아닐 수 없습니다. 지구상에 유일한 분단국가이면서 이북은 호시 탐남 적화통일의 기회만 노리고 있는데도 말입니다.

그러나 저는 주께서 우리를 잡고 계시고 앞으로도 계속 사랑하시고 이끌어주시리라 믿고 있습니다. 이유는 첫째 주께서 우리조국이 하나님나라가 되기를 생명을 걸고 기도하시는 많은 성도들의 기도를 들으심이요 둘째 세계선교에 수많은 젊은이들이 생명을 걸고 그리스도의 사랑을 가슴에 품고 담대하게 뛰어 들어가는 것을 기쁘게 보고 계시는 것이라고 믿고 있습니다.

전희준 교수님께서 쓰신 책 『예배와 음악』은 우리한국교회의 예배에 좋은 지침서가 되리라고 봅니다. 왜냐하면 한국교회는 20~30년(70~90년대)사이에 갑자기 자라난 큰 교회라 뜨거운 열은 있으나 올바른 「예배와 음악」의 지침서가 많지 않기 때문입니다. 소수의 목회자를 제외한 수많은 예배인도자인 목회자들은 신학대학에서 예술성을 개발할 기회를 갖지 못했고 또 많은 찬양대 지도자들은 음악대학에서 영성훈련을 갖지 못한 것이 우리나라 교회지도자들의 현재모습이라고 할 수 있습니다.

예배는 영적으로 큰 찬양으로 시작하고 예술인의 찬양으로 그 극치를 이룹니다. 예배는 지성과 영성 그리고 감성으로 하나 될 때에 진실한 예배가 이루어집니다. 또 예배는 그 놀라운 말씀의 깊이와 영으로 찬양하는 높은 예술로 주님을 극진히 사랑하며 사모하는 심정위에 성령님이 임재하심으로 이루어집니다. 뿐만 아니라 이러한 예배는 하나님께서 기뻐 받으실만한 제물이 될 때 예배자의 온전한 헌신으로 이루어집니다.

우리 한국교회는 깊은 영성으로 이루어지는 예술적인 예배가 개발되어야 합니다. 전능하신 하나님 아버지는 천지를 창조하신 예술가이시기 때문입니다. 예배드릴 때마다 그 옛날 아론의 두 아들 나답과 아비후 처럼 주께서 받으시지 못할 것을 가지고 서지 않아야 하겠습니다.(레10:1~2) 이번에 출판되는『예배와 음악』을 통해 우리교회에 많은 도움이 있기를 진심으로 바랍니다.

2006년 11월 일
카나다 토론토 큰빛교회 원로목사
박 재 훈

책머리에

　이 『예배와 음악』(Music in Worship)은 교회의 중심생활인 예배와 음악에 대한 이론(Music theory)과 실천(Praxis)을 체계적으로 정리한 내용입니다. 그러므로 이 『예배와 음악』의 내용은 교회음악지도자와 일선 목회자들에게 필요한 예배와 음악의 안내서이기도합니다. 그동안 오늘의 한국교회 예배와 음악은 많이 달라졌습니다. 비록 숫자적으로는 많지 않지만 번역찬송가와 번역 성가곡에만 의존하던 한국교회가 한국인의 정서에 맞는 한국인의 찬송가와 성가곡이 여러 교회에서 다양하게 불러지고 있으니 많이 달라졌다고 볼 수 있습니다. 그런데 오늘의 한국교회에서 불러지고 있는 예배음악은 찬송가, 부흥성가, 복음성가 그리고 C. C. M(Contemporary Christian Music)과 C. C. D(worship dance)까지 기준 없이 너무 무분별하게 불러지고 있습니다. 이유는 예배와 음악의 이론과 실제의 기준이 무너지고 있기 때문입니다. 이러한 상황에서 저자는 오늘의 변질되어 가는 『예배와 음악』을 어떻게 회복할 수 있나? 오랫동안 염려하면서 예배와 음악에 대한 이론이 하루 속히 정립되어야 하겠다는 마음으로 새로운 방안을 구체적으로 제시하고자 이번 기회에 출판하기로 하였습니다. 해를 넘기지 않고 출판하려고 『예배와 음악』을 탈고하고 보니 아쉬운 마음뿐입니다. 부족한 부분은 다음기회에 증보판을 준비하면서 보완하고자 합니다. 아울러 독자 여러분의 따뜻한 사랑의 충언을 기다립니다.

특별히 본 『예배와 음악』에 격려의 말씀과 추천사를 게재하여 주신 우리한국교계의 원로이신 존경하는 정진경 목사님과 멀리 카나다에 계신 우리한국교회음악계의 대부이신 존경하는 박재훈 목사님께 지면을 통하여 진심으로 감사의 말씀을 드립니다.

또한 이 『예배와 음악』이 출판되기까지 집안일을 돌보며 시간을 내어 함께 기도하며 교정에 도움을 준 나의 동반자 장순량 권사와 두 딸, 그리고 사랑하는 동생 전희태 장로의 기도는 저자에게 많은 힘이 되었습니다. 다시 한번 진심으로 감사의 마음을 전합니다.

2006년 만추에
저자 **전 희 준**

차례

추천사 (정진경 목사) · 7
추천사 (박재훈 목사) · 9
책머리에 · 11
서문 · 23
  1. 연구의 필요성 / 24
    1) 예배와 음악의 이론정립 / 25
    2) 예배와 음악의 개발 / 25

  2. 연구방법 / 26
    1) 예배와 음악의 이해 / 26
    2) 예배와 음악의 변천 / 26
    3) 예배와 음악의 실제 / 27
    4) 현대교회의 예배와 음악 / 27

Ⅰ. 아름다움과 창조

  1. 하나님의 아름다움 / 29
    1) 아름다움의 하나님 / 30
    2) 선하신 하나님 / 33
    3) 진리이신 하나님 / 35

  2. 만물을 창조하신 하나님 / 38
    1) 창조의 원리 / 38
    2) 시간과 공간을 창조하신 하나님 / 43
    3) 질서를 창조하신 하나님 / 46
    4) 만물을 창조하신 하나님 / 47
    5) 인간을 창조하신 하나님 / 49

3. 하나님은 나의 찬송 / 52
      1) 나의 찬송이신 하나님 / 53
      2) 찬송 중에 거하시는 하나님 / 54
      3) 찬송을 원하시는 하나님 / 56
      4) 찬송 받기에 합당하신 하나님 / 59

Ⅱ. 예배의 원리
   1. 예배의 일반적 이해 / 61
      1) 예배의 어의와 뜻 / 61
      2) 예배의 정의 / 64
      3) 예배의 원리 / 66
      4) 예배의 목적 / 72
      5) 예배관의 이해 / 74

   2. 성경에 기록된 예배 / 78
      1) 구약시대의 예배 / 78
      2) 신약시대의 예배 / 83

   3. 예배의 구성원리 / 86
      1) 예배의 구성목표 / 87
      2) 예배의 구성요소 / 88
      3) 예배의 성과 / 92

   4. 예배의 유형 / 95
      1) 주일 아침예배 / 95
      2) 주일 저녁(오후) 예배 / 97
      3) 특별예배 / 103

III. 예배음악의 이해

1. 예배음악의 본질과 목적 / 105
    1) 예배음악의 본질 / 105
    2) 예배음악의 목적 / 106
2. 예배음악의 가치와 기능 / 109
    1) 예배음악의 가치 / 109
    2) 예배음악의 기능 / 112
3. 예배음악의 임무와 역할 / 115
    1) 예배음악의 임무 / 115
    2) 예배음악의 역할 / 117
4. 예배음악의 마음가짐과 찬양방법 / 121
    1) 예배음악의 마음가짐 / 121
    2) 예배음악의 찬양방법 / 123
5. 예배음악의 성과 / 127
    1) 예배의 성취 / 127
    2) 하나님께 영광 / 127
    3) 기쁨과 소망 / 128

IV. 성경에 기록된 예배음악

1. 구약성경의 예배와 음악 / 129
    1) 광야에서의 찬양 / 129
    2) 성막에서의 찬양 / 132
    3) 성전에서의 찬양 / 135

4) 일상생활의 찬양 / 138
   5) 그 외의 찬양 / 140
  2. 신약성경의 예배음악 / 142
   1) 예수의 생애와 찬송 / 142
   2) 초대교회와 찬송의 능력 / 147
   3) 바울의 음악 사상 / 148
   4) 새 하늘과 새 천지의 찬송 / 151

Ⅴ. 예배음악의 유형

  1. 회중찬송 / 153
   1) 경배찬송 / 154
   2) 감사찬송 / 157
   3) 고백찬송 / 157
   4) 기원찬송 / 158
   5) 헌신찬송 / 158
   6) 선포찬송 / 159
   7) 파송찬송 / 159
  2. 성가합창 음악 / 160
   1) 송영론 / 161
   2) 성가합창 / 170
  3. 오르간음악 / 173
   1) 오르간의 구조 / 174
   2) 오르간의 종류 / 174

3) 오르간음악의 특징 / 178
4) 오르간이스트의 역할 / 179

Ⅵ. 예배음악의 변천

1. 중세초기의 예배음악 / 183
   1) A.D. 313년 이전의 예배음악 / 183
   2) A.D. 313년 이후의 예배음악 / 185
   3) 교회의 전례와 예배음악 / 192

2. 종교개혁 이후의 예배음악 / 200
   1) 루터의 예배음악 / 201
   2) 예배와 음악의 개혁 / 202
   3) 쯔빙글리와 칼빈의 예배음악 / 203
   4) 웨슬리 형제의 예배음악 / 206

3. 현대교회의 예배음악 / 211
   1) 회중찬송 / 211
   2) 성가합창 / 212
   3) 기악음악 / 213
   4) 변질된 예배음악 / 214

Ⅶ. 유대력과 절기

1. 유대력의 성서적 이해 / 224
   1) 때(時, time) / 224
   2) 날(日, day) / 226
   3) 주(週, week) / 226

4) 달(月, month) / 227
       5) 해(年, year) / 227
    2. 유대절기의 성서적 이해 / 228
       1) 안식일과 절기 / 229
       2) 안식년과 희년 / 231
       3) 유대인의 3대 절기 /232
       4) 유대인의 소절기 / 234

Ⅷ. 교회력과 절기

    1. 교회력의 이해 / 238
       1) 교회력의 의미 / 238
       2) 교회력의 필요성 / 239
       3) 교회력의 기원 / 240
       4) 주일 / 242
    2. 교회의 절기 / 243
       1) 유재기 / 243
       2) 무재기 / 258
    3. 교회의 축일 / 261
       1) 새해아침 / 261
       2) 어린이주일 / 262
       3) 어버이주일 / 263
       4) 종교개혁주일 / 264
       5) 추수감사절 / 265

4. 교회력과 성서일과 / 266
      1) 예배와 성서일과 / 266
      2) 한국교회와 성서일과 / 267
   5. 교회력과 색깔 / 270
      1) 색깔과 상징 / 270
      2) 예복의 의미 / 273

IX. 예배음악 선곡법

   1. 예배음악 선곡계획 / 277
      1) 선곡의 중요성 / 277
      2) 선곡을 위한 준비 / 278
   2. 가사에 의한 선곡법 / 279
      1) 예배순서에 의한 선곡법 / 280
      2) 교회력에 의한 선곡법 / 281
      3) 예배성격에 의한 선곡법 / 293
      4) 설교내용에 의한 선곡법 / 293
      5) 계층에 의한 선곡법 / 294
      6) 지역에 의한 선곡법 / 295
      7) 주제에 의한 선곡법 / 297
      8) 때와 계절에 의한 선곡법 / 301
   3. 음악에 의한 선곡법 / 304
      1) 조성에 의한 선곡법 / 304
      2) 형식에 의한 선곡법 / 304

3) 선율에 의한 선곡법 / 305
       4) 리듬에 의한 선곡법 / 306
       5) 시대에 의한 선곡법 / 306
       6) 작곡자에 의한 선곡법 / 307
    4. 음악성에 의한 선곡법 / 307
       1) 독보력에 의한 선곡법 / 307
       2) 시창능력에 의한 선곡법 / 308
       3) 음역에 의한 선곡법 / 308
       4) 난이도에 의한 선곡법 / 308
    5. 행사를 위한 선곡법 / 309
       1) 부흥회를 위한 선곡법 / 309
       2) 음악예배를 위한 선곡법 / 309

Ⅹ. 영적 예배를 위한 교육

  1. 예배를 위한 교육의 필요성 / 315
     1) 예배를 위한 교육프로그램 / 316
     2) 주일예배의 준비 / 316
  2. 예배의 마음가짐과 시간의 이해 / 317
     1) 예배의 마음가짐 / 317
     2) 예배시간의 이해 / 318
     3) 예배순서의 참여의식 / 319
  3. 예배순서 담당자의 준비 / 319
     1) 예배인도자 / 320

2) 기도자 / 321
　　3) 설교자 / 322
　　4) 헌금위원 / 323
　　5) 성만찬 집례자와 배종자 / 324
　　6) 음악지도자 / 324
　　7) 오르간이스트 / 325
　　8) 독창자 / 326
　　9) 찬양대원 / 327
4. 예배협력자의 준비 / 328
　　1) 강단 담당자 / 328
　　2) 가운 관리자 / 329
　　3) 방송 담당자 / 329
　　4) 안내위원 / 330
　　5) 주보 배포자 / 331
5. 예배의 생활화 / 331
　　1) 주일성수 / 331
　　2) 기도의 생활화 / 331
　　3) 성경읽기의 생활화 / 332
　　4) 찬송부르기의 생활화 / 333
　　5) 가정예배의 생활화 / 334

참고문헌 · 335

서 문

진리를 알지니 진리가 너희를 자유케 하라라(요 8:32)
진리의 성령이 오시면 그가 너희를 모든 진리가운데로 인도하시리니
그가 자의로 말하지 않고 오직 듣는 것을 말하시며 장래 일을 너희에게
알리시리라.(요 16:13)

　한국교회음악교육에 예배와 음악이 새로운 하나의 독립된 학문으로 체계를 세우고 연구하는 풍토가 형성된 것을 돌아보면 반세기 전의 일이다. 1955년 연세대학교 신학대학에 신설된 종교음악과에서 예배음악 과목이 처음으로 개설되었기 때문이다. 그 후 오늘에 이르기까지 예배와 음악과목이 각 신학대학에 개설되어 운영되면서 많은 연구가 되어왔다. 그러나 한국교회는 예배와 음악에 대한 이론이 부족하여서 최근에 예배와 음악이 지나치게 변질되어 방향감각을 잃어가고 있는 현실이다.
　이『예배와 음악』의 내용은 그 동안 교회음악지도자로 있으면서 주일마다 예배를 인도하며 지내는 동안 겪어온 경험과 오늘에 이르기까지 신학대학에서 강의한 강의록을 정리한 것이다. 또한 본『예배와 음악』은 새로운 21세기를 맞이하여 예배와 음악을 준비하는 목회자와 교회음악 지도자들에게 도움이 되고자하였다. 본『예배와 음악』의 내용은 첫째 예배와 음악의 이해, 둘째 예배음악의 변천, 셋째 예배음악의 구성 요소, 넷째 예배음악의 선곡, 다섯째 현대교회의 새로운 예배와 음악의 과제 등 다섯 부분으로 나누어 연구하고 정리하였다. 그러나「예배와 음악」은 아직도 연구해야할 부분이 많이 있음을 자인하면서 부족한 부분은 계속 연구하여 보완하고자 한다.

1. 연구의 필요성

　기독교의 예배(Worship)는 예수 그리스도의 보혈로 구속의 은총을 받은 주의 백성들이 그 은혜에 대한 감사와 찬양을 드리고 말씀을 듣는 성도들의 거룩한 행위이다. 뿐만 아니라 예배는 하나님 앞에 자신의 잘못된 생활을 참회하고 사죄의 은총을 구하며 또 바라고 원하는 깊은 뜻을 간절히 간구하며 자신의 신앙을 고백한다. 또한 주의 백성들이 사랑을 나누고 함께 교제(Communication)하는 사귐의 자리가 되기도 한다. 그런데 오늘의 예배는 대부분의 교회가 지나치게 설교에만 초점을 두고 있어 설교 이 외의 순서는 설교를 돕기 위한 보조적인 순서로 생각하는 경우도 있다. 이러한 예배는 성도들이 하나님 앞에 몸과 마음과 뜻과 정성을 모아서 신령과 진정으로 드리는 영적예배가 되지 못하고 있다. 또 예배자들은 하나님 앞에 감사와 찬양을 드리는 예배가 되기 보다는 예배 구경꾼이 되거나 예배자 자신이 바라고 원하는 것을 받기 위하여 참석하는 예배로 변질되고 있다.

　이러한 예배는 예배의 근본 목적에서 벗어난 예배이므로 예배인도자의 인도에 따라 피동적인 행위로 일관되고 있기 때문에 정성을 모아 자신을 드리는 드림(Self Offering)의 예배가 되지 못하고 자신의 욕구를 충족시키기 위한 받음(Gift)의 예배가 되고 있다. 그 결과 많은 예배자들은 습관적으로 예배를 보는 형식적인 행위로 전락되고 있다. 또한 많은 성도들이 기복신앙에 빠지기도 하고 지나친 감정주의나 신비주의에서 벗어나지 못하는 성도들도 자주 볼 수 있었다.

　오늘의 이러한 상황에서 예배에서의 음악도 하나님 앞에 드리는 찬미의 제사가 되지 못하고 있다. 성도들의 회중찬송(Congregation)이나 성가대의 송영곡(Doxology)과 성가합창곡 (Anthem), 오르간과 피아노 음악(Organ, Piano) 등 모두가 자신의 감정만을 노출시키는 도구로 변질되고 있다. 그러므로 하나님께서 기뻐하시는 거룩한 영적예배와 음악이 되기 위해서는 예배와 음악에 대한 이론이 바로 세워져야 되겠다.

1) 예배와 음악 이론정립

예배와 음악(Music and Worship)은 기독교의 예배에서 사용되고 있는 예배음악이론(Church Music theory)과 실천(praxis)을 연구하는 분야이다. 그러므로 예배와 음악을 깊이 연구하려면 신학분야의 실천신학에 속하는 예배학(Worship)과 음악분야에 속하는 교회음악을 함께 연구해야 한다. 따라서 교회에서의 예배와 음악을 체계적으로 연구하기 위해서는 예배학(Worship)과 관련된 전반적인 신학이론(Theological theory)과 여러 가지 예배의 변천과정에 대한 연구가 선행되어야 한다. 그리고 예배에서 사용하고 있는 성도들의 회중찬송(Hymns)과 성가대의 합창음악(Anthem) 오르간 음악(Organ, or Piano)등 모든 예배음악의 이론과 실천을 연구해야 한다. 왜냐하면 예배와 음악에 관한 이론을 연구하지 않고는 예배를 위한 아름다운 예배음악을 기대할 수 없기 때문이다. 그러므로 예배와 음악의 이론은 영적인 예배와 아름다운 예배음악을 위하여 필요하며 아름다운 예배와 음악은 예배음악의 이론을 기초로 할 때에만 가능하다.

2) 예배와 음악의 개발

예배와 음악의 이론과 실제적인 문제는 언제나 각 시대의 신학사상이 변천함에 따라 예배음악의 내용과 형식도 변하여 왔다. 오랜 역사 속에서 이어온 예배음악은 하나님을 찬양하고 감사하며 간구하는 내용으로 이어졌다. 그러나 예배음악의 가사 내용을 분석하여 보면 사람에 따라 가사의 시적인 표현 방식이 너무도 다양하다. 또한 음악의 내용과 형식도 작곡자에 따라서 다양하게 발전되어 왔다. 그래서 옛것과 새것으로 조화를 이루며 발전되어 왔다.

그러므로 오늘의 예배와 음악은 예배와 이론이 어떻게 정립되었느냐에 따라서 예배와 음악도 이 시대에 특성을 나타낼 수 있는 새로운 작품이 개발될 수 있다. 또한 예배음악의 가사는 신앙적이고도 심오한 내용과 아름다운 문학성을 지닌 시적인 가사이어야 한다. 이유는 가사는 많은 사람들에게 감동을 주기 때문이다. 또한 가사에 붙여지는 음악도 서로 다른 음으로 이어지는 아름다운 선율과 변화 있는 리듬으로 하나님을 찬양하고 자신의 신앙을 고백한 예술성과 가치가 있는 예배음악을 개발하는데 깊은 관심을 두어야 한다.

2. 연구방법

1) 예배와 음악의 이해

예배와 음악의 이해는 예배와 음악에 대한 이론이 바르게 정립될 때만이 가능하다. 예배의 본질에 대한 기초이론과 예배의 변천과정 그리고 예배에서의 음악의 위치, 예배음악의 유형과 형식, 예배음악의 선곡, 예배음악교육 등 예배신학과 예배음악의 두 분야에 영역을 함께 연구하는 학문이 되어야 한다. 그런데 예배음악에 대한 이해가 부족할 때에는 예배에서 회중찬송이나 성가합창 오르간음악을 바르게 활용되지 못하므로 거룩하고도 아름다운 영적인 예배가 될 수 없다. 한국교회는 아직도 예배에서의 음악이 수단이나 장식품으로 이해하는 경우가 허다하므로 더욱 예배음악에 대한 폭넓은 이해와 연구가 계속 되어야 할 분야이다.

2) 예배와 음악의 변천

예배와 음악은 구약시대에 여호와를 찬양하기 시작한 때부터 예수 그리스도를 구주로 믿는 구원받은 백성들이 오늘에 이르기까지 자신의 신앙을 고백하며 찬양하여왔다. 그 동안 예배와 음악의 변천과정을 보면 오랜 역사 속에서 내용과 형식이 계속 변천되어 왔다. 예배음악은 시대와 지역에 따라서 하나님을 찬양하는 예배음악 외에 신학적인 교리논쟁 중에서 불려지기도 하고 또는 복음을 전하는 수단으로도 불려지면서 다양하게 변천되어 왔다.

그러므로 예배와 음악의 변천과정의 연구는 각 시대의 신학적인 배경을 기초로 하여 예배음악의 내용과 형식의 변천과정을 연구하는데 중점을 둘 수 있다. 그러나 한 걸음 더 나가서 교회성장과 개인의 신앙생활에 예배음악이 어떠한 영향을 끼쳤는가에 대해서도 외면할 수 없으므로 심도 있게 연구되어야할 분야이다.

3) 예배와 음악의 실제

예배음악의 이론은 음악목회현장에서 실제로 활용되지 못하면 그 이론은 아무 가치 없는 죽은 이론이 되고 만다. 그러므로 예배와 음악의 이론은 예배에서 음악이 바르게 활용될 수 있는 기초를 놓아주는데 필요한 학문이기도하다. 따라서 예배에서 음악을 효과적으로 활용하기 위해서는 예배음악에 관한 이론과 실제 문제를 다루어야한다. 또한 예배음악의 다양한 선곡법에 대한 이론을 정리하고 실제적으로 활용하는데 관심을 두어야한다. 뿐만 아니라 예배인도자(사회자) 기도자 등 예배순서 담당자를 위한 교육이 필요하다. 그 중에도 음악담당자인 음악지도자(지휘자), 오르간이스트, 독창자 등에 대한 실제적인 예배와 음악에 관한 교육과 훈련이 체계적으로 이루어져야 한다.

4) 현대교회의 예배와 음악

현대교회의 예배와 음악은 급변하는 문화시설로 인하여 내용과 형식이 최근에 급진적으로 변하고 있다. 한국교회의 예배는 선교초기부터 예배와 부흥집회를 바르게 이해하지 못한 상태에서 예배의 내용과 형식이 이어져왔기 때문에 오늘의 한국교회는 더욱 혼란을 일으키고 있다. 또 예배에서 불려지는 음악도 예배음악과 부흥성가, 그리고 복음성가를 구분하지 못한 상황에서 자유롭게 불러왔다. 이로 인하여 최근에 예배음악은 너무 혼란스럽고 기준이 없다. 그래서 교회음악 지도자나 목회자들뿐 아니라 일반 성도들까지 진정한 예배음악이 무엇인가? 의문을 갖는 사례가 점차로 늘어나고 있다. 뿐만 아니라 경건한 신앙생활 보다는 감정을 억제하지 못하고 신비주의에 빠지기도 하는 사례나 교회에

덕을 세우지 못하는 성도들이 주변에서 자주 목격되기도 한다. 이러한 상황에서 오늘까지 한국교회 예배와 음악의 발전 과정을 진단하고 하나님이 기뻐하시는 예배와 음악이 무엇인가에 대한 해답을 위하여 오랫동안 노력해 왔다. 오늘까지 이 물음의 해답은 쉽게 대답하기 어려운 문제이므로 예배음악에 대한 연구와 새로운 방안을 제시하기 위한 연구가 계속적으로 이루어져야 하겠다.

Ⅰ 아름다움과 창조

"하나님이 이르시되 빛이 있으라 하시니 빛이 있었고 그 빛이 하나님이 보시기에 좋았더라 하나님이 빛과 어둠을 나누사 하나님이 빛을 낮이라 부르시고 어둠을 밤이라 부르시니라 저녁이 되고 아침이 되니 이는 첫째 날이니라."(창1: 3-5)

"하나님이 그 지으신 그 모든 것을 보시니 보시기에 심히 좋았더라 저녁이 되고 아침이 되니 이는 여섯째 날이더라."(창1: 31)

1. 하나님의 아름다움

하나님의 속성에 대하여 많은 신학자들은 여러 가지로 정리하고 있다. 그 동안 많은 신학자들은 성경을 기초로 하나님의 속성에 대하여 다양하고도 구체적으로 연구해왔다.

여러 세기에 걸쳐서 많은 학자들은 하나님에 대한 속성을 바르게 세우기 위하여 일반적으로 이해하고 있는 전능하신 하나님, 영원하신 하나님, 천지를 창조하신 하나님, 삼위일체 하나님, 만물을 다스리는 하나님, 사랑의 하나님, 은혜의 하나님, 구속의 하나님, 공의의 하나님 등을 성경을 근거해서 다양하게 하나님의 속성에 대하여 광범위하게 연구되어 왔다. 그런데도 오늘까지 무한하신 하나님에 대한 여러 가지의 속성 중에 하나님의《아름다움》(美, Beauty)에 대한 연구가 미급한 상황에 머물고 있다. 그러나 【아름다움】의 근원이시며 본체이신 하나님의 속성에 대한 연구는 관심 있는 새로운 분야임을 알아야한다. 일찍이 시편 기자는 여호와의《아름다움》에 대하여 알고 있었기에 다음과 같이 여호와의 《아름다움》을 앙망하며 노래하고 있음을 읽을 수 있다.

> "내가 여호와께 바라는 한 가지일 그것을 구하리니 곧 내가 내 평생에 여호와의 집에 살면서 여호와의 아름다움을 바라보며 그의 성전에서 사모하는 그것이라."(시27:4)
>
> "광야와 메마른 땅이 기뻐하며 사막이 백합화 같이 피어 즐거워하며 무성하게 피어 기쁜 노래로 즐거워하며 레바논의 영광과 갈멜과 사론의 아름다움을 얻을 것이라 그 것들이 여호와의 영광 곧 우리 하나님의 아름다움을 보리로다(사35:1-2)

시편기자가 아름다움을 바라며 노래한 위의 내용이나 이사야 선지자가 고백한 대로 광야와 메마른 땅에 아름다운 꽃들이 필 때에 모든 순례자들이 여호와 하나님의 영광을 보고 하나님의 《아름다움》과 위대하심을 보리라고 예언하고 있는 깊은 뜻과 의미를 알아야 한다. 따라서 하나님의 《아름다움》에 대한 속성을 연구하는 것은 새롭고 관심 있는 분야라고 할 수 있다. 또한 성경에 기록된 내용을 중심으로 【아름다움】을 이해하기 위해서는 시간과 공간을 초월하여 주관하시는 영원하신 하나님의 《아름다움》(美, Beauty)과 함께 하나님의 《선함》(善, goodness)과 《진리》(眞理, truth)에 대한 연구를 함께 하는 것이 하나님의 《아름다움》을 바르게 이해하는 연구방법이라고 하겠다. 왜냐하면 하나님의 《아름다움》과 《선함》 그리고 《진리》는 따로 떨어져 있는 세 가지의 속성이 아니며 하나의 일체를 이루어 시간과 공간을 초월하여 존재하는 영원하신 하나님이시기 때문이다. 마치 해가 빛을 발하고 열을 내어서 부패한 것을 소멸하며 새 생명을 키워내는 원리와 같다고 할 수 있다. 그러므로 「예배와 음악」이론을 정리하기에 앞서서 미급하지만 하나님의 《아름다움》에 대한 의미를 이해하는데 길잡이가 되고자 간략하게나마 언급하고자 한다.

1) 아름다움의 하나님

창조주 하나님의 지음을 받은 피조물인 사람은 《아름다움》의 근원이신 하나님께서 창조한 대자연의 【아름다움】 속에서 살고 있다. 그러므로 사람은 《아름다움》의 하나님에 대한 바른 이해가 있어야하나 사람의 유한한 지혜로 하나님이 창조하신 대자연의 【아름다움】을 모두 이해하기는 어려운 일이다. 그러나 《아름다움》의 근원이신 하나님이 창조한 「아름다움」에 대한 의미를 이해하기 위해서는 하나님의 창조질서와 관련지어서 이해하는 것이 무엇보다 중요하다. 성경에 기록된 《아름다움》의 근원이신 하나님이 창조하신 질서와 관련된 「아름다움」은 단순하게 "곱다"라는 형용사로 이해하기보다는 사람이 쉽게 생각할 수 없는 넓고 깊은 의미까지 내포되어 있음을 알아야한다. 《아름다움》의 근원이신 하나님을 보다 깊이 이해하기 위해서 성경에 기록된 아름다움의 전체를 【아름다움】으로 표시하고 【아름다움】 안에 《아름다움》, 「아름다움」, 〈아름다움〉 등 셋으로 구분하여 논하고자 한다. 첫째 하나님은 【아름다움】의 속성을 지닌 《아름다움》의 근원이시며 본체이시다. 또 전능하신 창조주 하나님은 불가시적(不可視的) 인 존재이시나 《아름다움》의 근원이시므로 모든 만물을 「아름답게」 창조하시고 주관하시는 하나님이시다. 하나님은 태초에 《아름다움》의 속성을 지니고 계셨기 때문에 엿새 동안에 피조물인 「아름다움」을 창조하셨다.

둘째 《아름다움》의 근원이신 하나님은 세상만물을 「아름답게」 창조하시되 눈에 보이는 가시적(可視的)인 것과 눈으로 볼 수 없는 불가시적(不可視的)인 「아름다움」을 창조하고 좋아하셨다. 하나님은 눈으로 볼 수 있는 온갖 만물을 「아름답게」 창조하셨을 뿐만 아니라 눈으로 볼 수 없는 만물(공기, 가스 등)과 우주만물의 각종 원리를 창조하시고 여섯째 날에 하나님의 형상대로 사람을 영과 혼과 육으로 창조하셨다.

셋째 「아름다움」의 존재로 지음 받은 사람들은 사람의 지혜와 솜씨로 하나님이 창조한 「아름다움」의 원리와 하나님의 창조물인 소재(素材)를 이용하여 눈에 보이는 가시적(可視的)인 것과 눈으로 볼 수 없는 불가시적(不可視的)인 〈아름다움〉을 만들었다. 그러나 사람이 만든 가시적(可視的)인 〈아름다움〉이나 불가시적(不可視的)인 〈아름다움〉은 하나님이 창조하신 「아름다움」과 근본적으로 다르다. 왜냐하면 사람이 만든 가시적(可

視的) 제조물인 〈아름다움〉이나 불가시적(不可視的)인 〈아름다움〉의 규정이나 원리는 유한하여서 변질되고 쇠퇴하기 때문이다.

> "들의 백합화가 어떻게 자라는가 생각하여 보라 수고도 아니하고 길쌈도 아니하느니라 그러나 내가 너희에게 말하노니 솔로몬의 모든 영광으로도 입은 것이 이 꽃 하나만 같지 못하였느니라."(마6:28-29)

성경은 "들에 핀 백합화와 솔로몬이 입은 아름다운 옷을 비교하고 있는데 하나님의 피조물인 인간이 만든 솔로몬의 옷은 아무리 아름답게 만들었어도 들에 핀 백합화 보다 더 아름다울 수 없다는 내용이다. 즉 하나님의 무한하신 능력으로 창조한 창조물의 시각적인 「아름다움」은 인간이 만든 〈아름다움〉과 비교할 수 없다는 원리이다. 이러한 하나님의 창조의 원리를 이사야 선지자는 "여호와께서 아름다운 일을 하셨음으로 여호와를 찬송하여 온 세상에 알게 하라"(사12:5)고 권하고 있다. 뿐만 아니라 사도 바울은 사랑하는 아들 디모데에게 권면한 말씀은 하나님의 「아름다움」을 지키라고 권면하고 있는데 이 말씀은 【아름다움】의 근원이시며 본체이신 《아름다움》에 대한 의미를 깊이 이해할 때 하나님의 진정한 창조의 「아름다움」과 섭리하심을 이해하는데 도움을 줄 것이다.

> "너는 그리스도 예수 안에 있는 믿음과 사랑으로서 내게 들은바 바른말을 본받아 지키고 우리 안에 거하시는 성령으로 말미암아 네게 부탁한 아름다운 것을 지키라"(딤후1:13-14)

사도 바울이 옥중에서 디모데에게 보낸 편지 중에서 이 짤막한 내용은 첫째 진리의 복음을 믿음과 사랑으로 바른말을 본받아 지키라고 권하고 있다. 둘째 우리 안에 거하시는 성령으로 말미암아 네게 부탁한 아름다운 것을 지키라고 권하고 있다. 뿐만 아니라 복음의 진리는 아름다움의 속성에 속하였으므로 하나님의 진리를 지키라는 내용과 일치한다고 하겠다. 즉 거짓이 없는 믿음만이 하나님의 아름다움을 이해하고 아름다운 창조의 질서에 순종할 수 있다. 이유는 「아름다움」은 하나님께 속한 것이며 하나님께로부터 창조되었기 때문이다.

성경에 기록된 《아름다움》의 근원이신 하나님에 대한 이론은 아직까지 깊이 정리되지 않은 이론으로 분류되고 있다. 그러므로 하나님의 속성과 관련된 《아름다움》에 관한 학문은 계속 연구하고 정리해야할 분야이므로 함께 관심을 갖아야 한다고 생각된다.

2) 선하신 하나님

〈선〉(善, goodness)이란 일반적으로 사람의 성품을 나타낸 말로서 "착하고 올바름" 또는 "도덕적 생활의 최고 이상(理想)"[1]으로 이해하고 있다. 그러나 【선】에 대한 진정한 의미를 이해하려면 사람이 쉽게 생각할 수 없는 깊고 넓은 하나님의 《선》(善)에 대한 속성과 의미까지 이해해야한다. 하나님의 《선》에 대한 속성을 이해하려면 성경을 근거해서 첫째는 "하나님의 속성과 관련된 「선」에 대한 의미와 내용을 이해해야 한다. 그리고 둘째는 하나님의 《선》하심과 사람이 지니고 있는 〈선〉과의 관계에 대하여 이해해야 한다.

성경에는 하나님이 《선》하심에 대한 내용을 여러 곳에서 밝히고 있는데 첫째는 "하나님의 《선》하심에 관한 속성을 언급하고 있다. 시편기자는 하나님의 속성에 대하여 "주의 이름이 선하심"(시편 52:9, 54:6)을 고백하고 있다. 또 시편 기자는 "《선》의 근원이신 하나님은 정직하시고 인자하심이 영원하시다"(느 9:20 , 시25:8, 100:5, 106:1, 107:1, 118:1, 29, 119:68)라고 노래하고 있다.

뿐만 아니라 《선》의 근원이신 하나님은 "스스로 「선」을 행하시고 번성케 하시는 하나님"(신 28:63, 30:5)이심을 밝히고 있다. 또한 시편기자는 "사유하기를 즐겨하시며 긍휼히 여기시며 은혜를 베푸시며 노하기를 더디 하시며 인자함이 후하심을 베푸시는 하나님이심을 노래하고 있

---

1) 동아출판사 편집국, 「동아새국어사전」, 서울 : 동아출판사, 1994. P. 1132

다."(시86:5)

> "그는 상한 갈대를 꺾지 아니하며 꺼져가는 등불을 끄지 아니하고 진리로 공의를 베풀 것이며 그는 쇠하지 아니하며 낙담하지 아니하고 세상에 공의를 세우기에 이르리니 섬들이 교훈을 앙망하리라."(사 42:3-4)

이사야 선지자는 위의 짤막한 성경구절에서 하나님의 속성에 대하여 선하신 하나님은 쇠하지 아니하며 낙담하지 아니하고 진리로 공의를 베풀 것이라고 간단히 말하고 있다. 그러나 《선》하신 하나님의 내면에는 무한하신 사랑(요일4:8, 16, 고후13:11)과 은혜(엡1:6, 딛2:11, 3:7 ; 히4:16)와 자비(마5:7, 18:33 ; 눅6:36 ;롬15;9)와 오래 참으심(민14:18, 시103:8)을 함축성 있게 고백하고 있음을 알아야 한다. 사도 바울은 디모데에게 보낸 편지에서 《선》하신 하나님의 창조하심과 관련지어서 "하나님께서 지으신 모든 것이 「선」하매 감사함으로 받으면 버릴 것이 없다."(딤전 4:4)라고 고백하고 있다.

둘째 《선》(善)하신 하나님과 사람에 관한 관계를 언급하고 있다. 사도 바울은 하나님께서 "창세전에 그리스도 안에서 우리를 택하사 「선」한 일을 위하여 지으심을 받았다"고 고백하고 있다. 또 선행(善行)에 대하여 선지자들은 "생명을 사모하고 장수하여 복 받기를 원하는 사람은 악을 버리고 〈선〉을 행하라"(시34 : 12-14 ; 암 5:15 ; 롬12:9)고 강하게 권하고 있다. 따라서 "선(善)한 일을 행하고 〈선〉한 사업에 부하고 나눠주기를 좋아하며 동정하는 자가 되는 삶"(딤전6:18)이 하나님의 「선」하심을 따르는 삶이라고 하겠다. 사람이 일평생 사는 동안 "「선」한 사람은 그 쌓은 〈선〉에서 「선」한 것을 내고 악(惡)한 사람은 그 쌓은 악에서 악(惡)한 것을 내느니라"(마12:35)라고 성경은 기록하고 있다. 이는 《선》하신 하나님의 속성을 따라 사는 사람은 하나님의 속성을 지닌 「선」한 삶이 된다는 의미로 이해할 수 있다.

그러므로 전도자는 "사람이 사는 동안 기뻐하며 「선」을 행하는 것보다 나은 것이 없다"(전3 :12)라고 성도들의 「선」한 삶에 대한 도리를 강조하고 있다. 그러나 사람의 「선」한 삶에 대한 성품과 행위는 단지 "착하고 올바른 생활"이나 "도덕적 생활의 최고이상(理想)"을 품고 사는 "선한 삶"의 행위로만 이해할 수는 없다. 이유는 그보다도 더 깊고 오묘한 의미가 있기 때문이다. 즉 「선」을 행하라고 한 깊은 의미는 사람이 《선》의 근원이신 하나님의 속성을 닮은 생활을 하라는 의미로 이해해야한다. 이러한 삶을 시편 기자는 "형제가 연합하여 동거함이 선하고 아름답다고 표현하고 있다."(시133:1) 또 예수께서는 "네 이웃을 네 몸과 같이 사랑하라"(마 22:39, ;막 12 :31;눅10:27)고 「선」한 삶에 대한 근본을 말씀하고 있다. 따라서 선한 사마리아 사람과 같이 어려움 당한 자를 도와주고 가난한자와 병든 자와 저는 자와 소경을 돌보는 삶은 가장 선하고 값있는 삶이라고 할 수 있다. "사람이 일평생에 먹고 마시며 해 아래서 수고하는 모든 수고 중에서 낙을 누리는 것이 하나님의 선물임을 밝히고 있다."(전 2 : 24, 3 : 12-13) 이러한 "삶은 《선》하신 하나님의 속성을 지닌 인간이 살아가는 삶의 도리임"(전 5 :18)을 깨우치고 있다. 또한 사도 바울은 "아무에게도 악으로 악을 갚지 말고 모든 사람 앞에서 〈선〉한 일을 도모하라"(롬12:17)고 권하고 있다. 그러므로 성경에 기록된 【선】을 바로 이해하기 위해서 하나님의 《선》하심에 대한 의미와 내용을 보다 깊이 이해하고 하나님의 《선》하심과 사람의 〈선〉함의 관계를 바르게 정립하는 것이 하나님의 《선》하심을 이해하는 지름길이기도하다.

3) 진리이신 하나님

진리(眞理, truth)란 일반적으로 거짓이 아닌 "참된 도리나 바른 이치" 또는 언제 어디서나 타당하다고 인정되는 인식을 나타낸 의미로 이해하고 있다. 그러나 《진리》란 철학적이거나 윤리적인 용어로 이해하기보다는 사람이 쉽게 생각할 수 없는 깊고 넓은 의미까지 내포되어 있음을 알아야한다. 하나님의 《진리》에 대한 속성을 이해하려면 우리는 먼저 하나님과 《진리》에 대하여 이해하는 것이 선행되어야한다. 그리고 《진리》와 사람과 관계를 이해해야 한다.

성경에는 하나님의 《진리》에 대한 내용을 여러 곳에서 밝히고 있는데 첫째 는 하나님과 《진리》에 대한 내용을 언급하고 있다. 하나님의 속성에 대하여 예수님은 "아버지의 말씀은 진리이시다"(요17:17)라고 말씀하고 있는데 이는 성부이신 하나님의 말씀과 진리는 일치이심을 밝히고 있다. 또 시편기자와 이사야 선지자도 하나님에 대한 속성을 "진리의 하나님"(시31:5 ;사 65:16)으로 밝히고 있다. 요한은 "말씀이 육신이 되어 우리 가운데 거하시매 우리가 그 영광을 보니 아버지의 독생자의 영광이요 은혜와 진리가 충만 하더라"(요1:14)라고 성자이신 예수님과 진리에 대하여 증거하고 있다. 뿐만 아니라 요한은 "은혜와 진리는 예수 그리스도로 말미암아 온 것이라"(요1:17)고 증언하고 있다. 이와 관련된 예수님의 말씀은 "내가 곧 길이요 진리요 생명이니 나로 말미암지 않고는 아버지께로 올 자가 없느니라."(요14:6)라고 자신을 가리켜서 《진리》임을 밝히고 있다. 뿐만 아니라 요한은 "성령은 진리"(요15:7)이심을 증거하고 "진리의 영"(요14:16-17)에 대하여 장차 우리 안에 계실 것임을 밝히고 있다. 《진리》이신 하나님에 대하여 사도 바울은 "하나님은 참되시다."(롬 3:7 ; 살전 1:9)라고 하나님의 진실하심에 대한 속성을 말하고 있다. "진실하신 하나님"에 대하여 야고보는 하나님은 "변함도 없으시고 회전함도 없으신 하나님"(약1:17)으로 영원성을 표현하고 있다. 이상의 성경에 기록된 하나님과 진리에 대한 내용을 정리하면 삼위일체 하나님은 《진리》이심을 밝혀주고 있다.

둘째는 《진리》이신 하나님과 사람과의 관계이다. 예수님은 "진리"에 대하여 "진리를 알지니 진리가 너희를 자유롭게 하리라"(요8:32)라고 말씀하고 있다. 그러면 진리와 자유롭게 한다는 의미는 무엇을 의미하는 것인가? 진리가 자유롭게 하는 자유는 예수 그리스도 안에서의 자유를 의미하고 있다. 따라서 그리스도 안에서의 자유는 자기 의지대로 행동하거나 본성을 좇아서 자유로 행동하는 것보다 더 깊은 의미를 지니고 있음을 알아야 한다. 그리고 "진리의 성령이 오시면 그가 너희를 모든 진리 가운데로 인도하실 것이다"(요16:13) 라고 말씀하신 뜻을 알아야

한다. 사도 바울은 "심령으로 새롭게 되어 하나님을 따라 의와 진리의 거룩함으로 지으심을 받은 새사람을 입으라."(엡4:22-24)고 권유하고 있다. 즉 새로운 존재로 변하여 거듭난 삶을 강조하고 있다. 이러한 사람은 "불의를 기뻐하지 아니하며 진리와 함께 기뻐하는 삶으로 살아갈 수 있다."(고전13:6) 왜냐하면 "《진리》에 속한 자만이 예수의 말씀을 들을 수 있기 때문이다."(요18:37) 그러므로 진리에 속한 자는 그리스도의 진리 안에서 죄와 자아와 사단으로부터 자유 함을 얻을 수 있다. 즉 누구든지 그리스도의 말씀과 성령의 인도하심을 따라《진리》안에 속한 자가 될 때에는 진정으로 자유롭게 될 수 있다. 시편기자는 "진리의 말씀이 내 입에서 조금도 떠나지 말게 하소서"(시119:43)라고 고백하듯이 진리 안에 살면서 자유 함을 얻은 자 만이《진리》의 하나님에 대한 속성을 이해 할 수 있다. 뿐만 아니라 성경에는 "진리의 하나님" "진리의 말씀"(시119:43, 잠22:21, 고후6:7, 엡1:13, 골1:5, 딤후2:15) "진리의 성령"(요15:26, 16:13) "진리 안에서"란 말이 여러 곳에 기록되어 있는데 이 내용은 진실하시고 선하시고 아름다움의 근원이시며 본체이신 하나님에 대한 속성을 계속 연구해야할 과제이다.

  사람들은 일상 생활에서 자주 사용하는 말 중에 "맛"이란 말과 "멋"이란 말이 있다. 그런데 이 두 낱말은 서로 밀접한 의미를 지니고 있으면서 혼용되어 사용하고 있음을 알아야한다. "맛"2)이란 말은 첫째 음식의 맛을 느낄 때 자주 사용한다. 예를 들면 우리나라 사람들은 흔히 혀로 음식의 맛을 보고 달다, 짜다, 맵다, 시다, 쓰다 등 미각(味覺)을 통해서 느낌을 나타내기도 한다. 그래서 우리는 '그 집 음식 맛이 정말 좋다'라는 말을 사용할 때가 많다. 둘째 일에 대한 재미나 만족감을 가질 때 "맛"이란 말을 사용하기도 한다. 예를 들면 신혼부부가 결혼 생활의 느낌을 말할 때 '새로운 살림 맛을 알게 되었다.' 또는 '새로운 직장생활의 맛을 처음 느꼈다.'라는 말로 변화된 생활의 만족감이나 즐거움을 표현

---

2) 동아출판사 편집국, 「동아새국어사전」 서울 : 동아출판사, 1994. P.665

하기도 한다. 셋째 일의 경험에서 오는 느낌을 나타낼 때 "맛"이란 말을 사용하기도 한다. 도시 사람이 농촌을 방문해서 느끼는 시골 인심을 '풍요로운 맛이 있다.'라는 표현을 하기도 한다. 하지만 그 외에도 아름다운 그림을 감상할 때에 '그 그림은 볼수록 맛이 난다' 라든지 자기가 좋아하는 음악을 감상할 때에 '그 음악은 들을수록 맛이 있다' 라는 말도 아무 부담 없이 사용하기도 한다. 그런가 하면 "멋"이란 말로 자신의 감정을 나타내기도 한다. "멋"3)이란 말은 첫째 태도나 차림새가 세련된 기풍을 나타내는 말로 사용하기도 한다. 예를 들면 사람들 간에 '멋있는 사람'이란 말을 자주 사용하는데 이러한 사람은 남보다 인격적으로 품위가 있고 용모를 갖춘 훌륭한 사람을 가리 킬 때 사용하는 말이다. 둘째 주변의 상황과 격에 어울릴 때 운치를 "멋"으로 사용하기도 한다. 예를 들면 깊은 산 절벽에서 떨어지는 폭포를 보며 감탄할 때 '멋있는 한 폭의 그림 같다'라는 표현을 쓰기도 한다. 셋째 흥취를 자아내는 행위를 "멋"으로 풀이하고 있다. 예를 들면 기분 좋게 놀 때에 흔히 '멋있게 즐겨보자'라는 말을 하기도 한다. 이와 같이 《아름다움》의 근원 이신 하나님께서 창조하신 대자연의 「아름다움」은 말로 다 표현할 수 없는 깊고 오묘한 의미를 내포하고 있다. 그런데 하나님께서 창조하신 「아름다움」을 나타내고 있는 한국어의 "맛"과 "멋"이란 말은 「아름다움」의 극치를 잘 나타내고 있으며 가장 넓고 깊게 사용하고 있다. 그러므로 우리는 하나님에 대한 여러 가지 속성을 한마디로 요약하여 표현하기는 어려우나 우주 만물의 「아름다움」을 주관 하시는 하나님은 《아름다움》의 근원이시며 본체이시라고 표현할 수 있겠다.

2. 만물을 창조하신 하나님

1) 창조의 원리

하나님께서 모든 만물을 창조하신 창조의 원리를 우리가 보다 구체적

---

3) 동아출판사 편집국, 「동아새국어사전」 서울 : 동아출판사, 1994. P.686

으로 이해할 수는 없는가? 이 물음에 대하여 위에서 성경을 기초로 한 하나님의 아름다우심에 대하여 쉽게 이해하고자 하였다. 이어서 아름다움의 근원이신 하나님은 만물을 창조하는 과정에서 어떠한 원리에 의해서 만물을 창조하셨는가? 이 물음에 대하여 우리는 음악의 원리와 관련지어서 하나님의 창조원리를 새롭게 이해하고자한다.

하나님께서 창조하신 우주 만물은 아름다운 자연과 모든 만물이 정해진 운동의 법칙에 의하여 서로 다른 존재가 쉼 없이 아름다운 조화를 이루며 이어가고 있다. 이렇게 이루어가는 창조의 원리를 사도 바울은 사람의 몸에 지체를 비유로 말하고 있다.

> "우리가 한 몸에 많은 지체를 가졌으나 모든 지체가 같은 직분을 가진 것이 아니니 이와 같이 우리 많은 사람이 그리스도 안에서 한 몸이 되어 서로 지체가 되었느니라."(롬12:4-5)

어느 과학자는 우주 만물의 운행법칙을 인체구조와 같다고 하여 사람을 소우주라고 말하기도 한다. 이유는 서로 다른 많은 지체가 한 몸을 이루고 있듯이 온 우주 만물은 하나님의 창조의 원리에 의하여 이루어지고 있기 때문이다. 이와 같이 하나님께서 천지만물을 창조하신 창조의 원리는 학자에 따라 여러 가지로 주장하고 있으나 보다 근본적인 원리를 이해하려면 아름다운 음악의 원리를 이해하는 것이 창조의 원리를 이해하는 지름길이라 할 수 있다. 이유는 음악이 지니고 있는 3대요소인 선율(Melody)과 리듬(Rhythm), 화성(Harmony)은 하나님의 창조의 원리와 밀접한 관련을 가지고 있기 때문이다.

(1) 선율(Melody)의 원리

모든 만물은 모두가 서로 다르게 창조되었으나 거기에는 하나님의 오묘하고도 놀라운 뜻이 내포되어 있다. 우리의 주변에 자연을 돌아보면 모든 자연이 독자적으로 존재하고 있다. 멀리 보이는 산봉우리는 독자적인 존재로 봉우리마다 위엄을 자랑하고 있다. 그러나 주변에 산봉우리들은 눈에 보이는 대로 모두 높고 낮은 것이 이어져서 하나의 산맥을 이루고 있다. 멀리 있는 산봉우리로 이어진 산맥을 보면 하나의 능선을 그리고 있다. 바다가 있고 들이 있으며 곳곳에 높은 산이 있으나 모두가 이어지고 있다. 산골짜기에서 흘러내리는 물은 쉼 없이 흘러내리면서 자유롭게 하나의 물줄기를 만들어가며 바다로 가는데 그 모양이 바로 선율의 원리라고 하겠다. 또 인간세계도 같은 원리인데. 사람의 일평생 살아가는 모습을 보면 쉼 없이 희로애락(喜怒哀樂)의 반복되는 삶이라고 할 수 있다. 사람이 살아가는 동안 계속 오르기만 하는 삶도 없거니와 계속 내려가는 삶도 없다. 오르다보면 내려가기도하고 오솔길을 가기도 하고 평탄한길을 가기도한다. 사람에 따라 짧은 인생길을 가기도하고 먼 길을 가기도하는데 이것이 인생길이다. 이 땅위에는 60억이 넘는 사람이 살고 있으나 같은 사람은 하나도 없다. 이들은 모두가 외모도 다르고 성격도 다르며 생각도 다른 독립된 존재이다. 그러므로 나의 존재는 천하보다 귀한 존재이다. 이유는 하나님의 창조질서에 동참하고 있는 유일한 존재이기 때문이다. 그러나 이 독립된 존재는 언제나 개성을 살려가며 이웃과 더불어 함께할 때 아름다운 삶을 살 수 있다. 혈통을 이어가는 가족관계나 마음을 주고받는 친구관계 등 모든 사회생활은 성격과 취미와 그 외에 뜻을 같이하는 자들이 서로 연합하여 아름다운 맥을 이루어가고 있다. 이렇게 맥을 이어가는 관계를 음악적으로 이해하려면 서로 다른 높고 낮은 음을 잘 연결하여서 공간을 이어가는 아름다운 멜로디(melody)의 원리로 이해할 수 있다. 이렇듯 하나님께서 창조하신 모든 만물도 모두 다르게 창조되었으나 서로 맥을 이어가며 아름다운 멜로디를 이루고 있다. 이유는 하나님께서 창조하신 모든 만물은 동일한 것이 하나 없이 유일하게 존재하는 피조물로 되어 있으나 이 모든 피조물은 상호 연관성을 지니고 있기 때문이다. 이렇게 하나의 선으로 상호 연관성을 이루고 있는 것을 선율의 원리라고 할 수 있다.

(2) 리듬(Rhythm)의 원리

모든 만물은 하나님의 창조의 원리에 의하여 법과 질서로 이루어지고 있다. 따라서 모든 만물은 육안으로 볼 수 있는 가시적인 것이나 볼 수 없는 불가시적인 것이 정해진 운동법칙에 의하여 쉼 없이 창조의 역사가 이어지고 있다. 이와 같이 반복되는 운동법칙은 모두가 독자적이면서도 상대적으로 이어지고 있다. 아침에 떠오르는 밝은 해와 밤하늘의 달과 별들이 운행하는 온 우주의 모든 운행법칙은 모두가 쉼 없이 반복되는 리듬(Rhythm)의 원리에 의해서 새롭게 이루어지고 있다. 또한 우리들이 살고 있는 아름다운 자연도 하나님께서 주관하시는 창조의 운행법칙에 따라 밤낮이 반복되는 과정에서 하루하루의 날이 이어지고 있다. 또 이 날들은 태양의 위치에 따라 계절이 바뀌어 지고 계절이 변할 때마다 온 천지는 변하고 있다. 엄동이지나 이른 봄이 되면 새싹이 돋아나 새로운 꽃을 피우고 무더운 여름에는 따가운 햇볕이 대지를 내려 쪼이면 만물이 쉼 없이 자라난다. 그러다가 결실의 가을이 되면 풍성한 열매를 거둬들인다. 이렇게 쉼 없이 반복되는 창조의 세계는 모두가 자연의 운동법칙에 의하여 이루어지고 있다. 사람의 삶도 같은 리듬의 원리에 의하여 생명체가 존재하고 있다. 언제나 건강체로 살아가는 사람은 맥박을 비롯하여 모든 조직의 활동이 변함없이 이어지고 있다. 그러나 건강에 문제가 있을 때에는 체내의 활동에 이상이 생기는데 이러한 현상은 사람의 체내활동이 정상적인 운동법칙에서 벗어나는 현상이라고 할 수 있다. 즉 체내의 모든 기능 중에 어느 한 부분 또는 전체의 리듬(Rhythm)이 비정상적인 상태로 나타나게 된다. 따라서 사람뿐 아니라 하나님께서 창조하신 모든 만물은 독자적인 리듬을 지니고 있기 때문에 그 독자적인 리듬의 원리를 벗어나서는 존재할 수 없다. 따라서 쉼 없이 반복되는 리듬의 원리로 인하여 하나님의 영원성을 이해하게 되며 영원하신 하나님께서 영원히 우주만물을 주관하심을 알게 된다. 또한 하나님께서 창조하신 피조물은 때와 기한이 있으므로 유한한 존재임을 깨닫게 된다. 이렇게 온 우주 만물을 창조하시고 운행하는 운동법칙은 모두가 리듬(Rhythm)의 원리에 의하여 이루어지고 있다.

(3) 화성(Harmony)의 원리

모든 만물은 앞에서 설명한 대로 동일한 것이 하나 없이 모두 다르게 창조되었다. 사람이나 짐승이나 깊은 산에서 자라고 있는 나무나 강가에 흩어져 있는 조약돌까지도 같은 것이 하나도 없다. 그러나 이렇게 다른 창조물은 모두가 서로 조화를 이루며 존재하고 있다. 동시대에 살고 있는 모든 사람은 제각기 주어진 일들을 담당하면서 상호 공존하고 있다. 그러면서도 옛 것과 새 것으로 조화를 이루고 계층 간에 조화를 이루며 지역 간의 조화를 이루기도 한다. 이러한 원리를 화성(Harmony)의 원리라고 하겠다. 이유는 서로 다른 음이 동시에 울릴 때에 아름다운 화음을 만들어 내는 원리와 같기 때문이다. 마치 서로 다른 악기들이 제각기 다른 소리를 내어도 그 소리가 모아져서 조화를 이루면 많은 연주자들이 함께 연주하는 오케스트라(Orchestra)의 아름다운 음악소리가 나는 원리와 같다. 모든 악기가 모여 제각기 소리를 내고 있지만 서로 다른 음을 어떻게 배열하느냐에 따라서 듣기 좋은 아름다운 소리를 낼 수도 있고 듣기 거북하고 소란한 소리를 만들어 낼 수도 있다. 또한 때를 따라 피어나는 여러 가지 꽃들은 색깔도 다르고 모양도 다르나 모두가 아름답게 조화를 이루고 있다. 또 들에 피어나는 아름다운 꽃들이 짙은 향기를 뿜어 낼 때 벌과 나비는 꽃에 앉아서 꿀을 따서 양식을 삼는다. 벌과 나비가 꽃 속을 다니며 꿀을 따는 동안 발에 묻은 꽃가루로 수정이 되면 가을에 풍성한 열매를 맺는다. 이렇게 서로 다른 것이 모여서 조화를 이루는 것이 창조의 원리이며 자연세계이다. 그 뿐인가 여름밤 하늘에서 반짝이는 별들을 보면 서로가 반짝이며 스스로 존재를 알리고 있는 그 찬란한 모습이 그렇게 아름다울 수가 없다. 또 눈에 보이는 세계뿐 아니라 눈에 보이지 않는 세계도 같은 원리이다. 보이는 것과 보이지 않는 것까지도 조화를 이루고 있음을 사도 바울은 "보이는 것은 잠깐이요 보이지 않는 것은 영원하다"(고후4:18)라고 고백하고 있다. 이와 같이 세상 만물은 서로 다른 개성과 특징을 지니고 있으나 모두가 함께 조화를 이루도록 창조되어 있는데 이것이 화합의 원리요 화성의 원리라고 할 수 있다.

2) 시간과 공간을 창조하신 하나님

신구약성경을 보면 "영원하신 하나님"(신 33 : 27 ; 사 40 : 28 ; 롬 1:20 ,16 : 26 ; 히 9 : 14)은 "영원부터 영원토록 계신 하나님이심"을(느9:5) 고백하고 있다. 또한 시간과 공간을 초월하신 영원하신 하나님은 "태초에 하나님과 함께 계셨던 말씀이 모든 만물을 창조하셨다"(요1:1-3) 고 기록하고 있다. 그러나 하나님께서 태초에 천지를 창조하셨으나 "땅이 혼돈하고 공허하며 흑암이 깊음 위에 있고 하나님의 신은 수면에 운행하고 있었다."(창1:2) 그런데 하나님은 태초에 모든 것을 창조하시면서 시간과 공간을 함께 창조하셨다.

(1) 시간을 창조하시다

영원부터 영원토록 계신 영원하신 하나님은 빛을 창조하시고 빛과 어두움을 나누셨다. 성경에는 시간의 단위를 '때' 또는 '밤과 낮', '저녁, 아침', '날' 등으로 표현하고 있다. 그리고 저녁이 되며 아침이 되니 첫째 날이라고 시간의 흐름을 나타내고 있으며 일곱째 날까지의 창조의 과정과 날의 지나감을 기록하고 있다."(창1:5, 8, 13, 19, 23, 31, 2:1) "주의 목전에는 천년이 지나간 어제 같으며"(시90:4) "하루가 천년 같고 천년이 하루 같다"(벧후 3:8)라는 말씀과 함께 "그리스도께서 왕 노릇하리라"(계 20:4,6)고 사도 요한은 기록하고 있다. 요한이 기록한 시간의 흐름에 대한 의미를 우리는 어떻게 이해해야하는가? 이 문제는 상식적으로 쉽게 이해할 수 없는 문제이므로 깊이 생각해야할 문제이다.

일찍이 헬라사람들은 이 시간을 '크로노스'(Chronos)와 '카이로스'(Kairos)로 이해하고 있다. '크로노스'는 태초부터 현재까지 이어오는 시간이며 영원히 계속 흘러가는 시간을 의미하고 있다. 즉 우리가 살아온 과거와 오늘을 살아가는 현재와 앞으로 다가오는 미래의 '크로노스'는 어제와 오늘 그리고 내일의 시간을 의미하고 있다. 하루를 지내고 이틀이 지나서 한 달이 지나면 다음 달이 오고 다음 달이 지나서 한해가 지나면 또 새로운 한해를 맞는 하루하루의 흘러가는 시간을 '크로노스'라고 한다. 그러므로 '크로노스'의 시간은 누구에게나 주어지는 시간이다. 그런데 '카이로스'의 시간은 하나님의 시간이다. 이 시간은 하나님께서 직접 주관하시는 시간을 의미한다. 이 '카이로스'의 시간은 하나님께서 우리를 위하여 예비하신 시간임을 이해하는 것이 무엇보다 중요하다. 이 '카이로스'의 시간은 하나님께서 만세전에 우리를 택하여 정하신 시간이다. 즉 내가 출생한 시간, 내가 구원받은 시간, 은혜를 받은 시간, 내가 결혼한 시간, 내가 일하는 시간 등이 나에게만 주어진 '카이로스'의 시간이다. 그러므로 이 '카이로스'의 시간은 모든 사람에 따라 다르게 주어지고 있으나 우리가 세상에서 사는 동안 하나님께서 주관하시는 시간을 가장 의미 있고 보람 있게 살아야 한다. 이유는 '카이로스'의 시간은 하나님께서 나에게만 주신 귀하고 소중한 시간이기 때문이다. 그러므로 사람마다 살아가는 삶 속에서 보내는 시간은 동일할 수가 없다. 이러한 '카이로스'의 시간은 몇 가지 특징이 있다. 첫째 우리에게 주어진 시간은 머물지 않는다. 즉 연장이 불가능하다. 아무리 좋은 시간이라도 하루의 24시간을 연장해서 25시간을 지낼 수 없다. 둘째 우리에게 주어진 시간은 한번 지나면 다시 돌아오지 않는다. 그러므로 우리의 삶은 연습시간이 없다. 주어진 시간을 의미 있게 보내야한다. 또한 사람의 삶은 반복될 수 없으므로 단 한 번의 기회밖에 오지 않는다. 셋째 앞으로 오는 미래의 시간은 기다려지는 시간이지만 지나간 시간을 돌아보면 언제나 빨리 지나간 시간임을 느끼게 한다. 많은 사람들이 살아가는 동안에 시간을 선용한 사람은 성공하였으나 선용하지 못한 사람들은 지난날을 후회하기도 한다. 일찍이 예수님은 제자들에게 "때가 아직 낮이매 나를 보내신 이의 일을 우리가 하여야 하리라 밤이 오리니 그 때는 아무도 일할 수 없느니라"(요9:4)라고 말씀하신 뜻을 깨달아 내게 주어진 낮에는 열심히 일을 해야 한다. 또 사도 바울은 시간에 대하여 '세월을 아끼라'고 훈계하고 있다. 찬송가(370장)에도 "어둔 밤이 오기 전에 일할 때 일하면서 놀지 말라." 라고 권하는 가사내용대로 시간의 소중함을 마음에 두고 시간을 선용하여야한다. 그런데 카이로스(Kairos)의 시간은 사람에게만 주어진 시간은 아니다. 공중 나는 새들과 산짐승 심지어 들에 핀 백합화에 이르기까지 모든 만물까지도 카이로스의 시간은 하나님께서 주관하고 계심을 알아야 한다.

(2) 공간을 창조하시다

성경에 기록된 천지창조의 내용을 보면 창조주 하나님이 창조하신 공간을 "궁창(창공)으로 표현하고 있다." 그리고 하나님은 하늘과 땅위, 땅 아래, 바다 등 공간 안에 모든 만물을 창조하셨다고 기록하고 있다. 하나님은 만물을 창조하시기 위하여 엿새 동안 그 공간에 모든 우주 만물을 창조하시고 7번이나 "좋다"라고 아름다움을 노래하였다. 또 창세기에 기록되어 있는 궁창(창공)을 시편기자는 "여호와의 말씀으로 하늘을 지으시고 그 입김으로 해와 달과 별들을 지으셨다"(시33:6)라고 고백하고 있으나 사도 바울은 창조의 과정과 목적을 다음과 같이 고백하고 있다.

> "그는 보이지 아니하는 하나님의 형상이시오 모든 피조물보다 먼저 나신이시니 만물이 그에게서 창조되되 하늘과 땅에서 보이는 것들과 보이지 않는 것들과 혹은 왕권들이나 주권들이나 통치자들이나 권세들이나 만물이 다 그로 말미암고 그를 위하여 창조되었고 또한 그가 만물보다 먼저 계시고 만물이 그 안에 함께 섰느니라."(골1:15-17)

우리가 늘 읽어서 잘 알고 있는 성경은 위에서 밝힌 대로 하나님께서 엿새 동안 만물을 창조하신 과정을 순서대로 기록하고 있다. 또 하나님께서 태초에 말씀으로 천지를 창조하시고 좋아하신 하나님을 시편기자는 다음과 같이 노래하고 있다.

> "하늘이 하나님의 영광을 선포하고 궁창이 그 손으로 하신 일을 나타내는 도다 날은 날에게 말하고 밤은 밤에게 지식을 전하니 언어가 없고 들리는 소리도 없으나 그 소리가 온 땅에 통하고 그 말씀이 세계 끝까지 이르도다."(시19:1-4)

이사야 선지자는 하나님께서 창조하신 하늘과 땅 사이의 공간을 다음과 같이 고백하고 있다. "하늘을 창조하여 펴시고 땅과 그 소산을 베푸시며 땅 위의 백성에게 호흡을 주시며 땅에 행하는 자에게 신을 주시는 하나님 여호와께서 이같이 말씀하시되…"(사 42:5) "나는 만물을 지은 여호와라 나와 함께한 자 없이 홀로 하늘을 폈으며 땅을 베풀었고 …" (사 44:24)라고 고백하고 있다.

3) 질서를 창조하신 하나님

하나님께서 천지 만물을 창조하신 기록을 여러 곳에서 볼 수 있는데 그 기록의 내용은 모두 【아름다움】과 관련되어 있다. "태초에 하나님이 천지를 창조하시니라. 땅이 혼돈하고 공허하며 흑암이 깊음 위에 있고 하나님의 신은 수면에 운행하시니라. 하나님이 가라사대 빛이 있으라 하시매 빛이 있었고 그 빛이 하나님의 보시기에 좋았더라. 하나님이 빛과 어둠을 나누사 빛을 낮이라 칭하시고 어두움을 밤이라 칭하시니라" (창1:1-5)라는 기록에서 "좋다"[4]라는 의미와 "빛과 어두움"에 대한 의미는 깊은 이해가 있어야 한다. 하나님이 첫째 날 빛을 창조하시므로 "빛과 어두움"이 생겼다는 의미는 하나님께서 창조하신 하늘과 땅은 혼돈하고 공허하였으나 첫째 날 빛을 창조하시므로 "빛과 어두움"으로 인하여 땅이 혼돈하고 공허하며 흑암이 깊음 위에 있을 때 새로운 창조의 질서를 이루셨다는 의미이기도하다.

"하나님께서 질서를 창조하셨다" 라는 의미는 낮과 밤을 구분하여 단순한 밝음과 어두움의 질서보다도 더욱 깊은 의미가 있음을 이해해야 한다. 즉 하나님께서 첫째 날 처음으로 빛을 창조하신 질서는 하나님께서 쉬지 않으시고 영원히 만물을 새롭게 창조하시는 원리와 자연법칙이

---

[4] "좋다"는 의미는 너무 방대하게 쓰이는 말이어서 눈에 보이는 것과 눈에 보이지 않는 분야까지 쓰여지는 형용사이다. 일반적으로 오각(五覺,<시각, 청각, 후각, 미각, 촉각>)의 느낌 외에도 이지(理智)적인데 까지 다양하게 "좋다"는 의미가 쓰여지고 있다. 즉 "좋다"는 의미는 아름다움, 기쁨, 즐거움, 만족, 등을 나타내는 말로 쓰인다. 그러나 "하나님께서 빛을 창조하시고 보시기에 좋았다"라는 의미는 위에서 언급한 의미이상으로 "아름다움"의 극치를 나타내고 있음을 알아야 한다.

포함되어 있음을 알게 된다. 뿐만 아니라 만물을 영원히 다스리시기 위하여 창조하신 모든 질서가 함께 포함되어 있음을 이해하는 것이 만물을 창조하신 하나님을 이해하는 지름길이기도 하다. 그러나 둘째 날부터 다섯째 날까지의 창조의 과정은 사람이 이해할 수 없는 오묘한 창조의 질서와 자연법칙과 원리에 의해서 만물이 창조되었음을 알 수 있다. 또한 피조물인 모든 만물은 생육하고 번성케 하며 창조의 질서에 순종하는 것이 하나님의 뜻임을 알아야 한다. 왜냐하면 이러한 모든 창조의 질서는 "믿음으로 모든 세계가 하나님의 말씀으로 지어진 줄을 우리가 알게 되기 때문이다"(히11:3)

4) 만물을 창조하신 하나님

하나님께서 첫째 날 빛을 창조하신 후에 "둘째 날부터 다섯째 날까지 궁창을 만드시고 땅과 바다를 나누시며 씨 맺는 채소와 열매 맺는 나무를 종류대로 내시었다. 또 큰 물고기와 물에서 번성하여 움직이는 모든 생물과 날개 있는 새를 종류대로 창조하시고 그 들에게 복을 주어 생육하고 번성케 하셨다."(창1:6-25) 하나님은 그의 뜻을 이루기 위하여 태초에 온 우주 만물을 창조하시고 빛을 창조하시면서 질서를 내시고 또 만물을 창조하시고 세상 만물을 다스리기 위하여 자연의 법칙과 운행의 원리까지 창조하시고 좋아하셨다. 이렇게 하나님께서 창조하신 모든 질서와 아름다움을 시편기자는 그를 높이 찬양하며 노래하고 있다. 이와 같이 여호와 하나님을 찬양한 이 노래에는 특히 창조자의 무한하신 능력, 자연의 아름다움과 신비함, 인간의 본분과 존엄성을 다양하게 노래하고 있음을 아래의 노래에서 볼 수 있다. 그 외에도 시편(65:6-13, 104:1-35, 147:8-18)에 기록된 시편기자의 노래는 하나님께서 창조하신 「아름다움」을 잘 나타내고 있다.

"여호와 우리 주여 주의 이름이 온 땅에 어찌 그리 아름다운지요 주의 영광이 하늘을 덮었나이다 주의손가락으로 만드신 주의 하늘과 주께서 베풀어 주신 달과 별들을 내가 보오니 사람이 무엇이기에 주께서 그를

생각하시며 인자가 무엇이기에 주께서 그를 돌보시나이까" (시8:1-4)

"하늘이 하나님의 영광을 선포하고 궁창이 그 손으로 하신 일을 나타내는 도다 날은 날에게 말하고 밤은 밤에게 지식을 전하니 언어도 없고 말씀도 없으며 들리는 소리도 없으나 그의 소리가 온 땅에 통하고 그의 말씀이 세계 끝까지 이르도다 하나님이 해를 위하여 하늘에 장막을 베푸셨도다" (시19 :1-4)

"주께서 옷을 입음같이 빛을 입으시며 하늘을 휘장같이 치시며 물에 자기 누각의 들보를 얹으시며 구름으로 자기 수레를 삼으시고 바람 날개로 다니시며 바람으로 자기 사자를 삼으시며 화염으로 자기 사역자를 삼으시며 땅의 기초를 두사 영원히 요동치 않게 하셨나이다 옷으로 덮음같이 땅을 바다로 덮으시매 물이 산들 위에 섰더니 주의 견책을 인하여 도망하며 주의 우레 소리를 인하여 빨리 가서 주의 정하신 처소에 이르렀고 산은 오르고 골짜기는 내려갔나이다 주께서 물의 경계를 정하여 넘치지 못하게 하시며 다시 돌아와 땅을 덮지 못하게 하셨나이다"
(시104:2-5)

그러나 하나님께서 만물을 창조하신 피조물은 모두가 새롭게 창조되어 가는 유한한 존재로 지음을 받았다. 성경에 기록된 전도자의 말을 인용하면 "세상만사가 정해진 때가 있고 모든 목적은 다 이룰 기한이 있다"(전3:1)라고 고백하고 있다.

"날 때가 있고 죽을 때가 있으며 심을 때가 있고 거둘 때가 있으며 죽일 때가 있고 치료할 때가 있으며 허물 때가 있고 다시 세울 때가 있으며 울 때가 있고 웃을 때가 있으며 슬퍼할 때가 있고 춤출 때가 있으며 돌들을 흩을 때가 있고 돌들을 모을 때가 있으며 껴안을 때가 있고 껴안는 것을 멀리할 때가 있으며 구할 때가 있고 없앨 때가 있으며 간직할 때가 있고 내어버릴 때가 있으며 찢을 때가 있고 꿰맬 때가 있으며 침묵할 때가 있고 말할 때가 있으며 사랑할 때가 있고 미워할 때가 있으며 전쟁할 때가 있고 평화로울 때가 있다."(전3:2-8)

또한 하나님께서 창조하신 모든 만물은 이 땅위에서 기한이 차면 모두가 땅(흙)으로 돌아가는 것이 창조의 원리이다. 이러한 원리를 전도자는 "짐승의 혼은 땅으로 내려가고 사람의 혼은 위로 올라간다."(전3:21)라고 고백하고 있다. 즉 하나님께서 창조하신 피조물은 유한한 존재임을 분명히 말하고 있다.

뿐만 아니라 하나님은 세상만물을 창조하신 후 사람에게 "만물을 다스리는 특권을 주셨다."(창1:27-31) 그런데도 사람은 하나님께서 주신 특권을 바르게 깨닫지 못하고 있다. 하나님께서 사람에게 주신 특권은 만물을 가꾸고 키워나가며 보존하는 일이 무엇보다도 귀한 일임을 깨달아야 한다. 그런데 하나님께서 사람에게 맡겨 주신 창조의 질서를 지키며 보존하기 보다는 오히려 창조의 질서를 역행하면서 파괴하고 있다. 사람들이 왜 창조의 질서를 역행하며 파괴하고 있는가? 그 이유는 사람이 하나님께서 "만물을 다스리라"는 의미를 잘 못 이해하고 있기 때문이다. 또 하나님의 뜻을 따라 아름다운 자연을 보호하기 보다는 사람들이 아름다운 자연을 훼손하면서 개발하고 있기 때문이다.

5) 인간을 창조하신 하나님

하나님은 "사람을 하나님의 형상대로 창조하셨다"(창1:27-28)라고 성경에 기록되어 있는데 이 성구의 내용은 쉽게 이해할 수 없는 깊은 의미가 내포되었다. 그런데도 시편기자는 "사람을 하나님보다 조금 못하게 하시고 영화와 존귀로 관을 씌우셨다"(시8:5)라고 고백하고 있다. 뿐만 아니라 "주의 손으로 만드신 것을 다스리게 하시고 만물을 그 발아래 두셨으니 크고 작은 온갖 가축과 들짐승이며 공중의 새와 바다의 물고기와 물길 따라 움직이는 모든 것을 사람이 다스리게 하셨다"(시8:6-8)라고 하나님의 크신 위엄과 창조의 「아름다움」을 노래하고 있다.

하나님은 《아름다움》의 근원이시기 때문에 "모든 것을 지으시되 때를 따라 아름답게 하셨고 또한 사람에게 영원을 사모하는 마음을 주셨다"(전3:11)라고 전도자는 고백하고 있다. 뿐만 아니라 창조주 하나님은 사람의 생각과 안목으로는 하나님의 하신 일을 다 측량할 수 없으나 "영원부터 감추었던 비밀을 성령을 통해서 알게 하셨다."(엡3:9) 그러므로 창조주 하나님의 뜻에 따라 지음 받은 인간은 창조주의 뜻을 따르는 삶이 되어야 한다. 이유는 거룩하신 하나님의 "선한 일을 위하여"(엡 2:10) "하나님의 깊으신 뜻에 따라 인간은 의와 진리의 거룩함으로 지으심을 받았기 때문이다."(엡4 :24) 또한 우리는 성경을 통해서 태초에 하나님이 창조하신 모든 만물은 흠과 티가 없는 피조물로 아름답게 창조되었음을 알 수 있다. 하나님께서 이렇게 아름답게 창조하신 모든 일을 사도 바울은 "하나님이 지으신 모든 것이 선하매 감사하므로 받으면 버릴 것이 없다"(딤전 4:4)라고 고백하고 있다.

하나님은 자기 형상대로 사람을 창조하실 때에 "흙으로 사람을 지으시고 생기(生氣)를 그 코에 불어넣으시고 사람이 생령(生靈, spiritual)이 되게 하셨다."(창 2:7 ,시8:6) 이는 하나님의 형상대로 흙으로 지은 사람은 생명이 없는 물질에 불과하나 그 코에 불어넣으신 생기로 인하여 생령이 된 사람은 하나님의 속성을 지닌 영(spirit)과 혼(soul)과 육(body)으로 지음 받은 생명체로 존재하게 되었음을 알 수 있다.(살전5:23,히4:12) 그러므로 사람은 영과 혼과 육은 분리될 수 없는 관계로 존재한다. 사도 바울은 사람의 창조 원리와 관련지어서 "육신을 따르는 자는 육신의 일을 영을 따르는 자는 영의 일을 생각한다."(롬8:5)라고 말하고 있는데 이는 하나님께서 흙으로 지은 사람은 육에 속한 흙에 불과하지만 하나님께서 그 코에 생기를 불어넣어 생령이 된 사람은 하나의 독립된 존재가 되었다. 이러한 과정을 욥은 "하나님의 영이 나를 지으셨고 전능자의 기운이 나를 살리신다."(욥33:4)라고 고백하고 있다. 또한 욥은 "전능자의 숨결이 사람에게 총명을 주셨다"(욥32:8, 35 :11)라고 고백하고 있는데 이는 창조주 하나님께서 사람에게 모든 만물을 다스리도록 지혜(智慧, wisdom)와 총명(聰明, sagacity)을 주셨다는 말로 해석할 수 있다.

《아름다움》의 근원이시며 본체이신 창조 주 하나님은 태초에 사람을 창조하실 때 몸에 속해있는 눈으로 볼 수 있는 가시적인 것과 오각(五覺)으로 느낄 수 있는 외형적인 것을 창조하셨다. 뿐만 아니라 눈으로 볼 수 없는 불가시적인 것과 오각으로 느낄 수 없는 깊고 오묘한 내면의 세계를 함께 창조하셨다. 하나님은 사람을 그의 형상대로 아름답게 창조하였으나 유한한 육신과 영원한 내면성에 속한 이성(理性, reason<지성, 知性, intellect>)과 감성(感性, emotion) 그리고 의지(意志, will)를 내포하고 있는 무한한 세계를 주장하는 마음을 창조하셨다. 그런데 사람에게 내포하고 있는 의지(意志, will)는 어떠한 목적이나 뜻을 이루기 위해서 자의로 일어나는 사람의 내적 다짐이라고 할 수 있다. 즉 사람이 자발적으로 의식적인 행동을 하게 하는 욕구 또는 도덕적 가치 등이 모두 포함되는 의미를 내포하고 있다. 따라서 불가시적인 사람의 마음은 이성과 감성 그리고 의지로 인해서 삶의 존재와 가치를 다양하게 나타낸다. 그러므로 모든 사람은 각기 지니고 있는 사고(思考, thought)의 능력과 마음의 상태에 따라서 그의 성품이나 삶의 질이 결정된다. 이러한 사람의 정신세계를 던 E. 세일리어스(Don E. Saliers)는 「의역의 정신」(The Soul in Paraphrase)에서 다음과 같이 말하고 있다.

> "마음은 감동과 이해의 거처이다.… 마음은 인간에게 가장 깊고 가장 복합적인 것이 무엇인지를 말하는 방법을 우리에게 제시한다.… 또한 "마음은 양심과 도덕적 능력의 거처다.… 그리고 마음이라는 개념은 우리가 무엇을 하는 지를 설명해 줄뿐 아니라 우리가 누구인지도 좌우한다."[5]

사람의 마음속 깊은 곳에 자리하고 있는 이성이란 일반 동물세계에서 찾아볼 수 없다. 사람의 내면에 속해있는 정신세계의 이성은 잠재적인 본능이며 이지적(理智的, intellectual)인 본능을 발휘하는 성질로 풀이할 수 있다. 그러나 그 보다 깊은 의미는 하나님께서 사람에게 주신 앎의 본질이라고 할 수 있다. 즉 사람만이 지니고 있는 이성이란 머리로 사고하고 의식하고 판단하는 깨달음이라고 할 수 있다. 그러므로 사람의 이성은 머리로 이해하고 판단하는 직관, 오성 등이 모두 포함되는 폭넓은 의미를 내포하고 있다. 또 사람이 지니고 있는 감성이란 이성과 함께

---

5) Carton R. Yong,「마음의 음악」박은규 역, 서울:대한기독교서회 2000,PP. 39-40. 재인용

마음에서 일어나는 감각적인 느낌의 본질이라고 할 수 있다. 즉 감성은 사람의 마음을 움직이는 오각으로 느끼는 감각작용의 능력이라고 할 수 있다. 그러므로 감성은 사람의 감각적 충동에서 일어나는 욕구와 감정, 정서 등이 모두 포함되는 폭넓은 의미를 내포하고 있다.

그런데 하나님께서 창조하신 모든 피조물은 전도자의 고백대로 유한한 존재인가? 깊이 생각해보면 반드시 그런 것은 아니다. 이유는 사람은 하나님의 형상대로 지음을 받았으므로 사람의 내면세계에는 영원하신 하나님의 속성이 있기 때문이다. 시편기자는 "인생은 그 날이 풀과 같으며 그 영화가 들의 꽃과 같도다."(시103:15) 또 야고보는 인생의 생명을 "잠깐 보이다 없어지는 안개"(약4:14)라고 유한한 존재임을 고백하고 있으나 사도 베드로는 "모든 육체는 풀과 같고 그 모든 영광은 풀의 꽃과 같으니 풀은 마르고 꽃은 떨어지되 오직 주의 말씀은 세세토록 있도다." (벧전1:24)라고 사람의 영원성을 말해주고 있다. 또한 사도 바울은 하나님의 영원성을 사람의 영원성과 연관지어서 "우리의 겉 사람은 낡아지나 우리의 속사람은 날로 새로워지도다."(고후4:16) 라고 말하면서 "보이는 것은 잠깐이요 보이지 않는 것은 영원함이니라."(고후 4:18)라고 고백하고 있다. 이러한 내용을 연관시켜서 우리가 다시 깊이 생각해보면 전도자의 고백과 같이 하나님은 모든 것을 지으시되 때를 따라 아름답게 하셨고 또 사람에게 영원을 사모하는 마음을 주신 뜻을 깨닫게 된다.

3. 하나님은 나의 찬송

구약시대의 선지자들(모세, 이사야, 예레미야)과 다윗 왕은 하나님의 속성에 대하여 찬송과 관련지어서 여호와는 "나의 노래시다"(출15:2, 사12:2)라고 고백하고 있으며 또 "나의 찬송이시다."(신10:21, 시118:14, 렘17:14)라고도 고백하고 있다. 이와 같이 여러 선지자들이 하나님의 속성에 대하여 "하나님은 나의 노래요, 나의 찬송이라고 고백한 의미를 어떻게 이해할 것인가? 그 이유는 무엇인가? 성경에 기록된 내용을 중심으로 "하나님은 나의 찬송이시다"라고 한 그 의미와 배경을 바르게 이해하는 것이 중요하다. 선지자들이 고백한 이 내용을 보다 구체적으로 이해하려면 첫째 하나님은 구원 받은 백성의 찬송이심을 시편기자는 고백하고 있다. 둘째 시편기자는 찬송 중에 거하시는 하나님이심을 고백하고 있다. 셋째 여러 선지자들은 찬송을 원하시는 하나님이심을 고백하고 있다. 넷째 시편기자는 찬송받기에 합당하신 하나님이심을 고백하고 있다. 이와 같이 "하나님은 나의 찬송이시다"라고 고백할 수 있는 백성은 하나님이 섭리하시는 은총으로 나타난 결과라고 하겠다.

1) 나의 찬송이신 하나님

출애굽 한 모세는 애굽 땅에서 종살이하던 이스라엘 민족을 홍해를 건너 구해낸 후에 이들과 함께 여호와께 승리의 노래를 부른 내용을 볼 수 있다. 그 노래의 앞부분을 보면 "내가 여호와를 찬송하리니 그는 높고 영화로우심이요 말과 그 탄자를 바다에 던지셨음이로다. 여호와는 나의 힘이요 노래시며 나의 구원이시로다. 그는 나의 하나님이시니 내가 그를 찬송할 것이요 내 아비의 하나님이시니 내가 그를 높이리로다."(출15:1-2) 라고 노래하고 있는데 이 내용 외에도 이사야 선지자는 아래의 내용과 같이 모세와 동일한 노래를 부르고 있다. 여기 기록된 모세와 이사야가 부른 감격의 두 노래는 모두가 하나님이 행하신 놀라운 일을 높이 찬양하고 감사하는 노래인데 특히 주목해야 할 노래는 "여호와는 나의 힘이요 나의 노래"라고 고백한 내용이다. 또 "보라 하나님은 나의 구원이시라 내가 의뢰하고 두려움이 없으리니 주 여호와는 나의 힘이시며 나의 노래시며 나의 구원이심이라 그러므로 너희가 기쁨으로 구원의 우물들에서 물을 길으리로다."(사12:2-3)라고 노래하고 있다.

그러나 또 다른 곳에 기록된 내용을 보면 모세나 시편기자나 예레미야는 "하나님은 나의 찬송이시라"고 고백하고 있다.

"그는 네 찬송이시요 네 하나님이시라 네가 목도한 바같이 크고 두려운

　　　　일을 너를 위하여 행하셨느니라"(신 10:21)

　　　　"여호와는 나의 능력과 찬송이시오 또 나의 구원이 되셨도다."(시 118:14)

　　　　"여호와여 주는 나의 찬송이시오니 나를 고치소서 그리하시면 내가 낫겠나이다 나를 구원하소서 그리하시면 내가 구원을 얻으리이다"(렘 17:14)

　이와 같은 내용의 노래는 모세가 이스라엘민족을 이끌고 출애굽 한 이후에 이스라엘 민족이 "여호와는 나의 노래라고 고백한 내용과는 달리 더 구체적으로 "그는 네 찬송이시오 네 하나님이시다"(신10:21) 라고도 고백하고 있다. 그러나 이 내용도 역시 여호와 하나님은 크신 능력과 구원이심과 나의 찬송이 되심을 굳게 고백하고 있다. 이유는 만물을 창조하시고 주장하시는 여호와 하나님은 다음에 논하고 있는 "찬송 중에 거하시는 하나님"이시기 때문이다. 시편기자는 하나님께 찬양함이 선하고 아름다운 것 이라고 고백하고 있다.

　　　　"할렐루야 우리 하나님께 찬양함이 선함이여 찬송함이 아름답고 마땅하도다 여호와께서 예루살렘을 세우시며 이스라엘의 흩어진 자를 모으시며 상심한 자를 고치시며 저희 상처를 싸매시는 도다"(시147:1-3)

　또 하나님의 지음을 받고 구원받은 백성은 하나님과 함께하며 동행하는 삶 속에서 "항상 찬미의 제사를 드리라"고 히브리기자는 권면하고 있다. 뿐만 아니라 사도 바울은 "하나님은 영원히 찬송할 이시로다"(롬 1:25)라고 고백하고 있다. 그러므로 찬송은 창조주이신 하나님과 구원받은 백성들의 화답으로 이루어지는 영원한 찬송임을 이해하는 것이 무엇보다 중요하다.

　2) 찬송 중에 거하시는 하나님

　나의 노래이시며 나의 찬송이신 하나님은 시편기자가 노래하듯이 "찬송 중에 거하시는 하나님은 거룩하시다"(시22:3) 라고 찬송하고 있다. 이 시편의 내용은 다윗이 감당하기 어려운 고난 중에서도 하나님을 찬양하며 부른 찬송이다. 시편기자가 노래한 이 찬송의 깊은 뜻은 우리의 찬송 중에는 거하시는 하나님은 언제나 하나님의 거룩하신 영이 함께하신다는 의미가 내포하고 있음을 알아야 한다. 이유는 여호와 하나님은 거룩하시기 때문이다.

"나는 여호와 너희 하나님이라 내가 거룩하니 너희도 몸을 구별하여 거룩하게 하고 땅에 기는 바 기어 다니는 것으로 인하여 스스로 더럽히지 말라"(레11:44, 19:2)

"오직 너희를 부르신 거룩한 자처럼 너희도 모든 행실에 거룩한 자가 되라 기록 되었으되 내가 거룩하니 너희도 거룩하라"(벧전1:15-16)

그러므로 찬송은 주의 성령으로 거듭나서 권능을 받은 자만이 거룩한 자로 세움을 받을 수 있고 하나님이 원하시는 찬송을 부를 수 있다. 이유는 찬송 중에 거하시는 하나님은 성령으로 함께 하시기 때문이다. 성령으로 충만하지 않고 거룩하지 않은 자는 아무리 아름다운 소리로 찬송할지라도 하나님이 기뻐하시는 찬송이 될 수 없다. 그러므로 찬송 중에 거하시는 하나님은 하나님의 거룩하신 영이 찬송 부르는 자의 마음에 함께 계시다고 시편기자는 고백하고 있다. 뿐만 아니라 사도 바울이 고백한 대로 영으로 찬송하고 마음으로 찬송하는 그 찬송 중에 하나님의 영이 함께 계심을 고백하고 있다.

"너희 의인들아 여호와를 즐거워하라 찬송은 정직한 자의 마땅히 할 바로다 수금으로 여호와께 감사하고 열줄 비파로 찬송할 지어다 새 노래로 그를 노래하며 즐거운 소리로 아름답게 연주할 지어다"(시33:1-3)

또 위의 시편기자가 찬송한 내용에는 주안에서 마음으로 즐거워하지 않으면 주를 찬송할 수 없다. 또한 기쁨으로 주를 찬송하지 않고 형식적으로 부르는 찬송은 진실 되지 못한 거짓된 노래 일뿐이다. 그러므로 하나님이 기뻐하시는 찬송은 정직한 자가 정성을 드려 부르는 찬송만이 진정한 찬송이 될 수 있다. 시편기자는 반복해서 하나님께 모든 민족들로 주를 찬송케 하기를 간절히 구하고 있다.

> "하나님이여 민족들이 주를 찬송하게 하시며 모든 민족으로 주를 찬송케 하소서 열방은 기쁘고 즐겁게 노래할지니 주는 민족들을 공평히 판단하시며 땅 위에 열방을 치리하실 것임이니이다 하나님이여 민족들이 주를 찬송하게 하시며 모든 민족으로 주를 찬송케 하소서 땅이 그의 소산을 내어 주었으니 하나님 곧 우리하나님이 우리에게 복을 주시리로다 하나님이 우리에게 복을 주시리니 땅의 모든 끝이 하나님을 경외하리로다."(시67:5-7)

시편기자가 노래한 위의 내용은 하나님께서 민족들에게 은혜를 베푸시기를 기원하며 부른 찬송이다. 뿐만 아니라 위의 노래는 공의로 통치하시는 하나님께서 베푸신 복을 확신하면서 부른 노래이기도 하다. 이와 같이 시편기자가 간절히 찬송하기를 기원하는 뜻은 무엇인가? 이유는 영원하신 하나님은 영원히 찬송 중에 거하시기 때문이다. 사도 바울은 찬송 중에 거하시는 하나님을 다음과 같이 고백하고 있다.

"주는 곧 영원히 찬송할 이시로다" (롬1:25)
"그는 만물 위에 계셔서 세세에 찬양을 받으실 하나님이시라" (롬9:5)

3) 찬송을 원하시는 하나님

구약성경에 나타난 창조론 중에서 이사야 선지자는 하나님께서 사람을 창조하신 목적을 "이 백성은 내가 나를 위하여 지으시고 나의 찬송을 부르게 하려 함이라" (사43:21) 라고 찬송과 관련지어서 고백하고 있다. 이 짧은 성경구절의 내용에서 "창조주 하나님은 하나님을 위하여 사람을 창조하셨다." 라고 고백하고 있다. 또한 창조의 목적을 하나님께서 원하시는 찬송을 부르게 하기 위함이라고 이사야 선지자를 통하여 선언하고 있다. 또한 사도 바울은 에베소 교회에 보낸 편지 중에서 찬송을 원하시는 하나님의 크신 뜻을 보다 구체적으로 밝히면서 하나님께서 사람을 창조하신 목적을 찬송과 관련지어서 다음과 같이 고백하고 있다.

> "찬송하리로다 하나님 곧 우리 주 예수 그리스도의 아버지께서 그리스도 안에서 하늘에 속한 모든 신령한 복을 우리에게 주시되 곧 창세전에 그리스도 안에서 우리를 택하사 우리로 사랑 안에서 그 앞에 거룩하고 흠이 없게 하시려고 그 기쁘신 뜻대로 우리를 예정하사 예수 그리스도로 말미암아 자기의 아들들이 되게 하셨으니 이는 그가 사랑하시는 자 안에서 우리에게 거저 주시는 바 그의 은혜의 영광을 찬송하게 하려는 것이라"(엡1:3-6)

> "우리는 그리스도 안에서 그의 은혜의 풍성함을 따라 그의 피로 말미암아 속량 곧 죄 사함을 받았느니라 이는 그가 모든 지혜와 총명을 우리에게 넘치게 하사 그 뜻의 비밀을 우리에게 알리신 것이요 그의 기뻐하심을 따라 그리스도 안에서 때가 찬 경륜을 위하여 예정하신 것이니 하늘에 있는 것이나 땅에 있는 것이 다 그리스도 안에서 통일되게 하려 하심이라 모든 일을 그의 뜻의 결정대로 일하시는 이의 계획을 따라 우리가 예정을 입어 그 안에서 기업이 되었으니 이는 우리가 그리스도 안에서 전부터 바라던 그의 영광의 찬송이 되게 하려 하심이라"(엡 1:7-12)

> "그 안에서 너희도 진리의 말씀 곧 너희 구원의 복음을 듣고 그 안에서 또한 믿어 약속의 성령으로 인 치심을 받았으니 이는 우리 기업의 보증이 되사 그 얻으신 것을 속량하시고 그의 영광을 찬송하게 하려 하심이라" (엡1:13-14)

위의 성경 구절의 내용도 사도 바울이 하나님께서 인간을 창조하신 목적을 찬송과 관련지어서 밝힌 내용이다. 이 내용을 더 구체적으로 분석하여 보면 다음과 같이 셋으로 구분할 수 있다. 첫째 "하나님은 주 예수 그리스도 안에서 창세 전에 우리를 택하여 사랑 안에서 거룩하고 흠이 없게 하시여 아들로 삼으신 뜻을 하나님의 은혜의 영광을 찬송하게 하셨다." 라고 창조의 목적을 밝히고 있다. 둘째 하나님은 우리를 예수 그리스도의 피로 말미암아 죄 사함을 받게 하시고 모든 일을 그의 뜻대로 이루시는 하나님의 계획에 따라 우리는 창세전에 하나님으로부터 선택되었으니 이는 우리가 그의 은혜의 풍성함을 따라 그리스도 안에서 전부터 바라던 그의 영광의 찬송이 되게 하셨다. 라고 밝히고 있다. 셋째 우리는 진리의 말씀 곧 구원의 복음을 듣고 믿어 약속의 성령으로 인 치심을 받아 우리 기업의 보증이 되신 뜻도 그의 영광을 찬송하게 하기 위함이라고 밝히고 있다. 이를 요약하면 사도 바울은 하나님께서 사람을 창조하신 목적을 성부와 성자와 성령의 뜻에 따라 이루어졌음을 밝히고 있는 데 이는 삼위일체론 적으로 "하나님을 찬송케 하기 위하여 사람을 창조하셨다고 밝히고 있음을 알아야 한다." 이와 같이 하나님의 뜻을 아는 백성들이 부른 찬송의 내용은 시편기자의 찬양에서 잘 밝혀 주듯이 하나님께 찬양하는 것이 선하고 또 아름답고 마땅하다고 찬송하고 있다.

> "할렐루야 우리 하나님께 찬양함이 선함이여 찬송함이 아름답고 마땅하도다 여호와께서 예루살렘을 세우시며 이스라엘의 흩어진 자를 모으시며 상심한 자를 고치시며 저희 상처를 싸매시는도다 그가 별들의 수효를 세시고 그것들을 다 이름대로 부르시는도다 우리 주는 위대하시며 능력이 많으시며 그의 지혜가 무궁하시도다 여호와께서 겸손한 자들은 붙드시고 악인들은 땅에 엎드러뜨리시는도다 감사함으로 여호와께 노래하며 수금으로 하나님께 찬양할찌어다" (시147:1-7)

또 사도 바울은 "하나님의 형상대로 지음 받은 사람은 예수 그리스도로 말미암아 의의 열매가 가득하여 하나님의 영광과 찬송이 되게 하기를 구하고 있다"(빌1:11) 그러므로 하나님의 지음을 받은 피조물인 사람이 하나님의 뜻을 순종하며 살아가는 길은 여호와 하나님을 찬송하는 삶이라고 할 수 있다. 이유는 하나님은 찬송을 원하실 뿐 아니라 소나 양을 드림보다 더 기뻐하시기 때문에 시편 기자는 다음과 같이 노래하고 있다.

> "내가 노래로 하나님의 이름을 찬송하며 감사하므로 하나님을 광대하시다 하리니 이것이 곧 뿔과 굽이 있는 황소를 드림보다 여호와를 더욱 기쁘시게 함이 될 것이다." (시69:30-31)

이러한 삶은 일찍이 시편기자가 노래한 대로 "나의 생전에 여호와를 찬양하며 나의 평생에 내 하나님을 찬송하리로다."(시146:2) 라고 고백하고 있듯이 여호와를 찬송하는 삶은 그들의 삶에서 가장 귀한 삶이라고 하겠다. 또한 시편기자는 아래와 같이 구원받은 백성들은 창조주이신 여호와 하나님을 높이 찬양하며 찬송하라고 권하고 있음을 깊이 깨달아야 한다.

> "너희 모든 나라들아 여호와를 찬양하며 너희 모든 백성들아 그를 찬송할지어다." (시117 : 1)

4) 찬송 받기에 합당하신 하나님

> "나의 힘이 되신 여호와여 내가 주를 사랑하나이다. 여호와는 나의 반석이시요 나의 요새시요 나를 건지시는 자시요 나의 하나님이시요 나의 피할 바위시요 나의 방패시요 나의 구원의 뿔이시요 나의 산성이시로다"(시18:1-3)

성경에 기록된 선지자들은 여호와 하나님의 영광과 거룩하심, 그의 위엄과 존귀와 능력을 찬양하고 있다. 이유는 위에서 시편기자가 노래한 내용과 같이 여호와 하나님은 영원히 찬송 받기에 합당하시기 때문이라고 말할 수 있다. 그러므로 나의 찬송이신 하나님은 만세 전에 하나님께서 택하신 거룩한 백성만이 하나님을 찬송하는 특권을 받았다.

> "내가 찬송 받으실 여호와께 아뢰리니 내 원수들에게서 구원을 얻으리로다"(삼하22:4)

> "여호와는 광대하시니 극진히 찬양할 것이요 모든 신보다 경외할 것임이여 만방의 모든 신은 헛것이요 여호와께서는 하늘을 지으셨음이로다. 존귀와 위엄이 그 앞에 있으며 능력과 즐거움이 그 처소에 있도다."(대상16:25-27)

또 아래에 기록된 찬송의 내용은 사도요한에게 계시로 나타난 하늘나라에서 천사들이 부른 하늘나라의 노래를 환상으로 보여준 내용이다.

> "우리 주 하나님이여 영광과 존귀와 능력을 받으시는 것이 합당하오니 주께서 만물을 지으신지라 만물이 주의 뜻대로 있었고 또 지으심을 받았나이다 하더라"(계4:11)"

> "내가 또 보고 들으매 보좌와 생물들과 장로들을 둘러선 많은 천사의 음성이 있으니 그 수가 만만이요 천천이라 큰 음성으로 가로되 '죽임 당하신 어린 양이 능력과 부와 지혜와 힘과 존귀와 영광과 찬송을 받으시기에 합당 하도다 하더라"(계5:11-12)

> "내가 또 들으니 하늘 위에와 땅 위에와 땅 아래와 바다 위에와 또 그 가운데 모든 만물이 가로되 '보좌에 앉으신 이와 어린 양에게 찬송과 존귀와 영광과 능력을 세세토록 돌릴지어다 하니 네 생물이 가로되 아멘 하고 장로들은 엎드려 경배 하더라"(계5:13-14)

이 엄청난 찬송은 앞으로 구원받은 백성들이 이 땅위에서와 하늘나라에서 천사들과 함께 불러질 찬송이다. 위의 내용은 찬송받기에 합당하신 하나님의 거룩하심과 존귀와 영광, 능력과 부와 지혜와 힘을 영원히 찬송하는 광경을 보여준 환상이다.

이와 같이 구속함을 받은 자들의 찬송은 시편기자가 고백했듯이 여호와 하나님께 영원히 찬송하여야할 이유를 밝히며 확신하고 있다. 그러므로 모세와 이사야를 비롯하여 여러 선지자들이 "하나님은 나의 찬송"이라고 고백한 깊은 뜻을 이해해야한다. 그리고 현대에 살아가는 우리들에게도 "하나님은 나의 찬송"이라고 동일한 고백을 할 수 있을 때에 우리의 찬송도 영원한 찬송이 될 수 있다. 전능하신 하나님은 우리의 찬송을 받기에 합당하신 하나님이 시기 때문이다.

> "여호와를 경외함이 지혜의 근본이라 그의 계명을 지키는 자는 다 훌륭한 지각을 가진 자이니 여호와를 찬양함이 영원히 계속 되리로다"(시 111:10)

Ⅱ 예배의 원리

"나는 인애를 원하고 제사를 원치 아니하며 번제 보다 하나님을 아는 것을 원하노라"(호 6:6)

"그러므로 형제들아 내가 하나님의 모든 자비하심으로 너희를 권하노니 너희 몸을 하나님이 기뻐하시는 거룩한 산제사로 드리라 이는 너희 드릴 영적예배니라"(롬 12:1)

1. 예배의 일반적 이해

1) 예배의 어의와 뜻

일반적으로 예배(Worship)는 신앙생활에서 가장 중요시하고 있다. 그러므로 예배에 대하여 바르게 이해하는 것은 무엇보다도 중요하다. 이유는 예배를 바르게 이해할 때에 바른 예배를 드릴 수 있기 때문이다. 그러므로 예배에 대한 올바른 이해를 위하여 먼저 일반적으로 사용하고 있는 예배의 어의를 살펴보고자한다. 예배라는 말의 뜻은 "하나님을 경배하다" 라는 의미를 나타내고 있으나 시대와 지역에 따라 조금씩 달리 사용하고 있다.

(1) "서비스"(service)라는 말은 일반적으로 "예배" "봉사"등으로 사용되고 있으나 본래 "아바드"(Abad)라는 히브리어에서 유래된 말이다. 이 "아바드"라는 말의 뜻은 "섬김" "봉헌" 또는 "봉사한다" "일한다"(삼하15:8)라는 의미를 지니고 있다. 즉 피조물인 인간이 창조주이신 하나님 앞에서 자기의 의지와 자주성을 버리고 그의 뜻을 따르며 "성전에서 섬기는 존재"라는 뜻을 내포하고 있다.

(2) "샤하"(Shachah)라는 말은 구약성경에서 나오는 용어인데 이 말의 뜻은 "엎드려 부복하다" 또는 "경배하다"(신26:10 ; 삼상1:3)라는 동사로 쓰이는 의미를 지니고 있다. 즉 하나님의 거룩하신 위엄 앞에 자신을 굴복하고 겸손한 자세로 허리를 굽히거나 무릎을 꿇는 행위를 나타낸 말이다. 이러한 표현은 "머리를 숙여 경배했다"(창24:26,49 ; 출4:31) "땅에 엎드려 절하다"(창24:52 ; 출34:8)라는 말로 나타내고 있다.

(3) "컬트"(Cult 또는 cultus)라는 말은 라틴어 "Colere"에서 유래된 말이다. 본래 이 말의 뜻은 "경작한다"라는 의미를 지니고 있는 농경어로 사용되었다. 이 말의 의미는 영어의 "예배"(worship)보다 훨씬 풍부한 뜻을 지니고 있는 "숭배한다" 또는 "경의를 표한다"라는 폭넓은 의미를 내포하고 있는데 예배의 내용과 의식을 정의하는데 오랫동안 사용되었다.

(4) "리터지"(Liturgy)라는 말은 "섬김" 또는 "봉사"라는 뜻을 지니고 있으며 예배의식을 말할 때 쓰이는 용어이다. 이 말은 옛 언약아래서 제사장의 직무(눅 1:23 ; 히9:21) 또는 그리스도의 직분(히8:6)과 교회의 예배(행13:2)를 표시한다. 즉 리터지"라는 말은 모든 예배자 들이 함께 모여 예배드리는데 능동적으로 참여한다는 의미를 내포하고 있으며 믿음과 순종으로 하나님께 헌신한다는 의미로 사용되었다.

(5) "워쉽"(Worship)이라는 말은 원래 앵글로색슨어인"weorthscipe"에서 나온 것으로 가치(worth)라는 말과 신분(ship)이라는 말의 뜻을 가진 합성어이다. 이 말의 뜻은 "존경과 존귀를 받으시기에 합당한 자"이다. 우리의 예배는 하나님의 가치를 선포하는 것이다. 계시록에는 "죽임을 당하신 어린양이 능력과 부와 지혜와 힘과 존귀와 영광과 찬송을 받으시기에 합당 하도다"(계5:12) 또 "보좌에 앉으신 이와 어린양에게 찬송과 존귀와 영광과 능력을 세세토록 돌릴지어다. 부와 지혜와 힘과 존귀와 영광과 찬송을 받으시기에 합당하도다."(계5:13)라고 기록되어 있다. 즉 예배(Worship)라는 말은 하나님 앞에 최상

의 가치를 돌리는 것을 의미한다.

(6) "고테스딘스트"(Gottesdienst)라는 독일 말은 영어의 "섬김"(Service)과 같은 의미를 지니고 있다. 즉 "고테스딘스트"라는 말은 하나님의 백성이 된 자의 의무로써 "하나님을 섬긴다."는 의미를 내포하고 있다. 본래 "Service"란 말은 다른 사람을 섬기기 위해서 사로 잡혀 있는 노예를 의미하는 라틴어 "servus"에서 유래된 것이다. "Gottesdienst"는 "하나님"의 뜻을 가진 "Gott"와 "일", "섬김", "헌신"의 뜻을 가진 "Dienst"와 관련시켜 만들어진 합성어이다. 그리스도께서 하나님이면서도 오히려 자기를 비워 종의 형체를 가져 사람들과 같이 되신(빌 2:7) 하나님과 그러한 하나님께 대한 우리의 서비스를 반영하고 있다. 즉 예배는 주권자이시며 절대자이신 하나님을 섬긴다는 뜻을 내포하고 있다.

(7) 예배(禮拜)라는 예(禮)자는 예도(예) 또는 예절(례), 인사(례), 예물(례)이고 배(拜)자는 절(배) 또는 절할(배), 삼가고 공경할(배), 벼슬 줄(배), 벼슬 받을(배)자이다. 이 두 글자가 합쳐진 예배(禮拜)라는 의미를 풀어 보면 "예를 갖추어 절한다."라는 의미로 해석할 수 있다. 예부터 내려오는 한국의 풍습에서 어른을 뵈올 때 외모를 단정하게 하고 인사하는 모습을 상상하면 쉽게 이해할 수 있다. 이 내용을 성경으로 풀어보면 다윗은 "여호와의 이름에 합당한 영광을 돌리며 거룩한 옷을 입고 여호와께 경배할지어다."(시29:2) 라고 노래하고 있는데 이는 시편기자가 "거룩한 옷을 입고 즐거이 헌신하니 새벽이슬 같은 주의 청년들이 주께 나오는 도다."(시110:3)라고 노래한 내용과 같은 의미로 해석된 내용이라고 할 수 있다. 이 성경구절을 최근에 출판된 성서원에서 편집 발행한 현대어성경의 번역한 내용을 보면 "여호와의 영광스런 이름을 찬양하여라. 거룩한 옷을 입고 여호와께 무릎을 꿇어 엎드려 경배하라."[6] 라고 예배에 대한 의미를 더욱 구체적으로 밝히고 있다.

---

6) 현대어성경편찬위원회, 「현대어 성경」 서울:성서원, 2001, 시편 29:2

위의 예배에 대한 여러 가지 어의를 요약하고 예배(禮拜)에 대한 의미를 바르게 이해하려면 위의 여러 가지 어의를 정리할 수 있어야 한다. 예배란 하나님의 뜻에 따라 지음을 받은 사람들이 진실하고 깨끗한 마음으로 창조주 하나님의 영광과 존귀와 위엄을 높이 찬양하고 경배하는 거룩한 행위이다. 그러므로 예배에 대한 여러 가지 어의에 대한 의미는 창조주 하나님을 기리며 거룩한 행위를 나타내는 뜻으로 요약할 수 있다.

2) 예배의 정의

기독교에서 말하는 예배란 어떠한 의미를 내포하고 있는가? 이 물음에 대하여 많은 학자들은 여러 가지로 정의를 내리고 있으나 예배에 대하여 보다 깊이 연구하고 바르게 이해하는 것이 무엇보다 중요하다. 이유는 최근에 예배에 대한 정의가 학자들 마다 주장하는 이론이 다양하여서 예배의 내용과 형식이 변질되고 있기 때문이다.

기독교의 예배는 세상 만물을 창조하시고 섭리하시는 "창조주 하나님과 구원받은 백성들의 만남"에서부터 이루어지는 거룩한 행위이다. 또 "기독교의 예배는 예수 그리스도를 중보로 이루어진 하나님과 사람, 곧 하나님과 예배자의 교제(communication) 혹은 만남(meeting)"[7]이라고 정의하고 있다. 그리스도인의 예배는 예수 그리스도의 십자가 공로로 구속함을 받은 성도들이 하나님 앞에 자신을 구속하여주신 감격과 신앙을 고백하고 감사와 찬양을 드리며 성도간의 교제로 이웃사랑을 체험한다. 그리고 하나님의 말씀을 듣고 새로워지는 아름다운 행위이다. 결코 예배는 자신의 욕구를 충족시키기 위한 행위이거나 무엇을 얻고자하여 행하는 일이 아니다.

이러한 예배에 대하여 그 동안 여러 학자들은 예배(Worship)에 대한 정의를 다양하게 정의하고 있다. 존 헉스터불(John Huxtable)은 "예배란 하나님과 그 백성 사이의 대화이다."[8] 레이몬드 압바(Raymond Abba)는

---

[7] 金昭瑛,「禮拜와 生活」서울:大韓基督敎書會, 1974, P.35
[8] John Huxtable,「The Bible Says」Richmond:John knox Press,1962, p.109

"예배는 본질적으로 응답인바 곧 하나님의 은혜의 말씀과 그가 우리 인간과 우리의 구원을 위하여 행하신 일에 대한 인간들의 응답이다."9) 즉 예배는 우리 인간의 목적에서부터 시작되는 것이 아니라 하나님의 목적에서 시작된다는 것이다. 웨버(R. Webber)는 "예배는 하나님과 그 백성 간의 만남"10)이다. 프랭클린 지글러(Franklin M. Segler)는 "그리스도교의 예배는 예수 그리스도 안에 나타난 하나님 자신의 인격적인 계시에 대한 사람의 인격적인 믿음 안에서의 사랑어린 응답이다."11)라고 정의하고 있다. 폴 훈(Paul W. Hoon)교수는 "예배란 그리스도이신 예수님 안에서 자신을 보여주신 하나님의 계시와 그에 대한 인간의 응답" 또는 "그리스도이신 예수님 안에 있는 인간의 영을 향한 하나님의 역사와 그리스도이신 예수님을 통하여 하나님께 응답하는 인간의 행위"12)라고 주장하고 있다. 로버트 레이번(R. G. Rayburn)은 "예배는 성도들의 새 생명 활동인데 예수 그리스도의 인격에 나타난 신격의 충만과 그의 강력한 구속의 행위로 인하여 그에게 합당한 영광과 존귀를 드리는 행위이다."13)라고 정의하고 있다. 그 외에 하이델베르그 대학에서 오랫동안 교수로 있던 피터 부르너(Peter Brunner)는 "예배란 우리 주 하나님께서 성령을 통하여 우리에게 말씀하시는 것으로서 인간인 우리는 기도와 찬송으로 그분에게 응답하는 것이며 그 외에 다른 것은 행해지지 않아야한다"14)

위에서 소개한 여러 학자들이 주장하고 있는 예배에 대한 정의는 하나님의 뜻을 알고 예배의 의미를 바르게 이해하는데 기초가 된다. 이들

---

9) Raymond Abba, 「Principle of Christian worship」 허경삼 역, 「기독교예배의 원리와 실제」, 서울:대한기독교서회, 1974, p.14
10) Robert Webber, 「Worship old and New」 김지찬 역, 「예배학」 서울:생명의말씀사, 1988, p.8
11) Franklin M. Segler, 「Christian worship」 정진황 역 「禮拜學原論」 서울:요단출판사, 1979, p.74
12) James F. White, 「기독교예배학입문」 정장복, 조기연 옮김, 서울: 예배와 설교아카데미, 2000, p.25
13) Robert G. 「예배학」 김달생, 강귀봉 공역, 서울:성광문화사, 1982, p.27
14) James F. White, Ibid, p.26

의 예배에 대한 정의를 요약하면 예배는 "하나님의 계시(revelation of God)에 대한 인간의 응답"(response of man)이며 예수 그리스도 안에서(in) 그를 통하여(through) 이루어지는 거룩한 행위이다." 라고 정리할 수 있다. 그러므로 예배는 하나님과 그 백성들이 함께 교제(communication)하며 자신의 깊은 뜻을 간구하며 이웃과 함께 사랑을 나누는 사귐의 자리가 되기도 한다. 또 예배는 하나님을 사랑하는 마음과 하나님을 기쁘시게 하는 자발적인 인간의 행위이며 자신을 온전히 드리는 일(self offering)이다. 이러한 거룩한 예배는 눈으로 확인할 수 없는 불가시적인 하나님을 찬양하고 감사하기 위하여 가시적인 형식에 담아 응답하는 인간의 행위라고 말할 수 있다. 또한 칼 바르트(Karl Barth)는 "교회의 예배는 하나님의 일이며 이것은 그 자체를 위해 수행되는 것이다." 라고 예배에 대하여 말하고 있는데 그 말은 앞에서 언급한 대로 인간이 하나님께 최고의 가치를 나타내는 것이다. 따라서 하나님께 정성을 모아 드리는 그리스도의 예배는 그 안에 하나님께 대한 예배의 목적이 있으므로 무엇을 얻고자 하는 행위가 아니며 예배 이외의 어떠한 목적도 있을 수 없고 다른 무엇을 위한 수단이나 방편도 될 수 없음을 암시하고 있다. 그러므로 예배는 피조물인 인간이 하나님께 대한 가장 중요한 임무이며 본분임을 알아야 한다. 이러한 임무와 특권은 구원받은 백성들이 영적 예배를 위하여 거룩한 섬김의 생활을 해야 한다. 이러한 섬김의 생활은 "성령의 열매로 나타나는 믿음의 생활"(갈5:22)에서만 가능하다. 성도들의 이러한 거룩한 예배생활의 결과는 언제나 전능하신 하나님의 은총이 함께하심을 깨닫게 된다.

3) 예배의 원리

기독교의 예배가 하나님께서 기뻐하시는 참된 예배가 되려면 예배의 기본원리를 바르게 알고 이해해야 한다. 왜냐하면 예배의 가장 근본이 되는 원리는 예배의 대상과 예배자의 관계가 분명해야하기 때문이다. 그러므로 예배는 여호와 하나님께서 모세에게 주신 계명과 예수님께서 말씀하신 계명에 근거를 두고 있다. 즉 "주 너희 하나님께 경배하고 다만 그를 섬기라"(신6:5, 마4:10, 22:37, 눅4:8)라고 하신 말씀을 순종하고 따르는 구속함을 받은 성도들의 진실하고도 거룩한 행위이기 때문이다.

그러므로 기독교 예배의 원리는 예배행위의 내적 의미를 제시하고 밝혀주는 구조적인 형식이라고 할 수 있다. 예배의 기본원리가 바로 세워지지 않으면 바른 예배를 기대할 수 없고 예배는 변질될 수밖에 없다. 최근에 한국교회의 예배가 변질되고 있는 가장 큰 이유도 예배의 원리가 흔들리고 있는데 원인이 있음을 알아야 한다. 그러므로 하나님이 기뻐하시는 예배가 되기 위해서 예배의 원리를 바로 세워야 한다.

(1) 하나님의 계시와 인간의 응답

하나님 앞에 드리는 기독교의 예배는 인간의 정신적인 수양이나 명상의 행위가 아니다. 또 예배의 대상은 인간이나 어떠한 사물이 아니며 살아 계신 창조주 하나님이시다.

기독교 예배의 첫째 원리는 예수 그리스도의 십자가를 통하여 나타나신 하나님의 계시로 이루어진 만남이다. 그리고 만남(예배)의 대상은 살아 계셔서 만물을 주관하시는 창조주 하나님이시다. 예배는 인간이 계획하고 목적을 정하여 이루어지는 것은 아니다. 예배는 하나님의 예정하심과 섭리에 의해서 이루어진다. 즉 우리가 하나님 앞에 나아가 예배하는 거룩한 행위는 창세전에 우리를 택하셨고 예수 그리스도를 통하여 인간의 죄를 구속하시고 영광을 받으시기 위한 예정부터 시작된다. 또한 보혜사 성령께서 사랑으로 인간을 주장하시고 예배에서 인간이 하나님께 응답하게 인도하신다. "우리가 하나님을 사랑함은 그가 먼저 우리를 사랑하셨기 때문이다."(벧전 4:10, 19) 그러므로 인간에게 베푸신 하나님의 사랑에 대한 인간의 최상의 가치를 드리는 응답행위이며 자신의 믿음을 고백하는 것이 예배이다.

따라서 기독교의 예배는 인간이 하나님의 초청하심(Calling, 부르심, 소명<召命>)과 은혜의 계시에 대한 인간이 응답(responsorial)하는 거룩한 행위이다. 즉 예배는 구원받은 백성들이 살아가는 동안 매 순간 마다 하나님의 도우심과 지키심에 대한 응답이다. 그러므로 하나님의 계시에 대한 인간의 응답은 들음과 순종으로 표현된다. 이사야 선지자는 "웃시야 왕이 죽던 해에 환상을 보고 여호와의 음성을 들은 후에 응답하였는데"(사6:1-8) 응답의 핵심은 겸손과 믿음의 순종이라고 할 수 있다. 그래서 여호와 하나님은 "순종이 제사보다 낫고 듣는 것이 수양의 기름보다 낫다"(삼상15:22)라고 말씀하고 있다. 그러므로 예배의 주체는 하나님이시며 사람이 아니다. 그러나 하나님의 부르심에 인간은 응답하는 자와 응답하지 않는 자로 구분된다. 사도 바울은 "십자가의 도가 멸망하는 자들에게는 미련한 것이요 구원을 얻는 우리에게는 하나님의 능력이라"(고전1:18)라고 말하고 있다. 즉 하나님의 부르심에 응답하는 자는 하나님의 능력이 나타나고 하나님의 부르심에 응답하지 않는 자는 미련하여 멸망하는 자가 된다는 것이다. 그러므로 하나님의 계시와 인간의 응답으로 이루어지는 진정한 예배는 예수 그리스도의 중보에 의하여 이루어진다. 예수께서는 "내가 곧 길이요 진리요 생명이니 나로 말미암지 않고는 아버지께로 올 자가 없느니라."(요14:6)라고 하신 말씀 중에는 누구든지 예수 그리스도를 통하지 않고는 아버지를 볼 수 없다는 것이다. 그러므로 진정한 예배는 하나님 앞에 참회하고 감사하고 찬양하며 겸손한 마음으로 헌신하고 봉사하며 응답하는 고백이 되어야 한다.

(2) 신령과 진정으로 드리는 예배

기독교 예배의 둘째 원리는 성령의 역사로 이루어지는 예배이다. "하나님은 영이시니 예배하는 자가 신령과 진정으로 예배할 지니라"(요4:24)라고 하신 예수님의 말씀은 성령의 역사로 이루어지는 진실한 영적인 예배를 강조하고 있다. 성령께서 역사하시므로 구원받은 백성은 예배할 마음을 갖게 하시고 또 그 마음을 하나님께 향하게 하시고 지은 죄를 자복하고 참회하게 하시며 말씀을 듣고 깨닫게 하신다. 그러므로 신령한 예배는 성령의 역사하심이 있을 때만이 이루어질 수 있다. 또한 예배는 물질적인 것 보다 예배자의 마음속 깊은데서 울어 나오는 감정(感

情, emotion)과 사고(思考, thought)와 의지(意志, will)에서 나타나는 정성(精誠)으로 이루어진다. 따라서 성령의 역사하심이 없는 예배는 인간의 단순한 감정의 표출이나 윤리적인 정서활동 또는 지적인 활동이 될 수는 있으나 하나님이 기뻐하시는 신령한 영적예배가 될 수 없다. 이유는 예배의 주체는 인간이 아니며 하나님이시기 때문이다. 신령과 진정으로 드리는 영적예배는 예배자의 거짓이 없는 마음가짐과 정성을 드리는 데서부터 이루어진다. 그러므로 예배자가 가져야 할 마음가짐은 가증스럽고 위선적인 마음을 버리고 진실한 마음가짐이 중요하다. 이유는 하나님은 거짓된 마음의 예배는 원하지도 않으시고 용납하지 않기 때문이다. "악인의 제사는 여호와께서 미워하셔도 정직한자의 기도는 그가 기뻐하시느니라."(잠15:8) 또 이사야 선지자는 "이 백성이 입으로는 나를 가까이하며 입술로는 나를 존경하나 그 마음은 내게서 멀리 떠났나니 그들이 나를 경외함은 사람의 계명으로 가르침을 받았을 뿐이라."(사 29:13) 라고 책망하고 있으나 하나님께서 진정으로 원하시는 제사는 예배 자들의 "상한심령이라"(시 51:17)라고 시편기자는 고백하고 있다. 호세아 선지자는 진정한 예배에 대하여 "나는 인애를 원하고 제사를 원하지 아니하며 번제보다 하나님을 아는 것을 원하노라"(호 6:6)라고 말하고 있는데 이는 예배 자들이 가져야 할 거짓이 없는 깨끗한 마음가짐이다. 또한 신령과 진정으로 드리는 예배는 예배자 자신이 마음과 뜻과 정성을 다하여 진실한 마음으로 드릴 때만이 하나님이 기뻐하시는 예배가 될 수 있다. 또한 영적예배는 성령으로 거듭난 나와 주의 백성들이 한 마음으로 이루어가는 공동체의 거룩한 행위이다. 그러므로 예배자들이 신령과 진정으로 예배하는 예배의 진실성(reality of worship)은 예배형식의 유무에 있는 것이 아니라 무엇보다도 예배자들의 진실한 마음과 성령의 능력으로 인하여 자기 봉헌과 연합하는데 있다고 할 수 있다.

(3) 공동체로서의 예배

기독교예배의 셋째 원리는 예배자 들의 개별적인 행위가 아니고 예배자들이 함께 모인 공동체적 행위이다. 그것은 바로 독립된 개인의 행위가 아니라 구원함을 받은 사람들의 공동체인 교회전체의 거룩한 행위이다. 그러므로 예배는 경건한 개개인들의 모임이 아니라 교회의 주(Lord of the church)와 직접적인 관계 속에서 이루어지는 하나의 공동행위라는 생각이 점점 늘어가고 있다. 따라서 "개인적인 예배는 공동의 예배 곧 주님의 몸인 교회의 예배에 근거를 둔다. 그리스도의 예배는 하나님의 백성들이 하나님을 향하여 가는 공동적인 접근이다. 그것은 가족적인 행동(family activity)이다."[15]라고 압바(R. Abba)는 말하고 있다. 그러므로 예배는 혼자 부르는 독창이 아니며 여러 사람이 조화를 이루어 함께 부르는 합창과 같다. 또 예배는 하나님의 백성으로서 하나 됨을 인식하고 여러 성도들이 같은 시간에 같은 곳에 같은 마음으로 함께 모인 공동체의 거룩한 행위이다. 사도 바울은 이와 같은 공동체의 의미를 사람의 몸에 비유하고 있다. "우리 많은 사람이 그리스도 안에서 한 몸이 되어 서로 지체가 되었느니라."(롬12:5) 또 "몸은 하나인데 많은 지체가 있고 몸의 지체가 많으나 한 몸임과 같이 그리스도도 그러하니라."(고전 12:12)라고 하여 공동체의 교회, 공동체의 예배에 대한 의미를 분명히 밝히고 있다. 예배에서 같은 찬송을 부르고 기도하고 사도신경과 주님이 가르쳐주신 기도를 함께 외우고 설교를 듣는 행위는 예배에 참석한 모든 회중이 하나의 공동체를 이루는 예배이다.

(4) 아름답고 질서 있는 예배

아름답게 세상 만물을 창조하신 하나님께 예배하는 자는 아름답고 질서 있는 거룩한 예배로 드려야 한다. 시편 기자는 "여호와의 이름에 합당한 영광을 돌리며 거룩한 옷을 입고 여호와께 돌릴지어다."(시 29:2) 또 "아름답고 거룩한 것으로 여호와께 경배할지어다."(시96:9) 라고 말하고 있다. 왜냐하면 "그는 우리를 지으신 자시요 우리는 그의 것이니 그의 백성이요 그의 기르시는 양"(시100:3) 이기 때문이다. 또 시편 기자는

---

15) R. Abba, Ibid, P.20

"여호와께 즐거이 부르며 기쁨으로 여호와를 섬기고 노래하면서 그 앞에 나아가라"(시100:1-2)고 권하고 있다. 그런데 오늘의 예배는 너무 혼란스럽다. 하나님 중심의 전통적인 예배(traditional worship)보다는 질서와 형식에 얽매이지 않은 사람중심의 자유로운 예배로 바뀌고 있다. 특히 몇 년 전부터 교회에서 널리 파급되고 있는 젊은이들을 위한 "열린 예배"는 예배의 대상이나 목적이 불분명하여 많은 사람들에게 의구심을 불러일으키고 혼란을 주고 있다. 그 외에도 멀티미디어 예배(Multimedia Worship), 사이버예배(Cyber Worship), 지성전예배 등 다양한 예배로 변하고 있다. 그러나 이렇게 다양하게 변하고 있는 현대 교회의 예배에 여러 가지 문제는 예배의 형식과 내용에 대한 연구가 보다 깊이 해야 할 과제이기도 하다. 이유는 오늘의 예배는 예배의 근본이 흔들리기 때문이다.

사도 바울은 일찍이 고린도 교회에 편지를 쓰면서 예배와 그 외의 교회생활을 위하여 덕을 세우라고 권면하고 있다. "너희가 모일 때에 각각 찬송도 있으며 가르치는 말씀도 있으며 계시(revelation)도 있으며 방언을 하는 자(speaks in tongues)도 있으며 통역함도 있나니 모든 것을 덕을 세우기 위하여 하라"고 권하고 있다. 그러므로 오늘의 예배는 아름답고 질서 있는 영적예배가 되도록 관심을 갖아야한다. 또한 아름다운 예배가 되기 위해서는 마음과 뜻과 정성을 드리는 예배자의 헌신적인 마음과 의식(rites) 그리고 예식(ceremony)으로 이루어질 때 가능하다. 그러나 깊이 생각해야할 문제는 내용이 없는 여러 가지 순서의 예배가 될 때에 오히려 지루할 수 있고 신령과 진정으로 드리는 예배가 되기 어렵다. 따라서 아름답고 신령한 예배를 위하여 사도 바울은 "모든 것을 적당하게 하고 질서대로 하라"(고전14:40)고 권하고 있다. 이유는 "하나님은 어지러움의 하나님이 아니시오 화평의 하나님이시기 때문이다."(고전14:33) 그러므로 아름다운 예배에 대하여 알렌(R. Allen)과 보로르(G. Borror)가 말한 내용대로 "진정한 예배는 예술의 상태가 아니라 마음의 상태다. 그러나 마음으로 드리는 진정한 예배는 아름다운 예술에 의하여 더욱 풍성해진다."라는 말에 관심을 갖아야한다.

4) 예배의 목적

구약시대에 이스라엘 사람들의 제사는 자신의 죄를 사함 받기 위한 목적으로 제단을 쌓고 여호와께 1년 된 흠이 없는 짐승(소, 수양, 비둘기)을 잡아 제물로 드렸다. 그러므로 이들은 제사를 위하여 언제나 제물이 준비되어 있어야 했다. 이와 같이 제물을 드리던 제사가 왜 예배로 변하였는가? 이 질문에 사도 바울의 고백에서 우리는 분명한 이유를 알아야한다. "모든 사람이 죄를 범하였으매 하나님의 영광에 이르지 못하였으나 그리스도 예수 안에 있는 구속으로 말미암아 하나님의 은혜로 값없이 의롭다 하심을 얻은 자가 되었다고 고백하고 있다."(롬3:23-24) 또 예수 그리스도 안에서 구속의 은총이 이루어진 의미를 히브리서 기자는 다음과 같이 이유를 밝히고 있다.

> "이 뜻을 따라 예수 그리스도의 몸을 단번에 드리심으로 말미암아 우리가 거룩함을 얻었노라 제사장마다 매일 서서 섬기며 자주 같은 제사를 드리되 이 제사는 언제나 죄를 없게 하지 못하거니와 오직 그리스도는 죄를 위하여 한 영원한 제사를 드리시고 하나님 우편에 앉으사 그 후에 자기 원수들을 자기 발등상이 되게 하실 때까지 기다리시나니 그가 거룩하게 된 자들을 한 번의 제사로 영원히 온전하게 하셨느니라 또한 성령이 우리에게 증언하시되 주께서 이르시되 그날 후로는 그들과 맺을 언약이 이것이라 하시고 내 법을 그들의 마음에 두고 그들의 생각에 기록하리라 하신 후에 또 그들의 죄와 그들의 불법을 내가 다시 기억하지 아니하리라 하셨으니 이것들을 사하셨은즉 다시 죄를 위하여 제사 드릴 것이 없느니라"(히10:10-18)

위의 기록은 성령으로 말미암아 흠 없는 자신을 만백성의 죄를 위하여 갈보리 언덕에서 단번에 드린 영원한 제사임을 밝혀주고 있다. 또 그가 흘리신 예수 그리스도의 십자가 보혈은 영원한 제물이 되었으므로 다시 소나 양을 잡아 희생의 제물을 드릴 필요가 없게 되었다라고 히브리서 기자는 말하고 있다. 그러므로 구속함을 받은 백성들의 생활은 예수 그리스도의 십자가 사건 이후에는 죄를 사함 받기 위하여 제물을 드리던 구약시대의 제사의 목적이 변하여졌음을 알 수 있다. 그리고 "예수 그리스도의 십자가 보혈로 구속함을 받은 사람들은 구속의 은총"(롬 3:23-5, 엡1:7, 2:5-6)을 감사하며 몸으로 거룩한 산제사를 드리는 영적예배로 바뀌어졌음을 쉽게 이해할 수 있다. 그러면 이렇게 바뀐 영적예배의 목적은 무엇인가? 이 문제는 학자들 간에 여러 가지로 논하고 있으나 성경에 기록된 영적예배의 목적을 요약을 하면 하나님을 영화롭게 하고 영광을 돌리는데 있다. 그러므로 그 영광은 하나님의 이름에 합당한 영광이어야 한다. 시편 기자는 다음과 같이 고백하며 여호와께 영광을 돌려야할 이유를 말하고 있다.

> "온 땅이여 여호와께 노래하며 그의 구원을 날마다 선포할 지어다 그의 영광을 모든 민족 중에 그의 기이한 행적을 만민 중에 선포할 지어다 여호와는 위대하시니 극진히 찬양할 것이요 모든 신보다 경외할 것임이여 만국의 모든 신은 헛것이나 여호와께서는 하늘을 지으셨도다 존귀와 위엄이 그 앞에 있으며 능력과 즐거움이 그 처소에 있도다. 만방의 족속들아 영광과 권능을 여호와께 돌릴지어다 여호와의 이름에 합당한 영광을 그에게 돌릴지어다 예물을 가지고 그 앞에 들어갈지어다 아름답고 거룩한 것으로 여호와께 경배할 지어다"(대상16:23-29, 시96:6-7)

또 사도 바울은 "예수 그리스도로 말미암아 의의 열매가 가득하여 하나님의 영광과 찬송이 되기를 구하고 있다."(빌1:11) 뿐만 아니라 사도 요한은 다음과 같이 고백하고 있다.

> "우리 주 하나님이여 주께서 영광과 존귀와 권능을 받으시는 것이 합당하시오니 주께서 만물을 지으신지라 만물이 주의 뜻대로 있었고 또 지으심을 받았나이다"(계4:11)

사도 요한이 고백한 위의 내용은 이사야 선지자나(사43:21) 사도 바울이 고백한(엡1:3-14)대로 하나님께서 인간을 창조하신 목적과 일치하고 있다. 그러므로 구속함을 받은 사람들은 마음을 다하여 드리는 영적예배로 하나님께 영광과 존귀를 돌려야한다.

그러나 독일의 자유주의 신학자 쉴라이에르마허(Schleiermacher)는 예배의 목적은 "경건한 영혼의 종교적 자기계시"라고 말하고 있다. 또 루터(M. Luther)는 "죄인의 개종 또는 공중의 교육"이 예배의 목적이라고 말하고 있다. 뿐만 아니라 경건주의 자들은 "성도의 교제"가 예배의 목적이라고 하는데 개혁파 교회에서는 예배의 목적을 "하나님의 영광을 위하여"라고 말하고 있다.16) 이와 같이 예배의 목적은 학자에 따라서 주장의 차이가 있음을 볼 수 있다. 이를 요약하면 예배의 목적은 창조주 하나님의 영광을 드러내고 하나님의 계시에 대하여 피조물인 인간이 응답하는데 두어야 한다. 이러한 예배의 목적을 요약하면 위에서 언급한 대로 첫째 거룩하신 하나님께 영광과 존귀를 돌리는 것이다. 둘째 하나님께서 베푸신 구속의 은총과 사랑에 대한 감사를 표하는 데 있다. 즉 자신의 몸과 마음과 뜻과 정성, 시간, 물질 등을 바쳐 자발적으로 헌신하고 이웃에 대한 아낌없는 봉사를 하는 데 있다. 그러므로 하나님께 예배하는 마음은 기쁨으로 충만하며 헌신하고 봉사 하고자 하는 마음이 언제나 넘치게 된다. 예배는 결코 타의에 의하여 마음에도 없는 예배행위가 되어서는 안 된다. 셋째 믿음과 소망과 사랑으로 내적인 덕성과 외적인 품위를 세우는 데 있다. 또한 교회를 부흥성장하게 하고 어두운 세상을 밝히며 변화시키는 힘을 발휘하는 데 있다. 그러므로 예배의 목적을 이루기 위해서는 먼저 삼위일체이신 하나님을 구주로 믿고 지난날의 생활 속에서 지은 자신의 모든 죄를 참회하는 과정이 선행되어야한다. 그리고 날마다 하나님의 뜻을 따라 거듭나는 과정을 통해서 성결한 삶으로 온전히 변화 될 때에 예배의 목적을 달성할 수 있다.

5) 예배관의 이해

한국교회는 선교초기부터 예배에 대한 이해가 부족한 상황에서 성장해 왔다. 그러므로 오늘에 이르기까지 교회에서 예배에 대한 이해가 바

---

16) 金壽鶴, 「改革派禮拜學」 서울:보문출판사 1982. P. 21

르게 정립되지 않은 상태에서 예배생활을 하는 사례가 허다하다. 한국교회는 예배를 어떻게 이해하느냐에 따라서 예배관이 다르다. 일반적으로 "예배 본다." "예배드린다." "예배한다."라는 등 다양하게 표현하고 있다. 이렇게 예배에 대한 다양한 표현이 성도들에게 어떠한 영향을 끼치고 있는가? 이러한 문제에 대하여 논란이 이르기 시작한 것은 오래 되지 않으나 한국교회는 예배에 대한 바른 이해가 시급히 요청되고 있다. 이유는 예배를 어떻게 이해하느냐에 따라서 예배의 내용과 형식이 달라지기 때문이다.

(1) "예배 본다."의 예배관

"본다."라는 말은 "보다"와 같은 의미로 사용하는데 사람의 "오각"(五覺)17)으로 즐기거나 감상하는 느낌을 나타내는 말이다. "본다."는 말은 시각적으로 사물을 보고 감상하는 것 외에도 아름다운 음악을 귀로 들어보고 즐기거나 음식의 냄새를 코로 확인하고 입으로 맛을 본다. 그리고 피부의 살 갓이나 옷을 접촉해 봄으로서 촉각의 부드러움을 느끼게 된다. 그런데 한국교회는 일상생활에서 많이 사용하고 있는 "본다."라는 말을 많이 사용하고 있다. 교회에 갈 때두 "예배 보러간다." 라고 말하고 예배를 시작할 때도 "예배 보겠다." 라고 말한다. 실제로 많은 성도들 중에는 예배를 보는 사람들이 많다. 교회에 와서 건물을 보기도 하고 예배시간에 기도자나 설교자를 보기도 하고 찬양대의 성가를 보려고 가기도 한다.

그들은 목사의 설교를 듣고 은혜 받기보다는 설교를 평하고 독창자의 독창이나 성가대의 찬양을 드릴 때에 같은 마음으로 찬양을 드리지 않는다. 예배를 보려고 온 사람들은 이 시간에 찬양하는 모습을 보고 있거나 감상하는 시간으로 착각하고 있다. 또 찬양을 듣고 박수를 치기도 하고 찬양을 평하기도 한다. 이들은 강연회에 참석하여 강연을 듣거나 음악회에 참석하여 합창을 감상하는 느낌으로 예배를 보는 구경꾼이나 다름이 없다. 이러한 예배는 예배자 자신이 하나님께 찬송과 영광을 돌리

---

17) "오각"(五覺)을 "오감"(五感)이라고도 한다.

는 감사의 마음보다는 한발 뒤로 물러선 상태에서 예배의 과정을 감상하는 상태라고 볼 수 있다. 그러므로 이들의 예배는 거룩한 예배가 될 수 없고 습관적인 예배가 될 수밖에 없다. 또 이러한 예배는 자신의 의지보다는 인도자에 따라서 피동적으로 감상하는 관람자의 입장이기 때문에 성령의 역사하심을 기대할 수 없다. 그래서 예배자들은 예배의 감격보다는 형식적인 예배에 머물게 된다. "본다"라는 의미를 문자적으로 이해할 때에는 위와 같이 예배를 감상하는 정도로 그칠 수밖에 없다. 그러므로 "예배를 본다"라는 표현은 예배자들이 잘못 이해할 수 있다. 그러나 한국사회에서 통용되고 있는 언어문화의 배경을 살펴보면 문자적인 이해이상의 넓고 깊은 의미를 지니고 있는 말이 일상생활에서 많이 사용되고 있음을 알아야한다. 그 중에 우리가 늘 사용하고 있는 "본다"는 말이 그 한 예라고 할 수 있다. "본다"는 말은 한국의 언어문화에서 가장 다양하고도 함축성 있는 언어로 사용되고 있기 때문이다. 그러므로 일반 성도들이 교회에 가서 "예배를 본다"라는 의미는 바른 표현이라고 할 수 없지만 잘못되었다고 단정하기보다는 포괄적으로 사용하는 것이 오히려 자연스러운 습관이라 하겠다.

(2) "예배드린다."의 예배관

"드리다"라는 말은 "주다"의 높임의 의미를 지니고 있는 존칭이다. "드리다"라는 말은 "드렸다"라는 말과 함께 과거에 행한 행위를 나타내는데 사용되고 있다. 그러나 "드린다"는 의미는 현재 진행되고 있는 행위를 나타내는데 사용되고 있다. 구약시대의 제사에는 "드리다"라는 말을 많이 사용하였다. "여호와께 예물을 드리되 번제물로 일년 된 흠 없는 수양 하나와 속죄 제물로 일년 된 흠 없는 암양 하나와 무교병 한 광주리와 고운 가루에 기름 섞은 과자들과 기름 바른 무교전병들과 그 소 제물과 전 제물을 드릴 것이요"(민6:14-15)에서 보듯이 구약시대에는 소나 양을 잡아 제물로 드리는 예가 많았기 때문이다. 신약시대에도 예배와 관련지어서 사도 바울은 로마교회에 보낸 서신에서 "드리다"라는 말을 사용하고 있다. "너희 몸을 하나님이 기뻐하시는 거룩한 산제사로 드리라 이는 너희 드릴 영적 예배니라"(롬12:1)라고 한 말은 몸과 마음과 뜻과 정성을 모아서 드리는 거룩한 예배가 되어야 한다는 의미이다. 사도 바울이 강조하고 있는 영적 예배는 내 마음과 내 뜻과 내 정성을 온전히 바치는 것이다. 즉 진정한 영적 예배는 하나님 앞에 나를 거룩하게 봉헌하는 것이다. 그러므로 "예배를 본다"는 의미와 근본적으로 다른 의미임을 알아야 한다.

그러면 "하나님이 기뻐하시는 거룩한 산제사는 어떠한 제사인가? "나는 인애를 원하고 제사를 원치 아니하며 번제보다 하나님을 아는 것을 원하노라"(호6:6) 라고 한 이 말씀의 내용에는 하나님의 뜻과 우리 예배자들의 마음이 일치될 때 진실하고 참된 예배가 될 수 있음을 말해주고 있다. 이러한 예배는 목마른 사슴이 시냇물을 사모하듯이 언제나 우리를 인도하시는 선한 목자이신 주 하나님을 만나보고 싶어 하는 신앙적인 마음과 열성이 넘칠 때 하나님께 드리는 진정한 예배가 될 수 있다. 뿐만 아니라 우리를 구속하시고 온전케 하시는 우리 주 하나님께 예배하려고 나온 사람들이 드리는 예배가 하나님이 기뻐하시는 거룩한 예배가 될 수 있다.

(3) "예배한다"의 예배관

"한다."라는 말은 "하다"와 같은 의미로 사용하는데 어떠한 의지를 나타내는 행위를 의미하는 말이다. 따라서 "예배한다."라는 말은 예배를 위한 의지를 행위로 나타낼 때 "예배한다."라는 표현을 사용한다. 예수님은 수가성의 여인과 예배에 관한 대화의 내용을 보면 "예배하라"는 말씀을 하고 있다.

> "아버지께 참되게 예배하는 자들은 영과 진리로 예배할 때가 오나니 곧 이때라 아버지께서는 자기에게 이렇게 예배하는 자들을 찾으시느니라 하나님은 영이시니 예배하는 자가 영과 진리로 예배할지니라"(요 4:23-24)

예수님은 위와 같이 수가성 여인에게 바른 예배에 대한 말씀을 권유하고 있다. 이 말씀은 참으로 예배하기를 원하는 수가성 여인에게 예수님께서 주신 귀한 말씀이다. 이는 하나님은 영이시며 진리이시니 너도 성령을 좇아 진실하게 예배하라는 권유의 말씀이다. 또 "예배하라"는 권유의 내용을 긍정적인 응답으로 나타나는 행위가 "한다"의 표현이다. 그러나 "한다"와 앞에서 언급한 "드린다."의 내용이 다름을 알아야 한다. "예배드린다"의 의미는 예배자 자신이 전적으로 전능하신 하나님께 영광과 존귀를 돌리는 자발적이고도 주관적인 행위를 표현할 때 존칭을 사용하여 "예배드린다"로 표현한다. 그런데 "예배한다"라는 의미는 주관적이고도 객관적으로 사용하는 표현이므로 다양하고도 포괄적으로 사용되는 행위를 내포하고 있다. 그러나 주관적인 입장에서 자신이 "예배한다"라는 의미로 쓰이기보다는 객관적으로 내가 아닌 다른 사람이 "예배한다"라는 의미로 사용하는 것이 일반적이므로 "예배를 드린다"와는 구별되어야한다.

2. 성경에 기록된 예배

1) 구약시대의 예배

(1) 족장시대의 제사

성경에 기록된 최초의 예배는 창세기에 기록되어 있는 "아벨과 가인의 제사"이다. 가인과 아벨은 아담과 하와 사이에서 낳은 두 아들이다. "맏아들로 태어난 가인은 농사를 짓는 농부가 되어 땅의 소산을 제물로 여호와께 드리고 아우인 아벨은 양을 치는 목자가 되어 양의 첫 번째 새끼와 기름을 여호와께 드렸다. 그런데 여호와 하나님은 아벨의 제물은 좋게 여기시고 기쁘게 받으셨으나 가인의 제물은 좋게 여기지 않으시고 받지 않으셨다."(창4:3-5) 이유는 "믿음으로 아벨은 가인보다 더 나은 제물로 여호와 하나님께 제사를 드림으로 의로운 자라 하시는 증거를 얻었다"(히11:4)라고 히브리서 기자는 증언하고 있다. 또 "노아는 여호와를 위하여 단을 쌓고 정결한 짐승과 새를 번제로 드릴 때 여호와께서 그 향기를 흠향하셨다"(창8:20-21)고 기록하고 있다. 이와 같이 구약시대에는 이스라엘 민족이 나라가 형성되기 이전의 족장시대에는 여호와 하나님께 제사를 드리기 위하여 족장들이 "제단을 쌓고 제물을 드렸다. 이유는 이 때의 이스라엘 민족의 모든 생활중심 사상은 여호와께 제단을 쌓는데 있었기 때문이다. 또 이들은 죄 사함을 받기 위하여 희생의 제물로 흠이 없는 소나 양을 잡아 드리거나 비둘기를 잡아 제물로 여호와께 드렸다. 창세기의 기록을 보면 그 당시 이스라엘 족장들은 삶의 터전을 옮겨가면 먼저 제단을 쌓고 제사를 드린 기록을 여러 곳에서 볼 수 있다. "아브람이 세겜 땅 상수리나무 밑에서 처음으로 제단을 쌓은 기록"(창12:6-8)이나 "아브라함이 모리아 산에서 숫양을 번제로 드린 제사"(창22:8-13) 그 외에 "이삭이 단을 쌓고 여호와의 이름을 부르고 거기 장막을 쳤는데"(창26:25) 이러한 단을 쌓은 모형은 모두 창세기에 기록된 제사의 모형이다. 또한 "야곱이 아침에 일찍 일어나 베개 하였던 돌로 기둥을 세우고 그 위에 기름을 붓고 그곳을 벧엘이라 불렀다."(창28:18-19) 이러한 제사는 그 당시의 이스라엘 족장들이 드린 대표적인 제사의 모형이라고 할 수 있다. 이때에 제단을 쌓고 여호와께 드린 제사의 특징은 아벨의 제사와 같이 믿음으로 정성을 다하여 제물을 드린 진정한 예배라고 할 수 있다. 이와 같이 진실한 마음으로 여호와 하나님 앞에 제단을 쌓고 제물을 드릴 때 하나님은 기뻐 받으시고 예배하는 자의 마음에 임재하심을 알 수 있다.

또 이스라엘 사람들은 모세시대에 그를 통해서 제사에 관한 규례를 주신 때부터 제사를 드리기 위하여 성막을 세우고 그 곳에서만 제사를 드리게 규정하였다. 그리고 십계명을 안치하기 위하여 증거궤(법궤)를 들여 놓고 그 위에 물품을 진설하였다.

> "너는 정월 초일일에 성막 곧 회막을 세우고 또 증거궤를 들여 놓고 또 장으로 그 궤를 가리우고 또 상을 들여 놓고 그 위에 물품을 진설하고 등대를 들여놓고 불을 켜고 또 금 향단을 증거궤 앞에 두고 성막문에 장을 달고 또 번제단을 회막의 성막문 앞에 놓고 또 물두멍을 회막과 단 사이에 놓고 그 속에 물을 담고 또 뜰 주위에 포장을 치고 뜰 문에 장을 달고 또 관유를 취하여 성막과 그 안에 있는 모든 것에 발라 그것

과 그 모든 기구를 거룩하게 하라 그것이 거룩하리라…"(출40:1-38)

이때에 하나님은 "모세를 명하여 아론과 그 아들들을 레위 족속으로 구별하여 제사장의 반열에 세웠다. 또 그들을 거룩하게 하여 거룩한 옷을 지어서 영화롭고 아름답게 세워 제사장 직분을 맡게 하셨다."(출28:1-3) 즉 "여호와 하나님은 이스라엘 자손 중에서 모세와 아론의 형제 레위인을 취하여 회막의 일을 하게하며 제사장의 직분을 담당케 하였음을 알 수 있다.(민18:1~7) 위의 내용은 이스라엘 자손들은 이때에 처음으로 레위족속 중에서 구별하여 제사장 직분을 맡기고 제사장을 위하여 거룩한 옷이 새로 만들어 졌음을 알 수 있다.

(2) 솔로몬 시대의 성전예배

이스라엘의 2대 왕 "다윗은 여호와의 언약궤(법궤)를 봉안할 성전을 건축하려 하였으나 하나님께서 허락지 않으셨다. 이유는 전쟁에서 피를 많이 흘렸기 때문이었다."(대상28:2-3) 그러나 "다윗은 아들 솔로몬에게 여호와께서 성전을 건축하도록 택하셔서 성전을 건축하라고 명하였다."(대상28:10) 솔로몬은 "부친 다윗을 대신하여 이스라엘 하나님 여호와의 이름을 위하여 성전을 건축하였다."(왕상 8:20) "솔로몬은 다윗의 명령을 따라 7년 동안의 성전건축을 마치고 성전을 하나님께 봉헌하였다"(왕상6:1-38)

> "솔로몬이 여호와의 전을 위하여 만드는 모든 것을 마친지라 이에 그 부친 다윗이 드린 은과 금과 모든 기구를 가져다가 하나님의 전 곳간에 두었더라…"(대하5:1)

> "이스라엘 장로들이 다 이르매 레위사람이 궤를 메니라 궤와 회막과 장막 안에 모든 거룩한 기구를 메고 올라가매 솔로몬 왕과 그 앞에 모인 이스라엘 회중이 궤 앞에 있어 양과 소로 제사를 드렸으니 그 수가 많아 기록할 수도 없고 셀 수도 없었더라 제사장들이 그 언약궤를 그 처소로 메어 들였으니 곧 내전 지성소 그룹들의 날개아래라"(대하5:4-7)

위에 기록된 솔로몬성전 봉헌식의 장엄한 광경은 전에 없던 몇 가지의 특징을 찾아볼 수 있다. 첫째 "성전에 법궤를 이전하고 양과 소로 제사를 드렸다. 둘째 노래하는 레위사람들을 세우고 세마포를 입혔다. 셋째 노래하는 제사장들의 좌석(단 동편)에서 나팔 부는 자와 노래하는 자들이 여호와께 감사하고 찬송하였다. 넷째 여호와의 단 앞에서 "솔로몬이 성전봉헌기도를 하였다."(대하6:12-42) 다섯째 "솔로몬의 기도에 대한 하나님의 응답"등으로 요약할 수 있다. 이 장엄한 성전봉헌 예배의 특징은 "솔로몬이 하나님께 드린 제물"(왕상3:4, 대하1:6) 외에도 장엄한 의식으로 이어진 거룩한 찬양과 감사기도가 있음을 알 수 있다.

또 이사야 선지자가 경험한 예배광경은 구약성경에 나타난 대표적인 거룩하고 참된 예배의 모형임을 볼 수 있다. 이 예배의 모형은 오랫동안 하나님께 소나 양을 제물로 드리던 제사와는 다른 예배형식과 내용임을 쉽게 알 수 있다.

"웃시야 왕이 죽던 해에 내가 본즉 주께서 높이 들린 보좌에 앉으셨는데 그의 옷자락은 성전에 가득하였고 스랍들이 모시고 섰는데 각기 여섯 날개가 있어 그 둘로는 자기의 얼굴을 가리었고 그 둘로는 자기 발을 가리었고 그 둘로는 날며 서로 불러 이르되 거룩하다 거룩하다 거룩하다 만군의 여호와여 그의 영광이 온 땅에 충만하도다 하더라 이같이 화답하는 자의 소리로 말미암아 문지방의 터가 요동하며 성전에 연기가 충만한지라 그 때에 내가 말하되 화로다 나여 망하게 되었도다 나는 입술이 부정한 사람이요 나는 입술이 부정한 백성 중에 거주하면서 만군의 여호와이신 왕을 뵈었음이로다 하였더라 그 때에 그 스랍 중의 하나가 부젓가락으로 제단에서 집은 바 핀 숯을 손에 가지고 내게로 날아와서 그것을 내 입술에 대며 이르되 보라 이것이 네 입에 닿았으니 네 악이 제하여졌고 네 죄가 사하여 졌느니라 하더라 내가 또 주의 목소리를 들으니 주께서 이르시되 내가 누구를 보내며 누가 우리를 위하여 갈꼬 하시니 그 때에 내가 이르되 내가 여기 있나이다 나를 보내소서 하였더니 여호와께서 이르시되 가서 이 백성에게 이르기를 너희가 듣기는 들어도 깨닫지 못할 것이요 보기는 보아도 알지 못하리라"(사6:1-9)

위에 기록된 성경에 나타난 예배의 내용과 진행된 과정을 보면 그동안의 족장시대의 제사나 솔로몬시대의 예배형식보다 형식이나 내용이 많이 달라졌음을 알 수 있다. 위의 내용을 요약하면 이사야 선지자는 첫째 하나님의 임재와 스랍들의 찬양을 목격했다. 둘째 자신이 부정하고 죄인임을 발견하고 여호와 하나님께 고백하고 참회한 내용이다. 셋째 죄 사함을 받은 후에 하나님의 부르심에 헌신을 다짐한 고백이다. 이사야가 경험한 이와 같은 과정은 진정한 예배의 모형임을 확인할 수 있다. 즉 계시(revelation), 경배(adoration), 참회(confession), 용서(absolution), 찬양(praise), 선포(proclamation), 헌신(dedication), 파송(commission) 등은 예배의 가장 적절한 모형이며 예배의 요소라고 할 수 있다.

그러나 호사다마(好事多魔)라는 말이 있듯이 이때부터 솔로몬의 타락과 함께 예배에 대한 본래의 의미와 목적을 상실하고 형식만 중요시하는 예배로 변질되기도 하였다. 이로 인하여 아모스, 이사야 등 많은 선지자들은 정성을 드리지 않고 형식적인 헛된 제물과 악을 행하는 것을 엄하게 책망하고 있음을 알아야한다.

> "여호와께서 말씀하시되 너희 무수한 제물이 내게 무엇이 유익하뇨 나는 수양의 번제와 살진 짐승의 기름에 배불렀고 나는 수송아지나 어린 양이나 수염소의 피를 기뻐하지 아니하노라 너희가 내 앞에 보이러 오니 그것을 누가너희에게 요구 하였느뇨 내 마당만 밟을 뿐이니라 헛된 제물을 다시 가져오지 말라 분향은 나의 가증히 여기는 바요 월삭과 안식일과 대회로 모이는 것도 그러하니 성회와 아울러 악을 행하는 것을 내가 견디지 못하겠노라 …"(사1:11-12)

> "주께서 가라사대 이 백성이 입으로는 나를 가까이 하며 입술로는 나를 존경하나 그 마음은 내게서 멀리 떠났나니 그들이 나를 경외함은 사람의 계명으로 가르침을 받았을 뿐이라"(사 29:13)

위의 기록을 보면 여호와 하나님은 정성을 드리지 않은 형식적인 제물을 아무리 많이 가지고 나아온다 해도 기뻐하지 않으시며 이렇게 타락한 예배는 원하시지도 않으신다. 오직 하나님께서 원하시는 예배는 공의를 행하며 인자를 사랑하며 겸손히 하나님과 함께 행하는 것이라고 예배의 본질을 제시하고 있다. 즉 여호와 하나님은 예배하는 자의 외모를 보지 않으시고 예배자의 속마음과 정성을 보고 계심을 알아야 한다. 그러므로 여호와 하나님이 기뻐하시는 예배가 되기 위해서는 먼저 몸과 마음을 깨끗하게 하고 경건한 마음으로 임해야 한다. 그리고 아벨과 같이 흠과 티가 없는 감사의 예물을 드리며 진실한 마음으로 예배할 때에 하나님을 향한 영적예배가 될 수 있다.

2) 신약시대의 예배

신약시대의 예배는 대별하면 첫째 복음서에 나타나 있는 예배에 대한 예수의 교훈과 새로운 의식이다. 둘째 사도시대의 예배에 대한 내용과 형식이라고 하겠다. 신약시대의 내용을 보면 구약시대의 제사와 다른 점을 쉽게 알 수 있다. 신약시대의 예배는 구약시대에 제단을 쌓고 제물을 드리던 제사의 목적과 형식이 모두 바뀌었기 때문이다. 그러면 구약시대의 예배와 신약시대의 예배가 다른 이유는 어디에 있는가? 성경에 기록된 내용을 중심으로 신약시대의 예배에 대한 내용을 요약하고자 한다.

(1) 예수시대의 예배

예수시대의 예배는 성전(Temple)예배와 회당(Synagogue)예배가 함께 시행되었다. 성전예배는 구약시대부터 오랫동안 전통을 이어오면서 드려온 예배이다. 성전예배의 특징은 제단과 제물로 요약할 수 있다. 즉 소나 양과 같은 짐승을 잡아 제물로 드리고 때로는 비둘기를 드리거나 곡물로 만든 식물을 제물로 드리며 번제(burnt-offering), 화제(fire-offering), 속죄제(sin-offering), 화목제(peace-offering), 요제(wave-offering) 등 여러 가지 제사를 드렸다. 뿐만 아니라 신약성경의 복음서에 기록된 내용을 보면 "예수님은 열두 살 때에 성전에서 랍비들의 말씀을 듣기도하고 묻기도 한 기사를 볼 수 있다."(눅2:42-46) 이러한 성전예배에서 예수님은 절기에 성전에 들어가 가르치실 때에 대제사장들과 함께 논쟁을 하기도 하였다.(마21:23-27, 마11:27-33)

또한 예수님 당시의 회당(Synagogue)예배는 짐승을 잡아 희생의 제물을 드리던 성전예배와는 많은 차이가 있음을 알 수 있다. 성경에 기록된 내용을 보면 "예수님은 온 갈릴리에 두루 다니며 회당에서 가르치시며 천국복음을 전파하고 백성 중에 귀신을 내어 쫓으시니 허다한 무리가 좇았다."(마4:23-25, 막1:39, 눅4:15) 라고 기록되어 있다. "예수께서 안식일에는 규례대로 회당에 들어가 성경을 읽고 가르치시고 많은 사람의 병을 고치시니 저희들에게 놀라운 역사가 일어났다."(막1:21, 6:2, 눅4:31, 6:6, 13:10) 또한 "예수님은 새벽 미명에 한적한 곳에서 기도의 시간을 갖기도 하였다."(막1:35)

예수께서 예루살렘성전에 입성하신 후에는 성전에 들어가 행하신 일을 보면 먼저 "성전 안에서 매매하는 자들을 내어 쫓으시며 돈 바꾸는 자들의 상과 비둘기파는 자들의 의자를 둘러엎으시고 내 집은 기도하는 집이라 하시고 성전을 깨끗하게 하셨다."(마21:12-13) 이유는 하나님께 예배하는 성전을 더럽히고 강도의 굴혈을 만들었기 때문이다. 그리고 앞에서 언급한 대로 예수께서 성전에 들어가 가르치실 때 대제사장들과 장로들이 논쟁을 벌이기도 하였다.

그러나 예수시대의 가장 큰 변화는 오랫동안 지켜온 제물을 드리던 제사가 영적인 예배로 변한 것이다.

예수께서 유대를 떠나 사마라아의 수가성에 이르렀을 때 물을 길러 나온 여인과의 대화에서 새로운 영적예배에 대한 귀한 말씀으로 예배의 근본과 원리를 가르치고 있다. 예수께서 수가성 여인에게 주신 "하나님은 영이시니 예배하는 자가 신령과 진정으로 예배할 찌니라"(요4:24)라고 하신 이 짧은 말씀은 구약시대부터 내려온 제단을 쌓고 제물을 드리던 제사법을 예수시대의 예배로 새롭게 모두 바꾸어지는 계기가 되었다. 뿐만 아니라 예수님은 "세례 요한에게 세례를 받으셨다."(마3:13-17, 막1:911, 눅3:21-22, 요1:32-34) "예수의 복음을 믿고 세례를 받는 자 만이 구원을 얻고 영생이 있음을 가르치고 있다"(막16:16, 요3:36, 5:24) 그리고 예수님은 "모든 족속을 제자로 삼고 아버지와 아들과 성령의 이름으로 세례를 베풀고 내가 너희에게 분부한 모든 것을 가르쳐 지키게 하라"(마28:19-20)고 명하신 깊은 뜻을 알아야 한다. 이와 함께 새롭게 제정된 성만찬예식은 예수께서 잡히시던 전날 밤에 "제자들에게 베푸신 최후의 만찬"(마26:26-29)에서 시작된 예식으로 세례예식과 성만찬예식은 이때부터 시작된 새로운 예배형식이라고 하겠다.

(2) 사도시대의 예배

사도시대의 예배는 예수께서 부활 승천하신 후 다락방에서 기도하던 제자들이 성령의 충만함을 받고 저희들이 모이기 시작하였다. "그들은 사도의 가르침을 받아 서로 교제하고 떡을 떼며 온전히 기도하기를 힘썼다."(행2:42) 이렇게 세례를 받고 구원받은 백성들의 모임은 사도시대 예배의 시발점이 되었다. 즉 사도시대의 예배(초대교회의 예배)는 "날마다 마음을 같이하여 성전에 모이기를 힘쓰고 집에서 떡을 떼며 기쁨과 순전한 마음으로 음식을 먹고 하나님을 찬미할 때에 온 백성에게 칭송을 받았다. 그 결과 주께서는 구원받은 사람을 날마다 더하게 하셨다"(행2:46-47)라고 사도시대의 예배광경을 기록하고 있다. 여기서 우리는 예수시대의 예배와 다른 점을 발견하고 관심을 가져야한다. 첫째 이때에 예배참석자들은 세례를 받고 구원받은 백성들이 예배에 참석하였다. 둘째 날마다 마음을 같이하여 성전에 모이기를 힘썼다.

셋째 사도시대의 예배는 사도의 가르침, 찬송과 기도, 성도의 교제와 떡을 나눔, 등 예배의 순서가 구체적으로 정착되었다. 그 외에도 이들은 모든 물건을 서로 통용하고 재산과 소유를 팔아 각 사람의 필요에 따라 나눠 주기도하였다.

그런데 사도시대의 예배는 사도바울에 의하여 영적예배에 대한 모형을 보다 새롭게 구체적으로 제시하고 있다.

> "그러므로 형제들아 내가 하나님의 모든 자비하심으로 너희를 권하노니 너희 몸을 하나님이 기뻐하시는 거룩한 산 제물로 드리라 이는 너희가 드릴 영적 예배니라 너희는 이 세대를 본받지 말고 오직 마음을 새롭게 함으로 변화를 받아 하나님의 선하시고 기뻐하시고 온전하신 뜻이 무엇인지 분별하도록 하라"(롬12:1-2)

사도 바울이 로마교회에 보낸 편지 중에 영적예배에 대한 이 내용은 영적예배의 깊은 의미와 예배자의 바른 마음가짐을 제시하고 있다. 첫째 너희 몸을 하나님이 기뻐하시는 거룩한 산 제물로 드리라는 사도 바울의 권면이다. 이 영적예배에 대한 내용은 일찍이 예수께서 "수가 성 여인에게 하신 말씀"(요4:24)과 맥을 같이 하고 있음을 알아야한다. 둘째 예배자의 마음가짐에 대하여 권하고 있다. 사도 바울은 예배자들은 이 세대를 본받지 말고 마음을 새롭게 하고 하나님의 선하시고 기뻐하시고 온전하신 뜻이 무엇인지 분별하도록 하라고 권하고 있다. 그러므로 이 내용을 요약하면 세상에 악한 생각과 부질없는 삶에 휩싸이지 말고 성결한 생활을 하며 하나님의 뜻을 따라 살아야 한다. 셋째 "모든 것을 덕을 세우기 위하여 하라"(고전14:26)고 권고하고 있다 이는 자신의 고집을 앞세우고 주변의 예배자들에게 불편한 행동을 하지 말라는 뜻이 내포되어 있다. 예배하는 자의 마음은 "우리의 이웃을 기쁘게 하며 선을 이루고 덕을 세우기 때문이다."(롬15:2) 넷째 "모든 것을 품위 있게 하고 질서 있게 하라고 권하고 있다."(고전14:40) "하나님은 무질서의 하나님이 아니시며 오직 화평의 하나님이시기 때문이다."(고전14:33) 이 성경 구절을 최근에 출판된 성서원에서 편집 발행한 현대어성경의 번역한 내용을 참고하면 "하나님은 무질서나 혼란을 싫어하시고 조화를 기뻐하신다"[18]라고 기록되어 있는데 사도 바울은 예배에 대한 질서와 조화를 기뻐하시는 하나님이심을 분명히 하고 있다.

3. 예배의 구성 원리

하나님께 드리는 예배를 위하여 예배자는 어떻게 예배를 구성하느냐에 따라서 참된 예배가 될 수도 있고 그릇 칠 수도 있다. 거룩하고 참된 예배가 되기 위해서는 불가시적인 하나님께 예배하기 위하여 가시적인 형식과 내용으로 예배의 틀을 만들어 예배 자가 정성으로 예배할 수 있

---

18) 현대어성경편찬위원회, 「현대어 성경」 서울:성서원, 2001, 고린도전서14:33

도록 구성해야 한다. 그러면 참된 예배를 위하여 어떻게 예배를 구성하는 것이 바람직한 예배인가 ? 이 물음에 대한 해답은 다음과 같이 세 가지로 요약할 수 있다. 첫째 예배의 구성 목표를 세우는 것이 무엇보다도 중요하다. 둘째 예배의 구성 요소를 세우는 것이 중요하다. 셋째 예배의 성격을 분명히 해야 한다. 이러한 내용을 중심으로 예배의 구성 원리를 체계적으로 정리하는 것이 선행되어야한다.

1) 예배의 구성목표
(1) 창의성

창의성 있는 예배를 구성하기 위해서는 성서를 기초로 하여 그 동안 오래도록 이어온 전통적인 예배의 형식과 내용을 보완해야한다. 그리고 언제나 새롭게 변화 있고 생동감 있는 창의적이고 영적인 예배를 준비해야 한다. 특히 예배의 모든 순서가 동일한 순서로 이어져서 예배참석자들이 습관적이거나 타성에 빠지지 않도록 언제나 아름답고 감동을 주어야 한다. 그러므로 영적이고도 신령한 예배가 될 수 있도록 언제나 정성을 드려서 새로운 내용과 변화 있는 순서를 개발하여 창의성 있는 예배가 되도록 노력해야 한다.

(2) 독립성

예배의 독립성은 모든 순서의 특성을 잘 살려서 하나님과 예배자의 관계에서 드림의 순서와 받음의 순서 그리고 나눔의 순서에 대한 독립성을 균형 있게 살려야 한다. 특히 예배에서 처음 시작부터 마치는 끝 순서에 이르기까지 모든 순서는 독자적인 특성을 지니고 있는 순서이므로 지나치게 특정한 순서에 비중을 두고 그 외의 순서를 소홀히 진행하는 일이 없도록 해야 한다. 그러므로 습관적으로 진행되는 예배가 되지 않도록 모든 순서는 정성으로 준비하여 독립성을 갖도록 노력해야 한다.

(3) 통일성

예배의 통일성은 예배의 모든 순서가 산만하거나 역행되지 않도록 처음부터 끝까지 통일성을 이루어야 한다. 그러므로 예배에서의 모든 순서는 위에서 언급한대로 독립성이 있으나 그 날의 교회력과 성서일과, 설교제목, 예배성격 등을 연관 지어서 주제에 초점을 맞추어 통일성 있게 진행되는 것이 바람직하다. 뿐만 아니라 예배에서의 음악도 같은 원리로 통일성을 지닌 음악이 되도록 노력해야한다. 그 중에도 조심해야 할 것은 전주에 이어 예배의 부름 송영, 기도, 설교, 봉헌, 등 모든 순서를 잘 연관시켜서 통일성을 이루어야 한다.

(4) 역동성

예배는 몸과 마음과 뜻과 정성으로 드리는 거룩한 산제사가 될 수 있도록 기쁨과 소망이 넘치는 역동성이 있어야 한다. 이유는 전능하신 하나님께서 언제나 우리에게 산 소망을 주시고 푸른 초장으로 인도하시기 때문이다. 예배참석자들은 세상 살아가는 동안에 여러 가지 복잡한 생활로 인하여 현실을 부정하고 자신의 의지를 상실하여 낙심한 마음이 있을 때에도 우리의 하나님은 위로와 평강을 주시며 기쁨과 소망으로 함께 하신다. 그러므로 예배에서의 모든 순서는 감화와 감동이 넘치는 역동성이 있어야 한다.

2) 예배의 구성요소
(1) 초대교회 예배의 구성요소

성경에 기록된 예배 구성요소의 근거를 찾으려면 초대교회가 형성된 이후에 예수를 따르던 무리들이 한곳에 모여 예배한 모형에서 찾아볼 수 있다.

> "저희가 사도의 가르침을 받아 서로 교제하며 떡을 떼며 기도하기를 전혀 힘쓰니라 사람마다 두려워하는데 사도들로 인하여 기사와 표적이 많이 나타나니 믿는 사람이 다 함께 있어 모든 물건을 서로 통용하고 또 재산과 소유를 팔아 각 사람의 필요를 따라 나눠주고 날마다 마음을 같이 하여 성전에 모이기를 힘쓰고 집에서 떡을 떼며 기쁨과 순전한 마음으로 음식을 먹고 하나님을 찬미하며 또 온 백성에게 칭송을 받으

니 주께서 구원받는 사람을 날마다 더하게 하시니라"(행2:42-47)

위의 내용은 성경에 기록된 초대교회 예배의 모형으로 예배구성요소를 요약하면 첫째 성전에 모이기를 힘썼다. 둘째 가르침을 받았다. 셋째 기도하기를 힘썼다. 넷째 서로 교제하였다. 다섯째 떡을 떼었다. 여섯째 물건을 통용하였다. 일곱째 하나님을 찬송하였다. 이와 같은 초대교회 예배의 구성요소는 오늘에 이르도록 예배 구성요소의 기초가 되고 있다.

(2) 예배의 구성요소

기독교의 예배는 초대교회 이후 여러 세기동안 예배를 위한 요소가 계속 보완되어 오늘에 이르고 있다. 현대의 기독교예배를 위한 요소는 내용과 형식에 따라서 예전적(liturgical)인 예배와 비예전적(Non-liturgical)인 예배로 구분된다. 그 동안 가톨릭교회와 루터교회, 성공회의 예배는 예배의식(liturgical)을 엄격하게 지키며 예배의 전통을 오늘까지 이어오고 있다. 그러나 마틴 루터(M. Luther)의 종교개혁이후에 장로교회, 감리교회, 성결교회, 침례교회, 나사렛교회, 오순절교회 등 여러 교파의 개신교회(protestant)의 예배는 예배의 내용과 형식을 자유롭게 만들어서 예배하는 비예전적인 예배로 발전되어왔다. 그 결과 예전적인 예배와 비예전적인 예배는 내용과 형식이 많은 차이가 있으면서도 서로 보완하면서 발전되어 왔다. 그 동안 개신교의 예배 구성 요소를 돌아보면 학자에 따라서 3요소(말씀, 찬양, 기도), 4요소(성경, 찬양, 기도, 설교), 5요소(성경, 찬양, 기도, 설교, 성만찬) 6요소(성경, 찬양, 기도, 설교, 예물, 성만찬)등 다양하게 주장하면서 예배순서를 작성하고 예배를 인도하였다. 그러나 새 시대에 진정한 영적 예배가 되기 위해서는 예배에 합당한 내용과 형식이 있어야 한다. 보다 복음적이며 자유롭고 창의성 있는 아름다운 영적 예배를 위하여 선행되어야 할 과제는 오늘 이 시대에 맞는 예배의 구성 요소가 새롭게 계획해야 한다. 왜냐하면 최근에 예배순서의 진행이 그동안의 전통을 무시하고 너무 사람본위로 무질서하게 흥미본위로 진행되고 있기 때문이다.

그러므로 오늘의 예배는 위에서 언급한 여러 가지 예배의 요소를 보완하여 예배의 내용과 형식에 맞는 구성요소가 되어야한다. 이를 요약하면 예배의 구성요소는 크게 세 요소로 구분이 된다. 첫째 드림(self offering)의 요소인데 예배 자들이 하나님께 응답하는 순서로서 예배참석자들이 마음과 뜻과 정성을 모아 하나님께 봉헌하는 순서이다. 둘째 받음(gift)의 요소인데 위로부터 오는 하나님의 계시순서로서 하나님께서 예배자들에게 베푸시는 순서이다. 셋째 나눔(shared)의 요소인데 이순서는 예배 자들 간에 이루어지는 순서로서 예배에 참석한 모든 성도들이 함께 교제하고 사랑을 베풀며 복음전도를 위한 파송 순서가 이에 해당하는 순서라고 하겠다.

이러한 예배의 세 요소를 그리스도의 십자가 원리와 연관시키면 드림(self offering)과 받음(gift)의 요소는 하나님과 예배자인 나를 포함한 우리와의 수직적인 관계에서 이루어지는 요소라고 말할 수 있다. 이 두 요소 중에서 드림(self offering)과 받음(gift)의 요소는 "네 마음을 다하고 목숨을 다하고 뜻을 다하여 주 너희 하나님을 사랑하라"(마22:27-28, 막12:30, 눅10:27)고 하신 첫째 계명과 일치하고 있다. 즉 우리에게 주시는 복음의 말씀과 관련된 내용으로 하나님과 나와의 종적인 관계를 이루고 있다. 예배순서에서 경배, 찬양, 감사, 봉헌, 간구, 성만찬 등의 순서는 드림(self offering)의 순서에 해당된다.

그러나 예배순서 중에 성경말씀, 설교, 성만찬, 축도 등은 받음(gift)의 요소에 해당된다고 할 수 있다. 또한 예배에 참석한 구원받은 백성들의 공동체에서 이루어지는 횡적인 관계는 나눔(shared)의 요소라고 할 수 있다. 이러한 나눔(shared)의 요소는 예배에 참석한 공동체에서 예배참석자들 간에 이루어지는 순서인데 교독문, 성만찬, 교회소식, 새신자 환영, 성도간의 인사 등이 이에 속한다. 즉 나눔(shared)요소는 예배에 참석한 나와 내 이웃과의 관계에서 이루어지는 수평적인 관계의 요소가 된다고 하겠다. 이와 같이 예배참석자들 간에 이루어지는 수평적인 요소는 예수님께서 "네 이웃을 네 몸과 같이 사랑하라"(마22:29,

19:19, 막12:30, 눅10:27) 고 하신 둘째 계명과 관련된 내용으로 예배에 참석한 성도들 간의 횡적인 관계를 이루고 있는 나눔(shared)의 요소라고 하겠다.

그러므로 예배의 요소에서 드림(self offering)과 받음(gift)과 나눔(shared)의 요소는 모두가 예수님께서 말씀하신 첫째 계명과 둘째 계명으로 이루어지는 구원의 복음인 십자가(†)의 원리에 의하여 이루어지는 영적인 예배의 요소라고 하겠다. 또한 십자가(†)의 원리에 의하여 이루어지는 영적인 예배의 구성요소는 예배 자들이 몸으로 산제사를 드리는 참된 예배가 될 수 있도록 구성해야 한다. 최근에 한국교회의 예배는 영적인 내용을 충실하게 보완하지 않고 지나치게 예배형식을 강조하는 교회가 증가하고 있다. 또한 그와는 반대로 예배의 내용만을 강조하여 오랫동안 이어 온 전통적인 예배형식보다는 예배인도자가 자유롭게 예배형식을 바꾸어 예배를 인도하는 예가 많아지고 있다.

그러나 이러한 극단적인 예배형식은 신령과 진정으로 드리는 영적인 예배가 이루어지기 어렵다. 또한 신령과 진정으로 드리는 예배가 이루어지지 않을 때 신비주의에 빠지는 경우도 있어 모두가 성도들의 신앙생활에 또 다른 문제를 일으키는 요인이 되고 있다. 그리므로 영적예배를 위한 구성요소는 성경에 기록된 복음의 말씀에 근거해서 이 시대에 맞는 은혜로운 예배의 내용과 형식을 개발하여 성도들이 예배드리게 해야 한다.

예배순서를 새롭게 구성하기 위해서는 먼저 예배에 대한 잘못된 생각을 바르게 이해해야 한다. 첫째 몸으로 거룩한 산제사를 드리는 영적예배가 되어야 한다. 둘째 창의적이고 축제로 이어지는 아름다운 예배가 되어야 한다. 셋째 생동감이 넘치는 감격적인 예배가 되어야 한다. 넷째 드림<Self Offering>과 받음<Gift>과 나눔<shared>의 요소가 조화를 이룰 때 신령한 예배가 될 수 있다.

여기에 새로운 예배의 요소를 구성한 내용은 이사야서 6장에 기록된 내용을 원형으로 삼아 현대교회에 적용할 수 있도록 구성하였다.

(3) 새로운 예배요소의 틀

예배의 구성요소는 신학자들의 주장에 따라 차이가 있으나 오늘의 예배를 보다 신령한 예배가 되기 위해서는 다음과 같은 예배의 구성요소를 새롭게 기초로 세울 수 있다.

① 찬양과 경배<구속의 은총, 보혜사 성령의 돌보심과 이끄심>
② 참회와 속죄<죄의 고백과 용서의 확인, 선언>
③ 위로와 간구<개인과 교회와 나라와 온 세계를 위한 목회기도>
④ 말씀과 확신<교독문, 신앙고백, 성경봉독, 설교, 확신의 기도>
⑤ 감사와 봉헌<봉헌찬양, 헌금, 봉헌기도, 봉헌기도송>
⑥ 축복과 결단<폐회찬송, 축도, 축복 송, 위탁의 말씀, 파송찬가>
⑦ 만남과 사귐<성도간의 인사, 새 신자 환영, 교회소식,>

3) 예배의 성과

예배의 성과는 예수 그리스도 안(in)에서 예수 그리스도를 통하여(through)이루어지므로 예배자의 믿음에 따라서 다양하게 나타날 수 있다. 그러나 마음과 뜻과 정성을 다하여 드리는 거룩한 예배의 성과는 그 예배로 인하여 예배자는 새로운 체험(느낌)을 경험하게 된다. 이렇게 예배자들이 거룩하신 하나님 앞에 예배를 드릴 때 새로운 체험을 경험하는 상태를 예배의 성과라고 할 수 있는데 다음과 같은 성과를 기대할 수 있다. 첫째 하나님의 사랑을 체험한다. 둘째 하나님의 신비를 체험한다. 셋째 하나님의 구속사업의 재연이 이루어진다. 넷째 하나님에 대한 헌신과 이웃을 위한 봉사의 마음가짐을 다짐한다. 다섯째 구원 받은 주의 백성들이 날마다 더하여진다.

(1) 하나님의 사랑

예배는 구속받은 백성들이 온전히 하나님께 영광과 존귀와 감사를 돌리며 자신을 의탁하고 하나님에 대한 사랑을 고백하는 거룩한 행위이다. 이와 같이 거룩한 예배가 이루어 질 때 예배자는 자신의 죄인 된 모습을 확인하고 죄를 자복하게 된다. 이때에 하나님은 사죄의 은총을 베푸시고 정결케 해주시므로 자신은 변하여 새사람이 되어 사랑의 하나님께 감사하고 찬양하는 단계에 이르게 된다. 그리고 예배자는 하나님의 사랑에 감동을 체험(느낌)하게 되며 하나님의 사랑을 닮아가게 된다. 그러므로 몸과 마음과 정성으로 드리는 영적예배는 하나님을 영화롭게 하며 가장 값있는 섬김의 극치라고 할 수 있다. 즉 "주 너의 하나님을 사랑하라"고 하신 계명을 이루게 된다. 이로 인하여 예배자는 "네 이웃을 네 몸과 같이 사랑하라"고 하신 예수님의 둘째 계명까지 지킬 수 있는 믿음에 도달하게 된다.

(2) 하나님의 신비

예배자들이 세상의 복잡한 잡념을 씻어버리고 하나님 앞에 신령과 진정으로 드리는 영적예배가 될 때에 하나님의 영적신비의 세계에 도달하기도 한다. 즉 예배 자들은 하나님의 계시와 보혜사 성령으로 역사하시는 하나님의 임재를 경험하기도 한다. 이때에 하나님 계시로 나타나는 보혜사 성령이 예배자들에게 임하시면 권능을 받고 심오한 신비(Mystery)의 경지에 도달하게 된다. 이러한 심오한 신비의 세계는 일상생활에서 경험할 수 없고 오직 믿음 안에서 정결한자만이 경험할 수 있다. 그러나 예배자들은 믿음의 분량대로 각각 달리 나타나므로 그 신비의 세계를 측량할 수 없으며 하나님의 크신 뜻도 측량할 수 없다. 이유는 유한한 사람은 하나님의 무한하신 신비의 세계에 도달할 수 없기 때문이다.

(3) 구속사의 재연

예배는 예수 그리스도의 생애와 세상만민을 구속하시기 위하여 속죄양이 되셔서 십자가상에서의 죽음과 부활하심을 중심으로 이루어진다. 따라서 우리의 예배는 자신을 돌아보고 세상 죄로 인하여 더럽혀진 몸과 마음을 참회하고 사죄의 은총을 감사하며 날마다 새로운 마음으로 "예수 그리스도를 바라보고" "그를 깊이 생각하며" "그의 성품을 닮아가는 것이다"라고 할 수 있다. 그러므로 우리의 예배는 하나님께서 우리에게 베푸신 구속사의 재연(revive)이다. 따라서 예배자는 언제나 쉬지 않고 성령으로 역사하시는 하나님의 구속 사업에 동참하여 하나님께 그의 거룩하심(Sanctus)과 은총을 감사(Offering)하며 하나님을 영화롭게(Glorious) 하며 그의 영광만을 찬양한다.

(4) 헌신과 봉사

예배는 예배자로 하여금 하나님을 영화롭게 하고 성도로서 담당해야 할 일을 위하여 언제나 준비시키신다. 그리고 예배드리는 시간에 교훈과 훈계로 하나님의 자녀 된 자로서의 의무를 감당할 수 있도록 성령으로 준비시키신다. 즉 예배는 교회가 예수 그리스도의 몸으로서 존재하며 헌신(service)과 증거(witness), 봉사(work)를 준비시키신다. 또한 예배에서 하나님의 부름을 받을 때는 이사야의 고백처럼 "내가 여기 있사오니 나를 보내주소서"라고 응답하는 헌신을 다짐하는 마음을 갖게 된다. 그러므로 예배는 예배참석자들을 하나님의 성품을 닮아가는 진실한 하나님의 자녀로 세움을 받게 되고 교회를 교회되게 하며 그리스도의 영으로 충만한 사랑의 공동체를 이루게 한다. 따라서 예배는 예배 자들 간에 자연스런 사귐과 진실한 사랑의 교제(friendship)가 이루어지고 조건 없이 이웃을 돌아보게 된다.

(5) 복음전파와 교회성장

초대교회의 모형을 보면 구원받은 백성들이 열심히 기도할 때 성령의 충만함을 받았고 또 큰 권능을 받았다. 그리고 베드로가 패역한 세대에서 구원을 받으라고 복음을 전할 때 많은 사람들이 마음을 크게 움직여 세례를 받으니 3천명이나 되었다고 기록하고 있다. 이들은 날마다 모이기를 힘쓰고 기도하며 열심을 내어 사도의 가르침을 받고 서로 교제하고 떡을 떼었다. 그리고 모든 물건을 서로 통용하고 재산과 소유를 팔아 각 사람의 필요를 따라 나누어 주었다. 그리고 기쁨과 감사에 넘치는 순전한 마음으로 음식을 나누며 찬양하였는데 이로 인하여 구원받은 사람이 날마다 더하여졌음을 기록된 성경을 보아 알 수 있다. 이와 같이 오늘의 교회도 구원받은 백성들이 모이기를 힘쓰고 예배하며 성도의 교제가 사랑으로 이루어 질 때 교회는 성장하게 된다.

4. 예배의 유형

1) 주일 아침예배

주일아침예배는 초대 교회가 형성된 이후에 구원받은 백성들이 주일 아침에 마음과 뜻과 정성으로 하나님께 감사하며 찬양을 드리는 거룩한 행위이다. 주일(Lord's Day, Sunday)은 구약시대부터 7일에 1회식 지켜 내려온 안식일인데 사도시대에 안식일을 대신해서 모든 성도들이 교회에 모여 하나님께 예배하는 날로 지켜왔다. 그동안 오랜 역사 속에서 이어온 우리의 예배를 돌아보면 크게 예전적인 예배와 비예전적인 예배로 나누어져 발전되어 왔음을 쉽게 알 수 있다. 그러나 이 두 주류의 예배는 각기 특징을 지니고 있는데 예전적인 예배는 모든 예배의식과 내용이 정해져 있어서 엄숙하고도 위엄 있게 예배가 진행된다. 그러나 지나치게 의식화된 예전적인 예배라고 비판하기도 한다. 그런가하면 비예전적인 예배는 예배의식이 자유로워서 예배자들이 부담 없이 예배에 참석한다. 그러나 내용과 형식이 빈약하고 무질서한 예배라고 비판하기도 한다.

이렇게 각기 특성을 지니고 있는 예배가 아직도 주일예배에 대한 이해가 부족하여 일반 성도들은 성령으로 충만한 예배가 되기보다는 의무적으로 혹은 습관적으로 예배에 참석하는 성도들이 늘어나고 있다. 그런데 다행스러운 것은 최근에 교리적인 이해와 교파간의 교류가 자유롭게 이루어지면서 예전적인 예배와 비예전적인 예배는 1963년에 있었던 제2회 바티칸 공의회가 있은 후 최근에 가톨릭교회나 그 외의 개혁교회의 예배는 내용과 형식이 많은 차이가 있으면서도 서로 보완하면서 발전되고 있다.

(1) 주일 아침예배의 근거

요한 칼빈(J Calvin)은 하나님께서 안식일을 정하신 이유에 대하여 다음과 같이 3가지 목적을 주장하고 있다. 첫째 영적안식의 상징을 목적으로 세우셨다. 둘째 하나님께 예배를 드리기 위해서다. 셋째 매여 있는 사람들에게 휴식을 주기위해서다. 그러므로 주일아침 예배는 성도들의 교회생활에 가장 귀하고도 근간이 되는 거룩한 성회이다. 따라서 주일아침 예배는 내용과 형식을 갖추어 정성을 드려 거룩하게 진행되어 왔다. 최근에 와서는 내용이 없는 형식을 배격하기도 하고 지나치게 형식만을 강조하는 경향이 있어 교회마다 특징 있는 예배를 개발하는데 많은 관심을 기울이고 있다. 이로 인하여 뜻있는 예배학을 전공한 여러 신학자들과 목회자들이 예배갱신을 위한 프로그램을 계속 개발하고 있어 이전에 비하여 예배가 다양하게 변하고 있다. 특히 한국교회에서 예배갱신을 위하여 관심을 두는 것은 예배의 시작 부분과 마치는 부분이라고 하겠다.

(2) 주일 아침예배의 모형

주일 아침예배는 교파마다 교단헌법에 정해진 예배순서에 의하여 진행되는 것이 관례이다. 그러나 최근에는 교회마다 담임 목사의 예배학에 대한 신학적인 배경과 목회방침에 따라 구애받지 않고 자유롭게 변하고 있다. 따라서 주일 아침예배의 모형은 위에서 논한 대로 드림(self offering)과 받음(gift)과 나눔(shared)의 요소가 조화를 이루는 모형이 되어야한다.

주일아침예배는 일반적으로 오르간이스트(Organist)의 아름답고도 거룩한 음악으로 시작되는 전주(Prelude)에 이어서 예배시간이 되면 차임(Chime)으로 예배시작 시간을 알린다. 이어서 오르간이스트의 행렬 송 전주가 시작되면 모두 자리에서 일어나 행렬 송(Processional)을 부르며 찬양대원들과 예배인도자들이 예배당 뒤편에서 입례하는 순서와 함께 예배가 시작된다. 이때에 찬양대원이 많아서 행렬순서진행이 어려울 때에는 예배시작 전에 찬양대원들은 찬양대석에 미리 가서 자리에 서 있는 상태에서 예배인도자들이 행렬하기도 한다. 무언으로 진행되는 예배는 찬양대원들과 예배순서 담당자들이 모두 제자리에 서게 되면 찬양대의 개회송영(Gloria Patri)을 부르고 이어서 예배인도자의 예배부름(Call to the worship)과 함께 기원(Invocation)으로 이어진다. 이때에 행렬순서가 없는 예배는 예배인도자의 예배시작선언과 함께 묵도(meditation prayer)순서에서 예배의 부름과 기원순서를 이어서 진행 한다. 다음으로 이어지는 순서는 경배찬송(hymn of praise)과 성시교독(responsive reading), 신앙고백(Affirmation of Faith), 참회의 기도, 고백찬송, 성경봉독(the scripture lesson), 헌금(offering), 감사기도와 목회기도(Pastoral prayer), 교회소식, 찬양(the anthem), 설교(preaching), 기도 찬송(hymn), 축도(benediction), 축복 송, 후주(Postlude), 폐회(The closing moments) 등으로 아침예배순서로 진행되고 있으나 교회마다 순서가 조금씩 다르거나 순서가 바뀌어 지는 경우도 있다.

특히 주일아침예배에서 관심을 가져야할 부분은 예배전체의 순서가 교회마다 다르게 진행되고 있으나 다음과 같이 보완되면 더욱 영적인 예배가 될 수 있다. 즉 예배시작 순서에서 전주 후의 입례순서인 "행렬송"의 순서보완에 대한 의견이다. 예배에서 입례순서는 예배학적으로 볼 때 그 의미가 깊으므로 반드시 보완되어야 한다.(송영론 참조) 뿐만 아니라 설교후의 기도 순서다음에 성찬예식, 확신의 찬송(폐회찬송), 축도, 죽복 송, 파송의 말씀, 파송찬송, 파송행렬, 후주 등으로 보완하는 깃이 바람직하다. 특히 파송의 말씀과 파송찬가(파송찬송)는 예배를 마치고 돌아가는 성도들에게 세상으로 나가서 "온 천하에 다니며 땅 끝까지 복음을 전파하라"는 예수님의 말씀을 상기시키는 의미를 회복해야한다. 그리고 힘차게 파송의 찬가(파송찬송)를 부르면서 세상으로 향한 파송행렬 순서가 보완되어야한다. 그러므로 교회음악지도자들은 파송찬가(파송찬송)에 대한 관심을 가지고 연구해야한다.

2) 주일 저녁(오후) 예배
(1) 저녁예배의 근거

신앙생활에서 저녁시간은 매우 중요한 시간이다. 이유는 조용한 시간에 교회에 나와 묵상하면서 하나님의 세미한 음성을 듣기도 하고 마음으로 느끼기도 하기 때문이다. 또 성경을 보면서 하나님의 말씀을 상고하는 동안 구원의 복음으로 믿음을 더욱 굳게 하는 귀한 시간이 되기 때문이다. 성경에는 "해질 때에 아브라함이 잠든 때에 여호와께서 나타나시기도 하고"(창15:1-17) "저녁때 에 제자들이 모인 곳에 예수께서 나타나신 기록"(요 20:19-22)을 볼 수 있다. 그러므로 저녁예배 시간은 주님께 기도하고 하나님의 음성을 들으며 찬양하는 귀한 시간이기도하다. 저녁시간에 이루어진 예배와 관련된 내용을 성경에서 보면 그 내용이 다양한 것을 알 수 있다.

① 저녁에 기도를 하다.

성경에 기록된 저녁기도의 내용을 보면 "이삭이 날이 저물 때에 들에 나가 묵상한 일"(창24:63)이나 "엘리야가 저녁소제를 드릴 때 기도한 모습"(왕상18:36)을 볼 수 있다. 또 "에스라가 손을 들고 여호와를 향하여 참회의 기도"(스9:4-6)한 예나 "다윗이 밤마다 주의 이름을 기억하고 주의 법을 지키며" 생활한 모습을 볼 수 있다.(시119:55,141:2) 뿐만 아니라 "예수께서 저물 때에 한적한 산으로 가서 밤이 새도록 하나님께 기도하신 모습도 볼 수 있다."(마14 :23, 눅 6:12, 9 :28) 또 십자가에 달리시기 전날 밤에도 예수께서 습관을 따라 제자들과 함께 올라가 시험에 빠지지 않도록 기도하라 하시고 그들을 떠나 무릎을 꿇고 기도하신 모습을 볼 수 있다.(마26:36-46, 막14:32-42)

"예수께서 나가사 습관을 따라 감람산에 가시매 제자들도 따라갔더니 그곳에 이르러 그들에게 이르시되 유혹에 빠지지 않게 기도하라 하시고 그들을 떠나 돌 던질 만큼 가서 무릎을 꿇고 기도하여 이르시되 아버지여 만일 아버지의 뜻이거든 이 잔을 내게서 옮기시옵소서 그러나 내 원대로 마시옵고 아버지의 원대로 되기를 원하나이다"(눅22:39-42)

이와 같이 저녁에 기도시간을 갖는 것은 큰 의미가 있다. 저녁시간은 어둡고 고요한 시간이여서 밝은 낮 시간보다 기도하기에 더 유익한 시간이기 때문이다.

② 저녁에 제물을 드리다.

구약시대의 이스라엘 자손들은 속죄하기 위하여 매일 수송아지 하나로 소제를 드리며 또 제단을 위하여 속죄하여 깨끗하게 하고 그것에 기름을 부어 거룩하게 하였다. 아래 기록을 보면 저녁에 드리는 제물도 아침에 드린 예물과 차별 없이 여호와께 드리라고 명하였는데 이는 저녁에도 아침과 같은 정성으로 드려야 한다는 의미로 보아야 한다.

> "한 어린양은 저녁때에 드리되 아침에 한 것처럼 소제와 전제를 그것과 함께 드려 향기로운 냄새가 되게 하여 여호와께 화제로 삼을 찌니 이는 너희가 대대로 여호와 앞 회막 문에서 늘 드릴 번제라 내가 거기서 이스라엘 자손을 만나리니 내 영광으로 말미암아 회막이 거룩하게 될지라"(출 29:39- 43, 12:5-10 ; 민 28:3-8)

③ 저녁에 찬송과 교육을 하다.

욥은 하나님이 사람에게 밤중에 노래하게 하시고 교육하게 하심을 노래하고 있다. 또한 시편기자는 밤마다 내 양심이 나를 교훈한다고 노래하고 있다. "바울과 실라는 감옥에 갇혀 어려움을 당할 때에 오히려 찬양으로 위기를 극복하였다. 또 바울과 실라가 복음을 전할 때 간수를 구원하는 놀라운 일이 일어나기도 하였다"(행16:25-32)

> "나를 지으신 하나님은 어디 게시냐고 하며 밤에 노래를 주시는 자가 어디 계시냐고 말하는 자가 없구나 땅의 짐승들보다도 우리를 더욱 가르치시고 하늘의 새들보다도 우리를 더욱 지혜롭게 하시는 이가 어디 계시냐고 말하는 이도 없구나(욥35:10-11)

> "나를 훈계하신 여호와를 송축 할지라 밤마다 내 양심이 나를 교훈 하도다"(시16:7)

> "낮에는 여호와께서 그 인자함을 베푸시고 밤에는 그의 찬송이 내게 있어 생명의 하나님께 기도하리로다 "(시42:8)

(2) 저녁예배의 특징

오늘의 한국교회 저녁예배는 1세기를 이어오는 동안 개인의 신앙생활과 교회성장에 많은 영향을 끼쳐왔다. 그러나 국가의 경제성장과 함께 사회구조가 바뀌어 지고 국민소득이 높아지면서 사람들의 신앙생활까지도 달라졌다. 오래 전 일이기는 하지만 1980년대만 하더라도 일반 성도들은 신앙생활에서 저녁예배시간을 소홀히 하는 일이 없었다. 성도들은 저녁예배시간도 아침예배 시간과 다름없이 귀한 시간이라고 생각하였기 때문이다. 그래서 많은 성도들은 저녁예배시간에도 특별한일을 제외하고는 별로 빠지는 일이 없었다.

그런데 최근에는 저녁예배에 대한 관심이 점점 없어지면서 오후예배로 바꾸어 모이는 교회가 대부분이다. 그 결과 요즈음은 몇몇 교회를 제외하고는 대부분의 교회가 저녁 찬양예배의 특징을 잃고 말았다. 그러나 저녁 찬양예배는 옛날과 같이 다시 회복하는 것이 한국교회와 성도들의 신앙생활을 위하여 바람직한 일이라고 생각된다. 왜냐하면 저녁예배시간은 아침시간이나 오후시간과는 다른 특징을 지니고 있기 때문이다. 씨들로우 벡스터(Sidlow Baxter)는 주일 저녁예배에 대하여 다음과 같이 중요성을 강조하고 있다.

> "나는 주일 저녁예배가 기독교신앙을 보존하는 가장 중요한 요새 중 하나라고 확신한다. '절대로 주일 저녁 예배를 사라지게 해서는 안 된다'라고 하는 것이 내 소신이다. 나는 만일 주일저녁예배가 교회에서 사라지게 되면 멀지 않아 주일아침예배도 위태롭게 될 것이라고 생각한다. 복음주의자들은 알고 있는 모든 방법을 동원해서라도 저녁예배를 구해 내야 한다"[19]

조용하고 고요한 저녁예배시간은 어느 시간보다도 모든 성도들이 함께 기도하고 찬양하며 성도들 간에 친교 할 수 있는 좋은 시간이다. 뿐만 아니라 저녁예배시간에 우리들은 언제나 자신의 신앙을 돌아보고 하나님의 말씀을 묵상하는 시간이 있어야 한다. 그러므로 목회자와 음악지도

---

19) J. Sidlow Baxter, 「Rethinking Our Priorities」 (Grand Rapids, Michigan Zondervan Publishing House, 1974. p.264. 이주영, 「현대목회학」 서울:성광문화사, 1989. p.162에서 재인용

자는 은혜로운 저녁 찬양예배시간이 될 수 있도록 아래와 같이 특징 있는 예배프로그램을 개발해야한다.

① 영적성장에 초점

최근에 대부분의 교회가 저녁예배 시간을 신구약성경 본문을 중심으로 강해설교를 계획하거나 내용 없는 찬양예배시간으로 청년들에게 맡기는 교회가 많아지고 있다. 그러나 저녁예배시간은 목회자들이 보다 평범하고도 새로운 순서를 개발하여 영적성장을 위한 예배순서로 특징을 살려야한다. 부활하신 예수께서 안식 후 첫날 저녁때에 제자들이 모인 곳에 오셔서 "평강이 있을 지어다 아버지께서 나를 보내신 것 같이 나도 너희를 보내노라" 이 말씀을 하시고 숨을 내쉬시며 말씀하시되 "성령을 받으라."라고 하신 말씀대로 영적성장에 초점을 두어야한다.

② 신앙고백에 초점

조용한 저녁예배 시간은 하나님과 더 가까이 할 수 있는 가장 귀한 시간이다. 그러므로 이 시간은 공적인 기도회시간이지만 자신의 잘못된 생활을 참회하고 하나님의 은밀한 음성을 들으며 자신의 신앙을 고백하고 부족한 신앙을 바로 세우는 귀한 시간으로 삼아야 한다. 또한 자신이 바라고 원하는 앞으로의 여러 가지 문제를 놓고 하나님과 깊은 대화의 시간을 갖도록 노력해야 한다. 뿐만 아니라 앞으로 살아가는 동안에 하나님이 원하시고 기뻐하시고 온전하신 뜻이 무엇인지 깊이 분별하고 간구하는 시간도 있어야한다. 그 외에 일반 성도들에게 변화를 주기 위하여 한두 달에 한 번씩 일반 성도들의 체험적인 간증시간도 가져서 저녁예배에 참석한 성도들에게 도움이 되게 하는 것도 좋은 방법이다.

③ 복음증거에 초점

저녁예배는 주일 아침예배와는 다른 구별된 순서를 준비하여 복음증거에 모든 성도들이 함께 참여 할 수 있도록 해야 한다. 평소에 복음전도에 대한 사명을 감당할 수 있는 마음을 키워 주어야한다. 복음전도는 주님의 명령인 동시에 자신의 신앙성장을 위해서 꼭 감당해야할 일임을 깨닫게 한다. 또한 교회성장을 위해서도 늘 전도에 힘쓰는 생활이 성도의 본분임을 깨닫게 한다. 그러기 위해서는 다양한 찬양순서와 복음을 증거를 위한 순서를 개발하여 아침예배에서 갖지 못하는 여러 가지 예배순서를 진행해야한다. 그리고 예배에 참석한 많은 성도들이 다함께 곡조 붙은 메시지를 찬송하며 복음의 말씀을 듣고 복음을 증거 하는데 초점을 두어 저녁예배의 특징을 잘 살려야 한다.

④ 사귐과 친교에 초점

저녁예배 시간은 성도간의 친교에 초점을 주어야 한다. 같은 교회에서 오랫동안 신앙생활을 하면서도 평소에 잘 만나지 못하는 이웃이나 잘 모르는 성도들과 부담 없이 가까이 친교 할 수 있는 좋은 시간이다. "형제의 연합함이 어찌 그리 아름다운고." 시편기자가 노래한 것과 같이 성도들의 사정도 서로 알고 기쁨과 어려움을 함께 나누는 시간이 되어야 한다. 그러므로 성도들을 위한 기도도 이 시간에 빼어놓을 수 없는 귀한순서이다. 모든 성도들이 병상에 있는 성도들이나 오랫동안 출타중인 성도들 그리고 알지 못하는 어려움을 당하고 있는 가정을 위하여 함께 기도하고 위로하는 시간을 갖도록 노력해야 한다. 뿐만 아니라 저녁예배 후에 짧은 시간에 친교 할 수 있는 프로그램을 개발하여 성도들이 유익된 시간을 갖는 것도 좋은 방법이다.

(3) 변화 있는 찬양예배 개발

① 찬양순서의 다양화

오늘의 교회는 언제나 새롭고 참신한 주제를 정하여 저녁 찬양예배 순서를 준비하고 성도들이 마음을 같이하여 예배에 참석할 수 있도록 해야 한다. 왜냐하면 대부분의 교회가 저녁 찬양예배 준비가 부족하면 예배참석자들에게 감동과 감격의 시간이 될 수 없고 형식적인 집회가 되고 말기 때문이다. 그러나 저녁 찬양예배는 가장 자유롭게 선곡하여 찬양예배를 준비할 수 있다. 선곡도 자유롭게 하지만 찬양방법도 성가대에 국한하지 않고 가족이나 구역단위로 부를 수 있도록 계획할 수도 있고 주제를 설정하여 부를 수 있는 방법 등 다양하게 계획 할 수 있다.

② 적극적인 예배순서 참여

일반적으로 많은 성도들이 주일 아침예배와 같은 비중을 두고 저녁 찬양예배에 참석할 수 있도록 세심한 계획을 해야 한다. 그러기 위해서는 저녁예배 참석자들이 관심을 가지고 예배의 모든 순서에 함께 참여할 수 있도록 내용 있는 프로그램을 다양하게 개발하고 준비하는 것이 좋다. 특히 저녁 찬양예배는 평신도 중심으로 온 성도들이 적극적으로 참여하는 찬양예배가 될 때 언제나 새롭고 은혜로운 찬양예배로 기쁨이 충만하게 드릴 수 있다.

③ 변화 있는 찬송생활

변화 있는 찬송생활은 음악성이 풍부한 특정인의 전유물이 아니다. 그러므로 저녁 찬양예배는 교회의 온 성도들이 모여 찬양하는 은혜의 시간으로 변해야 한다. 찬송가 작가들의 생애를 듣기도하고 가사의 해설을 들으면서 가사에 담겨있는 깊은 뜻을 이해하고 찬송을 부르면 더없이 은혜로운 찬양예배가 될 수 있다. 찬송생활은 구원의 확신이 있는 성도들이면 누구나 자신의 신앙에 따라 언제나 적절한 찬송으로 믿음을 새롭게 하고 기쁨과 소망이 넘치는 신앙생활이 되도록 개발하여 변화를 줄 수 있다.

3) 특별예배

신년을 맞으면 일 년을 지내는 동안 교회에서 모이는 공식예배 이외에도 다양한 행사로 인하여 여러 가지 예배 계획을 세우기도 한다. 교회창립기념예배를 드리며 교회창립의 의미를 새롭게 하는 일이나 새로운 교회를 건축하고 봉헌하는 예배는 큰 의미를 잘 살려서 기획해야한다. 또 교회절기에 따라 계획되는 성탄절, 수난절, 부활절, 성령강림절을 비롯하여 어린이주일, 어버이주일, 종교개혁주일, 추수감사주일 등은 교회마다 창의적인 연간 예배계획을 사전에 세우면 계획된 예배의 특징을 잘 살릴 수 있다. 그 외에도 매년 교회마다 계획하는 특별한 예배의 유형을 보면 다음과 같다.

(1) 직원 임직예배
(2) 성가대 봉헌예배
(3) 교사 헌신예배
(4) 평신도 헌신예배
(5) 3·1절 기념예배
(6) 광복절기념 예배
(7) 송구영신 예배

이러한 예배는 모두가 주제에 맞는 찬송, 기도 설교, 그 외의 여러 가지 순서가 내용과 형식을 갖추어야만 본래의 의미를 잘 나타내는 예배가 될 수 있다.

그러나 이렇게 특별히 계획된 예배가 지나치게 형식적이고 화려하게만 진행될 때 의미 없는 형식적인 예배가 될 수 있다. 뿐만 아니라 예배자들의 마음에 감격과 감동을 주지 못하는 예배가 될 수 있다. 그러므로 예배인도 자들은 언제나 마음과 뜻과 정성을 드려 경건한 마음으로 드리는 영적예배가 되도록 내용과 형식이 갖추어진 저녁 찬양예배를 개발하는데 많은 노력을 해야 한다.

Ⅲ 예배음악의 이해

"새 노래로 여호와께 찬송하라 그는 기이한 일을 행하사 그의 오른 손과 거룩한 팔로 자기를 위하여 구원을 베푸셨음이로다 여호와께서 그의 구원을 알게 하시며 그의 공의를 뭇 나라의 목전에서 명백히 나타내셨도다"(시98:1-2)

"그리스도의 말씀이 너희 속에 풍성히 거하여 모든 지혜로 피차 가르치며 권면하고 시와 찬송과 신령한 노래를 부르며 감사하는 마음으로 하나님을 찬양하고 또 무엇을 하든지 말에나 일에나 다 주 예수의 이름으로 하고 그를 힘입어 하나님 아버지께 감사하라"(골3:16-17)

1. 예배음악의 본질과 목적

1) 예배음악의 본질

(1) 예배음악의 의미

기독교의 예배음악(Music in Worship)은 그 낱말에서 이해되듯이 하나님께 예배하는 자리에서 사용되는 거룩한 음악(Sacred music)을 의미한다. 그러므로 예배음악은 사람들이 일상생활에서 즐기며 부르는 세속적인 음악(secular music)과 다르다. 비록 소리를 내어 부르는 음악이라는 관점에서는 같을지라도 세속적인 음악은 일반적으로 사람 중심의 희로애락(喜怒哀樂)을 소재로 창작되어 부르는 음악이기 때문이다. 따라서 오랜 역사와 전통을 이어온 예배에서의 음악은 믿음 안에서 하나님께 예배하며 부르는 데 의미와 목적이 있으므로 예배음악은 그 내용과 형식이 세속음악과 본질적으로 다르다.

(2) 예배음악의 특성

 예배음악은 예배자들이 믿음으로 하나님의 영광과 존귀를 찬양하고 감사하며 불러지는 아름답고도 거룩한 음악이어야 한다. 그러므로 예배음악에 대한 의미와 목적을 바르게 이해하는 것은 신앙생활에서 성경을 바르게 이해하는 것과 크게 차이가 없다. 따라서 예배음악의 본질을 이해하지 못하면 아무리 믿음이 좋고 신앙생활을 잘하여도 바르게 하나님을 찬양하지 못하고 하나님이 기뻐하시는 예배를 드릴 수가 없다. 왜냐하면 예배자들이 예배에 합당한 예배음악을 바르게 사용하지 못하기 때문이다. 최근에 한국교회의 예배음악이 급속도로 변질되어 세속화되고 있는 가장 큰 이유도 예배음악의 본질이 흔들리고 있기 때문에 나타난 결과임을 알아야한다. 따라서 하나님이 기뻐하시는 아름답고 거룩한 예배음악이 되기 위해서 우리는 먼저 예배음악의 의미와 목적, 예배음악의 가치와 직무, 예배음악이 우리의 생활을 어떻게 변화시키는가? 등 예배음악에 대한 본질을 깊이 이해하는데 관심을 두어야 한다. 그러므로 예배음악은 하나님과 예배 자와의 사이에서 드림(self offering)과 받음(gift)과 나눔(shared)의 음악으로 조화를 이루어야 한다.

2) 예배음악의 목적

 예배음악의 목적이 무엇인가? 이 질문은 예배에서 왜 예배음악이 있어야 하는가? 라는 질문과 함께 풀어야할 과제라고 하겠다. 예배자들이 예배에서 부르는 음악은 여러 가지 목적이 있으나 예배음악의 목적은 하나님을 영화롭게 하고 영광을 높이 찬양하고 만방에 선포하는데 있다. 이 목적을 위해서 하나님의 택하심을 받은 주의 백성들은 하나님이 기뻐하시는 삶이 되어야한다. 하나님이 기뻐하시는 삶은 예배생활이며 찬송생활로 이어지는 삶이라고 하겠다. 이러한 삶은 하나님께서 원하시는 뜻이며 하나님께서 원하시는 뜻을 이루는 일이다. 그러므로 예배자는 하나님께 예배하고 거룩한 생활을 하는데 두어야 하므로 다음과 같이 구체적인 예배음악의 목적을 두어야 한다.

(1) 하나님의 뜻 성취

시편 기자는 "내가 모태에서부터 주의 붙드신바 되었으며 내 어미 배에서 주의 취하여 내신 바 되었사오니 나는 항상 주를 찬송 하리이다"(시71:6)라고 고백하고 있다. 그러나 이사야 선지자는 "하나님께서 우리를 택하신 목적은 하나님께서 하나님을 위하여 하나님의 거룩하심을 찬송케 하기 위하여 창조의 목적"(사43:21)과 연관지어서 고백하고 있다. 이와 같이 여러 곳에 기록된 선지자들의 찬송에 관한 내용은 찬송의 목적을 분명히 하고 있다. 그러므로 예배에서 음악은 하나님의 구속의 은총을 감사하고 찬양하며 자신의 신앙을 고백하는 데 목적을 두어야한다. 시편기자는 찬송할 목적을 아래와 같이 밝히고 있다.

> "여호와의 인자하심과 인생에게 행하신 기적으로 말미암아 그를 찬송할지로다"(시107:8)
>
> "할렐루야 여호와의 종들아 찬양하라 여호와의 이름을 찬양하라 이제부터 영원토록 여호와의 이름을 찬송할 지로다 해 돋는 데서부터 해지는 데에까지 여호와의 이름이 찬양을 받으시리로다 여호와는 모든 나라보다 높으시며 그 영광은 하늘보다 높으시도다"(시113:1-4)

또 사도 바울은 에베소교회 성도들에게 편지하면서 예수 그리스도의 피로 말미암아 죄사함을 받은 구속의 은총을 감사하면서 찬송해야할 목적을 삼고 있다.

> "우리는 그리스도 안에서 그의 은혜의 풍성함을 따라 그의 피로 말미암아 속량 곧 죄 사함을 받았느니라 이는 그가 모든 지혜와 총명을 우리에게 넘치게 하사 그 뜻의 비밀을 우리에게 알리신 것이요 그의 기뻐하심을 따라 그리스도 안에서 때가 찬 경륜을 위하여 예정하신 것이니 하늘에 있는 것이나 땅에 있는 것이 다 그리스도 안에서 통일되게 하려 하심이라 모든 일을 그의 뜻의 결정대로 일하시는 이의 계획을 따라 우리가 예정을 입어 그 안에서 기업이 되었으니 이는 우리가 그리스도 안에서 전부터 바라던 그의 영광의 찬송이 되게 하려하심이라"(엡1:7-12)

(2) 하나님께 영광

예배음악은 구원받은 주의 백성들이 구약시대부터 오늘에 이르기까지 여러 가지 음악으로 하나님의 영광과 존귀 또 그의 거룩하심을 높이 찬양하며 믿음을 지켜왔다. 우리들이 쉽게 찾아볼 수 있는 구약성경 이사야서 6장에 나타나 있는 스랍들이 부른 거룩송이나 예수님께서 탄생하실 때에 천사들이 한밤에 양을 치던 목자들에게 나타나서 구주탄생을 알리고 주께 영광 찬송을 부른 사건은 모두가 하나님께 영광을 돌리는데 목적을 두었다. 그래서 히브리 기자는 "항상 찬미의 제사를 드리라"고 권하고 있다. 이유는 찬미의 제사는 "하나님을 증거하는 입술의 열매"(히브리서 13:15)라고 고백하고 있기 때문이다. 이를 위하여 구약시대에는 레위사람 중에서 헤만과 그의 형제 아삽, 그나냐 등 노래하는 제사장을 세우고 여호와의 집에서 주야로 여호와 하나님만을 찬양하게 한 광경을 역대상 6장과 9장에서 볼 수 있다.

또한 "여호와를 찬송할 것은 극히 아름다운 일을 하셨음이니 온 세계에 알게 할지어다"(사12:5) 이 성구는 하나님께서 이루신 아름다운 일을 함축성 있게 시편 기자는 노래하고 있으나 앞장(Ⅰ. 아름다움과 창조)에서 정리한 하나님의 아름다우심과 창조의 진리를 보다 쉽게 이해하는 것도 병행되어야 한다. 첫째 하나님은 천지만물을 아름답게 창조하시고 사람에게 모든 만물을 주장하게 하신 일이다. 둘째 예수 그리스도께서 "우리 죄를 사하시기 위하여 죽임 당하시고 우리는 죄에서 떠나 의롭게 살게 하신 일이다."(고전15:3, 벧전2:24) 즉 하나님께서 독생자 예수 그리스도를 이 땅에 보내주신 일과 모든 죄인을 구속하시기 위하여 십자가에 달리신 사건을 이사야 선지자는 아름다운 일로 표현하고 있다. 그러므로 예배자는 시편기자의 노래대로 하나님께 영광을 돌리고 또 온 세계에 선포하는데 목적을 두어야 한다.

(3) 여호와께 영적예배

구약시대의 "이스라엘 민족이 자신의 죄를 사함 받기 위하여 드리던 제사는 일반적으로 제단을 쌓고 소나 양과 비둘기를 잡아 제물로 드렸다. 이때에 드린 제물은 흠이 없는 깨끗한 수송아지나 염소를 드렸다." (레4:3, 겔 43:23-25) 그런데 시편기자는 찬송의 목적을 다음과 같이 고백하고 있다.

> "내가 노래로 하나님의 이름을 찬송하며 감사하므로 하나님을 광대하시다 하리니 이것이 소 곧 뿔과 굽이 있는 황소를 드림보다 여호와를 더욱 기쁘시게 함이 될 것이라"(시 69:30-31)

그러므로 하나님께 우리들이 온 마음과 정성으로 구속의 은총을 감사하며 드리는 찬미는 구원받은 백성들이 소나 양을 드리는 것보다 하나님을 더욱 기쁘시게 하는 가장 귀하고 소중한 일이다. 이유는 구약시대에 짐승을 잡아 드린 제물보다는 우리들의 몸과 마음과 뜻과 정성을 더욱 원하시기 때문에 예배에서의 음악은 믿음으로 몸과 마음과 뜻과 정성을 모아서 드리는 찬미의 제사가 되어야한다. 따라서 우리들이 부르는 예배음악의 목적은 "몸과 마음과 뜻과 정성으로 드리는 거룩한 산제가 되는 영적 예배"에 목적을 두어야 한다.(롬12:1)

2. 예배음악의 가치와 기능

1) 예배음악의 가치

성경에 기록된 하나님을 찬송한 내용이나 교회사에 나타난 예배음악의 발전과정을 보면 "음악은 영적인 언어"인 동시에 "만국의 공통 언어"임을 쉽게 이해할 수 있다. 그러므로 예배에서의 음악은 시대를 초월해서 자신의 신앙을 고백하고 자신의 뜻을 하나님께 음악으로 표현하기도 하였다. 뿐만 아니라 "신앙생활에서의 음악은 음악만이 지니고 있는 능력"이 있음을 여러 곳에 기록된 내용으로 보아 알 수 있다. 쉬운 예로 "사울 왕이 악신으로 인하여 번뇌하고 있을 때 다윗이 수금을 취하여 손으로 탄즉 사울이 상쾌하여 낫고 악신은 그에게서 떠난 사건"을 보면 음악은 사람의 영혼에 악신을 물리치고 병을 고치는 능력이 있음을 알 수 있다. 그런데 구원받은 주의 백성들이 하나님께 최상의 가치를 드리는 예배에서의 음악은 위에서 언급한 능력 이상의 높은 가치를 나타내고 있음을 알아야 한다.

뿐만 아니라 찬송은 하나님과 영적인 만남이 이루어지는데 진정한 가치가 있음을 알아야한다. 구약성경 호세아에 기록된 내용을 보면 당시 하나님의 품을 떠나 우상을 섬기던 이스라엘이 이제는 하나님께 형식적인 제사를 드리지 않고 "우리가 수송아지를 대신하여 입술의 열매를 주께 드리리이다"(호14:2) 라고 고백하고 있는데 이는 죄를 회개하고 감사와 찬송을 주께 드리겠다는 의미라 하겠다. 이와 같은 찬송의 내용은 찬송에 대한 가치를 더해주고 있으며 "모든 나라들은 여호와를 찬양하며 모든 백성들은 저를 칭송하라고 권하고 있다. 또 시편기자는 계속해서 우리를 향하신 여호와의 인자하심이 크고 진실하심이 영원하다"(시 117:1-2) 라고 찬송하고 있는데 이 내용도 역시 찬송에 대한 가치를 잘 나타내고 있다.

그러면 예배에서의 음악은 어떠한 의미를 내포하고 있는가? 우리는 예배음악에 대한 의미를 바르게 이해하는 것이 선행되어야 한다. 예배에서의 음악은 믿음으로 구속함을 받은 백성들이 하나님께 드리는 가장 아름답고 귀한 예물이며 꾸밈이 없는 성령의 열매이다. 또한 예배에서의 음악은 자신이 하나님의 영광을 높이 찬양하고 감사하고 간구하며 세상을 향한 하나님의 말씀을 음악이라는 예술을 통하여 성도들에게 직접 선포하는 인간 본연의 신앙고백이요 찬미의 제사이며 복음의 말씀이다. 그러므로 예배에서의 모든 음악은 음악이 지니고 있는 의미와 목적을 함께 내포하고 있는데 예배음악의 가치를 인정하게 된다.

킷츠(John Keats 1795 -1821, 영국시인)는 음악을 "황금의 입술"이라고 말했듯이 예배에서의 음악은 말로 표현할 수 없는 하나님의 일을 사람들에게 말해준다. 이와 같이 예배에서의 음악은 예배자들의 종교적 의식이나 감정을 감화시킴으로서 말로 정확하게 표현할 수 없는 것을 마음으로 느끼게 하며 음악으로 예배 자들이 갖는 종교적 의식을 앙양시킨다.

또한 랭거는(Suzanne Langer)는 "음악이 지니고 있는 진정한 힘은 언어가 표현할 수 없는 느낌(feeling)의 세계에 도달하는 데에 있다"라고 말하고 있다. 그 외에도 예배에서 음악의 의미를 킹슬리(Kingsley)는 "말은 우리들의 사상을 이야기해 주지만 음악은 우리들의 마음과 영혼 곧 우리 영혼의 핵심과 근저에 말 한다."[20]라고 말하고 있다. 또한 화이트(James F White)교수는 "예배에서의 음악은 우리들의 생각과 말과 행동에 더 큰 강렬함을 줄 수 있다"라고 말하고 있다. 왜냐하면 음악의 내면에는 말이 지닐 수 없는 내용까지의 양면성(ambivalence)을 함께 지니고 있기 때문이다.

진실로 예배에서의 음악은 예배 자들이 삼위일체이신 하나님께서 천지를 창조하시고 구속의 은총으로 섭리하시는 크신 뜻을 기리고 그의 영광과 존귀를 찬양하고 감사하는 내용의 음악이다. 또한 예배에서의 음악은 예배의 모든 순서가 이어지는 과정에서 명상하고 참회하며 자신의 신앙을 고백함으로서 위로와 축복의 메시지를 듣기도 한다. 뿐만 아니라 위로와 간구, 사랑과 감사, 순종과 결단을 다짐하기도 한다. 그러므로 예배에서의 음악은 우리의 삶을 주장하시는 하나님께 삶에 대한 기쁨과 소망이 넘치는 감격과 감사로 이어지는 신앙고백이 되기도 하며 간절히 간구하는 기도가 되기도 한다. 또 예배에서의 모든 찬양은 하나님께 드리는 것이지 사람을 위한 것(God word, not man word)이 아니며 예배의식에 덧붙여지는 장식품이 되어서도 안 된다. 즉 예배에서의 음악은 첫째 하나님께 드려지는 찬미의 제사요 하나님께 간구하는 기도며 자신의 신앙고백이다. 둘째 세상을 향하여 선포하는 하나님의 말씀이다. 이와 같이 예배에서의 음악은 구원받은 모든 백성들이 초대교회부터 오늘에 이르기까지 모일 때마다 찬송하고 가르치고 계시도 하면서 성령이 충만하여 아름다운 예배를 담당해왔다.

그러므로 예배인도자나 교회음악지도자는 예배의 내용과 형식을 담

---

[20] Raymond Abba, ibid, P.145

고 있는 예배음악에 대한 의미와 비중에 대한 가치를 바르게 이해해야 한다. "예배에서의 음악은 하나님께 드리는 찬양과 감사이며 자신의 신앙을 고백하며 간구하는 찬미의 제사이다. 뿐만 아니라 예배시작부터 끝나는 시간까지 모든 예배순서의 맥을 이어 주는 핵이 되고 있다."[21] 그런데 한국교회는 예배에서의 음악을 바르게 이해하지 못하고 아직도 일반적으로 쉽게 이해하듯이 자리정돈을 하거나 예배시간을 기다리며 준비하는 수단으로 부르기도 한다. 또한 설교를 들으며 예배순서를 다양하게 준비하기 위하여 보조적인 장식품과 같은 도구로 생각하고 찬송을 부르기도 한다. 그러나 예배에서의 음악은 예배의 장식품도 아니며 보조적인 수단도 아님을 알아야 한다. 왜냐하면 예배에서의 음악은 예배음악 자체가 예배의 내용이며 형식이기 때문에 예배음악의 가치를 바르게 이해하는 것이 무엇보다도 중요하다.

그러므로 예배에서의 음악은 첫째 하나님과 영적인 만남이 이루어지는 삶이 되고 또 "입술로 수송아지를 대신하여 주께 드리는 것이 된다."(호14:2) 둘째 하나님의 거룩하심과 영광을 찬송하게 이끌어 준다.(시 113:2) 셋째 세상에 헛된 욕망과 교만한 마음을 모두 벗어버리고 기쁨과 즐거움으로 충만한 마음을 갖게 한다.(시편71:23) 넷째 피곤한 자에게 능력을 주시며 무능한 자에게 힘을 더하여 주시어 우리의 몸을 강건하게 한다.(엡6:10) 다섯째 세상에 어떠한 악신이라도 모두 물리쳐 우리의 심령을 맑고 깨끗하게 하여 준다.(삼상16:23)

2) 예배음악의 기능

일반적으로 교회음악 지도자들이 예배음악의 기능과 임무와 역할을 혼돈 하고 있음을 종종 볼 수 있다. 그러므로 먼저 예배음악의 기능은 무엇인가? 한번 정리할 필요가 있다. 예배음악의 기능이란 예배에서 음악이 지니고 있는 여러 가지 기본바탕이 되는 능력을 지칭한 것이라고

---

21) 田熙俊, "牧會者와 讚頌"「月刊 牧會」1984.1월호 P. 95

말할 수 있다. 따라서 예배에서 음악의 기능을 대별하면 "표현적 기능(Expressive Function), 암시적 기능(Suggestive Function), 감명적 기능(Impressive Function)"[22] 등으로 구분할 수 있다. 그러면서도 예배에서의 음악은 기능에 따라 각 각 다른 특징을 지니고 있으면서 상호 긴밀한 관계를 지니고 있다.

(1) 표현적 기능

표현적 기능이란 자신의 사상과 감정을 외부로 나타내는 능력을 말하는 것이다. 따라서 예배에서의 찬양과 감사, 참회와 속죄, 기원과 간구 등은 자신의 신앙을 외부로 솔직하게 고백하는 기능이다. 즉 찬송가 중에서 "하나님을 찬양 합니다" "주께 간구 합니다" 등의 가사는 자신의 뜻을 구체적으로 밝히고 있는 표현적 기능이라고 할 수 있다. 찬송가 347장(겸손히 주를 섬길 때), 466장(나 어느 곳에 있든지 늘 맘이 편하다)의 가사는 찬송가 중에서 자신의 마음 상태를 가장 잘 나타내고 있는 표현적 기능의 찬송이다.

찬송 곡의 경우도 표현적인 기능은 동일하게 나타내고 있다. 찬송 곡을 분석하여 보면 모두가 독특한 기법으로 선율(melody)이나 리듬(rhythm)과 화성(harmony)이 다양하게 창작되어있다. 또 여러 작곡가의 창작곡은 그 곡의 형식과 내용에 따라서 화려한 선율과 경쾌한 리듬으로 기쁘고 즐겁게 표현하기도 하고 또는 슬픔과 괴로움을 표현하기 위하여 단음계로 선율을 만들고 비통함을 나타내기 위한 느린 템포로 작곡하기도 한다. 이러한 표현적 기능은 모든 사람이 각기 특성을 지니고 있기 때문에 자신의 마음을 다양하게 표현하고 있다.

(2) 암시적 기능

암시적인 기능(Suggestive Function)이란 표현적 기능과 반대의 기능이

---

[22] F. H. Brabant, 「Liturgy and Worship」 "p.13. R. 압바, 「기독교예배의 원리와 실제」 서울:대한기독교서회, 1974, p.145 재인용

다. 즉 자신의 사상이나 감정을 표현할 때에 밖으로 직접적인 표현보다는 간접적이거나 암시적으로 깨우치고 밝혀주는 능력을 말하는 것이다. 교회의 건축양식이나 그 외에 교회 내의 조각 작품이나 성화, 창문의 색유리 등의 예술작품은 모두 어떠한 상징적인 의미를 암시하고 있다. 여기에 음악도 예외일 수는 없다. 예배시간에 부르는 많은 찬송가의 가사의 내용을 보면 신앙생활과 관련되어 있는 암시적인 하나님의 속성과 그리스도의 복음, 보혜사 성령의 보호하심과 인도하심 등을 내포하고 있는 가사를 볼 수 있다. 또한 신앙생활에서 흔히 부르는 찬송가의 가사에서도 직접적인 표현이 아닌데도 가사에서 풍기는 느낌을 경험하게 되는데 이러한 가사를 암시적인 기능을 지니고 있는 가사라고 볼 수 있다. 우리가 잘 부르는 276장(하나님의 진리등대), 258장(물 건너 생명 줄 던지어라)의 가사내용은 "하나님의 진리등대"나 "물 건너 생명 줄"에 있는 것이 아니고 "구원의 복음전도"에 대한 내용을 암시하거나 "죄에 빠져있는 형제의 구원"을 강하게 암시하고 있음을 쉽게 알 수 있는 찬송이다.

(3) 감명적 기능

감명적 기능(Impressive Function)이란 자신이 느끼고 있는 감정을 마음속 깊이 간직하고 새기면서 스스로 오래도록 감상하는 능력을 말하는 것이다. 흔히 신앙생활에서 나타나는 감명적 기능은 성령의 역사하심과 마음에 느끼는 감동으로 나타나게 된다. 우리들은 예배 시간에 부르는 찬송이나 성가대에서 부르는 아름답고 은혜로운 찬양을 들을 때 크게 감명을 받게 되면 마음에서 쉽게 지워지지 않는다. 왜냐하면 그 음악에서 느껴지는 감격과 감동이 마음속에 오래 남아 있어 자신의 마음을 주장하고 신앙생활에 크게 도움을 주기 때문이다.

우리가 잘 아는 헨델(G. F. Handel)의 "할렐루야"(Hallelujah)합창곡이나 바흐(J. S. Bach)의 "수난곡"을 들으면 언제나 많은 사람들이 감동을 받는데 그 이유는 무엇인가? 요약해서 말하면 여러 가지 교회음악 작품이 있으나 어느 음악보다도 듣는 사람들에게 감동을 주기 때문이다. 그러므로 이러한 감명적인 기능은 예배음악에서 더욱 강하게 작용한다. 그리고 때때로 자신의 삶 속에서 감명 받은 아름다운 찬송곡이 떠오를 때는 또다시 어떠한 방법으로든지 표현되고 있다. 그러므로 감명적인 기능은 표현적인 기능과 암시적인 기능이 서로 유기적인 관계를 가지고 계속 반복되는 기능을 지니고 있다.

3. 예배음악의 임무와 역할

1) 예배음악의 임무

예배음악의 임무를 논하려면 먼저 임무가 무엇인가? 에 대하여 바르게 이해해야 한다. 이유는 역할(役割)과 유사한 의미를 가지고 있기 때문이다. 임무(任務)란 역할과 달라서 반드시 책임이 따른다. 따라서 예배음악의 임무는 아름답고 거룩한 음악으로 하나님께 영광을 돌리며 예배를 성취하는데 있다. 즉 예배음악의 임무는 예배에서 모든 음악순서를 수행하기 위해서 예배시간에 반드시 담당해야할 일이라고 하겠다. 뿐만 아니라 예배에서의 음악은 그 비중이 크고 다양하므로 예배담당자나 예배참석자들이 다함께 예배음악의 임무를 잘 담당할 때 예배는 보다 아름답고 영적인 예배가 될 수 있다. 또 아름답고 거룩한 예배가 되기 위하여 예배인도자와 찬양대 그리고 예배참석자들까지 한마음으로 예배음악순서를 은혜롭게 담당해야 한다. 그러므로 예배에서의 모든 음악은 하나님이 기뻐하시는 아름답고 거룩한 음악으로 임무를 담당해야 한다. 또한 예배음악은 새롭고도 창조적인 음악으로 언제나 마음과 정성을 다하여 임무를 담당해야 한다. 따라서 예배에서의 음악은 예배참석자들이 직접 음악순서에 참여하므로 그 책임을 다하며 임무를 담당하게 될 때에 예배음악의 진가를 발휘할 수 있다.

(1) 참여의 임무

예배에서의 음악은 예배에 참석한 성도들의 마음을 세상에 속한 복잡한 생각을 버리고 하나님께 향하게 하고 그 앞에서 조용히 묵상하며 예배드리는 마음을 갖도록 인도한다. 예배에서 오르간이스트가 연주하는 전주(Prelude)와 간주(Interlude), 후주(Postlude) 등은 예배자들을 한 마음으로 이끌어 주며 동참케 하는 좋은 음악이다. 또한 회중찬송을 비롯하여 성가합창이나 오르간 음악에 이르기까지 예배에서의 모든 음악은 가사나 음악이 경건하고 아름다운 음악으로 예배에서 가장 큰 감동을 준다. 기쁜 때나 어려운 때에 찬송을 부르면 더욱 마음에 감격과 위로가 더하게 된다. 마치 모세와 함께 출애굽 한 이스라엘 민족들이 모세와 아론과 함께 여호와 하나님을 찬양한 의미를 찾아볼 수 있다. 따라서 이러한 예배음악은 예배 자들에게 보다 적극적으로 예배순서에 참여케 한다.

(2) 진행의 임무

예배에서 음악은 예배인도자와 예배 참석자들을 위한 예배의 순서의 모든 진행을 처음부터 마치는 시간까지 중단 없이 이어주고 있다. 이유는 예배에서의 음악은 예배순서에 따라서 드림(self offering)과 받음(gift)과 나눔(shared) 등 다양한 내용으로 되어 있기 때문이다. 예배는 오르간이스트의 전주에 이어서 시작되면 예배의 모든 순서는 음악으로 이어지고 있음을 쉽게 알 수 있다. 그러므로 예배의 순서가 진행되는 동안 예배음악은 언제나 다음순서와 연결되면서 하나님의 오묘하고도 깊은 진리 안에서 창조적이고도 거룩한 예배가 되도록 불러야 한다. 따라서 예배순서에서 예배음악을 바르게 부르지 못하면 하나님이 기뻐하시는 예배다운 예배순서 진행이 될 수 없다.

(3) 고백의 임무

예배에서의 회중찬송 성가합창 오르간음악 등 모든 예배음악은 하나님께 대한 자신의 신앙을 정성껏 표현하는 거룩한 행위이며 거짓 없는 솔직한 고백이 되어야 한다. 전능하신 창조주 하나님의 크신 뜻과 그의 능력 그가 베푸신 한없는 사랑을 고백할 때 진정한 예배음악이 될 수 있다. 우리는 복잡한 도시생활에서 벗어나 모처럼 산에 오르면 하나님이 창조하신 아름다운 자연의 신비함을 체험하기도 한다. 이때마다 "참 아름다워라 주님의 세계는"(78장)을 찬양하기도 하고 "주 하나님 지으신 모든 세계"(40장)를 찬양하기도 한다. 참으로 창조주 하나님의 아름다운 세계를 바라볼 때 자연의 신비로움을 새롭게 깨닫기도 한다. 때로는 지난날의 잘못된 생각과 생활을 눈물로 참회하기도하고 사죄의 은총을 감사하며 새로운 마음으로 주님 앞에 결단을 하기도 한다. 누가복음15장에 기록된 탕자의 심정으로 331장 "나 주를 멀리 떠났다 이제 옵니다"를 부를 때 뜨거운 눈물을 흘리면서 참회할 수 있다. 자신의 신앙은 거짓으로 고백할 수 없기 때문이다.

(4) 교육의 임무

예배에서의 음악은 하나님의 말씀이 교훈과 훈계 그리고 결단할 수 있도록 선포되어야 하며 예배에 참석한 성도들 간에 사랑의 교제가 이루어져야 한다. 이유는 언어로 표현할 수 없는 그 이상의 깊은 의미를 예배에서 음악이 담당해야하기 때문이다. 또 예배에서 음악은 그 내용이 언제나 하나님의 말씀과 직결되어 있기 때문에 예배음악 자체가 우리들에게 생명의 말씀이 되고 교훈이 되며 삶의 좌표가 되기도 한다. 그러므로 예배에서의 음악은 말로 표현할 수 없고 행동으로 표현할 수 없는 영역까지 마음으로 하나님 앞에 자기 자신의 삶을 온전히 의탁할 때 영적인 대화와 진정한 교제가 이루어질 수 있다. 또한 예배음악교육은 기능적으로 아름다운 음악교육 개발의 차원을 넘어서 하나님과 인간의 근본적인 의미를 회복하는데 두어야 한다. 이유는 예배자들이 부르는 아름다운 예배음악도 중요하지만 그보다도 중요한 것은 예배음악의 보다 깊은 의미를 이해하고 몸과 마음과 정성을 다하여 헌신하며 새로운 결단의 마음을 갖게 하는 것도 귀하기 때문이다.

2) 예배음악의 역할

예배음악의 역할에 대하여 많은 학자들이 다양하게 설명하고 있으나 특히 벤슨(Lovis F. Benson)은 예배에서 찬송의 의미를 더욱 분명하게 말해주고 있다. 그는 "성경이 영적인 삶에 관한 계시라면 찬송은 삶의 지침서"23) 라고 말하고 있다. 그리고 벤슨은 찬송의 기능을 첫째 기독교교리의 효과적 매개체의 역할이다, 둘째 기독교생활의 효과적인 도움을 주는 역할이다, 셋째 예배에서 회중을 하나로 묶는 역할이다, 등 세 가지로 요약하고 있다. 그런데 벤슨이 주장하고 있는 이 세 가지 찬송의 기능은 찬송의 역할로 이해하는 것이 더욱 합리적이라고 하겠다. 그러므로 필자는 벤슨(Lovis F. Benson)이 주장하고 있는 찬송의 기능을 찬송의 역할로 이해하면서 예배음악의 역할을 논하고자 한다.

(1) 기독교교리의 매개체

신앙생활에서 중요한 것은 하나님의 복음을 바르게 알고 믿는 것이다. 이유는 하나님의 넓고 크신 사랑과 예수 그리스도의 십자가의 도를 바르게 믿게 될 때 성령의 역사하심을 확신하고 믿게 되기 때문이다. 이렇게 복음에 대한 확신이 있을 때 남에게도 담대하게 예수 그리스도의 복음을 전할 수 있기 때문이다. 그런데 기독교의 복음을 전할 때 여러 가지 방법이 있으나 기독교의 교리를 곡조를 붙여서 전할 때에 말이나 글로 복음을 전하는 것 보다 더욱 효과적이라고 벤슨은 강조하고 있다. 이러한 방법은 일찍이 중세초기에 이교도들과 교리논쟁이 치열할 때에 아리우스파(Arian)와 삼위일체에 관한 교리찬송이 창작되어 불러지기 시작한 때부터 교회에서 사용하고 있었음을 알아야한다. 이로 인하여 오랫동안 박해에서 벗어난 기독교의 교회는 새로운 성장기를 마지하게 되었다. 이때에 여러 지방에서 무분별하게 불리던 찬송을 수집하고 정리하는데 크게 공헌한 사람이 바로 당시의 밀라노(Milan) 감독이었던 암부로시우스(Ambrosius)이다.

또한 18세기에 영국에서부터 교회개혁운동을 일으켰던 웨슬리(Wesley) 형제는 많은 찬송을 직접 창작하여 교회를 개혁하고 복음을 전하는데 가장 효과적으로 찬송을 사용하였다. 특히 "찰스 웨슬리(Charles Wesley)

---

23) Lovis F.Benson, *The Hymnody of the Christian Church*, Richmond Virginia:John Knox Press, 1956 P.21 박봉배 P.538 재인용

의 복음주의신학과 음악사상은 많은 사람들에게 감동을 주는 부흥성가를 창작하여 복음을 전파하는데 큰 역할을 담당하였다. 그는 존 웨슬리와 함께 "설교한 것을 노래하고 노래한 것을 설교했다.(Singing what was preached, and preaching what was sung)"24) 라고 고백하고 있다. 또한 19세기에는 우리들이 잘 아는 무디(M. W. Moody)와 생키(I. D. Sankey)는 예수 그리스도의 복음을 전달하면서 은혜롭고 감동적인 복음성가(Gospel songs)를 가장 효과적으로 불렀다. 이와 같이 복음전도에서 음악은 그리스도의 교리를 전하는데 가장 효과적인 매개체의 역할을 하고 있는 것이다.

(2) 기독교생활에 도움

기독교인의 예배생활에서 음악은 자신의 신앙을 가장 솔직하게 고백하는데 도움을 주는 역할을 하며 발전해왔다. 이유는 많은 사람들이 예배에서 찬송을 부르면서 자신의 신앙을 고백하며 간구하기 때문이다. 뿐만 아니라 사람은 평생 살아가는 동안에 음악과 더불어 희노애락(喜怒哀樂)을 함께 하기 때문이다. 즉 음악은 기쁨과 서러움, 슬픔과 즐거움이 반복되는 과정에 사람의 마음을 다스리며 발전해왔다. 그러므로 음악은 사람의 생활에서 떼어놓을 수 없는 밀접한 관계를 지니고 있다. 성경에서도 "다윗이 수금을 타서 사울에게서 악신을 물리친"(삼상16:23)예나 "바울과 실라의 찬송을 듣고 구원받은 간수"의 예는 우리가 이미 아는 사실이다. 이러한 음악에 대하여 종교개혁자 말틴 루터(M. Luther)는 하나님께서 사람에게 주신 음악은 성경 다음으로 가장 귀한 선물이라고 말하며 하나님을 찬송하는데 크게 공헌하였다. 또한 앞에서 말한 찰스 웨슬리(Charles Wesley)가 남긴 부흥성가(Revival songs)와 복음성가(Gospel songs)는 대 부흥운동과 함께 불러지기 시작하면서 그 동안의 시편찬송만 부르던 회중찬송을 새롭게 바꾸어 놓았다. 이로 인하여 찰스 웨슬리의 찬송은 당시 영국교회와 사회를 개혁하는데 크게 공헌하였다.

---

24) 영, 칼튼 R., 「마음의 음악」 박은규 옮김, 서울 : 대한기독교서회, 2000, P. 87

그 후 오늘에 이르기까지 전 세계에서 불러지고 있는 다양한 복음성가는 교회를 크게 부흥시키고 있다. 뿐만 아니라 복음성가는 교회마다 젊은이들의 믿음과 내적 생활을 변화시키는데 복음전도의 수단으로 더욱 널리 불러지고 있다.

(3) 회중의 마음 일치

기독교의 예배에서 부르는 예배음악은 아름답고 거룩한 음악으로 예배가 진행되는 동안 내용과 형식이 다양한 음악으로 이어진다. 이렇게 다양한 예배음악은 오르간이스트의 전주부터 예배에 참석한 성도들이 다 함께 부르는 회중찬송과 성가대에서 부르는 송영과 찬양 그리고 축도 후의 축복 송과 후주에 이르기까지 모두 특징 있는 음악으로 이어진다. 이러한 모든 음악은 예배에 적합한 음악으로 불러질 때 예배에 참석한 여러 계층의 모든 성도들은 세상에서 생활하던 복잡한 생각을 모두 잊게 한다. 그리고 예배에 참석한 성도들의 마음을 하나로 묶어 공동체를 이루어 거룩한 하나님께 향하도록 이끌어 주며 한마음으로 예배에 참여케 한다. 또한 예배에서의 음악은 예배자들이 하나님과 영적인 만남이 이루어지는 동안 예배 자들의 마음에 영적인 변화를 일으켜 자신을 돌아보게 한다. 그리고 새로운 용기와 소망을 다짐하는 마음을 갖도록 이끌어준다.

그런데 로버트 H. 미첼은 그의 저서「목회와 음악」(Ministry and Music) "5장 음악과 예배"에서 예배음악의 5가지의 기능을 다음과 같이 제시하고 있다. 첫째 참여로서 음악, 둘째 주석으로서 음악, 셋째 훈계로서 음악, 넷째 분위기로서 음악, 다섯째 계시로서 음악 등 을 주장하고 있다[25]. 그러나 그가 제시하고 있는 내용은 예배음악의 기능이라고 하기보다는 또 다른 면에서 예배음악의 역할이라고 하는 것이 합당하다고 하겠다. 이유는 기능과 역할을 혼돈 하고 있기 때문이다.

---

25) Robert H. Mitchell,「목회와 음악」홍정표 역, 서울:에덴문화사,1980, pp.100-117

4. 예배음악의 마음가짐과 찬양방법

1) 예배음악의 "마음가짐"[26]

예배에서의 회중찬송이나 찬양대에서 부르는 찬양은 모두가 찬양하는 자의 마음가짐이 무엇보다도 중요하다. 이유는 예배음악이 아무리 아름답고 거룩한 음악이라도 부르는 자의 마음가짐에 따라 하나님께 드려지는 거룩하고도 은혜가 넘치는 찬미의 제사가 될 수도 있고 그렇지 않으면 하나의 노래자랑이 될 수도 있다. 또한 지나치게 감상적인 찬송이 될 때에 스스로 황홀경(ecstasy)에 빠질 수도 있기 때문이다. 그러므로 찬양하는 자의 마음자세는 자신을 나타내기보다는 하나님을 찬양하기에 합당한 마음가짐이 있어야한다.

"그러면 어떻게 할까 내가 영으로 기도하고 또 마음으로 기도하며 내가
영으로 찬송하고 또 마음으로 찬송하리라"(고전14:15)

위의 성구는 사도 바울이 찬송할 때의 마음가짐을 단편적으로 말하고 있으나 그의 깊은 뜻이 있음을 깨달아야한다.

(1) 구원에 대한 확신

예배음악에 대한 마음가짐은 무엇보다도 구원에 대한 마음자세가 있어야 한다. 십자가의 도를 모르고 지내던 지난날의 생활과 구습을 벗어 버리고 구원의 복음으로 거듭난 감격이 있어야 하나님께 찬양할 수 있기 때문이다. 구원의 감격이 없는 찬양은 하나님을 기쁘시게 할 수 없다. 그러므로 이러한 찬양은 찬양이 아니며 아무 의미도 없이 부르는 소리일 뿐이다.

(2) 감사하는 마음

감사하는 마음자세가 있어야 한다. 우리는 세상을 살아가는 동안 누

---

[26] "마음가짐"이란 찬양하는 자의 마음속에 깊이 자리 잡고 있는 심성(心性)상태와 육안으로 식별할 수 있는 외모로 나타나는 자세를 의미한다. 즉 찬송을 부르는 자의 몸가짐과 마음가짐을 의미하는 것이다.

구나 하나님의 돌보심이 없이는 오늘까지 존재할 수 없었기 때문에 감사하는 마음이 있어야 한다. 우리들의 삶 속에서 하나님께 감사하는 마음이 없으면 바르게 찬양할 수 없기 때문이다. 그래서 시편 기자는 우리를 지켜주시고 선한 길로 인도하시는 "여호와께 감사하라 그는 선하시며 그 인자하심이 영원함이로다."(시118:1)라고 노래하고 있다.

(3) 전심으로 찬양

전심으로 찬양하는 마음자세가 있어야 한다. 세상의 복잡한 생각과 근심, 그리고 걱정과 불안한 마음을 버리고 전심으로 하나님을 찬양할 수 있는 마음자세가 있어야 한다. 이유는 세상에 복잡한 일을 생각하며 거룩하신 하나님을 찬양할 수 없기 때문이다. 그러므로 두 마음으로 찬양하는 것은 하나님이 기뻐하시는 진정한 찬양이 될 수 없다. 야고보는 "한입에서 찬송과 저주가 나오는 도다 내 형제들아 이것이 마땅하지 아니 하니라 샘이 한 구멍으로 어찌 단물과 쓴 물을 내겠느냐"(약3:10-11)라고 훈계하고 있다. 또 사도 바울은 "한 마음과 한 입으로 하나님 곧 우리 주 예수 그리스도의 아버지께 영광을 돌리게 하려 하노라"라고 교훈하고 있다.

(4) 하나님에 대한 지식

하나님에 대한 지식을 사모하는 마음자세가 있어야 한다. 전능하신 하나님의 크신 뜻을 바르게 알지 못하면 올바른 찬양을 할 수 없다. 그러므로 하나님의 높고 넓고 깊은 진리를 알게 될 때 성숙한 믿음으로 성장할 수 있으며 기쁨이 넘치는 찬양을 할 수 있게 된다. 우리의 찬송 속에 찬양과 감사와 우리들의 삶에 대한 귀한 보화가 진리의 말씀 안에 있기 때문이다.

(5) 미래에 대한 소망

찬양은 미래에 대한 소망의 마음자세가 있어야 한다. 오늘을 살아가는 예배자들이 마음에 어려움과 고달픔으로 가득 차 있으면 꿈을 이루어 갈 수 없으므로 내일의 소망을 가지고 찬양하는 마음자세를 가져야 한다. 비록 우리의 음악적인 재질이 부족할지라도 내일의 소망을 가지고 있을 때에 하나님을 찬양하는 마음자세를 바르게 할 수 있기 때문이다. 사도 바울은 "소망의 하나님이 모든 기쁨과 평강을 믿음 안에서 너희에게 충만하게 하사 성령의 능력으로 소망이 넘치게 하시기를 원하노라"(롬15:13)라고 권하고 있다.

2) 예배음악의 찬양방법

성도들이 예배에서 찬송 부르는 모습을 보면 그렇게 다양할 수가 없다. 이는 찬송 부르는 자의 믿음과 찬송에 대한 이해에 따라 다를 수밖에 없다. 찬송을 부르면서도 무감각한 상태의 성도들이 있는가 하면 찬송을 부르면서 자신의 감정을 억누르지 못하는 사람들도 허다하다. 그러나 예배에서 찬송의 대상이 누구인지를 확실히 알면 찬송을 바르게 부를 수 있다.

구약성경에 기록된 찬양의 방법을 여러 가지 제시하고 있다. "수금과 열줄 비파로 찬송하라"(시33:2), "손바닥(박수)을 치며 찬송하라"(시47:1), "춤추며 찬양하라"(시68:4), "즐거운 소리로 찬양하라"(대하 29:30, 시66:1), "그의 이름의 영광을 찬양하고 영화롭게 찬송할 지어다"(시66:2), "새 노래로 찬양하라"(시33:3, 98:1), "지혜의 시로 찬송하라"(시47:7), "감사함으로 그 문에 들어가며 찬송하므로 그 궁정에 들어가서 그 이름을 송축할 지어다"(시100:4), "나의 마음을 다하여 찬양하리로다."(시108:1) 등 찬양의 방법을 다양하게 권하기도 하고 다짐도 하고 있다.

그런데 사도 바울은 찬송 부르는 자의 마음가짐에 대하여 고린도 교회에 보낸 편지에서 간단히 제시하고 있으나 에베소 교회와 고린도 교회에 보낸 편지에는 보다 구체적으로 찬송 부르는 자세에 대하여 언급하고 있다.

"그러므로 어리석은 자가 되지 말고 오직 주의 뜻이 무엇인가 이해하라
술 취하지 말라 이는 방탕한 것이니 오직 성령으로 충만함을 받으라

시와 찬송과 신령한 노래들로 서로 화답하며 너희의 마음으로 주께 노래하며 찬송하며 범사에 우리 주 예수 그리스도의 이름으로 항상 아버지 하나님께 감사하며 그리스도를 경외함으로 피차 복종하라"(엡 5:17-21)

"그리스도의 말씀이 너희 속에 풍성히 거하며 모든 지혜로 피차 가르치며 권면하고 시와 찬송과 신령한 노래를 부르며 감사하는 마음으로 하나님을 찬양하고 또 무엇을 하든지 말에나 일에나 다 주 예수 이름으로 하고 그를 힘입어 하나님 아버지께 감사하라"(골3:16∼17)

사도바울이 권면한 위의 성구에는 우리들이 관심을 가져야 할 중요한 찬양의 마음가짐임을 알아야 한다.

(1) 진실한 마음

찬송 부르는 자의 마음가짐에 대하여 거짓이나 가식이 없는 진실한 마음과 경건한 마음으로 정성을 드려 영감으로 부르라고 권하고 있다. 세속적인 노래를 부담 없이 자유롭게 부르는 노래와 다르기 때문이다. 그러므로 믿음이 있는 사람만이 마음으로 감사하며 영감으로 찬송할 수 있다.

(2) 찬송의 대상

찬송의 대상은 주 하나님이심을 강조하고 있다. 그러면서 사도 바울은 "성령으로 충만하여 하나님을 찬양하라."라고 권하고 있다. 결코 자신을 위한 찬양이나 특정한 사람의 마음을 즐겁게 하는 것은 올바른 찬송이 아니다. 따라서 사도 바울은 찬송할 때에 주 예수 그리스도의 이름으로 감사하라고 권하고 있다. 이렇게 부르기 위해서는 어리석은 자가 되지 말고 주께서 기뻐하시고 원하시는 뜻이 무엇인지 분별해야 한다.

(3) 찬송의 내용

찬송의 내용은 "시와 찬미와 신령한 노래"를 불러야한다. 사도 바울은 예배에서의 음악을 구체적으로 구분하여 제시하고 있다. 세속적인 음악과 구별되어 부르라는 의미가 포함되어 있음을 알아야한다.

(4) 화답하는 찬송

찬송을 부를 때 서로 화답하라고 권하고 있다. 자기 자랑이나 공명심을 내세우고 다툼으로 하지 말라고 권면하고 있다. 뿐만 아니라 찬송을 부르는 자는 언제나 찬송을 부르며 선한 마음으로 화평을 이루어야한다. 그러므로 우리는 성경에서 사도 바울이 제시한 찬송 부르는 방법을 마음에 새기고 깊은 관심을 가져야 한다.

특히 회중찬송은 계층을 초월하여 예배참석자는 누구나 다 함께 부를 수 있는 곡이므로 처음 부르는 찬송이라도 곧 따라 부를 수 있도록 쉽게 창작되었다. 그러므로 예배에서 다 함께 부르는 회중 찬송은 예배자들의 마음을 아름답고 경건하게 할뿐 아니라 거룩하신 하나님께로 향하게 한다. 따라서 회중찬송은 입으로 부르고 마음으로 새기며 영으로 기뻐하게 될 때에 찬송의 진가를 나타낼 수 있다.

그러면 우리들은 현대를 살아가면서 어떻게 찬송을 바르게 불러야 하는가? 찬송 부르는 방법도 학자에 따라서 여러 가지로 제시하고 있다.

그런데 18세기의 찰스 웨슬리(Charles Wesley)는 수많은 6,500 여 편의 가사를 창작하여 많은 사람들이 부를 수 있도록 찬송가 편집 발행하였다. 뿐만 아니라 그늘은 찬송을 부르는 태도에까지 세심한 신경을 썼다. 그리고 그의 「성스러운 멜로디」(Sacred Melody, 1761) 서문에 회중 찬송 부르는 태도에 관하여 다음과 같이 밝히고 있다.

(1) 무엇보다도 여기에 실린 곡들을 먼저 배우라.(Learn these tunes) 다른 곡들을 배울 기회는 다음기회에 얼마든지 있다.

(2) 찬송 곡은 악보대로 불러라.(Sing them exactly) 조금이라도 바꾸거나 고쳐서 부르는 것은 정말 나쁜 버릇이다. 만약 틀리게 찬송을 배웠으면 가능한 대로 빨리 고쳐서 바르게 배우라.

(3) 실린 곡은 빼지 말고 모두 불러라.(Sing all) 할 수 있는 대로 회중 찬양에 자주 참석하라. 그리고 마음으로부터 나약함과 권태를 몰아내라. 이러한 사탄의 유혹을 이기면 이는 곧 하나님의 복임을 느낄 수

있다.
(4) 용기를 가지고 열정적으로 활기 있게 노래하라.(Sing lustily) 맥없는 소리로 졸린 노래가 되지 않도록 부르라. 마음으로 정성을 다해 불러라. 목소리가 나쁘다고 생각하거나 자신이 노래를 잘 못 부를까 두려워 말라. 사탄의 노래를 부르는 것과 비교가 되지 않는다.
(5) 겸손한 마음으로 부르라.(Sing modestly) 찬송가의 선율이 맑고 감미로운 소리가 하늘에 들리도록 노력하라. 자신을 나타내려고 거칠게 소리를 질러 목소리가 튀어나오지 않도록 하고 남들과 조화시켜라.
(6) 느리지 않게 빠르기대로 부르라.(Sing in time) 찬송 곡의 빠르기에 맞추어 정확하게 부르라. 한사람이 느리거나 빠르게 부르면 함께 부를 수 없다. 이러한 사람은 인도자의 소리를 따라 모두 한 목소리로 처음 빠르기를 지켜 부르라.
(7) 영감으로 찬양하라.(Sing spiritually) 가사 하나 하나가 모두 주님을 위한 것임을 기억하여라. 자신이나 다른 피조물들 보다 하나님을 더 기쁘시게 하는데 목적을 두라. 가사의 뜻을 깊이 생각하고 부르라. 음악에 도취되지 말고 하나님을 향하여 자신의 마음을 바치도록 하라. 그러면 여러분의 찬양을 하나님께서 기뻐하실 것이고 주께서 하늘로부터 구름을 타고 오실 때 상을 주실 것이다.

이와 같이 회중 찬송을 은혜롭게 부를 수 있도록 다양화하기 위해서는 일반성도들이 어느 찬송이나 자유롭게 부를 수 있을 때에 가능하다. 그러나 한국교회는 성도들이 찬송을 배우는 시간이 없으므로 대부분의 성도들이 부르는 찬송이 한정되어 있다. 더구나 강단에서 사회자가 마이크 앞에서 부르는 찬송마저도 곡대로 부르지 못하고 다르게 부르기 때문에 모든 성도들이 바르게 부르지 못하는 교회가 허다하다. 그러므로 찬송가에 수록되어 있는 찬송을 모두 배우는데 힘써야 한다. 그러므로 회중 찬송을 다양화하게 부르기 위해서는 모든 성도들이 인내심을 가지고 많은 노력을 해야 한다.

5. 예배음악의 성과

우리는 예배에서 음악이 어떠한 성과를 얻을 수 있는가? 누구나 깊이 생각하지 않고 지나칠 수 있는 문제이다. 그러나 우리들이 하나님 앞에 예배드릴 때 계속되는 주악으로부터 찬양대의 송영에 이어지는 회중찬송과 축복 송, 후주에 이르기까지의 모든 음악순서는 예배에 참석자들과 긴밀한 관계를 가지고 있으므로 그 성과는 대단히 중요하다. 이유는 예배음악으로 인하여 언제나 새로운 마음으로 다짐하고 결단하기 때문이다. 따라서 예배에서의 음악은 다음과 같은 성과를 기대할 수 있다. 첫째 예배의 성취이다. 둘째 하나님께 영광을 돌린다. 셋째 기쁨과 소망이 된다.

1) 예배의 성취

예배에서의 모든 음악은 예배자들이 성삼위 하나님의 거룩하심과 존귀하심, 그의 지혜와 자비하심을 찬양하고 감사하면서 예배할 때에 하나님의 크신 뜻을 성취하게 된다. 또한 예배에서의 음악은 예배자들이 진실한 마음으로 예배드리는 동안 하나님께서 예정하시고 섭리하시는 계시로 인하여 전능하신 하나님의 은혜와 진리를 깨닫게 된다. 따라서 예배자들은 예배의 모든 순서와 관련되어 있는 예배음악으로 응답하며 드림(self offering)과 받음(gift)과 나눔(shared)이 성취되며 예배자들은 새로운 마음으로 온전히 하나님이 기뻐하시는 영적예배를 이루게 된다.

2) 하나님께 영광

예배에서의 음악은 예배자들이 거룩하신 하나님을 찬양하고 즐거워하며 베푸신 사랑에 감사하며 자신의 믿음을 고백하고 응답할 때 하나님께는 영광이 되고 예배자들은 한없는 은혜와 사랑으로 충만케 된다. 또한 하나님께서 섭리하시는 크신 뜻을 세상에 선포할 때에 놀라운 구원의 역사가 이루어지기도 한다. 뿐만 아니라 예배에서 음악은 예배자들이 진실한 마음으로 예배하는 동안 하나님을 바라보고 그의 말씀으로 언제나 묵상하게 된다. 또한 하나님께서 계시하시는 뜻을 따를 때 예배음악은 곧 계시에 대한 응답행위가 되며 예배자들은 화평을 이루게 된다.

3) 기쁨과 소망

예배에서의 음악은 예배순서에 따라 불러지는 동안 예배 참석자들에게 하나님의 놀랍고도 크신 뜻을 바로 깨닫게 한다. 따라서 예배에서의 음악은 예배참석자들에게 혼란한 세상에서 성결한 생활로 성실하게 살아가는 도리와 지혜로운 신앙생활에 도움을 준다. 또 예배에서의 음악은 성령으로 역사하시는 복음의 말씀과 아름다운 음악으로 자신의 신앙을 고백 할 때에 예배자의 영이 맑아지며 삶의 좌표가 늘 새로워진다. 뿐만 아니라 마음에 평안과 기쁨이 넘치는 생활로 변하여지고 내일의 소망으로 언제나 새 힘이 솟기도 한다.

Ⅳ 성경에 기록된 예배음악

"오라 우리가 여호와께 노래하며 우리 구원의 반석을 향하여 즐거이 외치자 우리가 감사함으로 그 앞에 나아가며 시를 지어 즐거이 그를 노래하자 여호와는 크신 하나님이시요 모든 신들 보다 크신 왕이시기 때문이로다"(시95:1-3)

"지극히 높은 곳에서는 하나님께 영광이요 땅에서는 하나님이 기뻐하신 사람들 중에 평화로다"(눅2:14)

성경에 기록된 최초의 음악에 관한 기록은 창세기에 기록된 "유발"에 관한 내용이다. "유발은 가인의 칠대 손으로 라멕과 아다 사이에서 태어나 수금과 퉁소를 잡는 조상이 되었다"라고 기록되어 있다. 처음으로 음악과 관련된 이 내용은 간단하게 기록되어 있으나 인류역사가 시작되면서 일상생활과 밀접한 관계가 있음을 말해주고 있다. 또한 성경에는 유발에 관한 내용 외에도 노래와 관련된 기록을 보면 하나님을 찬양한 내용과 함께 이스라엘 민족은 여러 가지 악기를 다루면서 다양하게 노래를 부르며 생활한 기록을 볼 수 있다. 그러나 본 장에서 정리하고자 한 내용은 이스라엘 민족이 하나님께 예배하고 찬양한 과정을 몇 단계로 나누어 내용을 구체적으로 정리하고자 하였다. 이유는 하나님께 찬양한 예배음악에 대한 의미와 모든 찬양의 근원을 신구약 성경에서 밝히고자 하였기 때문이다.

1. 구약성경의 예배음악

1) 광야에서의 찬양

성경에 기록된 음악은 다양하게 기록되어 있으나 이스라엘 민족이 한데 모여 노래하며 하나님께 찬양한 최초의 모형을 여러 곳에서 볼 수 있다. 그들은 특별한 사건이 있을 때 광야에서 무리가 한데 모여 떼를 지어 함께 찬양한 모습을 볼 수 있다. 또한 그들이 부른 찬양의 내용을 보면 여호와 하나님의 무한하신 능력을 찬양하고 베푸신 은혜에 대한 감사와 자비로 요약할 수 있다. 그 대표적인 노래는 모세와 이스라엘 자손들이 출애굽한 후에 부른 감격의 노래를 꼽을 수 있다.

> "내가 여호와를 찬송하리니 그는 높고 영화로우심이요 말과 그 탄자를 바다에 던지셨음이로다 여호와는 나의 힘이요 노래시며 나의 구원이시로다 그는 나의 하나님이시니 내가 그를 찬송할 것이요 내 아버지의 하나님이시니 내가 그를 높이리로다 여호와는 용사시니 여호와는 그의 이름이시로다 그가 바로의 병거와 그의 군대를 바다에 던지시니 최고의 지휘관들이 홍해에 잠겼고 깊은 물이 그들을 덮으니 그들이 돌처럼 깊음 속에 가라앉았도다… 주께서 백성을 인도하사 그들을 주의 기업의 산에 심으시리이다 여호와여 이는 주의 처소를 삼으시려고 예비하신것이라 주여 이것이 주의 손으로 세우신 성소로소이다 여호와께서 영원무궁하도록 다스리시도다"(출15 :1-18)

> "너희는 여호와를 찬송하라 그는 높고 영화로우심이요 말과 그 탄자를 바다에 던지셨음이로다."(출15 :21)

위에 기록된 출애굽기의 "모세의 노래"(the Song of redeemed)와 "미리암의 노래"는 광야에서 무리가 한데 모여 하나님께 찬양한 최초의 모형이다. 이 찬송은 오랫동안 애굽에서 종살이 하던 이스라엘 백성들이 모세의 인도함을 받아 홍해를 건넌 후에 바로의 군대를 물리쳐 주신 하나님께 찬양과 감사하는 감격스러운 기쁨의 찬송이다. 이들이 부른 찬송의 주제는 하나님의 놀라운 능력을 나타내고 있다. 즉 '여호와는 나의 힘과 노래'이심을 고백하고 '구원의 하나님'이심을 높이 찬양하고 있다. 이 내용을 구체적으로 분석하여 보면 첫째 1절에서 3절은 홍해를 건너온 현재의 감사노래이다. 둘째 4절부터 12절은 바로의 군대를 바다에 던지신 과거에 대한 하나님의 은혜를 찬양하고 있다. 셋째 13절부터 18절까지는 여호와께서 영원히 다스리실 미래에 승리의 약속을 확신하며 부른 희망의 찬송이라고 요약할 수 있다. 또 "미리암의 노래"는 모세와 함께 홍해를 건넌 모든 여인들이 소고를 잡고 춤을 추며 모세의 노래에 화답하는 노래인데 이 노래는 모세의 노래와 다른 점을 발견할 수 있는데 이들은 소고라는 악기를 잡고 춤을 추면서 노래를 했다고 기록되어 있다. 그런데도 노래의 내용은 모세의 노래와 같은 의미로 부르고 있다.

그 외에도 이스라엘이 "우물이 솟아나게 한 것을 노래"(민21:16-18)한 기록이나 "모세가 느보산에 오르기 전에 백성들이 한데 모여 하나님의 자비를 노래"(신명기 32:1-43)한 광경은 모두가 이스라엘 백성들이 특별한 일이 있을 때 마다 무리를 지어 부른 대표적인 찬송이다. 이들이 여호와께 부른 찬양과 감사의 노래는 단을 쌓고 여호와 하나님께 드린 제물과 비교할 수 없는 가장 소중하고도 귀한 예물이며 찬미의 제사라고 할 수 있다. 이유는 이들이 부른 노래는 애굽의 노예생활에서 해방된 기쁨을 전능하신 여호와 하나님께 감사하며 감격스러운 소리로 정성을 다하여 찬양하였기 때문이다. 뿐만 아니라 이들이 부른 찬양은 특별한 의식은 없었으나 이스라엘 민족이 전능하신 여호와 하나님께 드린 예배음악의 최초의 모형이라고 할 수 있다. 이때에 이스라엘 백성들이 모여 여호와께 노래한 광경을 보면 여러 가지 특징이 있음을 발견할 수 있다.

(1) 이스라엘 백성이 출애굽한 후에 한데 모여 하나님을 찬양한 방법은 현대교회에서 회중이 함께 모여 찬송을 부르는 모형의 시작이 되었다고 할 수 있다.

(2) 출애굽 후에 모인 무리들이 한 목소리로 노래했다고 기록되어 있는데 이러한 방법은 여러 성부로 구성된 합창단원들의 합창과 다른 방법이다. 즉 모두가 한소리로 부르는 오늘의 제창(Unison)의 모형이라고 할 수 있다.

(3) 모세와 아론을 중심으로 모인 무리들이 부른 남자들의 노래와 미리암을 중심으로 모인 여인들의 무리들이 부른 노래다. 이렇게 남자들

과 여자들이 나누어져서 두 떼가 서로 화답하여 부른 방법은 중세초기부터 불러지기 시작한 그레고리안 성가나 바로크 시대 이후에 두 합창단이 교대로 부르는 교창(Antiphonal)형식의 연주모형을 보여준 최초의 광경이라고 할 수 있다.

⑷ 미리암을 비롯하여 많은 여인들이 소고를 잡고 춤을 추며 기쁨으로 여호와를 찬양한 광경은 또 하나의 찬양모형이라고 하겠다.

⑸ 정해진 장소가 없이 특별한 사건이 있을 때에 함께 모인 무리들이 어디에서나 여호와 하나님을 찬양한 모형이다.

애굽에서 종살이하던 이스라엘 민족이 출애굽 이후에 여호와 하나님을 향하여 부른 찬양과 감사의 노래는 감격스러운 승리의 외침이었다. 그러므로 이들의 환희 찬가는 단을 쌓고 여호와 하나님께 드린 제물과 비교할 수 없는 가장 소중하고도 귀한 예물이며 찬미의 제사라고 할 수 있다. 이유는 이들이 부른 노래는 애굽의 노예생활에서 해방된 기쁨을 전능하신 여호와 하나님께 감사하며 감격스러운 소리로 정성을 다하여 찬양하였기 때문이다. 뿐만 아니라 이들이 부른 찬양은 특별한 의식은 없었으나 이스라엘 민족이 전능하신 여호와 하나님께 드린 예배음악의 최초의 모형이라고 할 수 있다.

2) 성막에서의 찬양

이스라엘 민족이 여호와 하나님을 찬양한 둘째 모형은 다윗 시대에 "여호와의 집"27)(성막)에서 찬양한 광경이다. 여호와 하나님은 오랫동안 우상숭배에 빠져 있던 그들을 거룩하게 하기 위하여 모세에게 말씀하여

---

27) 여호와의 집(House of the Lord, House of the Tent, 대상6:31, 9:23)은 여호와의 전(출 23:19), 성막(聖幕,Tabernacle, 출26:1,9, 39:33), 또는 회막(Tabernacle of Congregation, 출33:7, 39:32), 하나님의 집, 장막(출25:9, 대상6:48), 법막(Tent of Testimony)등 여러 가지로 이름을 붙여 사용하였다. 이 성막은 이스라엘 백성이 하나님의 언약궤(법궤)를 모셔 놓기 위하여 지은 집이다. 성막은 천으로 지어진 건물로 하나님의 임재와 제사를 위하여 지어진 집이다. 이러한 집은 성전을 짓기 전까지 자유롭게 옮길 수 있도록 지어졌다.

이르시되 이스라엘 자손에게 명하여 예물을 가져오게 하시고 성막을 지으라고 명하셨다. 이유는 이스라엘백성이 하나님의 언약궤(법궤)를 모셔 놓고 제물을 드리게 하기 위해서 지으라고 명하였다. 또한 그들의 모든 생활의 중심은 성막이었기 때문이다. 그러므로 이스라엘 민족의 성막은 정해진 규격대로 가장 귀한 예물로 정성을 들여 만들어졌다.

> "내가 그들 중에 거할 성소를 그들이 나를 위하여 짓되 무릇 내가 네게 보이는 모양대로 장막을 짓고 기구들도 그 모양을 따라 지을 지니라"
> (출25:8-9)

> "너는 성막을 만들되 가늘게 꼰 베실과 청색 자색 홍색 실로 그룹을 정교하게 수 놓은 열폭의 휘장을 만들지니 매 폭의 길이는 스물여덟 규빗, 너비는 네 규빗으로 각 폭의 장단을 같게 하고 그 널판을 금으로 싸고 그 널판들의 띠를 꿸 금 고리를 만들고 그 띠를 금으로 싸라 너는 산에서 보인 양식대로 성막을 세울 지니라"(출26:1-30)

위의 내용을 자세히 분석하여 보면 이때에 노래하는 자들의 특징을 다음과 같이 요약할 수 있다.

(1) "다윗은 언약궤를 여호와의 집에 평안히 모셔 놓은 후에 레위 사람 중에 노래하는 사를 뽑아 세우고 여호와의 집에서 찬송하는 일을 맡겼다."(대상6:31)

(2) "노래하는 자들은 솔로몬이 예루살렘에서 여호와의 성전을 지을 때까지 여호와의 집에서 절차와 규정에 따라서 직무를 행하였다."(대상 6:32)

(3) "노래하는 자들의 두목 레위지파의 족장 헤만과 그 형제 아삽은 오른편 에단은 왼편에서 직무를 담당하였다."(대상 6:39-44)

(4) "찬송하는 레위 족장들은 여호와의 집 골방에서 살았고 밤이나 낮이나 자기들의 직무에 골몰하였으므로 다른 일은 하지 않았다."(대상 9 : 33)

(5) 이때에도 제사장들과 레위사람들이 이스라엘 여호와 하나님의 궤를 메고 나올 때에 "다윗과 궤를 멘 레위사람과 노래하는 자와 그의 두

목 그나냐와 모든 노래하는 자도 다 세마포 겉옷을 입었으며 다윗은 베로 만든 에봇을 입었다."(대상 15:27)

(6) 그들은 "하나님의 궤를 새 수레에 싣고 산에 있는 아비나답의 집에서 나오는데 아비나답의 아들 웃사와 아효는 수레를 몰며 다윗과 이스라엘 온 족속은 잣나무로 만든 여러 가지 악기와 수금과 비파와 소고와 양금과 제금으로 연주하더라."(삼하6:3-5)

(7) 그 외에 "하나님의 궤를 옮긴 후에도 찬양한 모습을 볼 수 있다."(대상16:4-36)

"하나님의 궤를 새 수레에 싣고 아비나답의 집에서 나오는데 웃사와 아히오는 수레를 몰며 다윗과 이스라엘 온 무리는 하나님 앞에서 힘을 다하여 뛰놀며 노래하며 수금과 비파와 소고와 제금과 나팔로 연주하니라" (대상13:7-8)

"이에 제사장들과 레위 사람들이 이스라엘 하나님 여호와의 궤를 메고 올라가려 하여 몸을 성결하게 하고 모세가 여호와의 말씀을 따라 명령한 대로 레위 자손이 채에 하나님의 궤를 꿰어 어깨에 메니라"(대상 15:14-15)

또 "다윗은 노래하는 자 헤만과 아삽과 에단을 뽑아 세우고 여러 가지 직무를 다음과 같이 맡겼다. (1) 노래하는 자로 헤만을 세우고 (2) 놋제금을 크게 치는자는 아삽과 에단이며 (3) 비파를 타서 여청(알라못)에 맞추는 자는 스가랴와 아시엘과 스미라못과 여히엘과 운니와 엘리압과 마아세야와 브나야다. (4) 수금을 타서 여덟째 음에 맞추어 인도하는 자는 맛디디야와 엘리불레후와 믹네야, 오벧에돔과 여이엘과 아사시야이다. (5) 노래를 주장하여 사람에게 가르치는 자는 노래에 익숙한 그나냐이다 (6) 하나님의 궤 앞에서 나팔을 부는 자는 스바냐와 요사밧 느다넬과 아미새와 스가랴와 브나야와 엘리에셀 등 여섯 가지의 직무로 구분되어 있음을 알 수 있다."(대상15:19-24) 즉 성막에서 부른 찬양의 모형은 광야에서 모든 민족이 함께 부른 찬양의 모형과는 다른 면을 볼 수 있는데 다음과 같이 요약할 수 있다. 첫째 다윗은 레위 사람 중에서 노래하는 자를 특별히 뽑아 세우고 여호와의 집에서 찬송하는 일만 전담케 하였다. 둘째 노래하는 자들 중에서 아삽, 헤만, 에단, 그나냐, 여두둔, 등을 뽑아 두목으로 세웠다. 셋째 여호와 하나님의 궤를 옮길 때 노래하는 자들은 몸을 깨끗하게 하고 다 세마포를 입었다. 넷째 노래하는 자들의 조직을 세분화 하였다. 이들은 여호와를 찬양할 때에 "놋 제금과 비파와 수금, 나팔 등 각종 악기"28)를 사용하였다. 이와 같이 노래하는 자를 세우고 직무를 담당케 한 것은 이때의 새로운 형식이요 특징이라고 할 수 있다.

3) 성전에서의 찬양

이스라엘 민족이 솔로몬 성전을 건축하고 봉헌하기 전까지의 찬양하였던 모형은 위에서 논한 대로 첫째는 광야에서 무리들이 한데모여 찬양한 모형이다. 둘째는 다윗시대에 레위족속 중에서 노래하는 자를 세우고 여호와의 집(성막)에서 여호와를 찬양한 모형이라고 할 수 있다. 그러나 솔로몬 성전이 건축된 후에는 여호와를 찬양한 모형이 여러 가지로 변하여진 모형을 볼 수 있다.

(1) 솔로몬 성전 헌당식 때의 찬양

솔로몬 성전이 건축된 후에 노래하는 자들이 여호와를 찬양한 모습은 어떻게 변하였는가? 성경에 기록된 솔로몬성전의 장엄하고도 엄숙한 헌당식의 내용을 보면 노래하는 자의 변모된 모습을 쉽게 요약할 수 있다.

> "이 때에는 제사장들이 그 반열대로 하지 아니하고 스스로 정결하게 하고 성소에 있다가 나오매 노래하는 레위사람 아삽과 헤만과 여두둔과 그의 아들들과 형제들이 다 세마포를 입고 제단 동쪽에 서서 제금과 비파와 수금을 잡고 또 나팔 부는 제사장 백이십 명이 함께 서 있다가 나팔 부는 자와 노래하는 자들이 일제히 소리를 내어 여호와를 찬송하며 감사하는데 나팔 불고 제금치고 모든 악기를 울리며 소리를 높여

---

28) 오늘의 관악기, 현악기, 타악기로 구성된 오케스트라의 모형을 갖추었다고 할 수 있다.

여호와를 찬송하여 이르되 선하시도다 그의 자비하심이 영원히 있도 다하매 그 때에 여호와의 전에 구름이 가득한 지라 제사장이 그 구름으로 인하여 능히 서서 섬기지 못하였으니 이는 여호와의 영광이 하나님의 전에 가득함이었더라"(대하5:11-14)

위의 기록을 보면 다음과 같이 요약할 수 있다.
① 제사장들이 스스로 정결케 하고 성소에서 헌당식 순서를 기다리고 있다가 나오는 의식이 있었다.
② 노래하는 자들은 제금과 비파와 수금을 잡은 자와 나팔 부는 제사장 백이십 명이 서 있다가 노래하는 자와 함께 일제히 여호와께 감사하며 찬양하였다.
③ 노래하는 레위인 들이 "선하시도다 그의 자비하심이 영원히 있도다."라고 하나님을 찬양한 내용을 밝히고 있다.
④ 성전 안에 노래하는 자들의 자리가 성전 단 동편에 따로 정해져 있었다.

(2) 번제를 드리며 찬양

레위사람들은 히스기아 왕 때에 정해진 의식에 따라 번제를 드리며 거룩하고 장엄하게 찬양한 모형을 아래에서 볼 수 있다.

"왕이 레위 사람들을 여호와의 전에 두어서 다윗과 왕의 선견자 갓과 선지자 나단이 명령한 대로 제금과 비파와 수금을 잡게 하니 이는 여호와께서 그의 선지자들로 이렇게 명령하셨음이라 레위사람은 다윗의 악기를 잡고 제사장은 나팔을 잡고 서매 히스기야가 명령하여 번제를 제단에 드릴새 번제를 드리기를 시작하는 동시에 여호와의 시로 노래하고 나팔을 불며 이스라엘 왕 다윗의 악기를 울리고 온 회중이 경배하며 노래하는 자들은 노래하고 나팔 부는 자들은 나팔을 불어 번제를 마치기까지 이르니라 제사 드리기를 마치매 왕과 그와 함께 있는 자들이 다 엎드려 경배하니라 히스기아 왕이 귀인들과 더불어 레위사람을 명령하여 다윗과 선견자 아삽의 시로 여호와를 찬송하게 하매 그들이 즐거움으로 찬송하고 몸을 굽혀 예배하니라"(대하29:25-30)

IV. 성경에 기록된 예배음악   137

위의 기록된 내용은 히스기야 왕이 성전을 정결케 하고 속죄 제사를 드리면서 노래하는 자들과 함께 감사제를 드린 광경이다. 즉 불신앙으로 파기되었던 하나님과의 관계를 재수립하려는 의식으로 레위사람들은 다윗의 악기를 잡고 제사장은 나팔을 잡고 서서 히스기야의 명에 따라 번제를 제단에 드렸다. 이때 번제 드리기를 시작과 함께 여호와의 시로 노래하고 나팔을 불며 이스라엘 왕 다윗의 악기를 울리고 온 회중이 경배하며 노래하는 자들은 노래하고 나팔 부는 자들은 나팔을 불어 여호와께 찬양한 모형은 이전에 드렸던 번제보다 더 구체적인 의식으로 번제를 마치기까지 이어졌음을 볼 수 있다.

(3) 성전 기초를 놓을 때의 찬양

아래의 기록은 성전 재건을 위하여 두 번째 성전건축을 위하여 기초를 놓을 때 에스라가 여호와께 감사하며 노래하는 제사장들과 찬양한 모형이다.

> "건축자가 여호와의 성전의 기초를 놓을 때에 제사장들은 예복을 입고 나팔을 들고 아삽 자손 레위사람들은 제금을 들고 서서 이스라엘 왕 다윗의 규례대로 여호와를 찬송하되 찬양으로 화답하며 여호와께 감사하여 이르되 주는 지극히 선하시므로 그의 인자하심이 이스라엘에게 영원하시도다 하니 모든 백성이 여호와의 성전 기초가 놓임을 보고 여호와를 찬송하며 큰 소리로 즐거이 부르며 제사장들과 레위사람과 나이 많은 족장들은 첫 성전을 보았음으로 이제 이 성전의 기초가 놓임을 보고 대성통곡 하였으나 여러 사람은 기쁨으로 크게 함성을 지르니 백성이 크게 외치는 소리가 멀리 들리므로 즐거이 부르는 소리와 통곡하는 소리를 백성들이 분간하지 못하였더라"(스3:10-13)

위에 기록된 광경은 솔로몬 성전봉헌 때처럼 성대한 광경이 재현되었는데 제사장들은 모두 예복을 입고 나팔과 제금을 들고 이스라엘 왕 다윗의 규례대로 다음과 같이 여호와를 찬송하였다. "주는 지극히 선하시므로 그의 인자하심이 이스라엘에게 영원하시도다" 그런데 솔로몬 성전봉헌예배 때와 다른 점은 첫째 제사장들과 레위사람들과 나이 많은 족장들은 첫 성전을 본 사람들이므로 이 성전의 기초가 놓임을 보고 감격하여 울었다. 둘째 그러나 그 외의 다른 사람들은 큰소리로 함성을 지르며 기뻐하였다. 그러나 이들의 소리는 멀리까지 들렸으나 두 가지의 소리를 분간할 수 없었다.

(4) 예루살렘 성곽 봉헌식의 찬양

예루살렘 성곽이 완성된 후에 봉헌식을 위하여 레위사람을 모아서 예루살렘으로 데려다가 제금을 치며 비파와 수금으로 감사하며 여호와 하나님께 찬송을 부른 모형이다.

> "예루살렘 성벽을 봉헌하게 되니 각 처에서 레위사람들을 찾아 예루살렘으로 데려다가 감사하며 노래하며 제금을 치며 비파와 수금을 타며 즐거이 봉헌식을 행하려 하매 이에 노래하는 자들이 예루살렘 사방 들과 느도바 사람의 마을에서 모여들고 또 벧길갈과 게바와 아스마 들에서 모여들었으니 이 노래하는 자들은 자기들을 위하여 예루살렘 사방에 마을들을 이루었음이라"(느12 : 27-29)

또 위의 예루살렘 성곽 봉헌식은 예루살렘 주변 여러 곳에서 모여 온 레위사람들은 먼저 자신의 몸을 정결케 하고 또 백성과 성문과 성벽을 정결케 하였다.

위에서 여호와께 찬양한 모형 외에도 그들은 즐거운 때나 어려운 때나 여호와께 감사하고 찬양하며 자신의 처지를 고백하고 세상에 알기 위하여 선포하기도 하였다. 또 전쟁 시에도 여호와께 찬양한 모형(대하 20:21-22)을 비롯하여 많은 선지자들이 여호와를 찬양한 모형을 여러 곳에서 찾아 볼 수 있다.

4) 일상생활의 찬양

(1) 시편에 기록된 찬양

히브리인들은 그들의 일상생활에서 여호와를 섬기는 생활이 중심이 되었으므로 찬송생활이 언제나 최우선이었다. 그러므로 이들의 생활은 찬송생활과 떼어 놓을 수 없는 밀접한 관계를 맺고 있다. 히브리인 들은 구약성경에 기록된 시편을 "찬양" 또는 "찬양 책"이라고 하는데 이 시편의 중심사상은 예배에 두고 있다.

성경에 기록된 시편은 여러 학자들에 의하여 후대에 5권(제1권:1-41편,,제2권:42-72편, 제3권:73-89편, 제4권:90-106편, 제5권:107편-150편)을 하나로 묶어 놓은 책이다. 이 5권에 기록된 시편의 특징은 모두 하나님의 영광을 찬양한 영광송으로 끝을 맺고 있다.(41:13, 72:18-19, 89:52, 106:48, 150:1-6) 또 시편은 여호와의 이름에 합당한 영광을 찬양하는 내용 외에도 우리 삶의 기쁨과 슬픔 그리고 승리와 실패로 이어지는 생활을 중심으로 한 경험의 노래들이다. 시편의 내용을 구분하면 감사의 시, 찬양의 시, 기도의 시, 신앙고백의 시, 선포의 시, 등 다양한 내용으로 되어있다. 또 시편은 주제에 의해 창조의 시(8, 19편), 출애굽의 시(78편), 회개의 시(6편), 순례의 시(120-134편), 메시야의 시, 로 구분하기도 한다. 또 다른 분류 방법은 감사의 시, 찬양의 시, 애가 등 셋으로 구분하여 기본 틀을 이루고 있으나 학자에 따라서 아래에 분류된 내용 외에도 다양하게 시편의 내용을 구분하기도 한다.

① 찬양 : 19, 33, 40, 61, 63, 91, 92, 111-112, 113-118, 119, 144-145
② 감사 : 9, 18, 21, 34, 65, 66, 76, 83
   감사와기도 : 85-86, 126, 135-139
③ 기도 : 4, 5, 7, 17, 25, 31, 32, 41, 42-43, 51, 64, 102, 120, 133-134, 140-143,
④ 신앙고백 : 20, 36-37, 52, 56, 57, 59, 62
⑤ 헌신 : 27, 28
⑥ 선포 : 93-98, 99-100

(2) 할렐루야(Hallelujah)

이 찬송은 계시록 19장6절에 기록된 성구 "여호와를 찬양하라"를 소재로 한 찬송이다. 원래 이 찬송의 시형은 히브리 풍의 응답 송으로 회중 들이 부르게 하였다. 즉 감독교회의 예배의식에서 집례하는 제사장이 "만민들아 주를 찬양하라"라고 하면 예배 자들은 "주의 이름을 찬송할 찌어다"라고 화답하도록 되어 있다. 그 외에도 "할렐루야"는 여러 가지 의미로 불리져왔다. 구약성경에 시편의 기록된 내용을 분석하여보면 "할렐루야"는 세 가지로 불리지고 있는데 모두가 특별한 의미가 있음을 암시하고 있다. 첫째 시편과 요한계시록을 보면(시편 111편, 112편, 요한계시록 19:1, 3, 4, 6)노래가 시작 전에 "할렐루야"가 먼저 불러지고 있다. 둘째 시편(104편, 105편, 115편, 116편, 117편)을 보면 노래가 마치고 다음에 "할렐루야"를 부르며 끝난다. 셋째 시편(106편, 113편, 135편, 146편, 147편, 148편, 149편, 150편)을 보면 노래가 시작될 때와 노래가 마치고 난 다음에 모두 "할렐루야"를 부르며 끝을 맺고 있는데 여기에 특별한 의미가 있다고 생각된다. 일반적으로 교회에서 "할렐루야"를 부르면 모두 "여호와 하나님을 찬양하라"로 이해되고 있으나 시편의 노래 전에 나오는 "할렐루야"와 노래 후에 나오는 "할렐루야" 또는 노래의 앞과 뒤에서 부르는 "할렐루야"를 모두 "여호와를 찬양하라"로 이해하기는 문제가 있다고 본다. 이유는 앞에서의 "할렐루야"와 뒤에서의 "할렐루야"를 같은 의미로 보기 어렵기 때문이다. 그러므로 앞에서 "여호와를 찬양하라"하였으면 뒤에는 화답하는 의미로 "여호와를 찬양합니다."라고 고백하는 것이 "할렐루야"를 바르게 부르는 자세라 하겠다.

5) 그 외의 찬양
(1) 한나의 노래

한나의 노래는 찬양과 감사의 노래이다. 영감으로 불러지고 있는 한나의 노래는 자신의 개인적인 삶 속에 나타난 사건을 노래한 것이다. 성경에는 한나의 기도로 기록되어 있으나 일반적으로 성경에 기록된 9개의 찬송(Canticle)중에 포함시키고 있다.

"내 마음이 여호와로 말미암아 즐거워하며 내 뿔이 여호와로 말미암아 높아졌으며 내 입이 내 원수들을 향하여 크게 열렸으니 이는 내가 주의 구원으로 말미암아 기뻐함이니이다 여호와 같이 거룩하신 이가 없으시니 이는 주 밖에 다른 이가 없고 우리 하나님 같은 반석도 없으심이니이다"(삼상2:1-10)

(2) 이스라엘 여인들의 노래

"또 다윗이 블레셋 사람을 죽이고 돌아올 때에 여인들이 이스라엘 모든 성읍에서 나아와서 노래하며 춤추며 소고와 경쇠를 가지고 사울 왕을 환영하는데 여인들이 뛰놀며 노래하여 이르되 사울이 죽인 자는 천천이요 다윗은 만만이로다"(삼상18:6-7, 21:11, 29:5)

위의 광경은 이스라엘 민족이 출애굽 이후에 미리암과 여인들이 함께 노래한 광경과 같은 광경이라고 할 수 있다. 여인 들이 부른 이 광경의 특징을 요약하면 위에서도 언급한대로 이때의 여인들은 노래와 함께 소고와 경쇠를 울리며 춤을 춘 광경이라고 할 수 있다.

(3) 드보라와 바락의 노래

드보라와 바락의 노래는 여호와의 권능을 힘입어 적을 무찌르고 전쟁에서의 승리하여 이스라엘을 해방시킨 드보라와 바락이 하나님의 영광을 찬양하고 있다.

"이스라엘의 두령이 그를 영솔하였고 백성이 즐거이 헌신하였으니 여호와를 찬송하라 너희 왕들아 들으라 방백들아 귀를 기울이라 나 곧 내가 여호와를 노래할 것이요 이스라엘의 하나님 여호와를 찬송하리로다 여호와여 주께서 세일에서부터 나오시고 에돔 들에서부터 진행하실 때에 땅이 진동하고 하늘도 새어서 구름이 물을 내렸나이다…"(삿 5 : 2-31)

위의 노래 외에도 에스라의 노래(에스라 3:11, 7:7-28), 욥의 노래(1:20-22), 솔로몬의 노래(아가 4:1-5), 예레미야의 노래(51:15-19) 등 구약성경에는 하나님을 찬양한 여러 가지 찬미(Lesser Canticle)가 기록되어 있다.

2. 신약성경의 예배음악

신약시대의 예배음악은 구약시대의 찬송과 여러 가지 다른 면을 볼 수 있다. 즉 성전예배와 회당예배로 발전되면서 예배음악도 다양하게 나타나고 있다. 그 내용을 요약하면 첫째 사복음서에 기록된 내용의 노래이다. 이 노래는 예수님의 탄생과 그의 행적을 중심으로 기록된 찬송이다. 둘째 사도행전에 기록된 찬송이다. 이 찬송은 찬양의 능력과 모형으로 요약할 수 있다. 셋째 바울서신과 일반서신에 기록된 예배음악으로 신약성경에서 가장 광범위하게 정리된 내용이다. 넷째 요한 계시록에 나타난 새 하늘과 새 천지의 음악 등으로 구분하여 요약할 수 있다.

1) 예수의 생애와 찬송

사복음서에 기록된 음악은 여러 가지 유형의 찬송이 기록되어 있다. 그 내용을 기록된 순서대로 요약하면 첫째 천사의 노래, 마리아의 노래, 사가랴의 노래, 시몬의 노래 등이 예수님의 탄생을 전후 하여 부른 찬송이라고 하겠다.

(1) 수태예고의 노래

이 노래는 누가복음에 기록되어 있는 노래이다. 이 노래는 천사 가브리엘이 하나님의 보내심을 받아 갈릴리 나사렛 동네에 나타나 마리아에게 예기치 않은 놀라운 "수태의 예고"를 전한 노래이다.

> "마리아여 무서워하지 말라 네가 하나님께 은혜를 입었느니라 보라 네가 잉태하여 아들을 낳으리니 그 이름을 예수라 하라 그가 큰 자가 되고 지극히 높으신 이의 아들이라 일컬어질 것이요 주 하나님께서 그 조상 다윗의 왕위를 그에게 주시리니 영원히 야곱의 집을 왕으로 다스리실 것이며 그 나라가 무궁하리라"(눅1:30-33)

(2) 마리아의 노래

이 찬송은 누가복음에 기록된 성구를 내용으로 한 마리아의 노래

(Magnificat)이다. 이 찬송의 내용은 마리아가 성령으로 수태됨을 알고 하나님의 뜻이 이루어지기를 기원하면서 마리아가 두려운 마음으로 하나님을 찬양한 노래이다. 또한 천사 가브리엘에게 이 소식을 들은 마리아는 비천한 자를 긍휼히 여기시고 이루시는 주님의 크신 뜻을 말씀대로 이루어 지이다 하고 하나님을 찬양하고 있다.

여러 작곡가들이 작곡한 "마리아의 노래(Magnificat)" 중에서 대표적인 작품은 요한 세바스챤 바흐(J. S. Bach)가 작곡한 작품이라고 할 수 있다.

> "내 영혼이 주를 찬양하며 내 마음이 하나님 내 구주를 기뻐하였음은 그의 여종의 비천함을 돌보셨음이라 보라 이제 후로는 만세에 나를 복이 있다 일컬으리로다 능하신 이가 큰일을 내게 행하셨으니 그 이름이 거룩하시며 긍휼하심이 두려워하는 자에게 대대로 이르는도다 그의 팔로 힘을 보이사 마음의 생각이 교만한 자들을 흩으셨고 권세 있는 자를 그 위에서 내리치셨으며 비천한 자를 높이셨고 주리는 자를 좋은 것으로 배불리셨으며 부자는 빈손으로 보내셨도다 그 종 이스라엘을 도우사 긍휼히 여기시고 기억하시되 우리 조상에게 말씀하신 것과 같이 아브라함과 그 자손에게 영원히 하시리로다 하니라"(눅1:46-55)

(3) 사가랴의 노래

사가랴의 노래는 엘리사벳이 요한을 낳고 팔일이 되어 요한의 아버지 사가랴가 성령이 충만하여 부른 노래이다. "찬송하리로다 주 이스라엘의 하나님이여 그 백성을 돌아보사 속량하시며 --"로 시작되는 찬송이다. 이 찬송은 두 부분으로 구분되어 있는데 첫째부분은 하나님이 자기 백성을 원수들에게서 구원하여 내셨기 때문에 하나님을 찬양하는 내용이다. 둘째 부분은 사가랴가 그 아들 요한의 이름을 짓고 부른 예언의 노래이다.

> "찬송하리로다 주 이스라엘의 하나님이시여 그 백성을 돌 보사 속량하시며 우리를 위하여 구원의 뿔을 그 종 다윗의 집에 일으키셨으니 이것은 주께서 예로부터 거룩한 선지자의 입으로 말씀하신바와 같이 우리 원수에게서와 우리를 미워하는 모든 자의 손에서 구원하시는 일이라

우리 조상을 긍휼히 여기시며 그 거룩한 언약을 기억하셨으니 곧 우리 조상 아브라함에게 하신 맹세라 우리가 원수의 손에서 건지심을 받고 종신토록 주의 앞에서 성결과 의로 두려움이 없이 섬기게 하리라 하셨도다 이 아이여 네가 지극히 높으신 이의 선지자라 일컬음을 받고 주 앞에 앞서 가서 그 길을 준비하여 주의 백성에게 그 죄 사함으로 말미암는 구원을 알게 하리니 이는 우리 하나님의 긍휼로 인함이라 이로써 돋는 해가 위로부터 우리에게 임하여 어둠과 죽음의 그늘에 앉은 자에게 비치고 우리말을 평강의 길로 인도 하시리로다"(눅1:68-79)

(4) 천사의 찬송

이 찬송은 누가복음 2장 2-12절과 14절에 기록된 예수 그리스도의 탄생과 관련된 천사의 찬송이다. 이 찬송의 내용은 목자들이 한 밤중에 들에서 양떼를 지키고 있을 때 천군천사들이 목자들에게 홀연히 나타나 빛으로 오신 아기 예수의 탄생하심을 알리며 부른 찬송이다.

"오늘 다윗의 동네에 너희를 위하여 구주가 나셨으니 곧 그리스도 주시니라 너희가 가서 강보에 싸여 구유에 뉘여 있는 아기를 보리니 이것이 너희에게 표적이니라"(눅2:11-12)

또 이 천사의 찬송은 하늘의 천군천사들이 구주가 나심을 알리고 부른 찬송인데 하늘에는 영광이요 땅에 있는 사람에게는 평화가 됨을 알리는 찬송이다.

"지극히 높은 곳에서는 하나님께 영광이요 땅에서는 하나님이 기뻐하신 사람들 중에 평화로다"(눅2:14)

천군천사들이 찬송을 부르며 멀리 사라진 후에 목자들은 구유에 누인 아기 예수를 보고 베들레헴에 가서 그동안에 이루어진 모든 일을 사람들에게 알렸다. 그리고 목자들은 그 밤에 천사들이 전한 기쁜 소식으로 인하여 하나님께 영광을 돌리고 찬송하며 돌아갔다.

(5) 시므온의 노래

이 찬송은 누가복음2장29-32절에 기록된 성구의 내용이다. 이 찬송의 내용은 요셉과 마리아가 아기 예수를 안고 율법의 관례대로 행하고자 성전에 들어왔을 때 늙은 시므온이 마리아의 품에 안긴 아기 예수를 보고 이 땅에 만민을 구원하기 위하여 오신 메시아(Messiah) 임을 알고 감사의 찬송을 부른 내용이다. "주재여 이제는 말씀하신 대로 종을 평안히 놓아 주소서…"로 시작되는 이 찬송은 성공회에서 저녁 찬송으로 사용하고 루터교회에서는 성찬식 후의 찬송으로 사용하고 있다.

> "주재여 이제는 말씀하신 대로 종을 평안히 놓아 주시는 도다. 내 눈이 주의 구원을 보았사오니 이는 만민 앞에 예비하신 것이요 이방을 비추는 빛이요 주의 백성 이스라엘의 영광이니이다"(눅2:29-32)

이와 같이 누가복음에 기록된 노래는 모두가 예수님의 탄생을 전후하여 부른 노래이다. 이 노래의 특징을 요약하면 하나님의 거룩하심과 아기 예수의 낳으심을 기뻐하며 그에게 영광을 돌리며 부른 고백찬송이라고 할 수 있다.

(6) 예루살렘 입성과 찬송

복음서에 나타난 또 하나의 찬송은 예수님께서 나귀타고 예루살렘에 입성하실 때에 군중들이 환호하며 종려나무 가지를 꺾어들고 부른 찬송이다. "찬송하리로다 주의 이름으로 오시는 왕이여 하늘에는 평화요 가장 높은 곳에는 영광이로다."를 소재로 한 찬송이다. 지금도 종려주일에는 여러 교회에서 이 찬송을 부른다.

> "호산나 다윗의 자손이여 찬송하리로다 주의 이름으로 오시는 이여 가장 높은 곳에서 호산나 하더라"(마21:4-9, 막11:8-10, 눅19:35-38, 요12:13)

(7) 감람산에 오르며 찬송

이 찬송은 예수님께서 제자들과 함께 십자가에 달리시기 전날 밤 감람산에 오르시며 부른 찬송이다.(마26:30, 막14:26) 이 찬송의 내용은 기록되어 있지 않으나 성서 신학자들은 시편 후반부(시편115-118)를 불렀을 것이라고 주장하고 있다. 이 시편의 후반부에 나오는 "할렐루야"는 오늘에 이르도록 가장 많이 불려지고 있는데 의미를 바르게 이해하고 불러야 하겠다.

(8) 성전에서의 찬송

예수께서 부활 승천하신 광경은 복음서(막16:20,눅24:50-53)와 사도행전(1:9-11)에 기록되어 있는데 그 후에 제자들은 성전에 모여 사도들의 가르침을 받고 기도하고 찬송한 광경(행2:46, 3:1,5:42)을 쉽게 읽을 수 있다.

> "예수께서 그들을 데리고 베다니 앞까지 나가서 손을 들어 그들에게 축복하시더니 축복하실 때에 그들을 떠나 하늘로 올려지시니 그들이 그에게 경배하고 큰 기쁨으로 예루살렘에 돌아가서 늘 성전에서 하나님을 찬송하니라"(눅24:50-53)

이와 같이 복음서에 기록된 찬송은 여러 가지로 기록되어 있으나 그 유형별로 요약하면 쉽게 이해할 수 있다. 첫째 한 밤중에 양을 치던 목자들에게 천사들이 나타나 부른 천사들의 노래이다. 둘째 예수께서 감람산에 오르며 부른 찬송이다. 셋째 사가랴와 시몬이 부른 노래이다. 넷째 예수께서 예루살렘 입성하실 때에 길가에서 부른 군중들의 찬송이다. 다섯째 예수부활 승천하신 후 제자들이 부른 찬송 등으로 요약할 수 있다.

그런데 이때에 이교도들의 거짓 선지자가 여기저기 나타나고 형식적인 찬송이 많이 나타나게 되었다. 이로 인하여 외식하는 많은 사람들이 나타나므로 인하여 예수님의 훈계와 책망을 많이 받았다. 이와 같이 이교도들의 활동은 옛날이나 현재나 알게 모르게 늘 나타나므로 유혹에 빠지지 않도록 늘 깨어 조심하며 신앙생활을 해야 한다.

> "이 백성이 입술로는 나를 존경하되 마음은 내게서 멀도다 사람의 계명으로 교훈을 삼아 가르치니 나를 헛되이 경배하는도다"(마15:8-9)

2) 초대교회와 찬송의 능력

사도행전의 기록에 예수께서 부활 승천하신 후에 나타난 오순절 다락방에서의 성령강림 사건은 초대교회가 형성되는 계기가 되었다. 이때에 초대교회가 형성된 이 후 찬송을 부른 유형을 여러 곳에서 볼 수 있는데 찬송을 부를 때마다 찬송의 능력이 나타나고 있음을 볼 수 있다. 이와 같은 광경은 초대교회에 나타난 찬송의 특징이라고 할 수 있는데 다음과 같이 요약된다.

(1) 구원받은 백성이 더하여짐

초대 교회성도들은 "성령을 충만하게 받고"(행2:4) "모이기를 힘쓰고 찬송을 부를 때 온 백성들에게 칭송을 받고 구원받은 백성들이 날마다 더하였다"(행2 :46-47)라는 것을 볼 수 있다. 여기서 알아야 할 내용은 성령을 충만히 받은 사람들은 그 입에서 찬송이 그치지 않았다는 사실이다. 그리고 성령이 충만한 사람들이 부르는 찬송의 능력은 구원받은 백성들이 날마다 더하여졌다는 사실을 알아야 한다.

(2) 앉은뱅이가 일어남

"베드로와 요한이 성전에 올라갈 때에 나면서 앉은뱅이 된 자가 미문에서 구걸하는 것을 보고 베드로가 은과 금은 내게 없어도 나사렛 예수 그리스도의 이름으로 걸어라 하고 오른 손을 잡아 일으키니 곧 힘을 얻어 걷기도 하고 뛰기도 하며 성전에 들어가 하나님을 찬미하였다"(행 3:1-8)라고 기록되어 있다. 이 기록에 나타난 내용을 분석하여 보면 찬송을 모르고 구걸하던 앉은뱅이가 발과 발목에 힘을 얻었을 때 걷기도 하고 뛰기도 하며 찬송도 할 수 있었다. 이러한 기적은 성령의 능력으로만 가능한 일이다. 성령의 능력으로 불안전한 사람이 온전한 삶으로 변하여 새사람이 된 후에 하나님을 찬미하였다고 밝히고 있다.

(3) 기쁨이 충만함

"바울과 바나바가 이방인들에게 하나님의 말씀을 전할 때 그 말씀을 듣고 변하여 이방인들이 기뻐하며 하나님을 찬송하였다. 그로 인하여 주의 말씀이 그 지방에 두루 퍼지게 되었고 제자들은 기쁨과 성령으로 충만하게 되었다"(행13:46-52)라고 기록되어 있다. 이 내용도 미문 앞에서 구걸하던 앉은뱅이와 같은 예라고 할 수 있는데 하나님의 말씀을 모르고 지내던 이방인들이 복음의 말씀을 들을 때 성령의 능력이 나타나게 되었고 이들은 기쁨과 찬송으로 충만하여졌다.

(4) 옥문이 열림

"옥에 갖이어 있던 바울과 신라가 밤중에 기도하고 하나님을 찬미하니 큰 지진이 나서 옥에 터가 움직이고 문이 다 열리어 모든 사람의 매인 것이 다 벗어졌다"(행16:24-26) 그리고 "무서워 떨며 간수들이 바울과 실라에게 구원에 대한 질문을 할 때 주 예수를 믿으라 그리하면 너와 네 집이 구원을 얻으리라 라고 구원의 복음을 간수와 그의 집에 있던 모든 사람에게 전하였다"(행16:29-34)라고 기록되어 있다. 여기에 기록된 내용도 밤중에 바울과 실라가 옥중에서 기도하고 찬미를 부를 때에 성령의 능력이 나타났음을 말해주고 있다. 그러므로 찬송은 성령이 충만한 때에 찬송의 능력이 나타나고 있음을 알 수 있다.

3) 바울의 음악사상

(1) 예배음악 사상

바울 서신에는 찬송의 내용을 다양하고도 구체적으로 언급하고 있다. 그러나 바울 서신을 보면 바울은 찬송의 대상과 목적, 찬송의 내용, 찬송의 방법과 찬송 부르는 자의 자세 등 여러 가지 내용을 구약성경과는 다르게 구체적으로 언급하고 있다. 그 내용을 요약하면 다음과 같다.

첫째, 사도 바울은 하나님께서 사람을 창조한 목적을 구체적으로 언급하고 있는데 바울의 사상을 단편적으로 논할 수 없으나 그는 하나님께서 "사람을 창조한 목적은 바로 찬송에 있다."(엡1:3-14)라고 구체적으로 언급하고 있다. 둘째, 사도 바울은 "찬송은 성령의 충만함을 받은 자만이 시와 찬미와 신령한 노래들로 서로 화답하며 마음에 감사함으로 하나님을 찬양하라"(엡5:19 ;골3:16)라고 사도 바울은 권면하고 있다.

셋째, 하나님께 찬송하는 마음자세에 대하여도 사도 바울은 "내가 영으로 찬미하고 마음으로 찬미하겠다"(고전14:15)라고 고백하고 있다. 세상에 헛된 욕망이나 자신을 나타내기 위한 허영 된 마음은 하나님을 찬양하는 마음이 될 수 없음을 말하고 있다. 즉 하나님을 찬미 할 때에 정결한 마음과 또 진실한 마음으로 해야 할 찬미의 윤리관을 말하고 있다.

넷째, 하나님께 자신의 신앙을 고백하고 찬송하는 이 "모든 행위는 사람에게 덕을 세우기 위하여 하라"(고전14:26)고 권하고 있으며 이 "모든 것을 적당하게 하고 질서대로 하라"(고전14:40)고 권면하고 있다. 이유는 하나님은 어지러움의 하나님이 아니시기 때문이다.

사도 바울의 이와 같은 찬송에 대한 사상은 아름답고 화려한 찬송이라 할지라도 진실한 마음으로 부르지 않고 가증스러운 마음이나 외모로 드러내기 위한 찬송은 하나님 앞에서 아무 의미가 없음을 말해주고 있다.

(2) 예배음악의 내용

초대교회의 예배음악에 관한 내용은 사도 바울이 에베소교회와 골로새교회에 보낸 편지 중에는 초대교회의 예배음악을 연구하는데 중요한 자료가 포함되어 있음을 볼 수가 있다. 특히 사도 바울은 에베소교회와 골로새교회에 보낸 편지 중에 찬송에 관한 내용을 볼 수 있다.

> "시와 찬미와 신령한 노래로 서로 화답하며 너희 마음으로 주께 노래하며 찬송하며 범사에 우리 주 예수 그리스도의 이름으로 항상 아버지 하나님께 감사하며 그리스도를 경외함으로 피차 복종하라."(엡5:19-21)
>
> "시와 찬미와 신령한 노래를 부르며 마음에 감사함으로 하나님을 찬양하고 또 무엇을 하든지 말에나 일에나 다 주 예수의 이름으로 하고 그를 힘입어 하나님 아버지께 감사하라."(골 3:16-17)

라고 권면하고 있다. 사도 바울이 기록한 이 성경구절에는 성도들이 불러야 할 찬송의 대상과 내용과 방법을 제시하고 찬송 부르는 자의 마음과 자세까지 구체적으로 기록하고 있다.

(a) 시(Psalms)

사도 바울이 에베소 교회와 골로새 교회에 보낸 편지의 내용인 "시와 찬미와 신령한 노래"(엡5:19-21, 골 3:16-17)중에서 시편의 내용은 구약성경의 시편에서 논하였으므로 여기서는 반복을 피하고 위의 내용을 참고하는 것이 좋겠다.

(b) 찬미(Canticle-Cantcum)

신구약 성경에는 하나님의 크신 위엄과 능력을 찬양한 노래가 시편 외에도 여러 곳에 기록되어 있다. 이렇게 성경에 기록되어 있는 시편 이외에 기록된 찬양의 노래를 찬미(Canticle)라고 한다. 이러한 찬미는 신구약성경에 모두 기록되어 있는데 구약성경에 기록된 찬미(Lesser Canticle)와 신약성경에 기록된 찬미(Gospel Canticle)로 구분한다.

① 구약성경의 찬미(Lesser Canticle)

구약성경에 나타난 찬미에 대하여는 앞에서 언급한 대로 이스라엘 민족이 모세와 함께 홍해를 건너 애굽 땅을 탈출한 이후에 부른 모세의 노래(출 15 : 1-18), 미리암의 노래(출 15 : 20-21), 드보라와 바락의 노래(삿 5 : 2-31), 한나의 노래(삼상 2 : 1-11), 에스라의 노래(스 3 : 11-13, 7 : 27-28), 욥의 노래(욥1 : 20-22), 솔로몬의 노래(아 4 : 1-5), 예레미야의 노래(51 : 15-19)등이 있다. 이와 같이 이스라엘 민족이 하나님께 감사와 찬양을 드린 내용[29]은 위에서 다루었으므로 재론을 피하였다.

② 신약성경의 찬미(Gospel Canticle)

신약성경에도 구약성경에 나타난 찬미와 같은 내용의 찬미가 여러 곳에 기록되어 있다. 위에서 언급한 사복음서에 나타난 찬송과 초대교회

---

29) 1. 구약성경에 나타난 예배음악 1) 광야에서 찬양을 참고요망

에 나타난 찬송의 능력, 이방인들에게 전해진 사도 바울의 서신에 나타난 찬송 등이 있다.

(c) 신령한 노래(Spiritual Song)

일반적으로 구원받은 백성들이 자신의 신앙을 솔직하게 고백하며 창작한 영적인 노래를 "신령한 노래"라고 말할 수 있다. 그러므로 "신령한 노래"는 성경에 수록되어 있는 여러 가지 유형의 찬미(Canticle)와는 다른 유형의 노래이다. 이 "신령한 노래"는 신앙생활에서 경험한 내용을 소재로 하여 창작한 자신의 신앙을 고백한 노래라고 할 수 있다. 즉 오늘 우리가 하나님의 거룩하심과 존귀하심을 경배하고 찬양하며 감사하는 내용을 다양하고도 자유롭게 창작하여 부르는 성가와 같은 유형이라고 할 수 있다. 이러한 "신령한 노래"는 하나님만을 대상으로 부른 찬송가보다는 다양하고도 폭넓은 내용을 소재로 하여 사도시대에 창작된 거룩한 성가라고 할 수 있다.

신령한 노래의 역사를 거슬러 올라가 보면 구약시대의 출애굽기에 나타난 "모세의 노래"나 "미리암의 노래"를 신령한 노래로 분류할 수 있겠다. 이유는 이들이 부른 노래는 이스라엘 민족이 출애굽 한 이후에 하나님께 감사와 감격의 노래를 불렀기 때문이다. 따라서 이들이 부른 노래는 미리 만들어진 노래라고 볼 수 없으며 즉흥적으로 인도자에 따라서 함께 부른 노래라고 할 수 있다. 따라서 이때에 부른 노래는 모인 무리들이 모두 한마음으로 하나님을 찬양한 신령한 노래라고 볼 수 있다. 그러므로 "모세의 노래"나 "미리암의 노래"는 출애굽 당시에도 신령한 노래가 있었음을 암시해주고 있다. 이와 같이 신령한 노래는 신구약성경 여러 곳에 기록되어 있으므로 사도바울은 "신령한 노래"에 대하여도 특별한 관심을 가졌다고 볼 수 있다.

4) 새 하늘과 새 천지의 음악(찬송)

사도 요한은 "하나님이 천사를 보내어 계시하신 하나님의 말씀과 예수 그리스도의 증거에 대하여 기록하고 있다."(계1:1-2) 사도 요한이 기록한 계시록 중에 4장, 5장, 7장, 11장, 12장, 14장, 15장, 19장에 기록되어 있는데 장차 이루어질 새 하늘과 새 땅의 광경과 음악을 잘 나타내고 있다. 또 여기에서 나타난 새 노래는 "구속함을 받은 성도들이 영원하신"하나님의 영광과 존귀와 능력을 세세토록 찬송한 광경의 내용들이다."(계4:10-11) 뿐만 아니라 "하늘 위에와 땅 위에와 땅 아래와 바다 위에와 또 그 가운데 모든 만물의 찬송이 보좌에 앉으신 이와 어린양에게 경배하며 새 노래로 드려진 광경을 나타내고 있다."(계5:13) 그러나 이 새 노래는 "구속함을 받은 자 밖에는 능히 배울 자가 없다"라고 기록되어 있는데 이 내용은 부정한 자나 흠이 있는 자 그 외에 하나님의 크신 뜻을 알지 못한 자는 참여하지 못한다는 내용이다.

　사도 요한이 기록한 계시록에 나타난 새 하늘과 새 땅의 음악은 쉽게 논하기 어려운 부분이다. 이유는 구속함을 받은 성도들이 장차 하나님의 영광과 존귀와 능력과 찬송을 세세토록 드려야할 내용이기 때문이다. 그러므로 본 계시록에 기록된 새 하늘과 새 땅에서 이루어질 찬송은 모두가 하나님의 깊은 뜻을 묵상하며 믿음으로 깨달아야한다. 결코 인간의 지식으로는 깨닫지 못하는 하나님의 오묘하신 뜻과 섭리하심이 있기 때문이다.

V 예배음악의 유형

"내가 노래로 하나님의 이름을 찬송하며 감사함으로 하나님을 위대하시다 하리니 이것이 곧 뿔과 굽이 있는 황소를 드림보다 여호와를 더욱 기쁘시게 함이 될 것이라"(시69:30-31)

"여호와께 감사하고 그의 이름을 불러 아뢰며 그가 하는 일을 만민 중에 알게 할 지어다 그에게 노래하며 그를 찬양하며 그의 모든 기이한 일들을 말할지어다(시105:1-2)

예배음악의 유형은 내용이나 형식을 보면 여러 가지 특징을 나타내고 있다. 역사적으로 가장 오래된 회중찬송(Congregation hymns)을 비롯하여 성가합창(Choir Music)과 오르간음악(Organ Music)은 예배형식과 함께 오늘에 이르도록 끊임없이 발전 되어 왔다. 이와 같이 발전되어온 예배음악은 신앙적이고도 문학적인 가사와 아름다운 예술성을 지닌 음악으로 구성되고 있다. 뿐만 아니라 예배음악은 조성과 형식이 다양하고 음악의 빠르기, 음악의 느낌, 음악의 길이 등도 다양하다. 그러므로 예배음악은 성도들의 신앙생활에 많은 영향을 끼치고 있다. 따라서 예배음악은 성도들의 신앙생활에 도움이 되는 거룩하고도 아름다운 음악으로 감화와 감동을 주기도 한다.

1. 회중찬송(Congregation hymns)

예배에서 성도들이 부르는 회중 찬송은 역사적으로 보면 예배음악 중에서 가장 오래된 예배음악이며 다양한 내용과 형식을 지니고 있는 음악이다. 그러나 중세초기 이후에 오랫동안 회중찬송이 금지된 때도 있었으나 마틴 루터의 종교개혁 이후 사제들에게 빼앗겼던 회중찬송을 회복하면서 새로운 코랄(chorale)을 발전시키기도 하였다. 이러한 회중찬송은 오랜 역사 속에서 각 시대마다 사회적인 변화와 신학적인 배경에 따라서 찬송의 내용과 형식이 바뀌어 지면서 오늘에 이르도록 발전 되어왔다. 예배에서 오랫동안 불러온 회중 찬송의 가사내용을 분석하여보면 하나님을 찬양하고 감사하는 내용 외에도 자신의 신앙을 고백한 내용과 교훈적이고 선포적인 내용까지도 다양하게 불러지고 있다. 이러한 찬송은 높은 예술성을 지니고 있으면서 성서를 배경으로 창작된 가사로 하나님을 찬양하는 내용이다. 또 회중 찬송은 계층을 초월하여 예배참석자는 누구나 다 함께 부르는 곡이므로 처음 부르는 찬송이라도 곧 따라 부를 수 있다. 예배에서 다함께 부르는 회중 찬송은 예배자들의 마음을 아름답고 경건하게 할 뿐 아니라 거룩하신 하나님께로 향하게 한다. 이와 같이 회중 찬송을 은혜롭게 부를 수 있도록 다양화하기 위해서는 일반성도들이 어느 찬송이나 자유롭게 부를 수 있을 때에 가능하다. 그러나 한국교회는 성도들이 찬송을 배우는 시간이 없으므로 대부분의 성도들이 부르는 찬송이 한정되어 있다. 더구나 강단에서 사회자가 마이크 앞에서 부르는 찬송마저도 곡대로 부르지 못하고 다르게 부르기 때문에 모든 성도들이 바르게 부르지 못하는 교회가 허다하다. 그러므로 찬송가에 수록되어 있는 찬송을 모두 배우는데 힘써야 한다. 그러므로 회중 찬송을 다양화하게 부르기 위해서는 모든 성도들이 인내심을 가지고 많은 노력을 해야 한다. 예배시간에 부르는 찬송을 분류하면 다음과 같다.

1) 경배찬송(Adoration)

태초에 말씀으로 만물을 지으시고 영원히 다스리시며 주관하시는 하나님을 기리고 그의 거룩하심과 영광, 존귀와 지혜, 힘과 능력을 찬양하며 경배하는 찬송이다. 그러므로 경배찬송은 첫째 온전히 하나님을 향한 찬송이 되어야 하며 진실한 마음으로 하나님 앞에 드려지는 찬미의 제사가 되어야한다. 둘째 예배자 자신이 '하나님께 찬송하겠다' 라고 다짐하는 내용도 있다. 이러한 찬송은 가사의 끝부분에서 '찬송하리라' 또는 '찬송 하겠네' 등으로 마치고 있다. 셋째 예배자 들이 자신과 이웃을 향하여 하나님께 찬송을 권유하는 내용도 있다. 이러한 찬송은 가사의 끝부분이 '찬송하라' '찬송하세' 등으로 마치고 있다. 넷째 예배자들이 하나님의 영광과 존귀의 나타냄을 고백하는 내용을 의미하고 있다. 다섯째 위의 여러 가지 경배의 내용에 속하지 않은 경배찬송들이다. 현재 한국교회에서 사용 중인 찬송가에는 이와 같이 여러 가지 유형의 가사로 편집되어 있으므로 주일아침예배에서는 가능하면 하나님께 향한 경배찬송의 내용이 적합하다고 하겠다. 아래의 예는 경배찬송의 유형을 분류한 내용을 소개한 것이다.

① 하나님께 향한 경배찬송
    9장   거룩 거룩 거룩
   10장   거룩하신 하나님
   34장   전능왕 오셔서
   38장   주의 영광 빛나니
   42장   찬란한 주의 영광은
   47장   주여 우리 무리를

② 찬송을 다짐하는 경배찬송
   17장   내가 한 맘으로
   23장   만입이 내게 있으면
   39장   주 은혜를 받은 우리
   43장   찬송으로 보답할 수 없는
   46장   찬양 찬양 복되신 구세주 예수

③ 찬송을 권유하는 경배찬송
    1장   만복의 근원 하나님
    2장   성부 성자 성령께
    3장   이 천지간 만물들아

4장　성부 성자와 성령
5장　면류관 가지고
11장　거룩한 주님께
21장　다 찬양 하여라
25장　면류관 가지고
57장　즐겁게 안식할 날

④ 고백하는 경배찬송
　　7장　빛나고 높은 보좌와
　　28장　복의 근원 강림하사
　　38장　주의 영광 빛나니
　　39장　주 은혜를 받으려
　　41장　큰 영광 중에 계신 주
　　45장　참 놀랍도다
　　48장　만유의 주재
　　50장　큰 영화로신 주
　　77장　전능의 하나님
　　89장　샤론의 꽃 예수
　　180장　무한하신 주 성령
　　410장　아 하나님의 은혜로

⑤ 그 외의 경배찬송
　　15장　내 영혼 이제 깨어서
　　16장　내 주는 살아 계시고
　　30장　여호와 하나님
　　32장　오 하나님
　　40장　주 하나님 지으신 모든 세계
　　51장　존귀와 영광
　　52장　햇빛을 받는 곳마다

56장   지난 이레 동안에

2) 감사찬송(Offertory, Thanksgiving, Dedication)

죄인이었던 자신이 예수 그리스도의 피로 구속함을 받은 은혜와 사랑을 마음속 깊이 감사하며 헌신과 봉사를 다짐하며 부르는 찬송이다. 또한 창조주 하나님께서 만물을 아름답게 지으시고 주관하시는 능력과 보혜사 성령께서 우리를 보호하시고 위험을 당할 지라도 지켜 주시며 앞길을 인도하여 주심을 감사하는 찬송이다. 뿐만 아니라 우리에게 때를 따라 좋은 것으로 먹이시고 입히시며 생활하게 하심을 감사하고 우리가 생각지 못하는 것까지 살피시는 사랑의 하나님께 감사하는 찬송이다. 이러한 감사 찬송은 믿음으로 범사에 감사하는 생활에서만 가능한 찬송이라고 할 수 있다. 찬송가 제목분류에서 은혜와 사랑(403장-418장) 소명과 헌신(346장-362장) 봉사와 충성(368장-383장) 인도와 보호(419장-463장)에 포함되어 있는 찬송들이다.

3) 고백찬송(Humiliation)

고백찬송은 삼위일체이신 전능하신 하나님께서 영원히 만물을 다스리시며 주관하심을 믿고 자신의 신앙을 솔직하게 고백하고 자신을 위탁하는 찬송이다. 뿐만 아니라 하늘의 영광을 떠나서 이 땅에 오신 성자 예수님은 우리를 구속하여 주시고 주의 성령께서 불안하고 어지러운 세상을 살아갈 때에 하나님께서 새 힘을 주시며 항상 선한 길로 인도하여 주실 줄 믿고 믿음을 고백하는 찬송이다. 또한 독수리가 하늘높이 나르듯이 날마다 자신의 신앙도 성장하기를 소망하면서 고백하고 확인하는 찬송이다.

68장   하나님 아버지 어둔 밤이 지나
73장   내 눈을 들어 두루 살피니
78장   참 아름다워라
239장   사랑의 하늘 아버지

339장 큰 죄에 빠진 날 위해
364장 내 주를 가까이
453장 주는 나를 기르시는 목자요

4) 기원찬송(Supplication)

기원찬송은 하나님의 무한하신 사랑과 능력을 의지하고 우리의 삶 속에서 하나님의 뜻을 간절히 기다리며 하나님 앞에 바라고 원하는 내용을 간구하는 찬송이다. 그러므로 은혜와 사랑이 풍성하신 하나님께 조용히 지난날을 돌아보며 잘못된 일은 철저히 참회하고 속죄의 은총을 간구하는 내용이기도하다. 뿐만 아니라 위로와 간구 외에도 자신이 바라고 원하는 내용과 앞으로의 삶도 하나님께서 선한 길로 인도하여 주시기를 기원하는 내용이 함께 포함 되어 있는 찬송이다. 따라서 기원찬송은 앞으로의 모든 뜻을 간절히 간구하며 이루어지기를 바라는 미래 지향적인 찬송이다.

34장 전능왕 오셔서
47장 주여 우리 무리를
55장 하나님의 크신 사랑
215장 이 죄인을 완전케 하옵소서
216장 아버지여 나의 맘을
217장 주님의 뜻을 이루소서
347장 겸손히 주를 섬길 때

5) 헌신찬송(Dedication)

헌신의 찬송은 하나님의 한없는 사랑으로 구속함을 받은 은혜에 감격하여 온전히 자신의 몸과 마음을 주님께 바쳐 헌신을 다짐하는 찬송이다. 주님을 섬기며 살아가는 길이 어렵고 때로는 괴로운 일이 닥칠지라도 주님께서 주시는 능력을 힘입어 묵묵히 자기 십자가를 지고 기쁨으로 살아가기를 소망하면서 부르는 고백의 내용이기도하다.

347장 겸손히 주를 섬길 때
348장 나의 생명 드리니
349장 나 주의 도움 받고자
350장 나의 죄를 정케 하사
351장 날 대속하신 예수께
352장 내 임금 예수 내 주여
353장 내 주 예수 주신 은혜
356장 성자의 귀한 몸
372장 나 맡은 본분은

6) 선포찬송(Proclamation)

 선포찬송은 위에서 논한 찬송과 내용이 다르다. 세상을 향하여 선포하는 곡조 붙은 구원의 메시지의 내용이기 때문이다. 따라서 선포찬송은 지난날의 잘못된 삶을 모두 벗어버리고 복음을 믿고 온전히 새사람이 되라는 메시지가 담겨있다. 뿐만 아니라 선포찬송은 우리의 구주가 되시는 예수 그리스도를 영접하고 기쁨과 소망을 가지라는 강력한 권고의 메시지가 담겨있다.

315장 돌아와 돌아와
316장 목마른 자들아
317장 어서 돌아오오
318장 예수가 우리를 부르는 소리
326장 죄 짐에 눌린 사람은 다 주께 나오라
327장 죄 짐을 지고서 곤하거든
328장 천성 길을 버리고
329장 형제여 지체 말라

7) 파송찬송(Commission)

 파송찬가는 예배를 마치고 세상으로 나갈 때에 부르는 찬송이다. 예수께서 제자들에게 "너희는 온 천하에 다니며 만민에게 복음을 전파하라" 하신 말씀과 "너희는 가서 모든 민족을 제자로 삼아 아버지와 아들과 성령의 이름으로 세례를 베풀고 내가 너희에게 분부한 모든 것을 가르쳐 지키게 하라"고 분부하신 명령에 순종하며 예배인도자나 예배참석자들이 다함께 부르는 내용이다. 이 파송찬가의 내용은 복음을 전하라는 내용과 자신이 복음을 전하겠다는 내용으로 구분할 수 있다.

① 복음을 전하라
    252장　기쁜 소리 들리니
    255장　너 시온아 이 소식 전파하라
    258장　물 건너 생명줄 던지어라
    259장　빛의 사자들이여
    260장　새벽부터 우리
    273장　저 북방 어름산과
    276장　하나님의 진리 등대
    277장　흑암에 사는 백성들을 보라

② 복음을 전하리라
    263장　예수 말씀하시기를
    267장　주 날 불러 이르소서
    268장　온 세상 위하여
    271장　익은 곡식 거둘 자가

2. 성가합창음악(Anthem)

찬양대가 부르는 성가합창은 세속적인 일반합창과 다르다. 뿐만 아니라 예배의 찬양순서를 담당하고 있는 찬양대도 학교합창단이나 일반합창단과 다르다. 왜냐하면 찬양대는 구약시대부터 내려오는 노래하는 제사장들이 부르는 찬미의 제사요 하나님의 영광과 존귀를 선포하기 때문이다. 또 이들은 예수 그리스도의 복음을 믿고 죄 사함을 받고 거듭난 사람들 중에서 뽑아 세운 교회 찬양대원들로 구성되어 예배의 모든 음악순서를 담당하고 있는 예배인도자들이다. 그러므로 교회 찬양대원들이 부르는 성가합창은 회중들이 부르는 회중찬송과 구별되어야 한다. 왜냐하면 보다 아름답고 거룩한 찬양으로 성도들을 대신해서 성도들 속에서 성도들과 함께(for, in, and with the congregation) 하나님 앞에 드려지는 찬양이기 때문이다. 그러므로 성가대는 보다 신앙적이고 내용 있는 아름다운 성가합창곡을 충분히 연습하여 하나님 앞에 거룩한 찬미의 제사를 드릴 수 있도록 정성껏 준비해야 한다. 그러기 위해서는 찬양대원들의 신앙성장에 도움이 되는 새로운 영성훈련 프로그램을 개발하여 운영하는 것도 성가합창훈련과 동일한 비중을 두어야 한다. 그리고 찬양대원들의 아름다운 소리내기 훈련과 다양한 성가합창곡을 대원들이 충분히 소화하고 잘 부를 수 있도록 힘써야한다. 따라서 예배시작부터 마칠 때까지 찬양대에서 담당하고 있는 송영순서와 찬양순서는 모두가 소홀히 할 수 없는 예배음악 순서이다. 그러므로 찬양대가 담당하는 성가합창(Anthem) 순서는 언제나 새로운 곡으로 성의 있게 준비해야한다.

1) 송영론

성가합창 중에서의 송영(誦詠, Doxology)은 성 삼위 하나님을 찬양하며 예배의 시작부터 마칠 때까지 예배의 모든 순서를 이어주는 거룩하고도 다양한 짧은 음악이다. 예배음악에서 사용하고 있는 송영이란 단어는 본래 헬라어의 독소로지(Doxology)라는 말을 번역한 것인데 헬라어의 독사(doxa, '영광돌림')라는 말과 로지아(logia)라는 말을 합친 합성어이다. 즉 독소로지는 '영광돌림'이라는 의미를 지니고 있는 독사(doxa)와 로고스(logos, '선포하는 말씀')라는 뜻이 내포되어 있는 합성어이다. 뿐만 아니라 송영은 거룩하신 하나님의 무한성을 영원히 찬양하는 의미를 내포하고 있다. 이러한 송영은 기악곡(Organ 또는 Piano)으로 전주(Prelude), 간주(Interlude), 후주(Postlude)등이 있으나 가사의 내용이 있는 다양한 송영 곡이 예배에서 보다 중요한 위치를 차지하고 있다.

성경에 기록된 송영의 가사로 사용하여온 내용은 대 영광송인 지극히 높은 곳에서는 하나님께 영광이요 땅에서는 기뻐하심을 입은 사람들 중에 평화로다.(Gloria in Excelsis Deo ; <눅 2:14>)와 소 영광송으로 불리지는 성부 성자와 성령 영원히 영광 받으옵소서(Glory to the Father and to The Son and to the Holy Spirit, now and always and forever)로 되어 있다. 즉 성삼위일체 하나님을 찬양하는 영가로 사용되었다. 그러나 후반부인 "태초로 지금까지 또 영원무궁토록 영광 아멘" 부분은 아리우스파(Arian)와 오랫동안 계속된 삼위일체 논쟁 이후 서방교회에서 추가하여 사용하였으며 오늘에 와서는 개신교 예배에서도 널리 사용하고 있다. 그 외에도 예배에서 부르는 송영은 예배자들이 경건한 마음으로 정성을 다하여 사용되어 왔다. 성경에서 인용된 성구는 "하나님의 영광과 존귀, 그의 지혜와 능력"(대상29:11,13, 롬1:25, 9:5, 16:27, 11:36, 16:27, 엡3:21, 빌4:20, 딤전1:17, 벧전4:11b, 벧후3:18, 유1:25, 계1:6, 5:13) 그리고 "여호와 하나님의 거룩하심"(사6:3, 계4:8)과 "영원히 찬송할 이심"(사6:3, 계4:8)등이 그동안 송영으로 사용되어온 내용이다.

이렇게 다양한 송영 곡은 예배 때마다 같은 곡을 오랫동안 부르면 성가대원들이 정성을 드리지 못하고 습관적으로 부르게 된다. 그러므로 새롭고도 은혜로운 송영을 부르려면 특별한 절기를 제외하고는 3개월에서 4개월을 주기로 하여 바꾸어 부르면 언제나 신선하고 신령한 영적예배가 될 수 있다.

(1) 행렬송(입당송, Processional)

행렬 송은 한국교회의 예배순서에서 보편화되지 않은 송영순서이다. 행렬송은 전주가 끝나고 예배시작을 알리는 오르간 차임(chime bell)이 울린 후에 오르간이스트의 전주와 함께 예배순서 담당자들이 예배 참석자들과 함께 부르는 회중찬송이다. 이때에 예배인도자(교회음악지도자, 성가대, 헌금위원, 인도자(사회자), 기도자, 설교자)들은 예배당 뒤편에서 강단 앞좌석을 향하여 행진하고 예배에 참석한 성도들은 자리에서 일어나 함께 행렬송을 부른다. 그러나 행렬순서가 없는 예배순서에서는 오르간 차임으로 예배 시작을 알리면서 찬양대의 행렬송을 대신하는 경우도 있다. 그런데 한국교회의 예배에서는 많은 교회가 아직도 행렬송의 의미와 역사적인 배경을 이해하지 못하고 있기 때문에 예배순서에서 행렬송 순서를 소홀히 하고 있는데 이 순서는 예배에서 중요한 순서이므로 보완되어야 한다. 구약성경의 기록을 보면 시편기자는 "기쁨으로 여호와를 섬기며 노래하면서 그 앞에 나아갈 지어다"(시100:2, 95:1-2) "감사함으로 그의 문에 들어가며 찬송함으로 그 궁정에 들어가서 그에게 감사하며 그 이름을 송축할지어다"(시100:4) "여호와의 이름에 합당한 영광을 그에게 돌릴지어다 예물을 가지고 그 궁정에 들어갈지어다"(시96:8)라고 기록된 내용과 같이 행렬송의 의미는 세상에 흩어져 있던 "성도들이 예배드리기 위하여 주의 전에 함께 모인다는 신학적인 의미가 있음을 이해하는 것이 중요하다. 뿐만 아니라 주의 이름으로 모인 곳에는 주의 성령이 지금 우리와 함께 임하신다는 의미를 내포하고 있음을 알아야 한다."(마18:20)

또 예배순서에서 행렬송은 중세초기에 예배의식이 형성되면서 시작된 역사를 지니고 있는 순서이다. 행렬순서는 당시 콘스탄틴 대제(constantinus Ⅰ, A D. 274-337)의 칙령이 내려지기 전에 기독교가 공인 받지 못하고 핍박을 당하며 감독들의 눈을 피하여 "카타콤(catacomb)"[30]에서 예배드리던 때에 시작되었다. 이때에는 예배장소로 사용하던 카타콤이 바뀔 때마다 사제 중에 한사람이 앞에서 불을 밝히고 어두운 카타콤으로 예배인도자와 예배참석자들을 안내하였는데 이때에 행렬하면서 부른 찬송이 오늘의 행렬송으로 발전 되었다. 또 앞에서 예배인도자를 안내하던 안내자는 악취를 제거하기 위하여 향을 뿌리기도하고 독충이나 짐승을 쫓아내기 위하여 종을 치기도 하였다. 이러한 순서는 가톨릭교회와 의식을 중요시하는 루터교파나 성공회 등 여러 교파에서는 오늘까지 행렬 순서의 전

---

30) 중세 초기 기독교 박해시대에 예배장소로 사용하던 지하 공동묘지.

통을 계속 이어오고 있다. 그 외에 최근에 장로교 감리교 성결교 등 다른 교파에서도 예배의식을 보완해가는 교회에서는 예배순서에 행렬순서를 보완하여 실시하기도 한다.

예배가 시작되면 이때에 부르는 행렬송은 예배 인도자들이 행렬하면서 부르기에 알 맞는 행진곡풍의 회중찬송이라야 한다. 이러한 찬송은 4/4박자 혹은 2/4박자, 2/2박자의 장엄하고 환희에 넘치는 찬송으로 선곡을 해야 한다. 이유는 예배참석자들이 예배의 시작과 동시에 일어나서 부르는 찬송이므로 거룩하신 하나님의 영광과 존귀를 찬양하며 감사하는 내용을 불러야하기 때문이다. 참고로 현재 교회에서 사용하고 있는 찬송가에 행렬송으로 적합한 찬송 곡을 소개한다.

- 13장 　기뻐하며 경배하세
- 48장 　만유의 주재
- 50장 　큰 영화로신 주
- 55장 　하나님의 크신 사랑
- 115장 　기쁘다 구주 오셨네
- 126장 　천사 찬송하기를
- 147장 　주 달려 죽은 십자가
- 154장 　예수 부활했으니
- 155장 　주님께 영광
- 245장 　시온성과 같은 교회
- 313장 　갈 길을 밝히 보이시니
- 458장 　주의 친절한 팔에 안기세

(2) 입례송(Introit)

입례송은 행렬송이 있는 순서와 없는 순서에 따라서 차이가 있으나 일반적으로 '묵도' 다음에 '예배의 부름'과 '기원'순서의 전후에 부르는 순서이다. 입례 송은 개회송영으로 성가대에서 부르고 있으나 성가대가 없는 경우에는 오르간음악으로 대신하기도 한다. 입례 송은 두 가지의 의미를 내포하고 있는데 첫째는 '주의 성령이 성전 안에 계심을 선포하고 주의 전에서 잠잠 하라'(합 2:20)는 의미를 내포하고 있다. 둘째는 하나님의 거룩하심과 존귀하심을 높이 찬양하고 그의 영광을 높이 들어내는 의미를 내포하고 있다. 예배시간과 함께 부르는 입례송은 세상을 통치하시는 하나님의 영광과 위엄, 성도들의 심령에 내재하시는 하나님의 사랑과 자비하심을 선포하는 순서이다. 그러므로 시편이나 삼위일체 하나님을 찬양하는 내용의 가사를 택하는 것이 바람직하고 음악은 개회송영으로 적합한 내용의 밝고 환희에 넘치는 곡을 불러야한다. 참고로 현재 사용 중인 찬송가 중에서 입례 송으로 적합한 찬송을 소개한다.

  8장   목소리 높여서
26장   만유의 주 앞에
42장   찬란한 주의 영광은
47장   주여 우리 무리를
48장   만유의 주재
50장   큰 영화로신 주
546장 주 성전 안에 계시도다

(3) 기도송(Player Response)

공중기도는 개인기도와 다르므로 예배에 참석한 모든 성도들이 공감하는 내용으로 감사와 참회, 위로와 간구 등의 내용이 포함되어야한다. 그러므로 '나' 개인을 지칭한 주관적인 '나'라는 표현보다는 예배에 참석한 모든 성도들에게 공감대를 이루는 표현으로 '우리'라는 객관적인 표현이 예배참석자들에게 더욱 공감대를 이루는 기도가 될 수 있다.

공동예배에서의 기도송은 기도순서 담당자(목사 또는 장로)의 대표기도 후에 성가대가 기도내용을 재확인하며 부르는 음악 순서이다. 이 기도송의 가사는 참회와 위로의 내용과 '우리의 기도를 들으시고 다 이루어주시기를 간절히 간구 합니다.'라는 내용이 적절하게 표현되어야 한다. 또 화려한 선율과 복잡한 리듬이나 지나치게 빠르고 긴 음악은 기도

송으로 적합한 곡이 아니다. 가톨릭교회와 같은 의식교회에서는 자비를 구하는 성가인 키리에 에레이손(Kyrie eleison)을 부른다. 찬송가에 수록된 곡 중에서 기도송으로 적합한 곡을 참고로 소개한다.

   85장 3절   참 회개하는 자에게
   171장 1절   비둘기 같이 온유한
   547장   진리와 생명 되신 주
   548장 1-2절 주기도문 영창
   549장   우리 가도를
   551장-556장 아멘 송

(4) 헌금송(Offertory)

하나님께 예물을 드리는 의미는 일반적으로 감사의 표로 드리고 있으나 성경에 기록된 내용을 보면 크게 세 가지로 구분이 된다. 첫째 주님께서 맡겨 주신 직분을 잘 감당하기 위하여 충성을 다짐하며 드리는 예물이다. 둘째 자신의 죄를 씻음 받고 주의 이름으로 거듭나서 성결한 삶을 다짐하며 드리는 예물이다. 셋째 자신의 모든 삶을 주께 봉헌하는 마음을 다짐하며 드리는 예물이다. 넷째 하나님의 무한하신 사랑과 은혜를 감사하며 드리는 예물이다.

그러므로 헌금송은 정성을 모아서 드리는 헌금순서와 함께 봉헌하는 순서이다. 헌금은 시편기자가 "예물을 가지고 그 궁전에 들어갈 지어다 아름답고 거룩한 것으로 여호와께 경배할 지어다"라고 고백했듯이 헌금송은 하나님께 주신 물질에 대하여 감사하는 마음과 봉헌하는 마음의 가사로 된 음악이어야 한다. 예배에 참석한 성도들이 하나님께서 주신 귀한 물질을 겸손한 마음으로 드리는 뜻을 잘 나타낸 곡이어야 한다. 뿐만 아니라 하나님 앞에 드린 예물과 함께 우리의 몸과 마음을 헌신하고 다짐하는 의미도 있어야한다. 그런데 헌금시간에 부르는 대부분의 독창이나 성도들이 다함께 부르는 헌금찬송을 보면 봉헌과 관련되지 않은 곡을 부담 없이 자유롭게 부르고 있다. 현재 사용 중인 찬송가에 봉헌찬송이 여러 곡 수록되지 않았으나 교회음악지도자와 예배인도자는 특별히 봉헌과 관련된 가사로 봉헌찬송을 부르도록 지도해야한다. 또한 헌금송은 봉헌송과 헌금행렬송, 헌금기도송 등 세 가지로 구분해서 그 특징을 이해하고 선곡하여 불러야한다.

① 봉헌송

봉헌송은 헌금순서 시간에 하나님께 성도들이 정성을 드려 헌금과 함께 바쳐지는 음악이다. 그러나 때로는 봉헌을 권유하는 가사도 수록되어 있으므로 다양하고도 변화 있게 부르는 방법과 레퍼토리를 개발해야한다. 그런데 한국교회의 예배시간에 부르는 봉헌찬송을 보면 봉헌과 관련된 내용을 선곡하기보다는 예배인도자나 독창자가 자유롭게 선곡하여 부르는 경우가 허다하다. 또 봉헌송을 변화 있게 하려면 다음과 같이 여러 가지 방법으로 부를 수 있다. 첫째 독창자가 회중찬송이나 성가 곡 중에서 봉헌과 관련된 봉헌송을 부르는 방법이다. 둘째 성가대에서 봉헌찬송을 합창하는 방법이다. 셋째 성도들이 다함께 봉헌찬송을 부르는 방법이다. 넷째 오르간이스트가 봉헌 곡을 연주하는 방법 등 네 가지 방법이 있다. 그러나 교회음악지도자가 봉헌송을 바르게 부르도록 평소에 철저히 지도해야한다. 찬송가에 있는 봉헌 찬송은 제목 분류에 '소명과 헌신'(346-362)의 항을 참고하여 봉헌과 관련된 가사를 선곡할 수 있다.

② 헌금행렬송

헌금행렬송은 헌금순서가 끝나면 뒤에서 헌금위원들이 줄을 지어 앞으로 나올 때 성도들이 모두 일어나서 함께 부르는 찬송이다. 헌금행렬송은 봉헌가사의 찬송 1절을 부르는 동안에 앞자리까지 행렬해 나올 수 있도록 교육이 되어야한다. 또 행렬하는데 불편하지 않도록 4/4박자 혹은 2/4, 2/2박자의 헌금행렬송으로 불러야 한다. 그 외에 3박자나 6박자 계통의 찬송을 부르면 헌금위원들의 행진과 박자를 맞출 수 없다. 위의 찬송 외에 참고로 찬송가에 있는 봉헌행렬찬송을 소개한다.

1장　　　　만복의 근원 하나님
2장　　　　성부 성자 성령께
4장　　　　성부 성자와 성령
69장 1절　나 가진 모든 것
71장 1절　내게 있는 모든 것을
147장 4절　온 세상 만물 가져도
346장 1절　값비싼 향유를 주께 드린
354장 2절　나의 손과 발을 드려
356장 4절　만 가지 은혜를 받았으니

③ 헌금기도송

헌금기도송은 목회기도와 헌금 기도 후에 성가대에서 부르거나 오르간으로 대신하는 순서이다. 헌금기도송의 가사는 앞에 기도송과 혼돈하지 않도록 봉헌에 대한 의미를 잘 나타내야 한다. 특히 하나님 앞에 정성으로 드린 헌금을 주께서 기쁨으로 받아 주시기를 간구하는 내용과 주님 뜻 때로 사용되기를 간절히 바라는 곡이어야 하며 모든 성도들이 공감하는 가사로 된 내용이어야 한다. 현재 사용 중인 찬송가에 수록된 곡 중에서 헌금기도 송으로 적합한 곡을 소개한다.

70장　　　　모든 것이 주께로부터
551장-556장　아멘 송

(5) **축복송**(Benediction)

축복송은 예배가 끝날 때에 목사가 예배에 참석한 성도들을 위하여 축도를 마친 후에 부르는 성가대의 응답송이다. 그러므로 축복송은 축도에 대한 신학적인 이론정리가 먼저 선행되어야 바르게 부를 수 있다. 즉 축도는 구약시대부터 복을 빌어주는 공식적인 엄숙한 행위로서 제사장만이 담당하는 고유권한이기도 하다. 여호와께서 모세에게 이르시되 아론과 그의 아들들에게 축복에 대하여 다음과 같이 명하셨다.

"여호와는 네게 복을 주시고 너를 지키시기를 원하며 여호와는 그 얼굴로 네게 비추사 은혜 베푸시기를 원하며 여호와는 그 얼굴을 네게로 향하여 드사 평강 주시기를 원하노라."(민6:24)

이와 같은 축도의 예는 신약성경에도 사도바울이 고린도교회에 보낸 편지 마지막 인사에서 사용한 문구이기도 하다. 이 내용은 사도 바울이 삼위일체 하나님의 주권을 위임받아 제사장으로서 고린도교회 성도들에게 마지막 인사와 함께 하나님을 대신하여 축복한 내용이다. 이 축도의 내용은 예배를 마치면서 담임 목사나 축도순서를 부탁받은 목사가 예배에 참석한 성도들이 집으로 돌아가기 전에 세상으로 향할 때 복을 선포하는 순서이다.

"주 예수의 크신 은혜와 하나님의 사랑과 성령의 교통하심이 너희 무리와 함께 있을 지어다"(고후13:13)

위의 축도내용은 앞에서 언급한 대로 하나님께 예배를 드리고 세상으로 향하여 나아가는 모든 무리들에게 삼위일체이신 하나님을 대신하여 복을 선언하는 순서이다.

그런데 오늘의 축도는 위딕의 밀씀으로 축도의 순서를 대신하는 교회가 점차로 늘어나고 있다. 이러한 순서는 사도 바울이 행한 축도와는 다른 내용의 축도순서이다. 이와 같은 축도는 하나님의 주권을 대행하여 제사장이 성도들을 향하여 선포하는 축도가 아니다. 이러한 축도의 유형은 축도를 담당한 목사가 예배에 참석한 자를 대신하여 대표로 하나님께 복을 간절히 간구하는 기원의 내용이라고 할 수 있다.

"주 예수의 크신 은혜와 하나님의 사랑과 성령의 교통하심이 이제부터 영원히 함께 하옵시기를 간절히 축원 하옵나이다."

이와 같이 오늘의 예배에서 행해지는 축도의 순서는 선포와 기원으로 나누어져서 진행되고 있다. 이러한 축도의 두 가지 유형은 축도를 담당한 목사가 자유롭게 선택할 수 있다. 이유는 축도를 담당한 목사의 축도에 대한 신학적인 배경과 목회방침에 따라 달라질 수 있기 때문이다. 따라서 예배 끝 순서인 축도 후의 축복송 가사도 축도의 내용이 선포 혹은 기원으로 마치게 될 때 축도의 내용과 동일한 가사로 일치하여 부르는 것이 좋을 것이다.

  59장 1절   성전을 떠나가기 전
  85장 5절   사랑의 구주 예수여
  174장 1절 성령의 은사를 나에게 채우사
  550장   주 너를 지키시고
  557장   네 번 아멘
  558장   일곱 번 아멘

2) 성가합창(Worship Anthem)

예배음악에서 많은 비중을 차지하고 있는 성가합창은 오랫동안 미사의 전례음악으로 발전되어 왔으나 종교개혁을 전후하여 새로운 형식의 예배용 성가합창이 발전하기 시작하였다. 이유는 마틴 루터의 종교개혁 이후에 라틴성가의 전례음악이 점차적으로 쇠퇴하면서 독일과 영국을 비롯하여 유럽에 있는 여러 지역에서 새로운 형식의 성가합창곡이 나타났기 때문이다. 그 후 영국 국교회(성공회)와 여러 개혁교회에서는 비 전례 예배용 합창음악(Worship Anthem)이 미사음악과 함께 자유롭게 불러지기 시작하였다. 뿐만 아니라 새로운 기법의 성가합창이 불러지면서 예배를 위한 성가합창 외에도 연주를 위한 성가합창곡도 칸타타(Cantata), 오라토리오(Oratorio), 수난음악(Passion) 등이 자유롭게 연주되었다.

(1) 예배용 성가합창(Worship Anthem)

예배용 성가합창은 찬양대가 부르는 거룩한 음악이다. 그러므로 성가합창음악은 성도들이 다함께 부르는 회중찬송과 내용과 형식이 다르다. 가사의 내용은 앞에서 설명한 내용이지만 삼위일체 하나님의 거룩하심과 그의 영광, 그의 존귀와 능력 등을 찬양하는 내용이라고 할 수 있다. 성가의 가사는 성경을 기초로 한 내용이 많으며 특히 구약성경의 시편의 내용과 신구약성경의 칸티클(Canticle)을 재구성한 내용이 대부분이다. 뿐만 아니라 창작가사는 긍휼하심과 자비의 송가(Kyrie), 영광송(Gloria), 거룩송(Sanctus), 삼위영가(Gloria Patri), 찬양송(Te Deum Laudamus), 사도신경(Credo), 하나님의 어린양(Agnus Dei) 등이 예배용 성가합창으로 많이 불려졌다. 그 외에 현대성가합창은 신앙경험을 소재로 한 신앙고백의 가사가 많이 나타나기 시작하였다. 또 예배용 성가합창(Anthem) 곡의 형식은 초기에는 소규모의 화성중심으로 창작된 무반주합창곡이나 대위법적으로 창작된 형식의 풀 앤덤(Full Anthem)이 대부분 이였다. 16세기에 활발하게 작곡가로 활동한 탈리스(Thomas Tallis), 빅토리아(Tomas Luis de Victoria), 알카델트(Jacob Arcadelt), 파레스트리나(Giovani pierluig Palestrina)등이 작곡한 초기 앤덤(Anthem)은 비교적 화성적으로 작곡된 풀 앤덤(Full Anthem)의 작품이 많았다. 그러나 합창의 규모와 형식이 다양해지면서 독창이나 중창을 포함한 합창형식인 버스 앤덤(Verse Anthem)으로 발전되었다. 이러한 성가합창곡은 16세기를 전후하여 합창연주 규모가 변하면서 화려하고도 다양한 반주부가 붙여졌다. 뿐만 아니라 이때부터 다양한 버스 앤넘으로 발선되어 간타타나 오라토리오의 합창에도 활용되었다. 그러나 작곡 기법이 발전하면서 일반적으로 오르간이나 피아노 반주로 연주할 수 있는 다양하고도 화려한 성가합창곡이 많이 작곡되었다.

(2) 연주용 합창음악(Concert Choir)

교회의 성가합창음악은 16세기이후에는 형식과 기법이 다양하게 발전되기 시작하였다. 그동안 찬양대에서 예배에서만 부르던 성가합창은 이때부터 예배시간 외에도 교회나 일반연주 홀에서 연주할 수 있는 여러 가지 형식의 성가합창곡이 나타나기 시작하였다. 이때부터 후대에 많은 작품을 남긴 작곡가들 중에서 우리가 잘 아는 작곡가를 소개하면 다음과 같다.

하인리히 쉿쯔(Heinrich Schütz, 1585-1672),

안토니오 비발디(Antonio Vivaldi, 1678-1741),

요한 S. 바흐(Johann S. Bach, 1685-1750),

죠지 F. 헨델(George F. Handel, 1685-1759),

프란쯔 J. Haydn, 1732-1809),

볼프강 A. 모차르트(Wolfgang A. Mozart, 1756-1791),

루드비히 V. 베토벤(Ludwig V. Beethoven, 1779-1827),

프란쯔 슈베르트(1797-1828),

힉토 베를리오즈(Hector Berlioz, 1803-1869),

펠릭스 멘델스죤(Felix Mendelssohn, 1809-1847),

지우젭페 베르디(Giuseppe Verdi, 1813-1901),

세자르 프랭크(Cesar Auguste Franck, 1822-1890),

요하네스 브람스(Johannes Brahms, 1833-1897),

생상스(Saint Saëns, 1835-1921),

드보아(Théodore Dubois,1837-1924)

차이코프스키(P. I. Tchaikovsky, 1840-1893),

존 스테이너(John Stainer,1840-1901)

안톤 드보르작((Antonín Dvořák, 1841-1904),

가브리엘 포레(Gabriel Fauré, 1845-1924),

쟝 시벨리우스(Jean Sibelius, 1865-1957)

위의 작곡가 외에도 수많은 작곡가들이 연주용 성가 곡을 남겨놓아 오늘에 이르기까지 연주되고 있다. 이 들이 남긴 여러 가지 작품을 소개하면 미사곡(Missa), 테데움(Te Deum), 모테트(Motet), 레귀엠(Requiem), 시편송(Psalmody), 칸타타(Cantata), 수난곡(Passion), 오라토리오(Oratorio), 앤덤(Anthem) 등 여러 가지 형식의 작품이 남아 있다. 이 여러 작품 중에는 하인리히 쉿쯔(Heinrich Schütz)의 "마태 수난악", 요한 S. 바흐(Johann S. Bach) 칸타타 No 4 "죽음에 누우신 그리스도", 존 스테이너(John

Stainer)의 "십자가상의 죽음", 프란쯔 J. 하이든(F. J. Haydn)과 드보아(Théodore Dubois)가 작곡한 "십자가상의 칠언" 등 많은 수난 음악이 연주되었다. 또한 죠지 F. 헨델(George F. Handel)의 오라토리오 "메시야"를 비롯하여 프란쯔J. 하이든(F. J. Haydn)의 "천지창조", 펠릭스 멘델스존(Felix Mendelssohn)의 "엘리야" 등 수많은 작품이 1950년대를 전후하여 한국에 소개되었다. 이러한 작품은 1960년대에 이르기까지 오라토리오합창단(지휘:박태준)을 비롯하여 영락교회 성가대(지휘: 박재훈), 새문안교회(지휘:이동훈), 동신교회(지휘:곽상수) 등 소수의 대형교회에서 연주되었으나 1970년대 이후에는 한국교회가 성장하면서 최근에는 여러 교회와 연세대를 비롯하여 여러 신학대학합창단에서 연주되고 있다.

3. 오르간음악(Organ music)

예배음악에서 오르간음악은 큰 비중을 차지하고 있다. 오르간 음악은 예배시작부터 마칠 때까지 예배의 모든 순서를 이끌어가기 때문이다. 그러므로 오르간이스트는 아름답고도 거룩한 음악으로 예배를 인도할 때 예배자들은 신령과 진정으로 예배를 드리게 된다.

오르간이 예배용 악기로 사용되기 시작한 기원을 거슬러 올라가면 고대 그리스의 팬파이프(Panpipe)까지 올라갈 수 있다. 또 중국 악기의 생(笙)도 입으로 부는 오르간(Mouth Organ)이라고 볼 수 있다. 오르간이 예배음악에서 큰 비중을 두는 것은 성도들이 보는 것보다 듣는 것에 더 민감하게 반응을 보이기 때문이다.

한국교회에서 오르간 소리가 울려나기 시작한 역사는 교회예배의식이 정착되고 찬송이 불러진 때부터 라고 할 수 있다. 한국교회는 1970대 중반까지만 해도 소형 리드오르간을 사용하던 대부분의 교회가 새로운 악기를 구입할 때에는 예배용 악기로 피아노를 구입하였다.

이유는 오르간과 피아노의 소리에 대한 특징을 이해하지 못하고 그동안 사용하던 소형 리드오르간에 비해 고가의 피아노에 관심이 있었기 때문이다. 여기서 우리는 오르간과 피아노 소리에 대한 소리를 이해하는 것이 무엇보다 선행되어야한다.

1) 오르간의 구조

예배용 악기로 오르간과 피아노의 소리는 어떠한 차이가 있는가? 오르간과 피아노 소리의 다른 점을 이해하려면 소리를 내는 악기의 구조와 음색의 차이를 이해하는 것이 무엇보다 중요하다. 왜 오르간의 소리는 부드러운데 피아노 소리는 다른가? 이유는 같은 건반악기지만 소리를 내는 원리가 다르기 때문이다.

예배음악에서 사용되는 오르간과 피아노의 구조와 소리를 비교하여 보면 현저하게 다른 면을 볼 수 있다. 오르간의 구조는 송풍장치가 있어서 여러 단의 손 건반과 발 건반을 누를 때마다 바람의 압력에 의하여 많은 파이프 군을 울려 소리를 낸다. 오르간에 설치된 피아프는 나무로 만든 목관과 금속으로 만든 금관으로 되어 있으며 파이프에서 울려나오는 미세한 음으로부터 웅장하고도 장엄한 소리는 다양하고도 신비로운 소리이기도 하다. 그러므로 오르간의 부드러운 소리는 예배자들의 마음을 편안하게 해준다.

그러나 우리들이 쉽게 접할 수 있는 피아노의 구조는 오르간과 달라서 진동판 앞에 있는 여러 개의 철선을 건반으로 때리면 진동판이 울려 소리를 낸다. 그러므로 피아노 소리는 아무리 작은 소리라도 건반으로 철선을 때려서 내는 소리이므로 피아노 소리는 오르간 소리에 비하여 자극적이고 날카롭게 들린다. 따라서 예배에 적합한 악기의 소리는 자극적인 피아노 소리보다 오르간 소리가 예배용 악기로 적합하다.

2) 오르간의 종류

교회에서 사용하고 있는 오르간은 한국교회에서 오랫동안 이해 부족으로 인하여 널리 보급되지 못하였다. 그러나 1970년대 이후 최근에는 교회를 담임하고 있는 목사들 중에 오르간에 대한 새로운 이해와 관심이 높아지고 있다. 이로 인하여 한국교회는 미국, 독일 프랑스, 네덜란드, 카나다, 체코, 일본 등 여러 나라 제품의 전자오르간이 자유롭게 수입되어 교회에서 사용하고 있다. 그동안 한국교회에 소개된 오르간의 유형을 소개하면 다음과 같다.

(1) 리드오르간(reed organ)

리드오르간은 한국에 그리스도의 복음이 들어온 후 선교사들에 의하여 처음으로 소개된 악기이다. 풍금(風琴)이라고도 하는 이 악기는 양쪽발로 바람을 불어 넣어 금속으로 만든 리드를 울려 소리를 내는 악기이다. 리드오르간은 해방 전에는 대부분의 교회와 일반학교에서 사용되었다. 이 리드오르간은 후에 양쪽 발을 이용하지 않고 전기로 모터를 돌려 바람을 일으켜 소리를 내는 오르간을 소수의 교회(신촌성결교회)에서 사용하기도 하였다. 1945년 해방 후에 한국에서는 아리아오르간과 백조오르간이 생산되어 교회와 학교에서 한동안 사용되기도 하였다.

(2) 하몬드 오르간(Harmond organ)

일명 전기오르간으로 알려진 하몬드 오르간은 리드오르간의 구소와 선연 다른 악기이다. 이 하몬드 오르간은 미국인 하몬드(Laurens Harmond)가 처음으로 발명하여 만든 오르간이다. 이 오르간은 전기 진공관으로 톱니바퀴모양의 강철로 만든 음반(tone wheel)에 전자극(電磁極)코일을 접근시켜 음을 만들어 내는 오르간이다.

이 오르간은 드로우바(Drawbar)장치로 하모닉(Harmonics)배음을 자유자재로 배합하여 음색을 만들어 스피커(speaker)로 소리를 낸다. 이 오르간은 1950년 6·25사변 후 처음으로 이화대학교와 기독교방송에 들여왔다. 그 후 한국에 주둔하고 있는 미군부대에서 채풀용으로 들여와 다목적으로 사용되기도 하였으나 국내에 일반교회에서 불하를 받아 사용하면서 퍼지기 시작하였다.

(3) 전자오르간(Electronic organ)

전자오르간은 IC회로를 이용하여 파이프오르간(pipe organ)소리를 모방하여 만든 악기이다. 트랜지스터의 발진작용을 이용하여 스피커(speaker)로 소리를 낸다. 이 전자오르간은 교회용 외에도 경음악용으로 제작하여 사용하기도 하는데 경음악용은 사롱용으로 리듬박스까지 붙어 있으므로 교회용으로는 부적합한 오르간이다.

일반적으로 교회용 전자오르간은 연주용 콘서트 모델(concert model), 교회용 모델(church model), 스피넷(spinet model) 등 3가지 모델이 있다. 연주용 콘서트 모델은 오르간의 크기에 따라 손 건반(manual)이 2단(61건)이상이며 발 건반(pedal)은 32건 풀페달(Full pedal)로 제작되었다. 교회용 모델(church model)은 손 건반이 2단(61건)이상이며 발 건반은 2옥타브인 25페달로 제작되었다. 또 가정용으로 제작된 소형 오르간 스피넷 모델(spinet model)은 손 건반이 4옥타브이내의 2단이며 발 건반은 1옥타브인 13페달로 제작하기도 한다.

그동안 한국교회에서 오랫동안 사용되어온 전자오르간의 종류는 미국의 여러 회사 제품인 윌리져 오르간(Würlitzer organ), 볼드윈 오르간(Baldwin organ), 콘 오르간(Conn organ), 로져스 오르간(Rodgers organ), 알렌 오르간(Allen organ), 일본제품인 야마하 오르간(Yamaha organ), 독일제품인 알본 오르간(Ahlborn Organ), 네덜란드제품인 요하누스 오르간(Johannus Organ) 등 여러 나라에서 수입한 오르간이다.

한국에서 처음으로 전기오르간을 제작하기 시작한 것은 1950년대 후반기에 오성전자(五星電子)에서 처음으로 개발한 손 건반과 발 건반(Full pedal)으로 된 오르간이다. 이때에 제작한 오르간을 중앙대학교(2단)와 연세대학교(3단), 숙명여자대학교(2단)에 설치하였으나 성능이 좋지 못하여 실패하고 말았다. 그 후에 계속해서 동화양행, 삼미전자, 삼광전자, 한강전자 등 여러 회사에서 전기오르간을 개발하였으나 기술부족으로 역시 오래 지속하지 못하였다. 또 1970년대 중반에는 새로 설립한 여러 전자오르간회사에서 제작기술을 보완하여 새로운 상호로 아라아 오르간에서는 엘레간(Elegan), 아성전자에서는 클레이숀(Creation), 화인엔지리어링에서는 쏘노렉스(Sonorex)를 제작하였으나 역시 성공하지 못하였다. 그러나 쏘노렉스 오르간(Sonorex Organ)을 개발하였던 기술진의 책임자 강민섭은 그동안의 기술을 보완하고 1980년대 중반부터 새로운 기술로 렉스톤 오르간(Rextone Organ)을 제작하기 시작하였다. 이때부터 유일하게 렉스톤 오르간(Rex tone Organ)은 현재까지 꾸준히 오르간 제작에 정성을 기울여 한국교회와 각 신학대학의 오르간 전공자들에게 관심을 갖게 하고 많은 도움을 주고 있다.

(4) 파이프오르간(Pipe Organ)

파이프오르간은 '악기의 왕'이라는 특별한 명칭까지 붙여질 정도로 규모가 크며 웅장하고도 다양한 소리를 내는 악기이다. 교회음악 악기로 오랜 역사를 지니고 있는 파이프 오르간은 교회의 크기(넓이와 높이)에 따라 모두 규모가 달리 제작된다. 이유는 교회의 공간에 따라서 파이프의 수와 스탑을 포함한 모든 규모가 설계되기 때문이다. 이 파이프오르간은 처음에 리드 파이프만으로 간단히 제작되어 사용되었다. 그러나 파이프오르간은 수백 년을 지나오는 오랜 역사 속에서 여러 단의 손 건반과 페달 그리고 소리를 조절하는 스톱을 개발하여 구미 여러 나라에는 교회마다 특징 있는 파이프오르간을 제작 설치하여 사용하고 있다. 한국교회는 1945년 해방 전에 서울 명동성당을 비롯하여 서울 정동감리교회, 함경도 덕원가톨릭성당, 원산가톨릭성당 등 4곳에 있었으나 1950년 6.25사변으로 인하여 명동성당에 있던 오르간(현재 혜화동 가톨릭대학에 보관되어 있음)외에는 모두 파괴되었다. 그러나 한국에는 1970년대에 들어서 중림동에 있는 약현가톨릭성당, 연세대학교 루스채플, 세종문화회관에 파이프오르간이 설치되기 시작하였다. 또 1980년대에는 연동교회를 비롯하여 성공회서울대성당, 명동가톨릭성당, 소망교회에 설치되었고 1990년대에 들어서는 오르간에 대한 관심이 높아지면서 2000

년대에 이르러서는 동서울교회, 단국대학교 난파음악관, 이화대학교 김영의 홀, 횃불회관, 경동교회, 광림교회, 정동감리교회, 서울신학대학교 등 여러 곳에 80여대의 파이프오르간이 설치되어 사용하고 있다. 현재 여러 교회와 성당, 신학대학과 일반대학에 설치된 오르간은 독일과 미국, 카나다, 프랑스 체코 등 여러 나라에서 제작한 오르간이다. 또 새해가 되면 새문안교회를 비롯하여 여러 교회에서 새로운 오르간을 설치한다는 소식이 있어 기대되는바가 크다. 더욱 반가운 일은 독일에서 오르간 제작을 위하여 기술을 습득한 구영갑, 홍성호 등 새로운 기술진이 국내외에서 소규모이기는 하나 본격적으로 오르간 제작을 하고 있다. 외국오르간 제작회사에 비하면 작은 규모이지만 앞으로 한국오르간 음악 발전에 많은 도움을 주리라 기대된다.

3) 오르간음악의 특징

예배에서의 오르간이 사용된 역사는 구체적으로 설명할 수 없으나 예배 의식과 함께 아주 오랜 역사를 지니고 있는 악기이다. 이유는 오르간의 구조에서 설명한 내용 외에도 다른 악기에 비하여 오케스트라와 같이 다양한 악기의 소리를 내며 자유롭게 조절하여 연주할 수 있기 때문이다. 위에서 언급한 대로 오르간의 아름다운 소리는 장엄하고도 웅장한 소리와 부드러운 음색을 지니고 있어서 예배자들의 마음을 편안하게 해준다. 예배에서 연주되는 오르간 음악은 성경봉독, 기도, 설교 등과는 달리 곡조 있는 신앙고백과 찬양, 감사의 노래를 감싸고 인도한다. 그리고 때로는 오르간이스트의 독주로 하나님의 영광과 존귀 위로와 평안의 찬송을 음악의 언어로 연주한다. 또한 오르간이스트는 예배의 모든 순서에서 메시지를 전하는 마음으로 오르간을 통하여 말하고 있다. 따라서 오르간이스트의 연주는 음악적인 기능뿐 아니라 그의 인격과 신앙이 바르게 갖추어 있을 때 더욱 아름다운 오르간 음악을 만들어 예배를 이끌 수 있다. 또한 오르간 음악은 오르간이스트의 능력이상 아름다운 음악을 기대하기 어려움으로 교회의 담임 목사와 교회음악지도자들은 좋은 오르간과 능력 있는 오르간이스트에 많은 관심을 두어야한다.

4) 오르간이스트의 역할

예배에서 오르간이스트의 역할은 대단히 큰 비중을 차지하고 있다. 오르간이스트는 회중 찬송의 반주나 성가대의 반주를 담당하는 일 뿐만 아니라 예배의 처음 시작부터 끝까지 모든 순서를 이끌어 주어야할 역할과 임무를 담당하고 있기 때문이다. 그러므로 오르간이스트는 음악적인 능력을 갖추기에 앞서 성숙한 믿음이 있어야한다. 뿐만 아니라 오르간이스트는 언제나 아름답고 신비스러운 음악으로 예배의 순서를 이어가는데 온 정성을 기울여야 한다. 결코 오르간이스트는 전주(Prelude)부터 간주(Interlude)와 후주(Postlude)에 이르기까지 어느 순서 하나라도 성의 없는 연주가 되지 않도록 주의해야 한다. 가능하면 매 주일 훌륭한 작곡가의 아름다운 오르간 곡을 연주하는 것이 좋다. 그렇지 못할 경우에는 일반 성도들이 잘 부르는 찬송 곡을 준비하고 정성껏 연습하여 연주해야한다. 그러므로 오르간이스트는 전주와 간주, 후주 등 모든 예배음악을 충분히 연습하여 자신의 연주기량을 잘 발휘해야한다. 그리고 예배 시간에 회중 찬송의 반주와 독창자의 반주나 성가대의 합창반주도 성실하게 준비하여 담당해야 한다.

(1) 전주(Prelude)

전주는 일반적으로 독창이나 합창시작 전에 연주되는 반주를 칭한 용어로 사용되고 있으나 예배에서의 전주는 예배 시작 전에 연주하는 곡을 의미한다. 전주는 예배참석자들의 마음을 바깥세상과 예배처소 사이를 차단시키는 커튼의 역할을 한다. 이 시간은 모든 예배참석자들이 한 주간의 생활을 반성하며 흩어졌던 마음을 정돈하고 하나님과 깊은 만남의 시간을 조성해주고 경건한 마음으로 예배를 준비하는 시간이 되게 해 준다. 전주는 10분에서 15분 정도 계속되는 동안 예배가 시작되기까지 엄숙한 마음으로 조용히 묵상하는 시간을 제공해준다. 그러므로 전주곡은 바흐(J. S. Bach)를 비롯하여 여러 작곡가들의 높은 예술성을 지닌 아름다운 곡(Prelude)을 연주하거나 조용하고 부드러운 찬송 곡을 연주하여 예배자들의 마음을 감동시켜 주어야한다. 그러므로 예배시간 전의 전주는 그날의 예배에 결정적인 영향을 준다. 그런데 최근에 한국교회는 이렇게 귀한 전주시간에 사회자가 마이크를 들고 또 전기기타와 각종악기를 들고 나와 준비찬송을 부르기도 한다. 이로 인해서 성도들은 조용히 예배시간 전에 하나님과 깊은 만남의 시간을 빼앗기고 있으므로 목회자와 교회음악지도자는 전주에 대한 새로운 이해가 있어야하겠다.

(2) 간주(Interlude)

간주는 예배의 순서와 순서 사이를 적절하게 이어주는 음악이다. 그러나 간주는 대부분이 예배 순서를 시간을 메우는 음악으로 이해하는 경우가 많으나 잘못된 것이다. 예배의 순서를 이어주는데 필요한 음악은 1마디 혹은 2마디의 짧은 곡이 적당하며 지나치게 소리가 크거나 예배를 그르치는 세분된 리듬의 음악은 적당치 못하다. 그러므로 오르간이스트는 모든 순서를 잘 이해하고 짧은 곡이라도 충분히 익혀서 성실히 연주해야 한다. 짧은 곡이지만 간주를 잘 연주하지 못하면 예배의 맥이 끊어지기 때문이다. 그리고 감각적인 재능을 발휘하여 짧은 즉흥곡으로 예배의 순서를 잘 이어주는 재능도 있어야하지만 더욱 중요한 것은 연주자의 마음가짐과 정성이 있어야한다.

(3) 후주(Postlude)

후주는 예배의 마지막 순서인 성가대의 축복송 다음에 연주되는 음악이다. 이 곡은 전주와 같은 성격의 음악으로 예배자들의 마음을 바깥세상과 예배처소 사이를 차단시키는 커튼의 역할을 한다. 이순서는 예배를 마치고 집으로 돌아가는 성도들이 결단을 다짐하는 시간으로 세상을 향하여 나아가는 흩어지는 교회의 의미를 부여하는 음악순서로 이해해야한다. 또한 후주(Postlude)의 시간은 예배 참석자들이 "너희는 온 천하에 다니며 복음을 전파하라"고 하신 말씀에 순종하여 복음을 전파하겠다는 다짐을 하는 시간이기도하다. 그러므로 이때의 후주는 전주와 성격이 다른 밝고 생기 있는 환한 음악으로 예배드린 기쁨과 확신 있는 마음으로 세상을 향한 발 거름을 새롭고도 활기 있게 해준다. 그리고 후주는 여러 작곡가들의 높은 예술성을 지닌 아름답고 경쾌한 오르간 곡을 연주하거나 밝고 생기 있는 찬송 곡을 연주하며 예배를 끝마친다. 후주는 예배자들이 모두 흩어진 후에도 5분-10분 정도 계속 연주하고 마치는 것이 좋다. 이유는 예배를 마친 후에도 조용히 묵상하면서 계속 기도하는 성도들이 있기 때문이다.

(4) 회중찬송반주

오르간이스트가 담당해야할 빼어놓을 수 없는 또 하나의 중요한 임무는 회중찬송의 반주이다. 훈련된 일반 합창반주나 독창자의 반주와 크게 다르다. 예배에 참석한 성도들은 남녀노소 구별됨이 없이 모인 다양한 회중들이 찬송하기 때문에 오르간이스트는 회중들의 찬송을 이끌어 주어야한다. 그러므로 오르간이스트는 찬송의 까다로운 음정과 리듬 그리고 찬송의 빠르기 등을 전주에서 바르게 제시해 주어야한다. 빠른 곡을 느리게 전주를 하거나 느린 곡을 빠르게 전주를 하면 모두가 전주의 빠르기대로 따라 부르기 때문이다. 더구나 오르간이스트가 자신의 연주력을 과시하거나 회중을 의식하지 않고 오르간 소리에 도취되어 반주를 하면 회중과 호흡을 같이 하며 찬송 할 수 없기 때문에 좋은 반주를 기대할 수 없다. 오르간 소리가 지나치게 크거나 작을 수도 있기 때문이다. 오르간이스트는 회중찬송을 바르게 이끌어주기 위하여 오르간이스트도 찬송을 함께 부르며 반주를 하면 더욱 좋은 반주를 할 수 있다.

특히 회중찬송을 부르는 동안 중간에 간주를 하는 경우가 있는데 특별한 경우이외에는 좋은 효과를 기대할 수 없으므로 간주를 하지 않는 것이 좋다. 이유는 찬송을 열심히 부르는 자의 마음을 잠시 멈추게 함으로 맥이 끊기기 때문이다. 회중찬송 중에 간주를 할 때에는 특별한 이유가 있어야한다. 첫째 조성이 변할 경우, 둘째 박자가 변할 경우, 셋째 빠르기가 변할 경우, 넷째 여러 찬송을 계속해서 변화 있게 부를 때 다음에 부를 곡을 미리 제시해 주기 위하여 간주가 필요하다. 그러므로 일반 성도들이 예배시간에 찬송을 부를 때에 간주는 불필요하다. 그러므로 간주를 할 때에는 음색(tone color)이나 음량(volume), 빠르기(tempo)의 변화가 있을 때 간주에 이어서 새로운 분위기로 찬송을 부를 수 있다.

(5) 독창과 합창반주(Accompaniment)

오르간이스트는 독창과 합창반주도 성의껏 담당해야한다. 혼자서 연주하는 것이 아니므로 다른 연주자와 함께 충분히 연습을 하고 호흡을 맞추어야한다. 그러므로 특별한 사유가 없는 한 연주곡목을 미리 받아서 충분히 연습하여 연주자의 요청에 따라주는 것이 무엇보다 중요하다. 음악적으로 잘 훈련된 독창자나 찬양대 일수록 멜로디(melody)와 리듬(rhythm)은 물론이거니와 악센트(accent), 다이내믹(dynamic) 등을 잘 따라 주어야 좋은 음악을 만들 수 있다. 독창자나 합창소리보다 오르간소리가 크면 좋은 연주가 될 수 없다.

오르간이스트가 훌륭한 반주자가 되기 위해서는 예배시간에 부를 찬송을 충분히 연습하여 회중을 이끄는데 어려움이 없어야한다. 그 외에 모든 반주는 연주곡을 미리 준비하여 사전에 충분히 연습을 마치고 연주자와 호흡을 맞추고 연주자의 요청에 잘 따라 주어야 한다.

Ⅵ 예배음악의 변천

"너희 권능 있는 자들아 영광과 능력을 여호와께 돌리고 돌릴지어다 여호와께 그의 이름에 합당한 영광을 돌리며 거룩한 옷을 입고 여호와께 예배할 지어다"(시29:1-2)

"여호와의 인자하심과 인생에게 행하신 기적으로 말미암아 그를 찬송할지로다 감사제를 드리며 노래하여 그가 행하신 일을 선포할지로다"(시107:21-22)

1. 중세초기의 예배음악

1) A. D 313년 이전의 예배음악

중세초기의 예배음악은 오랫동안 로마의 박해를 당하므로 인하여 발전하지 못하였다. 이유는 유대교를 비롯하여 이교도들의 활동으로 인하여 기독교인들은 감당키 어려운 박해를 당하면서 믿음으로 살아왔기 때문이다. 그로 인하여 기독교인들은 이교도들의 눈을 피하여 은밀하게 어두운 카타콤(Catacomb)에서 예배를 드려왔다. 그러나 이들은 A. D. 313년 콘스탄티누스 Ⅰ세(Constantinus Ⅰ, 274-337)가 황제에 오른 후 밀라노(Milan)에서 "칙령"(Edict of Milan)을 내린 후 기독교인들은 오랜 박해에서 벗어나 신앙생활이 자유로워지자 시편을 노래하면서 기쁨으로 여호와 하나님을 찬양하기 시작했다. 또한 오랫동안 기독교에 영향을 끼친 헬라문화는 4세기에서 6세기에 이르는 동안 점점 쇠퇴하게 되면서 언어도 헬라어 대신 라틴어31)로 바뀌어졌다. 이때부터 그 동안 사용하던 기독교의 헬라어

---
31) 라틴(Latin)이란 말은 라틴민족이 살던 로마를 포함한 이태리 중부에 위치한 라

성경은 라틴어성경으로 바뀌어 사용하게 되었고 예배의식도 라틴어로 바뀌면서 예배에서 부르는 찬송도 라틴어성가로 불러지게 되었다. 그리고 여러 곳에 화려한 성당도 곳곳에 건축되었다.

그러나 이때의 교회는 영지주의(Gnosticism)32)를 비롯하여 혼합주의 등 많은 이단교파들이 나타나기 시작하였다. 이러한 상황에서 이교도들은 이교적(異敎的)인 교리를 전파하는 일이 많았으므로 많은 기독교지도자들은 이교도들과 교리논쟁이 빈번하였다. 또 이때에 많은 이교도들이 이교적인 교리와 의식을 가지고 기독교로 개종하는 사람이 많았다. 이러한 연유로 인하여 교회 내에 기독교의 교리와 이교적인 교리가 혼합되어서 많은 교회지도자들과 기독교인들은 오랫동안 교회생활과 예배에 혼란을 일으키며 이교도들이 부르는 찬송이 혼합되어 오랫동안 불러지기도 하였다.

당시 대표적인 이단종파는 아렉산드리아(Alexandria)교회의 유력한 감독이었던 노스틱파(Gnostic)의 아리우스(Arius, AD.280~336)가 이끄는 아리우스파(Arian)였다. 이들의 주장은 "아들은 신이 아니므로 구원하거나 불변적인 존재가 아니며 성부이신 하나님보다 늦게 존재한 아버지의 피조물이다"라는 주장을 하며 삼위일체를 부인하였다. 이때에 많은 이

티움(Latium)이라는 지방의 지명에서 유래되었다. 또 이 지역의 라틴민족이 사용하던 언어를 라틴어라고 한다. 라티움(Latium)지역은 로마제국의 영향으로 로마가 세계문물의 중심지가 되었다. 뿐만 아니라 이 지역은 예수의 수제자인 베드로가 순교한 이후에 역대 교황들의 사목을 위한 중심지가 되었고 라틴어는 세계의 공용어처럼 되었다. 그 후 라틴어는 로마제국의 멸망과 함께 없어졌으나 오늘까지 신학에서 중요한 언어로 다루어지고 있다. 이유는 서양의 대부분 언어(영어, 불어, 독어, 스페인어 등)가 라틴어의 어원에서 왔기 때문이다. 더구나 교회음악의 성가 가사는 대부분이 전례문과 함께 라틴어로 되었으므로 라틴어를 모르고는 서양의 언어와 학문을 이해하기 어렵다.

32) 중세초기에 일어난 영지주의(Gnosis)는 세상의 모든 원리를 이원론적으로 이해하는데서 출발하고 있다. 영지주의자들은 물질세계와 영적세계를 분리하여 물질은 악과 연결되었고 영은 선과 연결되어 있어 이 세상의 생활을 모두 죄악시하여 저주하고 멀리하였다. 이들은 영적인 선한 삶을 위하여 금욕생활을 강조하였다. 또한 세상으로부터 더러워지는 것을 멀리하기위하여 세상과 접촉을 피하고 수도원에서 정신적인 수도생활을 강조하였다.

교도 중에 아리우스(Arian)파는 자기들의 교리를 자유롭게 전파하기 위하여 삼위일체를 부인하는 이교적인 교리찬송을 만들었다. 그리고 이들은 아리우스(Arian)파의 이교적인 교리찬송을 어린아이부터 어른에 이르기까지 많은 사람들을 대상으로 부르게 하였다. 그러나 이때에 아렉산드리아(Alexandria)의 감독 아다나시우스(Athanasios, Magnus AD.295?-373.5.2)는 "아리우스파(Arian)의 교리는 그리스도인의 신앙을 파괴하는 이교도의 교리라고 단정하였다." 그리고 아다나시우스(Athanasios)는 삼위일체를 부인하던 아리우스파(Arian)와 신학적인 논쟁을 계속하며 성부와 성자의 공체동질성(共體同質性)을 주장하며 오랫동안 이교도들과 투쟁하였다. 그는 "아들은 아버지의 본질에서 나온 존재요 아버지와 아들은 동일본질이다 라고 주장하며 삼위일체론의 기초를 확실히 세우는데 크게 공헌하였다."[33] 이러한 논쟁 중에 기독교는 325년에 니케아(Nicaea)에서 개회된 종교회의에서는 여러 이교도들의 교리와 의식을 배격하고 삼위일체에 대한 신학을 확립하여 예배의식과 찬송에 대한 정책을 수립하였다. 그러나 아다나시우스(Athanasios)는 오랫동안 계속된 이교도들과 삼위일체론의 논쟁으로 인하여 5회나 추방당하는 어려움을 겪기도 하였다. 이러한 사회적인 혼란을 벗어나기 위하여 교회지도자들은 교회의 조직과 제도를 강화하고 교권을 확립하기에 이르렀다.

2) AD. 313년 이후의 예배음악

기독교가 오랫동안 로마의 박해에서 벗어난 이후 중세초기의 교회음악은 대부분이 예배음악이었다. 그러나 이때의 예배음악은 내용과 형식이 정립되지 않은 혼란기에서 신학과 교리를 확립하고 예배의식과 음악의 체계를 세우는 기간으로 보아야한다. 이유는 이때의 기독교는 여러 이단교파와 논쟁을 하며 교리찬송을 부르기 시작하였기 때문이다. 또한 이

---

33) 편집부,「그리스도교대사전」, 서울:대한기독교서회, 1972, P.641

때에는 기독교는 기독교의 교리를 널리 전파하기 위하여 삼위일체와 관련된 교리찬송을 많이 만들어 교회에서 부르도록 권장하였다. 왜냐하면 삼위일체의 기독교에 대한 교리를 반대하던 아리우스(Arius)가 이끄는 이교도들과 대항하기 위해서였다. 이러한 상황에서 이때의 교회발전의 원동력은 여러 곳에 설립된 수도원에서 사제들을 위한 철저한 신학교육이 실시되면서부터 이루어졌다. 그리고 정착되지 않은 예배의식과 예배음악도 당시 수도원의 영성개발 교육과정이 이루어지면서 발전되었다.

(1) 암부로시안 성가(Ambrosian Chant)

중세초기의 기독교가 이교도들의 교리논쟁으로 인하여 혼란기에 빠져 있을 때에 예배음악 발전을 위하여 크게 공헌한 사람은 밀라노의 감독으로 재임하면서 주교(Bishop of Milan, 374~397)로 있던 성 암브로시우스(Ambrosius, AD.339?-397)이다. 이때에 성 암브로시우스(St. Ambrosius, c.339-397)주교는 여러 지방에 흩어져 있던 많은 성가를 수집 정리하여 놓았다. 이때에 정리된 성가(Chant)는 동방교회의 희랍음악으로 정착되었으나 서방교회의 가톨릭교회음악 발전에 많은 영향을 끼쳤고 후대의 교회음악발전에도 크게 공헌하였다.

예배음악에 공헌한 그의 업적을 요약하면 다음과 같이 정리할 수 있다. 첫째 암브로시우스 감독이 창작하고 수집 정리한 암브로시안 성가(Ambrosian Chant)는 무반주로 독창이나 제창으로 불려졌다. 또한 그의 성가는 단순하고 쉬워서 대중성을 띠고 있어서 민요처럼 불러졌다고 한다. 그러나 암부로시안 성가는 후대에 발전된 그레고리안 성가(Gregorian Chant)와 비교하면 단순한 부분은 더 단순하고 복잡하고 장식적인 부분은 더 복잡한 장식적이었다고 한다. 암브로시안 성가는 밀라노 부근의 이태리 북부 유럽과 북아프리카 및 소아시아까지 미쳤으며 그레고리안 성가가 나온 후에도 독자적인 전례음악으로 한동안 이어졌다. 이때에 암브로시우스 감독이 창작하고 수집 정리한 성가는 교회음악 발전에 크게 공헌하였으므로 후대에 그의 이름을 따서 암브로시안 성가라고 이름을 붙였다.

둘째 이때에 가장 큰 변화를 이루어 놓은 것은 서방교회에서 사용하던 신구약성경과 성가가사를 라틴어로 바꾸어 통용되기 시작한 것이다. 당시 성 다마서스 Ⅰ세(St. Damasus Ⅰ 366-383, 재위 제37대 교황)는 자신의 비서로 있던 성 히예로니무스(St. Hieronimus, 342-420)에게 히브리어와 그리스어로 기록된 신구약성서를 라틴어로 번역하게 하였다. 그 결과 신구약성경과 성가가사를 통일시키는데 크게 영향을 끼쳤고 각 지방에서 사용하던 라틴어를 교회의 공용어로 정하였다. 그로 인하여 이때부터 교회에 모든 예식의 전례문은 라틴어로 표준화가 이루어졌으며 공식 언어로 통용되기 시작하였다."[34]

셋째 그는 서방교회에 시편 교창법(antiphonal psalmody)을 처음으로 소개하였으며 이교도들과 무분별하게 불려졌던 성가를 수집정리하고 이교도들의 나쁜 영향이 미치지 못하게 하였다. 그리고 기독교인들은 격식을 차리지 않고 자유스럽게 열정적으로 노래를 부르도록 장려 하였다. 암브로시안 성가는 대중성을 띠고 감수성을 지닌 까닭에 이단교파와의 투쟁에서 힘찬 무기의 역할을 하였다.

뿐만 아니라 암브로시우스 감독은 고대의 풍요로운 음악문화를 기독교화 하여 후대에 유산으로 전해주었다. 삼위일체에 대한 교리찬송은 여러 세기를 거치는 동안 오늘에 이르기까지 많은 사람에 의하여 창작되어 불러왔는데 현재 사용 중인 찬송가에 수록된 삼위일체 찬송과 이 시대의 찬송은 다음과 같다.

[예 1] 2장 성부 성자 성령께(Gloria Patri. traditional, 2nd Century)
 4장 성부 성자와 성령(Gloria Patri. traditional, 2nd Century)
 42장 찬란한 주의 영광은(Ambrose of Milan, c.374)
 68장 밝은 아침 되니(Attr. Gregory the Great(c.540~604)

넷째 성 암브로시우스 감독은 "테트라코드(Tetrachord of Olympus)"[35]

---

34) 韓國殉敎福者修道會,「그레고리오 聖歌」서울:台林出版社, 1981, P.Ⅴ
35) 고대 그리스에서 사용된 4현으로 만든 완전4도 음을 내는 현악기

를 기초로 하여 오늘의 음계와 같은 희랍4선법(旋法, mode)을 새로 만들어 제정하였다. 그가 만든 이 선법(Modes)은 음높이가 서로 다른 3음(A. F. E.)이 아래로 이어지게 만든 음계인데 얼마 후 에는 G음을 추가하여 4음으로 음계(Dorian)를 만들었다."36) 이 음계는 현재 사용하고 있는 장음계와 단음계의 음계들과 구별하기 위하여 선법이라고 이름을 붙여 사용하였다. 희랍 선율의 기본이 되는 선법이란 용어는 음악적 술어인 Key(調)란 말과 같이 사용되었다. 성 암브로시우스 감독은 일반사람들이 부르는 세속적인 음악과 이교적인 음악을 구별하기 위하여 교회적이고 신앙생활에 도움이 되는 4개의 선법(正格旋法, Authentic modes)을 교회음악선법(Church music modes)으로 제정하여 사용하였다. 이때에 제정한 "4개의 선법"37)은 아래와 같다.

선법번호	종류	선 법 이 름	선 법 구 성 음
I	정 격	Dorian	D C B A G F E D
IV	정 격	Phrygian	E D C B A G F E
V	정 격	Lydian	F E D C B A G F
VII	정 격	Mixolydian	G F E D C B A G

다섯째 교회음악선법으로 제정한 네 개의 선법(正格旋法, Authentic modes)은 모두가 반음의 위치가 다르게 만들어졌다. 이러한 선법에 맞추어 만든 음악은 각기 다른 특성의 성격을 가지고 있다. 플라톤(Plato, B. C. 427?-347?)의 「국가편」 제3권에 의하면 이때의 음악은 일상생활에서 사람의 도덕적 성격을 키우는데 영향을 끼친다고 하여 다양하게 사용되었다. 또 이때의 음악교육 방법은 소년들에게 엄격한 스파르타(Sparta)식으로 교육하였으며 도리안 선법(Dorian Mode)의 음악만을 가르쳤다. 왜냐하면 이 도리안 선법의 음악은 사람의 마음을 정결하고 평안하게 하며 죽음을 두려워하지 않게 한다고 믿었기 때문이었다.

---

36) David R. Breed, 「讚頌歌學」 朴泰俊 譯 서울: 미파사, 1977. PP.105
37) 津川主一, 「敎會音樂5000年史」 문덕준 역, 서울 : 에덴문화사, 1978. P. 33

뿐만 아니라 이때의 사람들은 용기와 위엄의 성격을 키우는데 이러한 음악이 적절하다고 믿었기 때문이다. 또 프리지안 선법(Phrygian Mode)의 음악은 투지를 낳고 노여움을 일으키고 쾌락과 흥분을 나타내는데 사용되었다. 그 외에 리디안 선법(Lydian Mode)의 음악은 한탄과 슬픔의 기분에 적합하여 여성적이며 육감적인 음악에 사용되었다.

이러한 상황에서 교회선법으로 만들어진 이 시대의 암브로시안 성가는 많은 사람들에게 크게 감동을 주고 교회음악 발전에 많은 공헌을 하였음을 여러 곳에서 찾아 볼 수 있다. 그 중에도 암브로시우스 감독에 의해서 예수 그리스도를 영접하고 믿게 된 성 아우그스티누스(St. Augustinus, 354-430.)의 「신앙고백」 9장1절에 기록된 내용을 보아 알 수 있다.

"그대들의 찬미와 성가를 듣고 나는 몇 번이나 울었는지 모른다. 그대들의 성당에서 사랑스러운 노래 소리가 울릴 때 어떻게 나는 감동되었는지 모른다. 그대들의 소리는 내 귓전을 울리고 그대들의 진리는 이것과 함께 내 마음속에 흘러들었다. 경건의 정은 불타고 눈물은 흘러서 나는 마음의 참 평안을 얻었다."[38]

여섯째 암브로시우스감독은 밀라노(Milan) 주교로 있으면서 동방교회에서 이미 사용되고 있는 시편교창법(Antiphonal psalmody)을 서방교회에 처음으로 도입하여 교회음악의 대변혁을 일으켜 놓았다. 이 시편교창법은 밀라노에서 로마로 전파되어 공식적인 예배에 의식화한 것은 교황 셀레스틴Ⅰ세(CelestineⅠ, 422-432)의 재임기간에 이루어졌다. 그리고 기독교인들은 격식을 차리지 않고 자유스럽게 열정적으로 노래를 부르게 하였다. 이 시편가창은 4세기말경까지 아래와 같이 세 가지 유형으로 발전되었다.

① 직접송 시편(Psalmody Singing, Direct Psalmody)은 독창자나 합창단이 처음부터 끝까지 시편송을 직접 부르는 창법이다. 일반적으

---

[38] ibid, P.34

로 시편 송을 함께 부르는 창법으로 이해할 수 있다.
② 응답송 시편(Responsorial psalm Singing)은 독창자의 선창에 이어서 합창단이 응답하는 형식의 창법이다. 즉 선창자의 인도에 따라서 합창단이 화답하는 형식으로 부르는 창법이다.
③ 교창송 시편(Antiphonal psalm Singing)은 두 합창단이 서로 교대로 부르는 형식의 창법이다. 우리가 잘 아는 요한 세바스챤 바흐(Johann Sebastian Bach, 1685-1750)는 두 합창단이 부를 수 있는 대곡을 여러 곡 작곡하여 후대에 남겨 놓았다.

(2) 그레고리안 성가(Gregorian Chant, Cantus Gregorius)
① 그레고리안 성가의 제정

그레고리안 성가는 암브로시우스(Ambrosius, c. 339-397)보다 150년 후에 나타난 그레고리우스Ⅰ세(GregoriusⅠ, c.540-604)에 의하여 제정되었다. 그레고리우스Ⅰ세는 14년간(A. D. 590-604) 교황으로 재위하는 동안 교황권의 정치적인 독립과 세속적인 권력을 확장시키면서 기독교의 신앙을 강화시켜 놓았다. 뿐만 아니라 위에서 언급한대로 이때에 오랫동안 교리적인 혼란기에 빠져있던 교회는 삼위일체론과 기독론에 관한 정통주의신학과 교리를 확립하고 예배의식과 음악의 체계를 세우는 기간이었다고 할 수 있다. 그러므로 중세초기의 그레고리안 성가를 논할 때에는 그가 이루어놓은 여러 가지 공적을 빼어 놓을 수 없다. 이유는 그가 교황으로 재위하는 동안 그레고리안 성가를 제정한 업적 외에도 교회음악발전에 크게 공헌하였기 때문이다. 이때부터 발전하기 시작한 그레고리안 성가는 오랫동안 후대에 서방교회의 전례음악이 발전하는데 기초를 이루어 놓았다.

그레고리우스Ⅰ세(GregoriusⅠ, c.540~604)는 암브로시우스 감독이 정리해 놓은 암브로시안 성가와 교회음악의 이론을 기초로 하여 더욱 큰 업적을 남겼다. 그 외에도 그는 암브로시우스의 4선법(정격)에 4선법(변격)을 더하여 8선법을 제정하였다. 또 그는 그 동안 불러오던 성가를 개작하기도하고 성가를 직접 창작도하였다. 뿐만 아니라 각 지방에 흩어져 있던 교회력과 교리찬송을 수집 정리하여 새로운 형식을 만들었는데 후에 그의 이름을 따서 그레고리안 성가라고 이름을 붙였다. 그리고 서방교회의 예배형식의 기본이 되는 최초의 성가집을 무곡으로 편찬하여 책이름을 리베르 안티포나리움(Liber Antiphonarium)이라고 붙였다.

② 그레고리오 성가의 특성
첫째 교회전례음악이다

그레고리안 성가는 가톨릭교회의 예전(禮典)을 위한 음악으로 예전과 더불어 정립 되면서 발전하였다. 그러므로 그레고리안 성가는 예전과 신앙생활에 절대적인 영향을 주는 거룩한 음악(Sacred music)이다. 또 그레고리안 성가를 성음악(聖音樂, musica Sacra)이라고도 한다.

둘째 단 선율 음악이다

화성이나 악기의 도움이 없는 무반주 단 선율 음악(monophony music)으로 된 독창곡과 제창(Unison)곡으로 되어있다. 멜로디(Melody)의 음역은 폭이 좁으며 한 옥타브(octave)내에서 진행되어 심한 도약진행을 피하여 순차진행하고 있어 멜로디는 아름답고 단순하다.

셋째 전음계적 음악이다

그레고리안 성가는 8개의 선법으로 이루어진 전음계적 음악으로 되어있다. 반음은 인위적인 반음은 없고 자연음계와 같은 Mi-Fa, Si-Do, La-Si♭만 있다. 그중에 1선법과 8선법을 가장 즐겨 사용하고 5선법과 6선법은 잘 사용하지 않는다. 또한 기보법은 박자표와 마디가 없는 4선악보네우마(Neuma)를 사용하고 있다. 음자리표는 높은음자리표(C clef)와 낮은음자리표(F clef)를 사용하고 있으며 음표는 상대적인 음높이(pitch)를 나타낸다.

넷째 장식적인 멜로디의 음악이다

멜로디(melody)는 아름답고 장식적인 멜로디를 갖고 있어 풍부한 감상을 전해주는 요소가 되기도 한다. 또한 리듬(Rhythm)은 세분된 리듬이 아니며 음표의 길이는 1박을 기준으로 하나 2박자와 3 박자계의 자유롭고 유동적인 리듬을 가지고 있으므로 조용하고 차분한 느낌을 준다.

　다섯째 가사와 어울리는 음악이다

　가사는 라틴어로 된 시편에서 발췌한 산문형식의 내용이 많으며 그 외에 신구약성경 구절을 중심으로 정리되었다. 또한 라틴어로 된 가사는 자유로운 음절에 따라 리듬과 멜로디가 잘 조화를 이루고 있다. 그러나 로마의 제2차 바티칸공의회 이후에는 어느 나라 자국어로 성가를 부르고 있다.

　여섯째 읊어지는 음악이다

　그레고리안 성가의 창법은 부르는 사람에 따라 음정을 자유롭게 조정할 수 있어서 노래로 부르기 보다는 챤팅(Chanting, 읊다)형식으로 부른다. 그레고리안 성가는 수도원에서 경건 생활을 하는 여자들도 성가를 불렀으나 미사에서는 남자들만 부르게 하였다.

　일곱째 기원형의 음악이다

　그레고리안 성가는 전례를 벗어나지 않은 음악으로 가사나 음악이 기원형태로 되어 있어 대부분이 간절한 호소력이 있는 기도로 되어있다. 또한 그레고리안 성가는 내세적인 영원성을 지니고 있다.

　3) 교회의 전례(典禮)와 예배음악

　기독교는 앞에서 언급한대로 4세기에서 6세기를 거쳐 10세기에 이르는 동안 여러 이단종파들의 교리논쟁으로 인하여 오랫동안 혼란기에 빠져있었다. 또한 이때에 기독교는 교리논쟁을 극복하기 위하여 가장 문제가 되었던 삼위일체에 대한 교리와 기독론, 그 이외의 기독교의 교리를 확립하고 정착하는데 많은 노력을 하였다. 그 결과 이때의 가톨릭교회는 초기에 시편 송만을 전례의식에 사용하였으나 후에 성만찬, 시편낭송, 성서낭송, 기도 등으로 전례의식이 보완되었다. 이렇게 제정된 전례의식은 수도원의 성무일과(聖務日課, Office)가 먼저 정착되고 후에 미사가 정착되었으나 가톨릭교회의 전례의식은 공식적으로 제정된 미사가 오늘까지 이어지고 있다. 가톨릭교회의 전례의식은 이렇게 두 종류로 구분되어 왔으나 여러 세기를 지나는 동안 수차례에 걸쳐 수정보완 되어왔다. 뿐만 아니라 전례의식에서 불러온 전례음악도 크게 발전의 계기를 맞게 되었다. 이때부터 전례음악은 성무일과 성가(Office Hymn)와 미사곡이 불러지기 시작하여 다양하고도 아름다운 전례음악이 창작되기 시작하였다. 그 후 11세기부터 16세기에 이르기까지 가톨릭교회는 전례의식과 전례음악을 계속 개발하면서 더우 발전하게 되었다. 가톨릭교회의 이러한 전통은 20세기에 이르도록 오랫동안 이어졌다. 그러나 새로운 개혁운동이 일어나. 가톨릭교회는 1962년부터 1965년까지 있었던 제2차 바티칸공의회(Vatican council Ⅱ)가 개회된 이후에 모든 전례예식을 개혁하였다. 그리고 그 동안의 전통을 완전히 개혁하여 모든 성경과 성가는 자국어로 자유롭게 번역하여 사용할 수 있게 하였다. 이러한 가톨릭교회의 전례예식의 개혁은 마틴 루터(M. Luther)의 종교개혁 이후에 나타난 가장 놀라운 일이었다. 이로 인하여 전 세계의 가톨릭교회는 이때부터 그동안 사제들만 읽혀졌던 라틴어 성경과 성가를 모두 자국어로 번역하여 누구나 자유롭게 읽게 하고 성가를 부르게 하였다.

(1) 성무일과 찬송(Divine office Hymn)

로마가톨릭교회는 A. D. 5세기에 전례가 선포된 이후에 경건훈련을 위한 수도원에 성무일과를 제정하였다. 성무일과는 수도원에서 생활하는 사제들이 매일 정해진 시간과 장소에서 정해진 순서로 예배와 기도회(Canonical Hours)를 갖는 의식으로 발전되었다. 또 초기에는 성무일과를 위한 일정한 형식이 없었음으로 다양하게 사용하였다. 그러나 성무일과의 순서가 고정된 것은 6세기에 성 베네딕트(St. Benedict)의 칙령으로 정해진 이후 계속되었다. 이때부터 성무일과에는 ① 개인의 묵상 ② 참회의 기도 ③ 간구의 기도 ④ 성서낭독 ⑤ 말씀연구 ⑥ 노력봉사 ⑦ 시편송, 그 외에 성경에 기록된 찬송(Canticle)을 불렀다. 또 이때에 부르던 라틴찬송은 일상 예배시간에도 사용할 수 있도록 개정하여 예배와 기도회시간에 불렀는데 후대에 성무일과용 찬송(Office hymns)이 되었다. 그러나 성무일과에서 부르는 찬송은 아무 때나 부르지 않고 정해진 때에 부르는 찬송이 따로 있어서 자유롭게 선곡하여 부르는 것을 금했다. 이 때부터 조과(Matins, 해뜨기 전), 찬과(Lauds, 해 뜰 때), 제1시과(Prime, 오전6시), 제3시과(Tierce, 오전9시), 제6시과(Responsorial (Sext, 정오), 제9시과(None, 오후3시), 만과(Vespers, 해질 때), 종과(Compline 오후 만과 후 즉시, 9시경), 등 기도회시간이 구체적으로 정해져서 하루에 8회를 찬송할 수 있게 하였다. 성무일과에서의 성가는 안티포날(Antiphonal, 교창)로 시편을 노래하고 찬미가와 칸티클(Canticle)을 부르는 것, 그리고 레스폰솔리얼(Responsorial, 응창)로 성서낭독 하는 것이 기본적인 모형이었다. 음악적으로 가장 중요한 성무일과는 조과, 찬과, 만과인데 이때에 부르는 찬송은 교회의 성가 중에서 가장 오래된 몇 곡이 포함되어 있다. 즉 만과에는 마리아의 찬가로 알려져 있는 "내 영혼이 주를 찬미하네"<Magnificat anima mea Dominum;누가복음1:46~55>를 불렀다. 또 찬과에는 세례 요한의 아버지가 찬미한 "사가랴의 찬미"(Benedictus;누가복음1:68~79)를 불렀고 조과에는 "시몬의 찬미"(Nunc Dimittis; 2:29~32)를 불렀다. 이때에 미사에서는 창작찬송이 허용되지 않았으나 수도원의 기도회에서는 수도사들이 찬송을 창작하여 부를 수 있었다. 후세에 작곡된 여러 가지 교회음악 창작품 특히 모테트(motet)는 원래 성무일과에서 사용하기 위해서 창작되었다. 성무일과 중의 시편송 다음으로 가장 오래된 예전음악의 일부는 칸티클(canticle, Cantica)이다. 누가복음에 수록되어 있는 이 세편의 칸티클은 대송가(Greater Canticles)라고 한다. 6세기 때에 불러지던 성무일과 찬송을 모은 「옛 찬송가집」(Old Hymnal)에는 이 같은 찬송이 34편이나 수록되었다.[39] 또 성무일과(聖務

---

39) Ruth Ellis Messenger, The Medieval Latin Hymn(Washington :Capital Press, 1953)p.10.

日課)에서 부른 그레고리안 성가는 안티포날레(Antiphonale) 또는 안티포날(Antiphonal)이라는 전례 책에 수집되어 있다.

(2) 미사(Mass, Missa)

미사전례는 성무일과 보다 늦게 발전되었으나 가톨릭교회의 오랜 전통을 이어오는 중요한 예배의식(전례의식)이다. 미사란 말의 어원은 라틴어의 미시오(Missio, 보낸다)에서 유래되었다고 전해지고 있다. 중세초기에는 미사마감 때에 부제(副祭)가 Ite missa est(가시오, 집회는 끝났소)를 부르면 "미사가 끝났으니 성도들은 평안히 돌아가시오"[40]라는 데서부터 시작되었다고 한다. 즉 Ite(가다)와 missa(말씀)과 est(선포하다)라는 의미로 "가서 말씀을 선포하라"라는 깊은 뜻을 내포하고 있다. 이 예배의식(전례의식)이 처음 시작될 때에 는 예수를 따르던 제자들이 최후의 만찬에서 약속하신 계약을 상징적인 의미를 나타내고 있는 성만찬에 근거를 두었다. 이유는 예수님께서 베푸신 최후의 만찬(마 26:26-28 ; 막 14:22-25;눅 22:19-20 ; 고전11:23-26)과 만민을 구속하시기 위하여 십자가에 달려 흘리신 피는 영원한 제물이 되었음(히 10:10-18)을 기념하는 거룩한 의식이 되었기 때문이다.

성만찬 미사전례는 처음에 유대교의 안식일인 토요일 아침에 주의 날(The Lord's day)로 지키며 행하였으나 후에 예수께서 부활하신 날 일요일을 주일로 옮겨서 지키게 되었다. 미사란 말을 처음으로 사용하기 시작한 것은 밀라노 감독(bishop of Milan)으로 있던 성 암브로시우스 감독이라고 전해지고 있다. 그러나 가톨릭교회의 미사전례는 오랫동안 보완 되면서 1014년경에 정착되었다. 성만찬 미사전례의식은 사제가 집례 하였으며 모든 순서는 라틴어로 진행되었으므로 일반성도들은 미사에 참여자라기 보다는 미사를 감상하는 관람자와 같았다고 하겠다. 성만찬미사전례의식은 가톨릭교회 이외의 개신교파교회에서는 유카리스트(Eucharist) 또는 성찬식(Holy Communion), 주님의 만찬(Lord's Supper)등 여러 가지로 표현

---

40) 편집부,「그리스도교대사전」,서울:대한기독교서회, 1972, P.347

하는데 이 시간에 성도들은 떡과 포도주를 나누면서 거룩한 순서를 갖는다. 그 외의 미사순서는 원래 고대 유대의식에서 따온 것인데 성경봉독, 시편 창, 기도자의 강독, 성만찬, 봉헌, 특별기도, 성가, 영성체 의식 등으로 구성되었다.

미사의 집례형식은 장엄미사(High Mass, Missa solemnis)와 독창미사(Low Mass, Missa Privata) 등 두 가지의 형식이 있다. 장엄미사 완전한 형식을 갖추고 집례하는 미사이다. 이 장엄미사는 집례하는 사제와 부제, 차부제가 부르는 여러 가지 그레고리안 성가, 성가대와 성도들이 부르는 성가와 다성 음악으로 똑똑하게 들리도록 높은 소리로 낭송하며 노래한다. 독창미사(Low Mass, Missa Privata)는 짧고 간단한 미사인데 이 미사는 한명의 집례하는 사제가 장엄미사에서 맡았던 부제와 차부제가 맡았던 역할을 담당한다. 미사 때는 사제를 돕는 복사(服事)와 둘이서 장엄미사에서 성가대와 부제와 차부제가 맡았던 역할을 맡아서 노래보다는 낮은 소리를 내어 말로 진행하며 일반성도들은 침묵으로 따른다. 또 현대적인 장엄미사와 독창미사의 절충 형 노래미사(Sung Mass, Missa Cantata)가 있는데 이 미사는 한명의 사제가 성가나 다성 음악을 노래하는 성가대와 성도들의 도움을 받아 진행한다.[41]

미사는 가사의 내용과 음악에 따라 통상문(通常文, Ordinarium)과 고유문(固有文, Proprium)으로 나누어 구성되는데 미사는 교회력과 절기의 행사에 따라서 달라진다. 또한 미사의 순서는 첫 부분인 시작예식 부분에 이어 말씀전례 다음에 성만찬전례로 이어지며 마감예식순서로 미사는 마치게 된다. 그러나 미사의 순서는 시대마다 순서가 수정 보완되면서 이어 졌는데 현재 가톨릭교회의 미사순서는 1962년 제2차 바티칸 공의회에서 개정된 순서에 따라 미사가 진행되고 있다.

① 고유미사(Proprium Missa)

고유미사는 교회력의 절기와 특별행사 때에 성경구절이나 기도문 그

---

41) D. J. Grout, 서양음악사 (상), 한국음악교재연구회 역, 서울 세광음악출판사, P. 53

리고 성가의 가사까지 변하는 고유문(固有文, Proprium)으로 미사가 진행되었다. 고유미사 때에 불려진 성가는 13세기 이전에는 고유문으로 창작된 성가가 많았다.

㉠ 입당송(Introit) ㉡ 승계송(Gradual) ㉢ 알렐루야(Alleluia) ㉣ 영송(Tract, Tractus) ㉤ 봉헌송(Offertory) ㉥ 성만찬송(Communion)

② 통상미사(Ordinarium Missa)

통상미사는 고유미사와는 달리 교회력의 절기와 특별행사에 모든 순서가 변하지 않는 통상문(通常文, Ordinarium)으로 미사가 진행되었다. 통상미사 때에 불려진 성가는 13세기 이후에 통상문으로 창작된 성가가 많아졌다.

㉠ 주여 긍휼이 여기소서(Kyrie eleison, 시 86:3, 눅 18:13)

주여 긍휼이 여기소서 미사가 처음 시작되면 처음으로 부르는 성가이다. 세상에서 사는 동안 지은 죄를 자복하고 깨끗한 마음으로 미사에 참여하기를 바라는 기원의 성가이다. "너희 죄가 주홍 같을 지라도 눈과 같이 희어질 것이요 진홍같이 붉을지라도 양털 같이 희게 되리라"(사 1:18)라는 여호와의 말씀을 의지하여 간절한 마음으로 키리에 엘레이손(Kyrie eleison)부르며 미사에 참여한다. 첫 번째에 키리에 엘레이손을 세 번 부르고 두 번째는 크리스테 엘레이손(Christe eleison)을 세 번 부르고 다시 처음과 같이 키리에 엘레이손을 세 번 부른다.

㉡ 대영광송

대영광송(Gloria in Excelsis Deo, 눅2:14)은 성탄절이 가까워오면 어린이들과 모든 성도들이 기쁜 마음으로 함께 불러온 영광의 찬송이다.

"지극히 높은 곳에서는 하나님께 영광이요 땅에서는 하나님이 기뻐하신 사람들 중에 평화로다"라는 천사들이 부른 찬송이다. 천군천사들이 부른 "하나님의 영광(Gloria in Excelsis Deo, 눅2:14)을 높이 찬양한 이 찬송은 천사의 찬송(Cantus Angelics)이라고 알려지고 있는데 동방교회에서는 초대부터 아침찬가로 불렀고 서방교회에서는 성찬식 때 불렀다. 서방 가톨릭교회에서는 후에 미사 통상 문에 삽입하여 중요한 찬가로 불러오고 있다. 이 찬송은 후에는 대영광송(The Great Doxology)이라고 불러오고 있는데 5세기경의 사본이 영국 대영 박물관에 귀중한 자료로 소장되어 있다.

아버지께 영광

또 하나의 이 찬송은 아버지께 영광(Gloria Patri) 소 송영(Lesser Doxology)이라고 한다. 이 찬송의 첫 부분인 삼위일체를 찬송한 "성부 성자 성령께 영광"은 중세 초기부터 오랫동안 송영으로 불러 내려왔다. 그러나 후반부분인 "태초로 지금까지 또 영원무궁토록 영광 아멘"은 중세 초기에 삼위일체에 대한 교리논쟁이 극심하던 때에 아리우스파(Arian)의 오랜 논쟁 이후 서방교회에서 추가하여 부르기 시작하였으며 오늘에 와서는 개신교 예배에서도 널리 사용하고 있다.

ⓒ 내가 믿습니다

"내가 믿습니다"로 시작되는 신앙고백(Credo)은 원래 니케아신조에 근거해서 6세기부터 동방교회에서 사용되기 시작하였으나 후에 서방교회에서 채택되어 사용되었다. 이러한 경향은 이단 교파와 대항하여 이교도들의 교리를 배격하고 정통적으로 이어 오는 신앙을 강화하는데 목적을 두고 사용하였다. 그 후에 일반적인 경향은 오늘의 신앙고백을 하고 있는 사도신경의 내용으로 작곡하는 경향이 있다.

㉣ 거룩하시다

거룩하시다(Sanctus)찬송은 이사야 6장3절과 계시록 4장8절에 기록된 성구 "거룩하다 거룩하다 거룩하다"의 3번 거룩을 소재로 하고 있다. "거룩하시다"는 오늘까지 가장 많이 불러오고 있는 찬송중의 하나인데 이 찬송을 삼성창이라고도 한다. 이 찬송의 가사는 6날개를 가진 천사 스랍들이 하나님의 거룩하심을 찬양한 것이다.

"천사와 천사장들과 하늘의 모든 천군과 함께 우리는 당신의 영광스런 이름을 찬양하며 말하기를 거룩 거룩 거룩 만유의 주 하나님 하늘과 땅에 당신의 영광이 충만하오니 지극히 높으신 주여 당신께 영광이 있을 지어다. 아멘" 이 찬송을 동구라파 희랍교회에서는 오늘 날 "헤르빔의 노래"라고 부른다.

ⓓ 복있도다[42]

복있도다(Benedictus, Benedicite)는 예수님께서 예루살렘에 입성하실 때에 부른 "호산나(Hossana)찬송하리로다,"와 관련된 내용이다.(눅19:38, 마21:4-9, 막11:8-10, 눅19:38, 요12:13)

ⓔ 하나님의 어린양(Agnus dei, 요1:29)

하나님의 어린 양은 이 세상만민의 죄를 대속하기 위해서 이 땅에 오셔서 고난당하신 예수 그리스도의 상징적인 의미를 내포하고 있다. 사도 요한은 하나님의 어린양을 "세상 죄를 지고 가는 하나님의 어린 양을 보라"(요1:29)에 근거를 두고 있다.

(2) 그 외의 찬송가 Melody

중세초기에는 정해진 가톨릭교회의 전례음악 외에도 교회의 교부들이 자신들의 신앙을 고백하며 부른 찬송이 많이 창작되었다. 뿐만 아니라 예배의식과 내용이 계속 보완되었고 성가의 작곡기보법도 점차로 형식을 갖추어 발전되었다. 또한 9세기에서 13세기에 이르는 동안 성인 남자들과 소년들로 구성된 성가대원들이 함께 노래를 부르면서 단 선율 음악이 다성 음악으로 변하여 새로운 형식의 음악으로 발전되는 계기가 되었다. 중세 초기부터 오늘까지 불러지고 있는 대표적인 회중찬송을 소개하면 알렉산드리아의 클레멘트(Clement of Alexandria<c.150~c.220>)가 지은 찬송으로 알려져 있는 "참 목자 우리 주"를 비롯하여 몇 편이 있다. 그 중에도 신앙생활에 크게 영향을 끼치며 불러진 찬송이 여

---

42) Ⅳ. 신약성경에 기록된 예배 음악 중 2. 신약성경의 예배음악을 참고하시오.

러 곡 남아 있으나 한국교회에서는 몇 교회를 제외하고는 널리 불러지지 않고 있다. 아래의 찬송은 가장 오랫동안 불러져 내려온 아름다운 찬송으로 한국찬송가에 소개된 찬송이다.

① 3~10세기의 찬송

103장　참 목자 우리 주(Clement of Alexandria, 150-c.220)
　68장　하나님아버지(Gregory the Great, c.540-604)
　25장　새 예루살렘 복된 집(Latin Hymn, 8th Century)
533장　내 맘의 주여 소망 되소서(Irish Hymn, c.8th Century)

② 11~15세기의 찬송

　85장　구주를 생각만 해도(Attr. Bernard of Clairvaux, 1150)
104장　곧 오소서 임마누엘(Latin, 12th Century)
147장　주 달려죽은 십자가(Gregorian melody)
154장　예수 부활했으니(Latin Hymn, 14th Century)
160장　할렐루야 할렐루야 할렐루야 다함께(J. Tisserand c.1490)
538장　예루살렘 금성아(Bernard of Cluny. c.1145)

2. 종교개혁 이후의 예배음악

종교개혁 이후에 나타난 예배음악의 가장 큰 변화는 그동안 침체되었던 회중찬송의 회복이다. 예배음악은 종교개혁이 일어나기까지 10세기 이상 지내오는 동안 예배에서 사제들과 훈련받은 성가대원들이 라틴어로 부르는 다성 음악(Polyphony)만 발전시켜왔다. 이러한 상황에서 종교개혁이 일어난 후에는 예배에서 오랫동안 사제들에게 빼앗겼던 회중찬송을 회복시켜 자유롭게 부를 수 있게 된 것이다. 이와 같이 큰 변화는 마틴 루터(M Luther)를 비롯하여 쯔빙글리(Ulrich Zwingli)와 쫀 칼빈(J Calvin)등 여러 개혁자들의 음악사상이 뚜렷하였기 때문에 가능하였다고 할 수 있다.

1) 루터의 예배음악

마틴 루터(M. Luther, 1483-1546)의 종교개혁과 함께 일어난 예배와 음악의 개혁운동은 그 동안의 신앙생활에 새로운 바람을 일으키는 전환기가 되었다. 이때에 일어난 마틴 루터의 개혁운동은 4세기에서 16세기에 이르는 동안 암흑기에 쌓였던 교회내의 부정과 부패로 인하여 나타난 각종 타락상이 원인이 되었다. 또한 마틴 루터는 신약성경 로마서 1장을 주석하면서 복음에 대한 새로운 진리를 깨닫고 교회개혁운동을 일으켰다. 그는 당시의 부패한 신앙과 교회를 회복하기 위하여 성경을 기초로 한 새로운 신학을 확립하면서 보다 근본적인 신학을 "오직 믿음"(Sola fide)으로만, "오직 은총"(Sola gratia)으로만, "오직 성경"(Sola Scliptura)으로 만을 강조하였다. 마틴 루터의 교회개혁사상은 성경을 주석하면서 보다 구체적으로 나타나게 되었는데 1520년 이후에 발표한 4편의 논문「선행에 관하여」(Semon von denguten Werken),「독일 귀족에게 보내는 글」(An den christlichen Andel deutscher Nationdes christlichen standes Besserung),「교회의 바벨론 감금」(Von babylonischen Gefaengnis der kirche),「크리스챤의 자유」(Von der freiheit eines Christenmenschen)를 비롯하여 많은 글에서 나타나고 있다.

특히 그의 음악에 대한 사상은 어느 신학자보다도 개혁신학의 이론에 대한 소신이 분명하였기 때문에 종교개혁과 성도들의 신앙을 회복하는 데 큰 역할을 하였다. 그는 "음악은 하나님께서 인간에게 주신 고귀한 은사요 선물이다."[43]라고 자주 고백하였다. 그런데 그 말도 부족하여 "하나님의 말씀 외에는 음악보다 더 귀한 보배가 이 세상에는 없다."라는 말을 하며 언제나 "신학 다음으로 음악을 강조하였다."[44] 1543년 마틴 루터가 출판한 창세기의 주석에서 밝힌 내용에서 보면 "하나님이 창조하신 기적 중에서 사람이 귀로 듣는 기적이 눈으로 보는 기적보다 더

---

43) 지원용,「루터의 사상」서울:컨콜디아사, 1982, P. 230
44) Ibid, P. 229

놀랍다"라고 말하고 있다. 이러한 그의 사상은 하나님의 창조물을 생각할 때에 눈으로 보는 것만을 생각하지 않고 귀로들을 수 있는 것을 결코 빼어 놓을 수 없다는 주장이다. 이유는 "음악이나 하나님의 말씀은 모두가 귀로들을 수 있는 것이며 믿음도 또한 듣는데서 생긴다."45)라는 사도 바울의 고백에 근거를 두고 있기 때문이다. 또 그는 "음악을 통해서 나는 종종 깨우침을 받고 감동을 받아 즐겁게 설교한다. 그러므로 나는 음악에 대해서 별로 아는게 없지만 음악을 결코 어느 무엇과도 바꾸지 않겠다."46) 라고 말했다. 이 말은 말틴 루터 자신이 세상에 아무리 많은 재물이나 귀한 명예를 준다 해도 이 아름답고 좋은 음악과 바꾸지도 않고 빼앗기지도 않겠다는 강한 의지를 나타낸 말이라고 하겠다. 그리고 "젊은이는 음악을 배워야한다. 왜냐하면 음악은 훌륭하고 숙련된 사람을 만들기 때문이다." 그러므로 "광신자들이 행하는 것처럼 음악을 격멸하는 사람을 나는 좋게 여기지 않는다."라고도 말하고 있다. 이 내용은 하나님이 창조하신 아름다운 음악은 사람의 마음도 아름답게 하지만 음악을 멀리하는 사람은 아름다운 마음을 소유할 수 없고 오히려 거칠고 포학해진다고 보았다.

2) 예배와 음악의 개혁

마틴 루터의 종교개혁이후에 예배와 음악에 대한 개혁운동이 일어나게 된 동기는 첫째 복음주의 적인 예배와 동떨어진 로마교회의 지나치게 의식화된 미사에 대한 개혁운동이었다. 둘째 오랫동안 이어온 예배의식이나 전통을 배격하고 지나치게 자유로운 예배만 강조하는 과격파들을 경계한 개혁운동이라고 말할 수 있다. 이러한 동기는 의식만을 강조하고 알아듣지 못하는 라틴어로 진행되는 로마교회의 미사보다는 성도들의 믿음을 자유롭게 고백할 수 있는 예배의 내용과 형식이 요청되

---

45) 로마서 10:17
46) Roland H Bainton, "Here I Stand,「A Life of Martin Luther」Nashville : Abingdon Press 이종기 역,서울 : 생명의말씀사, 1982, P. 23

었기 때문이다.

　보수적인 신학을 배경으로 한 마틴 루터는 복음에 대한 새로운 발견과 새로운 신학을 정립하면서 일으킨 예배의 개혁은 그동안 전통적인 예배의식 중에서 아름다운 의식은 계속 사용되기를 원하였다. 또 예배형식의 급격한 변화는 성도들이 따르기가 어려우므로 급진적인 예배개혁은 원하지 않았다.

　이때에 예배를 개혁하면서 그는 "모든 성도들은 자유롭게 하나님을 찬송할 수 있다. 라는 주장과 함께 이들이 부를 수 있는 쉬운 찬송의 필요성을 절실히 느꼈다. 또 예배를 드릴 때 부르는 찬송은 말씀을 살린다."라고 믿었다. 이러한 이유에서 마틴 루터(M. Luther)는 누구나 쉽게 부를 수 있는 찬송을 직접 만들기도 하고 수집하기도 하여 새로운 형식의 찬송 코랄을 만들어 놓았다. 그리고 라틴어의 예배형식(미사)을 2차에 걸쳐 예배형식을 모두 개혁하면서 사제들에게 빼앗겼던 찬송과 성경을 자기 나라 말(독일어)로 번역하여 자유롭게 부르고 읽으면서 예배할 수 있게 회복하여 놓았다.

3) 쯔빙글리와 칼빈의 예배음악
(1) 쯔빙글리와 칼빈의 음악사상

　마틴 루터(M. Luther)와 동시대에 종교개혁운동을 주도하던 쯔빙글리(Ulrich Zwingli, 1484- 1531)와 존 칼빈(John Calvin, 1509-1564)의 음악관은 위에서 언급한 마틴 루터와 많은 차이가 있었다. 그러나 동시대의 종교개혁자 3사람은 모두가 바울 서신 중에 기록되어 있는 "시와 찬미와 신령한 노래"에 대한 내용을 근거해서 찬송에 대한 이론을 주장하고 있다. 또한 쯔빙글리와 칼빈은 "성전의 우상을 제거하기 위하여 아름답게 그려놓은 성화의 벽을 흰색으로 칠하여 중세의 뛰어난 작품을 모두 훼손하고 말았다. 그러나 근시안적인 그들은 음악을 애호하듯이 미술품을 감상할 형편이 못되었으므로 중세의 뛰어난 작품들이 훼손되는 데에 대한 아쉬운 마음을 갖지 않았다. 뿐만 아니라 쯔빙글리의 그보다 더 큰 개혁은 예배음악의 개혁이었다."47) 그는 체계적인 음악교육을 받고 여러 가지 악기연주 능력도 있으면서도 "음악은 사람의 영적인 정신을 모두 흐리게 하고 잃게도 한다." 뿐만 아니라 "음악은 사람을 웃기기도하고 울리기도 하는 요물"이라고도 하였다. 이러한 쯔빙글리의 사상은 예배에서 회중찬송과 오르간 사용을 철저히 금하고 일반 성도들의 찬송가 창작활동도 금하였다. 그리고 1527년 12월 9일 수년간 사용하지 않고 방치되어 있던 대 민스터 성당의 오르간은 모두 부셔서 고아원 식기를 만드는데 사용하였다고 한다. 쯔빙글리는 참된 영적예배는 사람의 마음을 움직이는 음악보다는 하나님의 말씀을 묵상하고 침묵을 강조하고 있었기 때문이다.

(2) 쯔빙글리와 칼빈의 예배음악 특징

또 존·칼빈(John Calvin)은 개혁자 중에서도 하나님의 절대 주권사상을 기초하여 개혁주의 신학을 정립하고 내용이 없는 화려한 형식을 배격하였다. 존·칼빈은 웨스트민스터 소요리 문답(Westminster Shorter Catechism)에서 "인간의 제일 우선하는 목적은 하나님을 영화롭게 하며 그를 영원히 즐거워하는 것이다"48)라고 말하면서 음악에 대한 개혁을 했다. 또 존·칼빈(John Calvin)은 개인감정이나 사상에 치우치기 쉬운 찬송가 창작을 금하고 예배에서 구약성경에 있는 시편만 부르게 하였다. 또 예배자의 마음이 흐트러진 다고 하여 합창을 금하고 단 선율 멜로디의 제창(Unison)만을 주장하였다. 그리고 모든 기악음악은 "가인의 유산"(창4:17-21)이며 생명이 없는 음악이라고 주장하면서 교회 안에서의 악기사용을 금하고 무반주(A Capella)로 시편을 부르게 하였다. 이러한 예배에서의 악기사용을 금지한 사상은 그 동안 수세기를 지나면서 대부분 사라졌으나 아직도 "예배에서 악기를 사용하지 않는 교회"49)가 여러

---

47) Lewis W. Spitz, 「The Reformation」 서영일 역, 서울 : 기독교문서선교회, 1983, P. 151
48) Ibid, P.209
49) 무악기파 그리스도의 교회

곳에 존속되고 있다.

이와 같이 쯔빙글리와 죤·칼빈은 종교개혁과 함께 의미 없는 형식을 배격하면서 성전 안에 모든 우상을 제거한다고 하여 많은 실수를 범하였다. 이로 인하여 그들은 오랫동안 유명한 화가와 조각가들이 남겨놓은 아름다운 예술 작품과 기독교문화의 유산을 사장시키고 말았다. 이와 같이 과격한 그들의 행위는 종교개혁사에 남긴 가장 큰 잘못이었다고 할 수 있다.

종교개혁 이후에 예배에서 가장 큰 변화를 일으킨 것은 예배음악이라고 하겠다. 이때에 마틴 루터가 예배의식과 내용을 모두 개혁하여 예배에 참석한 회중들이 다함께 부르기 시작한 회중찬송(Congregation Hymns)은 가장 큰 변화였다. 이유는 중세초기에 사제들에게 빼앗겼던 회중찬송을 모두 회복하였기 때문이다. 예배에서 자유롭게 불러지기 시작한 회중찬송은 독일 코랄[50]을 비롯하여 시편가(Geneva psalter)[51] 앵그리칸 성가(Anglican Chant)[52] 부흥성가(Revival Song)[53] 복음성가(Gospel Song)[54], 흑인영가(Negro spiritual Song)[55] 등이 지역과 계층을 초월하여 오늘에 이르도록 불러지고 있는데 최근에는 C. C. M.(Contemporary Christian Music)까시 닐리 불러시고 있다.

또한 종교개혁 이후에 예배음악은 미사(Mass)가 점점 쇠퇴하면서 독일과 영국을 비롯하여 유럽의 여러 지역에서는 자유로운 예배형식과 함께 다양한 성가합창형식의 예배용성가합창곡(Worship Anthem)이 개발되어 풀 앤덤(Full Anthem)과 버스 앤덤(Verse Anthem)이 새롭게 발전되기 시작하였다. 뿐만 아니라 성가합창곡은 예배용성가합창(Anthem) 외에도 여러 작곡가에 의하여 다양한 기법으로 모텟(Motet), 테데움(Te deum), 칸

---

50) 독일 코랄(Chorale) 14장, 57장, 106장, 145장, 345장, 384장, 452장.
51) 시편(Genever psalter) 1장 7장
52) 앵그리칸 성가(Anglican Chant) 70장 548장
53) 부흥성가(Revival Song) 23장 204장 456장
54) 복음성가(Gospel Song) 321장 326장 318장
55) 흑인영가(Negro spiritual Song) 136장 420장 518장

칸타타(Cantata), 수난곡(Passion), 오라토리오(Oratorio), 레퀴엠(Requiem)등 연주용성가합창곡(Concert Choir)이 작곡되어 연주되었다.

4) 웨슬리형제의 예배음악

(1) 찰스웨슬리의 음악사상

찰스 웨슬리(Charles Wesley, 1707-1788)는 16세기의 종교개혁자 마틴 루터와 쯔빙글리, 존 칼빈 보다 2세기 후에 나타난 종교개혁자이며 찬송을 통하여 크게 공헌한 18세기의 종교개혁자이다.

그의 음악에 대한 재능은 자신의 어머니 샐리에게서 물려받았다고 아들 사무엘은 회상하고 있다. 다음 글은 사무엘의「자서전」(Autobiography)에서 발췌한 기록이다. 그 내용은 찰스 웨슬리의 음악체험을 기록하고 있는데 그의 음악에 대한 소질과 관심을 이해하는데 도움을 준다.

> "내 아버지는 음악을 너무도 좋아하셨으며 내가 믿기로는 어린 시절에 푸룻을 좀 연주하셨다.… 그는 박자에 대해 아주 정확한 감각이 있으셨다.… 그에게는 성악적 재능은 없었지만 찬송가나 박자가 잘 맞는 단순한 곡은 함께 부르실 수 있었다.… 나의 아버지는 내 형과 나에 대해 "애들은 제 엄마를 닮아서 음악적 재능이 있어"라고 말씀하시곤 했다.[56]

찰스 웨슬리는 자신의 음악성과 음악에 대한 인식도 확신하고 있다."[57]다음의 시는 음악에 대한 자신의 간절함과 음악을 배우지 않은 안타까운 마음을 잘 나타내고 있다.

> "그대들 나의 행위를 이끄는 권능들이여 말하라
> 내 속에 음악의 씨앗들이 있는데
> 나 음악의 능력과 빼어남 그토록 찬탄하는데
> 내 마음 곧 하나님의 수금인데
> 왜 내가 소리를 마음대로 구사하는

---

56) 칼튼 R. 영, ibid, P.154 재인용
57) ibid, P.155

저 행복한 기술 배우지 않았는지"

또한 찰스 웨슬리의 음악에 대한 사상과 열망은 대단하였는데 위의 시(詩)외에도 그가 남긴 일기에서 찾아볼 수 있다. 그의 발췌된 「일기」의 내용을 보면 예외 없이 찬송과 찬양, 기뻐함 등이 기록되어 있음을 볼 수 있다. 찰스 웨슬리는 마음이 뜨거워지고 감격할 때마다 자신의 신앙을 찬송시로 써서 후대에 남긴 것이 많은 사람들의 신앙과 교회를 개혁하고 사회를 변화시키는 원동력이 되었다.

1739년은 찰스 웨슬리가 본격적으로 찬송가 가사창작활동을 시작한 해 이기도하다. 이해에 우리가 잘 아는 "만 입이 내게 있으면"(통 23장), "천사 찬송하기를"(통 126장), "예수 부활했으니"(154장) 등이 창작되었다. 이때부터 웨슬리 형제가 전하는 복음전도를 위한 부흥집회의 특징으로 설교와 찬송을 연관시켜 집회를 인도하였다. 찰스 웨슬리는 본래 감성이 풍부하고 시적인 표현능력이 다양하여 찬송시를 창작하는데 탁월하였다. 그는 평생 살아가는 동안 마음에 떠오르는 모든 생각을 시로 표현하여 남기는 생활을 하였다고 전해지고 있다. 예를 들면 그는 복음 전도를 위하여 말을 타고 지방을 달리다 찬송의 시상이 떠오르면 달리던 말을 멈추고 말에서 내려와 인근에 있는 집을 찾아가 펜과 잉크를 구하여 시상이 떠오른 찬송시를 다 쓴 다음에 다른 사람과 인사를 나누었다고 한다. 뿐만 아니라 찰스 웨슬리의 정열적인 복음주의신학과 독특한 음악사상으로 복음을 전파하였다. 그는 복음운동을 하는 동안 존 웨슬리와 함께 "설교한 것을 노래하고 노래한 것을 설교했다."(Singing what was preached, and preaching what was sung) 이러한 과정에서 그들이 남긴 부흥성가는 대 부흥운동과 함께 불려지기 시작하면서 그 동안의 시편찬송만 부르던 회중찬송을 새롭게 바꾸어 놓았다.

그가 평생남긴 찬송은 무려 6,500여 편에 달하고 있다. 이때부터 불러진 감격스러운 찰스 웨슬리의 찬송은 아직도 많은 사람들의 마음을 뜨겁게 하고 교회성장에 많은 공헌을 하고 있다.

(2) 웨슬리 창작찬송의 특징

① 하나님을 찬양한 가사이다

찰스 웨슬리의 창작가사는 성경을 기초로 하여 다양하게 하나님을 찬양한 내용임을 볼 수 있다. 첫째 삼위일체 하나님의 크신 사랑이 우리 인간의 마음속에 성령으로 역사하심을 감사하고 찬양하는 내용이다. 둘째 죄에 매인 세상 사람을 부르시어 구원하시는 예수 그리스도의 풍성한 은혜를 높이 찬양하는 내용도 포함되어있다. 셋째 세상에 근심과 걱정이 많은 사람을 평안케 하시고 온전케 하시는 하나님을 찬양하는 내용이다. 한국찬송가에 수록되어 있는 찬양과 경배의 찬송은 우리가 잘 아는 찬송가 "만유의 주 앞에 다 경배하여라"(통 26장) "하나님의 크신 사랑"(통 55장)은 온 세상을 주관하시고 다스리시는 하나님께 찬양해야 함을 강조하고 있다. 그 외에 한국찬송가에 수록되어 있는 찬양과 경배의 찬송가(16, 23, 45)는 찰스 웨슬리의 대표적인 창작가사이다.

② 교리적인 가사이다

그 동안 영국교회의 찬송은 존 칼빈(John Calvin)이 주장한 하나님의 절대 주권사상과 예정론을 기초로 한 제한적인 구원론 즉 '선택된 자'들만 구원받을 수 있다.라는 교리가 지배적이었다. 그러나 찰스 웨슬리의 창작가사는 존 칼빈의 구원론과 상반되는 구원론을 주장하며 새로운 교리를 주장하고 있다. 즉 찰스 웨슬리는 십자가 위에서 예수 그리스도가 죽임을 당하신 사건은 온 인류를 위하여 죽임을 당하셨으므로 "누구나 예수 그리스도를 믿기만 하면 구원을 얻는다."라는 '무제한적인 구원'을 주장하고 있다.

이러한 교리의 창작가사는 여러 곳에서 나타나고 있다. 따라서 찰스 웨슬리의 창작가사에는 "모두"(all) "누구나"(Whoever)라는 단어가 자주 사용하고 있음을 볼 수 있다. 뿐만 아니라 웨슬리형제는 성찬식에 대한 중요성을 강조하였으므로 1745년에 166편의 성찬가사를 모아「성찬식 찬송」(Hymns for the Lord's Supper)을 출판하였다. 찰스 웨슬리의 이와 같은 교리찬송은 후대에 감리교의 복음주의교리를 뿌리내리는데 중요한 역할을 담당하였고 그들의 불타는 신앙 부흥운동에 많은 공헌을 하였다.

③ 경험주의적 가사이다

찰스 웨슬리는 1736년에 모라비안 교도들의 찬송으로 은혜를 체험하면서 찬송을 번역하기 시작하였다. 그리고 1738년 5월 21일 성령강림주일에는 영적인 경험을 통해서 마음에 뜨거운 감동을 받아 "복음의 회심"(Evangelical Conversion)이 있은 후 부흥찬송의 시인이 되어 찬송가사를 창작하기 시작했다. 찰스 웨슬리는 뜨거운 "복음의 회심"을 경험한지 1년 후인 1739년 5월 21일 성령강림주일에 우리가 잘 아는 찬송 "만 입이 내게 있으면"(통 23장)을 작사하였고 그해에 "천사 찬송하기를"(통 126), "예수 부활했으니"(154)를 작사하였다.

그 외의 모든 찰스 웨슬리의 창작가사는 그리스도를 통한 구속의 경험, 성령으로 거듭남, 헌신과 결단 등 자신의 영적인 체험을 단순하면서도 직접적으로 표현하고 있다. 그의 찬송시는 희망과 절망에서 방황하는 사람에게 용기를 주고 이웃을 위한 봉사의 사명을 찬송으로 가르치고 있다. "나 맡은 본분은 구주를 섬기며"(통 372장)은 섬김의 자세를 바르게 가르쳐주는 예라고 볼 수 있다. 또한 그의 찬송시는 실제적이고 주관적인 성격이 지배적이다. 특히 그가 체험한 중생의 경험에서 얻은 믿음의 확신과 기쁨은 그의 창작가사에서 자주 볼 수 있다.

④ 문학작품의 가사이다

존 웨슬리의 설교는 한순간 선포되면 끝이지만 찰스 웨슬리의 창작찬송은 한번 불러서 끝나는 것이 아니었다. 그의 창작가사는 성경과 복음의 메시지가 찬송으로 계속 반복해서 불러지면서 마음속에 감동을 주고 결단을 촉구하고 있다. 그러므로 찰스 웨슬리의 찬송경험은 한 순간 끝나는 것이 아니며 그의 가사는 기쁨과 평안과 소망을 주고 무기력했던 교회에 새로운 활기를 넣어 주었다.

따라서 웨슬리 형제의 찬송시는 성도들의 영성을 회복시켰을 뿐 아니라 문학적인 수준을 끌어올리는데 크게 공헌하였다. 그들의 찬송시에는 경험적인 신앙에서 울어 나는 하나님의 크신 능력과 복음의 말씀이 역설과 과장, 기쁨과 은유 등 문학적인 시로서의 아름다움을 잘 나타내고 있다. "하나님의 크신 사랑"(통 55장)은 연약한 죄인을 온전케 하시고 하나님의 크신 사랑으로 구원하여 주시기를 간절히 간구하는 내용이다. 또한 하나님께서 베푸시는 구속의 은총을 찬양하고 예수 그리스도의 십자가를 통한 구원의 확신과 회심을 강조하고 있어 야외집회에 크게 영향을 주었다.

⑤ 다양한 운율의 가사이다

운율은 언어의 성질에 따라 서로 다른 운율이 만들어진다. 그러므로 나라마다 언어의 표현이 다양하고 서로 다른 특징이 있으므로 운율도 다양하게 형성된다. 오랫동안 불러온 시편가는 대부분이 약강격(iambic)의 운율을 많이 사용하였는데 동시대의 아이삭 왓츠(Isaac Watts)의 찬송도 그 가사를 보면 대부분이 세 가지 운율을 사용하여 찬송시를 썼다.

그러나 찰스 웨슬리는 그의 창작가사에 나타난 다양한 어휘는 서로 다른 30여종의 운율을 고르게 사용하였다. 특히 찰스 웨슬리는 강약격(trochaic)의 운율을 많이 사용한 것이 특징이다. "하나님의 크신 사랑"(통 55장), "비바람이 칠 때와"(통 441장) 등이 그 예이다.

⑥ 복음증거의 가사이다

찰스 웨슬리는 예배찬송 외에도 그리스도의 복음증거와 자신의 신앙부흥운동을 위한 가사를 많이 창작하였다. 또한 찰스 웨슬리의 삶을 돌아보면 찬송생활과 부흥운동은 떼어놓을 수 없는 밀접한 관계를 이루며 살았다. 이유는 그들의 찬송생활이 부흥운동이었으며 부흥운동은 찬송생활이었기 때문이다. 그러므로 그들의 찬송생활과 부흥운동은 그들의 신생의 믿음을 더욱 성숙하게 이끌어주었고 당시 도덕적으로 부패한 교회와 사회를 정화하고 새롭게 개혁하는데 크게 공헌하였다.

3. 현대교회의 예배음악

현대사회는 고도의 과학문명으로 인하여 사회구조가 달라지면서 일상생활이 급진적으로 변하고 있다. 뿐만 아니라 문화생활이 급진적으로 달라졌다. 옛날에는 시골에서 주일 예배에 참석하기 위해서 먼 길을 걸어서 교회를 다녔다. 그런데 이 시대는 교회를 가려면 대중교통을 이용하여 버스나 전철을 타기도 하고 승용차를 이용하기도 한다. 그런데도 오늘의 이 시대를 앞일을 예측할 수 없는 불확실한 시대라고 한다. 뿐만 아니라 무감각한 시대라고 한다. 이러한 상항에서 교회에서 불러지고 있는 예배의 형식과 음악까지도 참과 거짓을 분별하기 어려운 가사와 감동을 주지 못하는 기교적인 음악만이 난무하고 있다. 최근에 청년들이 교회마다 자유로운 예배를 드리며 무분별하게 부르고 있는 C. C. M(Christian Contemporary Music), C. C. D(Christian Contemporary Dancing, Worship Dancing), 경배와 찬양(Praise and Worship, Drama)등은 깊이 연구해야할 과제이다. 아울러 이 시대에 새로운 예배음악을 어떻게 바로 세워야 할 것인가? 함께 노력하면서 새로운 예배음악의 창작개발에 뜻을 모아야하겠다.

1) 회중찬송(Congregation Hymns)

현대교회의 예배에서 불러지고 있는 회중찬송이 급진적으로 변하고 있다. 오늘의 예배음악은 예배의식이 자유로워지면서 하나님의 영광을 찬양하고 감사하며 간구하는 예배에 합당한 의식적인 예배음악 외에도 다양하게 불러지고 있다. 이로 인하여 예배에서 하나님을 찬양하고 감사하며 자신의 신앙을 고백하며 부르는 여러 가지형식의 음악이 혼합되어서 불러지면서 자리를 잡지 못하고 혼돈상태에 있다고 하겠다. 이유는 예배신학이 흔들리고 교회음악지도자들의 예배음악에 대한 이론이 정립되어 있지 않은 상태에서 예배음악의 깊은 이해와 예배음악에 대한 선곡 기준도 세우지 못한 상태에서 무분별하게 예배음악을 지도하고 있기 때문이다. 이로 인하여 오랫동안 성도들이 신앙생활을 하며 불러온 회중찬송 보다도 최근에는 다양한 성가 곡 들이 무분별하게 검증되지 않은 상태에서 불러지고 있어 예배음악이 갈피를 잡지 못하고 있다. 그러므로 예배에서 성도들이 부르는 회중찬송을 바르게 이해하고 불러야하겠다. 이를 위하여 최근에 교회마다 청년들이 즐겨 부르고 있는 C. C. M, C. C. D, 경배와 찬양 등은 모든 곡을 한국찬송가위원회나 한국찬송가공회와 같은 기관에서 찬송가학자들과 신학자, 목회자 등 전문가들이 엄격하게 검증한 후에 불러져야하겠다.

2) 성가합창(Anthem)

오늘의 현대합창음악은 선율이나 리듬, 화성이 지나치게 기교중심으로 작곡되어서 예배성가합창음악으로는 적합하지 않은 곡들이 대부분이다. 심지어 조성을 파괴하고 다양한 리듬의 변화로 이어지는 성가합창은 가사전달이 바르게 전달되지 않아 예배자들의 마음을 혼란케 한다. 이러한 성가합창곡은 국내의 국립합창단이나 시립합창단 등 전문합창단의 연주회에서 다양하게 소개되고 있다. 그러나 현재 한국에서 소개되고 있는 여러 가지 현대성가합창곡은 작곡자들이 새로운 기법으로 합창음악창작을 시도하고 있는 정도이므로 특별한곡 외에는 대부분 교회에서 불러지지 않고 있다. 이유는 기교적인 합창을 만드는데 만 지나치게 관심을 두고 부르기 때문이다. 뿐만 아니라 성가합창의 가사도 성경을 기초로 한 신앙중심의 가사가 부족한 면도 많이 발견되고 있다. 또 가사에 담겨있는 깊은 의미를 모르고 부르는 경우가 허다하다. 심지어 찬양의 대상이 누구인지도 모르고 그저 곡만 좋으면 부르는 경우가 주일마다 반복되고 있다. 그 결과 성가를 부르는 찬양대원들의 마음가짐이 영적으로 부족하여 성도들에게 신뢰감을 주지 못하는 때도 있다. 그러므로 이러한 성가합창음악은 아무리 아름답고 기교적인 합창이라 할지라도 예배자 들의 마음을 움직일 수 있는 감동을 주지 못한다. 그러므로 우리들이 하나님께 드리는 성가합창은 마음과 정성과 시간을 드리는 찬미의 제사가 되고 가식이 없는 자신의 신앙 고백이 될 때에 하나님이 기뻐하시는 찬양이 될 수 있다.

3) 기악음악(Organ, Piano)

한국교회에서 선교초기부터 예배용으로 사용되어 온 악기는 오랫동안 리드오르간(Reed Organ)을 사용하였다. 또 1950년 6. 25사변 이후에는 1970년대 중반까지 교회마다 피아노를 구입하여 예배용 악기로 사용하였다. 그러나 한국교회는 국내에 경제성장기를 맞이하여 교회도 하몬드 오르간 등 전기오르간(Electric Organ) 시대를 거쳐 최근에는 전자오르간(Electromagnetic Organ)이 개발되면서 대부분의 교회가 전자오르간을 구입하여 사용하는 시대로 변하였다. 뿐만 아니라 대형교회에서는 많은 예산을 투입하여 파이프오르간(Pipe Organ)을 설치하고 보다 아름다운 예배음악을 위하여 사용되기도 한다.

그 외에 여러 교회에서 관현악(Orchestra)를 조직하여 아름다운 예배음악을 이끌기도 한다.

그런데 오르간 외에 예배음악에서 오케스트라를 사용하는데 따른 많은 문제점이 있음을 부정할 수 없다. 따라서 예배에서의 오케스트라는 여러 가지 상황으로 보아 권장하기는 어려운 현실이라고 하겠다. 이유는 첫째 운영을 위한 막대한 예산을 교회에서 담당하기 어렵다. 둘째 연주자를 쉽게 키우기 어렵다. 선남 편곡자를 두고 편곡하는 일이 쉽지 않은 일이다. 그러므로 대형교회가 여건을 갖추어 운영하는 방법 외에는 권장할 일이 아니나 소규모의 악기를 구비하여 앙상불을 시도하는 것은 바람직한 일이다. 이러한 상황에서 오르간음악은 오늘에 이르도록 예배의 처음부터 마치는데 까지 중요한 역할을 담당하여왔다. 그런데 최근에 현대교회는 의식적인 예배가 형식을 벗어나 자유로워지면서 회중찬송과 성가합창이 함께 변하여지고 그동안 예배음악에 크게 공헌하여온 오르간의 음악도 급속도로 사용되는 비중이 변하고 있다. 이유는 예배에서 오르간 보다 일반음악에서 사용되고 있는 세속적인 악기를 더 많이 사용하고 있기 때문이다. 교회마다 무분별하게 예배시간에 사용하고 있는 각종악기(전기기타, 드럼세트<Drums>, 신디사이즈<Synthesis>)는 조용히 묵상하고 있는 성도들의 마음을 혼란케 한다. 이로 인하여 예배시간에 경건하고 아름다운 오르간의 주악으로 시작되는 예배분위기는 점차로 찾아보기 어려운 단계에까지 이르고 있다. 이와 같은 세속적인 기악음악은 침체되어 있는 예배를 기쁨과 감격의 예배로 변화를 주기 위해서라고 하지만 예배들의 감각적인 말초신경만을 자극하여 흥분시키기만 할뿐 오히려 경건하고 엄숙한 예배를 방해하는 결과만 초래하고 있다.

4) 변질된 예배음악

최근에 사회가 급변하면서 교회의 예배와 음악도 내용과 형식이 쉼 없이 변하고 있다. 이러한 과정에서 우리들이 예배하며 불러온 찬송도 많은 문제가 있는데도 이를 알지 못하고 지금 까지 부담 없이 부르고 있다. 이와 같은 찬송생활이 계속될 때 우리들의 신앙까지도 변질될까 염려되기도 한다. 그러면 변질되고 있는 예배음악 무엇이 문제인가? 깊이 검토하고 바르게 예배음악을 회복하는데 함께 힘을 기울여야하겠다.

(1) 변질된 가사

우리는 그동안 신앙생활을 하는 동안 은혜로운 찬송을 부를 때 기쁨과 소망으로 믿음이 충만하게 살아왔다. 그런데 최근에는 새로운 복음성가를 부르면서도 그 내용이 변질된 가사임을 알지 못하고 자유롭게 부르며 신앙생활을 하고 있다. 이러한 위기에 처한 오늘의 상황에서 누구하나 이 문제를 제기하고 바르게 수정하는 교회지도자들이 없다. 이유는 교회에서 부르는 찬송과 그 외의 성가까지도 변질되고 있는 가사가 무엇인지 알지 못하기 때문이다. 더구나 어린이들이 교회학교에서 배운 노래라며 즐겨 부르는 노래까지 변질된 가사를 가르치고 있으니 답답하기만 하다. 교회학교에서 어린이들이 즐겨 부르는 노래 중에 하나가 "사랑은 버리는 것"이란 가사의 노래이다. 이 노래의 가사는 교회학교 교사들이 아무 비판 없이 어린이들에게 가르쳐준 노래이기 때문에 어려서부터 그리스도의 사랑을 바르게 교육하지 못하고 있는 사례 중에 하나이다. 사랑은 베푸는 것이지 버리는 것이 아니기 때문이다. 그런데 요즈음에 교회에서 쉽게 들을 수 있는 또 하나의 변질된 가사로 쉼 없이 남녀노소 구별 없이 예배시간에도 불러지고 있는 노래가 있다. "당신은 사랑 받기 위해 태어난 사람"이란 노래이다. 이 노래의 가사는 다음과 같다.

"당신은 사랑 받기 위해 태어난 사람
당신의 삶 속에서 그 사랑 받고 있지요
당신은 사랑 받기 위해 태어난 사람
당신의 삶 속에서 그 사랑 받고 있지요
태초부터 시작된 하나님의 사랑은
우리의 만남을 통해 열매를 맺고
당신이 이 세상에 존재함으로 인해
우리에게 얼마나 큰 기쁨이 되는지
당신은 사랑 받기 위해 태어난 사람
지금도 그 사랑 받고 있지요
당신은 사랑 받기 위해 태어난 사람
지금도 그 사랑 받고 있지요"

최근에 교회에서 이 노래를 들을 때마다 "이것이 아닌데" "이 노래의 가사는 우리의 믿음과 전연 관계없는 가사인데"라며 주변사람들에게 이유를 설명하면서 지내오고 있다. 그러면 위의 두 노래에 담겨있는 가사에서 무엇이 문제인가? 깊이 생각해볼 문제이다. "사랑"이란 두 글자의 단어에 많은 애정을 가지고 사람들이 부르고 있으나 필자는 이 가사에서 여러 가지 문제를 제기하고 싶으나 크게 두 가지로 요약하여 문제를 제기하고 싶다.

첫째는 비 성서적인 가사이다. 우리는 하나님의 예정하신 뜻에 따라 하나님의 영광을 위하여 이 땅에 태어났음을 알아야한다. 그러므로 사랑받기 위해 스스로 태어난 존재가 아님을 알아야한다. 성경 66권 어느 곳에도 우리가 사랑받기 위해 태어났다는 기록이 없다. 그러므로 위의 노래는 비성서적인 노래임을 알아야한다.

둘째는 비 교리적인 가사이다. 하나님의 독생자 예수님은 하늘 보좌를 떠나 이 땅에 오셔서 우리 죄를 사하시기 위해 죽임을 당하시기까지 사랑의 본을 보여 주셨다. 또 죽임 당하신 예수님은 부활하셔서 많은 사람에게 몸소 사랑을 베푸시고 사랑의 본을 보여 주셨다. 그러므로 우리가 믿는 예수 그리스도의 사랑은 아가페 사랑이다.

뿐만 아니라 예수님은 우리에게 주신 계명 중에 첫째 계명은 "주 하나님을 사랑하라는 계명이요" 둘째 계명은 "네 이웃을 네 몸과 같이 사랑하라"고 하신계명이다. 이 예수님의 계명은 첫째계명이나 둘째계명 모두가 "받기 위한 사랑이 아니다." 예수님께서 우리에게 주신 계명은 "베푸는 사랑이다" 주 하나님을 사랑하라는 계명이나 네 이웃을 사랑하라는 계명은 모두 나를 위하여 "받는 사랑"이 아니라 "베푸는 사랑"임을 알아야한다. 즉 아가페의 사랑이다. 내가 남에게 베풀다보면 남이 베푸는 사랑으로 나도 사랑을 받게 되는 것이다.

또 찬양대에서 부르는 성가합창곡 중에서 "주님 찬양하리라"라는 곡이 있다. 곡이 아름답고 찬양대원들에게 호감을 주는 곡이다. 여러 교회 찬양대와 장로 성가단에서도 자주 부르는 곡이다. 이 성가합창곡의 가사는 다음과 같다.

"할렐루야 할렐루야 할렐루야 할렐루야
우리 이 세상에 다시 태어난다 해도
주님찬양하며 살리라
우리 이 세상에 다시 태어난다 해도
주님 주님 찬양하리라
오 주님 나의 주님 오 주님 (살아계신 주님)
참 소망 주시는 주님(참 기쁨주시는 주님)
우리 이 세상에 다시 태어난다 해도
주님 찬양하며 살리라
우리 이 세상에 다시 태어난다 해도
주님 주님 찬양하리라

할렐루야 할렐루야 할렐루야 할렐루야
할렐루야 할렐루야 할렐루야 아멘 아멘 아멘 아멘 아멘

위의 가사는 많은 사람들에게 널리 불리어지고 있는 가사이나 이 가사는 문제가 있는 곡이어서 들을 때마다 교리적으로 맞지 않는 부분을 지적하고 있다. 처음부터 반복되는 "할렐루야"는 성가대원들에게 호감을 줄 수 있다. 그러나 다음가사를 보면 "우리 이 세상에 다시 태어난다 해도 주님 찬양하며 살리라"라는 가사는 교리적으로 합당한 가사가 아니다. 우리가 믿는 그리스도의 복음은 사망의 권세를 물리친 "부활의 복음"이기 때문이다. 위의 가사중에 "우리가 다시 태어난다 해도"의 가사는 불교에서 생사(生死)를 반복하는 윤회(輪廻)사상에서 온 환생(還生)을 의미하는 내용이므로 기독교의 교리와 다른 이교(異敎)적인 가사이다. 이러한 비교리적인 가사는 합당치 않은 성가 가사이므로 아무리 좋은 곡이라도 부를 수가 없는 가사이다. 그 곡을 부르려면 가사를 교리에 맞도록 수정해서 불러야 한다. 이와 같이 잘못된 가사는 위의 내용 외에 찬송가 가사에도 수없이 많이 있는데도 지금까지 아무 부담 없이 부르고 있어서 답답하기만 하다. 찬송가 가사의 잘 못된 내용은 새로 출판될 찬송가를 편집하면서 수없이 많은 곳을 수정했으나 아직도 수정하지 않은 곳이 많으므로 다음 기회에 다른 책의 지면을 통해서 더 구체적으로 다루기로 하겠다. 교회에서 이와 같이 잘못된 가사를 부르다보면 우리의 신앙까지도 변질될까 염려되기 때문이다.

그러면 이렇게 많은 문제가 있는 예배음악을 어떻게 해결해야 하는가? 쉽게 해답하기 어려운 문제이다. 그러나 이러한 중요한 문제는 교계에서 신학자와 목회자, 교회음악지도자들로 구성된 전문가들의 공인된 기구가 별도로 구성되어서 공동으로 계속 연구하여 바르게 이끌어 주어야 한다.

(2) 변질된 음악

우리는 급변하는 사회에 살면서 10여 년 전부터 "열린"이란 용어를 많이 들어왔다. TV화면에서 자주 보는 열린 음악회 외에도 열린 정치,

열린교육, 열린 포럼, 열린 마음 등 다양하게 들었으면서도 크게 이질감을 느끼지 않고 들어왔다. 이러한 바람은 최근에 한국교회 내에도 "영상예배" "사이버예배"란 용어와 함께 "열린 예배"란 이전에 들어보지 못한 새로운 단어가 사용되고 있다. 이로 인하여 오랫동안 드려오던 교회의 경건한 예배의식이 변질되어 또 다른 새로운 예배형식과 C. C. M이 자리잡아가고 있다.

그런데 "열린 예배"에 대한 내용을 깊이 분석하여 보면 "열린 예배"라는 용어를 사용해서는 안 된다는 입장이다. 이유는 첫째 일반적으로 자유로운 예배형식과 내용으로 모이는 집회를 "열린 예배"라고 하기 때문이다. 또 지금까지 이어온 예배내용과 형식은 새 시대에 맞지 않으므로 젊은이들을 위한 보다 자유로운 예배가 되어야한다고 주장하기 때문이다. 그렇다면 그 동안 수세기를 이어온 전통적인 예배형식은 "닫힌 예배"라고 할 수 있는가? 그럴 수는 없다. 그 동안의 예배는 하나님 앞에 신령과 진정으로 드리기에 합당한 순서로 성도들이 예배하며 살아왔기 때문이다. 둘째 "열린 예배"는 일반적으로 복음을 모르는 청소년들에게 복음을 전도하기 위하여 모이는 집회라고 말한다. 그렇다면 이러한 집회는 젊은이들을 위한 "열린 예배"라고 하기보다 "전도 집회" 또는 "열린 성회"라고 하는 것이 더욱 집회 성격이 분명하고 예배와 전도에 대한 개념 정리에도 도움이 된다. 그 이유는 예배의 대상은 하나님이요 전도의 대상은 불신자이기 때문에 복음을 전하기 위한 집회에 예배라는 용어가 적합하지 않기 때문이다.

본래 "열린 예배"는 앞에서 언급한대로 복음을 모르는 청소년들을 위한 모임으로 시작되었다. 이러한 예배는 교리적 이거나 강해적인 설교를 피하고 누구나 부담 없이 참여할 수 있도록 자유롭게 순서를 진행하여 왔다. "열린 예배"는 미국 시카고에 있는 윌로우 크릭교회(Willow Creek Community Church)와 LA 남쪽 오렌지카운티에 위치하고 있는 새들백교회(Saddleback Community Church)가 1970년대 초부터 새로운 바람을 일으키며 경배와 찬양, C. C. M 등을 청소년들과 함께 부르면서 교회에 전파되기 시작되었다. 그 중에도 새들백교회는 20여 년 전에 릭 워렌(Rick Warren)목사 부부가 "열린 예배"로 개척하여 크게 부흥시킨 교회의 모델이 되었다. 이러한 "열린 예배"로 인하여 한국교회도 1980년대 초부터 그 동안의 예배가 변질 되고 있다. 또한 교회마다 "경배와 찬양팀"이 조직되어 활동하면서 현재는 지방교회까지 "열린 예배"가 확산되면서 크게 활동하고 있다.

"열린 예배"시간에는 영상매체를 사용하기 위하여 커다란 화면을 준비하고 각종 영상을 비춰준다. 이로 인하여 강단에 십자가는 가리어지고 여기에 예배음악도 오랫동안 불려오던 복음성가 외에도 경배찬양, 펑크, 록, 서던 록, 컨츄리 록, 뉴 웨이브, 테크노 팝, 랩, 헤비메탈, 인스피레이션, 발라드, 등 다양한 C. C. M이 요란한 각종악기(전기기타, 드럼 세트, 신디사이즈)의 반주와 함께 불러지고 있다.

이러한 세속적인 음악은 단순하고 쉬운 음악이므로 누구나 부담 없이 부를 수 있다. 또한 가사는 성경본문을 인용하거나 복음적인 내용으로 되어 있으나 자극적인 선율과 리듬은 부르는 사람의 마음을 극도로 자극시키기도 한다. 그 동안 교회음악이 오늘까지 발전된 과정을 보면 세속음악에 까지 낳은 영향을 끼쳐왔는데 오늘의 교회음악은 반대로 세속음악에 물들어 따라가고 있는 현실이다. 또한 이러한 세속적인 리듬과 선율로 이어지는 자극적인 음악은 젊은이들에게 일시적인 쾌락과 즐거움을 주기도 한다. 그러나 젊은이들이 정서적이고 안정된 신앙생활을 계속하며 경건생활을 하기에는 많은 어려움이 따르고 있다.

최근에 한국교회에서 확산되고 있는 이러한 "열린 예배"와 다양한 C. C. M.으로 인하여 교회지도자들이 많은 관심과 염려를 하고 있다. 그런데도 "열린 예배"에 대하여 많은 목회자들이 긍정적인 면에서 젊은 층을 교회로 인도하기 위해서는 그 동안의 예배형식을 탈피하고 새롭게 준비된 자유로운 "열린 예배"로 변해야한다고 주장하는 경향이 더욱 확산되고 있다. 그러나 또 한편에서는 "열린 예배"에 대하여 비판이 대단하다. 오랫동안 신앙생활을 하면서 드려온 예배형식과 내용이 모두 변질되고 있기 때문에 수용하기 어렵다는 입장이다.

또 이러한 예배는 성령 충만을 강요하기 때문에 은밀한 중에 임하는 성령을 기대할 수 없다는 것이다. 교회사나 교회음악의 변천사에 관한 문헌을 보면 요란하고 복잡한 춤과 음악은 구약시대로부터 중세초기를 거쳐 오늘에 이르기까지 언제나 다양하게 사용되어졌다. 그러나 비신학적이고 비신앙적인 다양한 C. C. M.은 교회를 소란케 하고 젊은 청년들이나 일반성도들의 신앙성장에 도움을 주지 못하므로 많은 비판을 받아왔다. 따라서 이러한 음악은 교회에서 오래 존속되지 못하므로 계속 새로운 곡을 소개하고 있다.

이와 같이 최근에 한국교회는 은혜로운 찬양으로 하나님을 찬양한다는 미명하에 예배음악이 극도로 오용되고 있어 뜻있는 목회자와 교회음악지도자들이 많은 염려를 하고 있다. 이렇게 예배음악이 무분별하게 사용되고 있는 원인은 무엇인가? 그 이유는 많은 교회들이 예배음악을 교회성장의 수단과 도구로 이용하기 때문이라고 할 수 있다. 예배음악을 젊은 청소년들을 복음화하기 위해서 시대에 알맞은 젊은이들이 즐겨 부르는 예배음악으로 변해야 된다는 이론이다. 교회에서 예배음악이 오용되고 있는 사례를 보면 여러 가지로 나타나고 있다. 첫째 하나님을 찬송한다고 하면서 실제로는 은혜를 받기위한 수단으로 부르고 있다. 성도들이 예배시작 전에 찬송을 반복해서 부르며 열을 올리는 것은 지나친 감정에 빠질 수 있다. 둘째 예배순서를 화려하게 만들기 위하여 여러 가지 순서를 다양하게 부른다. 이러한 경우의 예배음악은 보조적인 장식품과 같은 도구에 지나지 않는다. 셋째 하나님 외에 사람을 의식하고 부르기 때문이다. 이런 경우는 지나치게 음악적인 기교를 부리기도 하는데 그보다는 진실한 마음이 더욱 중요하다. 넷째 자신의 소리나 외모를 과시하기 위하여 부르는 경우이다. 그러나 "하나님은 교만한자를 물리치시고 겸손한자에게 은혜를 주신다"(약4:6)라는 사실을 알아야한다. 다섯째 아무의미 없이 습관적으로 부르기 때문이다. 그러므로 이러한 예배음악의 오용은 하나님을 찬양한다고 하면서도 실제적으로는 하나님과 무관한 의미 없는 노래임을 알아야한다. 최근에 검증되지 않은 젊은이들을 위한 성가가 많이 불러지고 있는데 이러한 성가는 세속적인 노래에 가까운 형식의 구조와 리듬으로 되었기 때문에 오히려 신앙생활에 혼란을 가져오기도 한다. 그러므로 최근에 많이 불러지고 있는 C. C. M.은 교계에 공인된 검증기관이 만들어져서 좋은 곡만 엄선하여 부를 수 있도록 지도해야 한다. 따라서 최근에 오염되고 있는 변질된 가증스러운 제물이나 음악은 하나님이 원하시는 제물이나 예배음악이 될 수 없고 오히려 진실한 마음으로 드리는 신령한 예배를 그르치는 결과만 가져올 뿐이다. 일찍이 선지자들은 이와 같이 가증스러운 제물과 음악을 엄하게 책망을 하고 있다. 이와 같은 책망은 구약성경에 기록된 솔로몬 시대의 성전예배 이후에 나타난 변질된 예배와 음악을 책망한 내용과 같은 의미를 내포하고 있다.

> "내가 너희절기를 미워하여 멸시하며 너희 성회들을 기뻐하지 아니하나니 너희가 내게 번제나 소제를 드릴지라도 내가 받지 아니할것이요 너희의 살진 희생의 화목제도 내가 돌아보지 아니하리라 네 노랫소리를 내 앞에서 그칠지 어다 네 비파소리도 내가 듣지 아니하리라"(암5:21-23)

> "그러므로 구제할 때에 외식하는 자가 사람에게 영광을 받으려고 회당과 거리에서 하는 것같이 너희 앞에 나팔을 불지 말라 진실로 너희에게 이르노니 그들은 자기상을 이미 받았느니라"(마6:2)

또 예수님은 외식하는 자들을 향하여 탄식하며 이사야 선지자가 예언한 말씀을 인용하여 모인 제자들과 무리들에게 교훈하신 말씀을 오늘 우리에게 주시는 귀한 말씀으로 교훈을 삼아야한다. 지나치게 예배음악이 변질되어 세속화하고 있기 때문이다.

> "이 백성이 입술로는 나를 공경하되 마음은 내게서 멀도다 사람의 계명으로 교훈을 삼아 가르치니 나를 헛되이 경배하는 도다"(마15:8)

선지자들의 위와 같은 책망은 오늘을 살아가는 우리들의 가증스러운 예배에 대한 모든 행위를 책망하고 있음을 깊이 반성해야한다. 왜냐하면 선지자들과 예수님께서 책망하신 가증스러운 제물과 음악은 하나님께서 가인의 제물을 받지 않으시고 아벨이 정성으로 드린 제물을 받으신 예와 일치하고 있기 때문이다. 우리는 "하나님께서 구하시는 제사는 상한 심령"(시 51 : 17)임을 알아야한다. 그리고 변질되어가는 예배음악을 바르게 회복해야한다. 오늘의 예배음악이 더 이상 변질되어지지 않도록 힘써야 한다. 사람들의 마음만 즐겁게 하는 음악은 하나님이 기뻐하시는 예배음악이 아니므로 이러한 음악은 오히려 하나님의 엄한 책망이 있을 뿐이다.

우리의 예배는 경건한 마음으로 하나님께 드리는 진실하고 참된 신령한 예배가 되어야한다. 그리고 예배에 합당한 영광과 존귀와 감사의 찬송만이 진정한 예배음악이 될 수 있다. 따라서 예배에서의 음악은 일상 생활에서 희로애락(喜怒哀樂)의 감성을 나타내어 부르는 세속적인 음악(secular music)과 구별되어야 한다. 우리의 예배음악은 사도 바울의 고백처럼 영으로 찬미하고 마음으로 찬미하는 진정한 예배음악이 되어야 한다. 뿐만 아니라 예배음악은 구원 받은 성도들이 진실한 마음으로 부르는 거룩한 음악(Sacred music)이 되어야 한다.

Ⅶ 유대력과 절기

"우리의 능력이 되시는 하나님을 향하여 기쁘게 노래하며 야곱의 하나님을 향하여 즐거이 소리칠지어다 시를 읊으며 소고를 치고 아름다운 수금에 비파를 아우를 지어다 초하루와 보름과 우리의 명절에 나팔을 불지어다"(시81:1-3)

"할렐루야 하늘에서 여호와를 찬양하며 높은데서 그를 찬양할지어다 그의 모든 천사여 찬양하며 모든 군대여 그를 찬양할 지어다 해와 달아 그를 찬양하며 밝은 별들아 다 그를 찬양할 지어다 하늘의 하늘도 그를 찬양하며 하늘위에 있는 물들도 그를 찬양할 지어다"(시148:1-4)

유대인들이 사용하고 지키던 유대력과 절기는 구약시대부터 예수께서 부활 승천하신 후 초대교회가 형성되어 교회력이 사용되기 전까지 교회에서 오랫동안 다양하게 사용되어왔다. 그들이 사용하고 지켜온 유대력과 절기는 오늘에 이르기까지 기독교인들의 신앙생활에 많은 도움을 주었다. 뿐만 아니라 전통적으로 내려오는 절기 중에서 "맥추절"(麥秋節, Feast of Harvest, 출 23 : 16, 34 : 22) 은 아직도 많은 교회에서 지키고 있다.

그러므로 유대인들이 오랫동안 사용하고 지켜온 유대력과 절기를 바르게 이해하는 것은 오늘의 교회력을 이해하는데 많은 도움이 된다. 왜냐하면 유대력과 절기는 오늘까지 사용하고 있는 교회력과 절기의 뿌리가 되었기 때문이다. 그 동안 한국교회에서는 교회력에 관심이 적었으나 1960년대 이후부터 예배학에 대한 관심을 가지면서 많은 신학자와 목회자들이 교회력과 유대력에 대한 이해를 높이고 목회현장에서 적절하게 활용하고 있다. 따라서 교회음악 지도자들이 교회력을 이해하기 전에 먼저 유대력과 절기를 이해하는데 도움을 주기 위하여 본 장에서 성경에 기록되어 있는 유대력과 절기를 정리하였다.

1. 유대력의 성서적 이해

유대력은 히브리사람들이 초대교회가 형성되어 교회력이 사용되기 전까지 사용되어온 월력이다. 유대력에 관한 내용은 구약성경의 모세오경과 그 외에 여러 성경구절에서 때(時, time)와 날(日, day) 주(週, week) 월(月, months) 절기(節期, Feasts) 해(年, year) 등이 기록된 것을 볼 수 있다. 유대력은 이교도들이 사용하던 생활력의 영향을 받으면서 발전하였으나 "히브리사람들은 시간을 따질 때에 해와 달을 기준 하였으며" 유대력의 단위는 때, 날, 주, 월, 해 등으로 구분하였다.

1) 때(時, time)

유대력의 때는 교회력을 구성하는데 날의 기초가 되는 단위이다. 성경에 기록된 히브리 사람들이 사용하던 유대력의 때와 관련된 기록을 보면 해가 뜨고 지는 것, 달의 모양과 위치, 별의 위치 등을 보아 때를 정하였다. 또 하루의 밤과 낮을 구분하기 위하여 때의 기준을 시로 표하여 사용하였다.

(1) 구약시대의 시각

구약성경에 기록되어 있는 유대력의 때는 해질 때부터 시작하여 밤이 지나 아침 해가 떠서 그 해가 지기 전까지의 하루 동안 밤과 낮을 각기 셋으로 구분하여 밤은 초경 이경 새벽으로 정하고 낮은 아침 오정 서늘할 때로 정하여 사용하였다.

유대력의 시각

구 분		시 간	관 계 성 구
밤	초 경	해 질때-오후10시	애2:19
	이 경	오후10시-오전 2시	삿7:19
	새 벽	오전 2시-해 뜰때	출14:24;삼상11:11
낮	아 침	해 뜰때-오전10시	창24:54
	오 정	오전 10시 - 오후 3시	창18:1
	서늘할 때	오후 3시-해 질때	창3:8

(2) 신약시대의 시각

그러나 신약시대는 구약시대와 달리 밤과 낮의 때를 달리 구분하여 사용하였다.

신약성경에 기록되어 있는 밤의 시각은 "해가 질 때부터 밤이 지나 아침이 되어 해가 뜰 때까지 4등분으로 나누었고 밤의 길이를 12등분하여 시간도 함께 사용하였다."(마27:45, 막15:34, 요1:39 ,요11:9 행2:15, 행23:23) 또 "낮은 해가 뜰 때부터 해가 질 때까지 6등분으로 나누었고 낮의 길이를 12등분하여 시간도 함께 사용하였다."(요11: 9) 그러나 계절에 따라 낮의 길이가 달라서 여름은 14시 12분부터 겨울은 9시간 48분까지 변하였기 때문에 1시간의 길이도 계절에 따라 70분에서 50분까지 장단(長短)이 있었다.

신약시대의 시각

구 분		시 간	관 계 성 구
밤	저물 때	해 질때-오후10시	막13:35
	밤 중	오후10시-오전 1시	막13:35
	닭 울 때	오전 1시-오전 4시	막13:35;눅22:61
	새 벽	오전 4시-해 뜰때	막13:35
낮	제 3 시	오전 9시	마 20:3; 행2:15
	제 6 시	오전 12시	마 20:5; 27:45
	제 7 시	오후 1시	요4:52
	제 9 시	오후 3시	마 20:5; 27:45
	제 10 시	오후 4시	요1:39
	제 11 시	오후 5시	마20:6

2) 날(日, day)

날은 구약시대에 사용하던 유대력의 가장 작은 단위의 하루(1일)를 의미한다. 이 날은 해가 있는 동안만 가리키기도 하고 24시간을 가리키기도 하였다. 또 하루 24시간을 계산 할 때에는 해질 때부터 시작하였다. 하루를 24시간으로 나눈 것은 옛 수멜 사람(Sumerians)의 유물이다.

날에 대한 의미는 태초에 하나님께서 천지를 창조하신 과정을 보면 빛을 창조하시고 빛과 어두움을 나누신 후 빛을 낮이라 칭하시고 어두움을 밤이라 칭하시니라. "저녁이 되며 아침이 되니 이는 첫째 날이니라"(창1: 5)로 기록되어있다. 계속해서 엿새 동안의 창조의 과정을 보면 언제나 "저녁이 되며 아침이 되니"로 하루를 계수하고 있다. 그러므로 날(日, day)을 계수 한 하루의 시작은 저녁부터 시작하여 다음 저녁이 되기 전 까지를 말하고 있다. 즉 해 질 때부터 다음 해가 지기 전까지를 한 날로 계수 하였다.

3) 주(週, week)

주는 날의 다음에 해당하는 단위이며 일주(一週)는 7일로 되어 있는데 "제1일부터 6일까지는 평일로 하고 제7일은 안식일"(마28:1, 요20:1)로 지켰다. 안식일은 한 주간의 끝 날이며 안식일 전날인 제6일은 오늘의 금요일이었다. 금요일은 안식일 앞에 있다고 하여 "준비의 날" 또는 "예비일" "안식일 전날"(the Eve of the sabbath, <마27:62, 막15:42, 눅23:54, 요19:31>)이라고 하였다.

그러나 주의 개념이 지역마다 달리 사용되었기 때문에 1주를 그리스 사람들은 한 달을 셋으로 나누어 10일씩 사용하기도하고 로마에서는 8일로 사용하는 관습이 4세기 이후까지 이어졌다. 이러한 그들의 예배와 관습은 자연적인 사건과 결부시켜서 만들어졌기 때문에 자연현상을 많이 이용하였다. 또 그들은 해, 달, 화성, 수성, 목성, 금성, 토성 등의 이름을 따서 주의 이름을 일요일, 월요일, 화요일, 수요일, 목요일, 금요일, 토요일 등으로 붙여서 오늘까지 사용해오고 있다.

4) 달(月, months)

달은 4주가 모여져서 한달(1個月)이 된다. 히브리인들의 한 달은 음력을 기준하여 사용하였기 때문에 초생 달이 처음 뜨는 날 저녁부터 다음 초생 달이 뜨기 전까지를 한 달로 정하였다. 또 매달 초하루(1일)를 신월(新月)이라 하고 보름(15일)은 만월(滿月)이라고 하였다. 한달(1個月)의 날수는 29일12시간과 몇 분이 남음으로 한 달은 29일로 하고 다음 또 한 달은 30일로 하였다. 그들은 달을 정하기 위하여 해나 달의 주기, 위성들의 위치, 계절 등을 활용하였다.

유대력의 월력

구약성경에는 달의 이름을 3종류를 사용하고 있는데 첫째 바벨론 포로 생활 이전에 가나안에서 사용한 옛 이름이 있으나 기록에 남아 있는 이름은 4개의 이름만 전해지고 있다. 즉 유월절이 들어 있는 "아빕월"(Abib <신16:1>), 꽃피는 시브월(Ziv), 물 많은 에다님월(Ethanim), 장마의 달인 불월(bul)이다. 둘째 바벨론 풍속에 따라 포로시대 이후에 바벨론에서 이름(니산월, 이야르월---)을 붙여 사용한 것이다. 셋째 "달을 나타내기 위하여 1월부터 12월까지 숫자로 표시하여 넝칭을 사용하였다."(레25:9, 민29:1, 겔40:1) 이때의 종교적인 달력은 새해가 춘분부터 시작되었고 일반적인 월력으로 사용한 민력의 새해는 9월부터 시작하였다.

5) 해(年, Year)

해는 태양의 주기를 기초로 제정한 태양력을 의미하며 태양력은 1년을 주기로 하여 1월부터 12월까지 구분하고 있다. 1년의 날 수는 평년일 경우는 365일 윤달일 경우에는 366일이 되기도 한다. 그러나 고대의 히브리인들은 달의 주기를 기초로 제정한 음력을 사용하기도 하였다. 음력은 양력(태양력)과 달라서 평년은 1년을 12달로 나누어 사용하였으나 3년 주기로 윤달을 포함하여 13개월로 사용하기도 하였다. 따라서 음력을 사용하던 히브리인들은 1년의 날 수를 짧게는 353일을 잡았고 윤달이 있는 해에는 날 수가 많아져서 385일이 되기도 하였다.

2. 유대절기의 성서적 이해

구약시대의 유대민족들이 지키던 거룩한 절기(節期, Feasts)는 태양을 중심으로 하는 지구의 공전을 근거로 하여 한해의 절기를 구분하였다. 따라서 1년을 주기로 하여 규칙적으로 반복되는 지구의 궤도를 24절기로 나누어 계절의 변화를 나타내었다. 유대민족들의 절기는 하나님 앞에서 단합하여 즐기는 축제의 날이었다. 구약성경 "모세오경"(출23:14, 신16:1, 신16:13)의 기록에는 매년 절기를 지키라고 기록되었다.

유대력에 나타나 있는 유대절기에 관한 기록은 "모세오경"(레23장, 25장, 민 28장-29장)에서 볼 수 있다. 이 기록에 나타난 내용을 보면 히브리인들이 지키던 절기의 제도와 절차 그리고 정하는 방법을 구체적으로 기록하여 놓았다. 그러나 절기에 대한 이론은 성경 주석학자에 따라서 서로 달리 주장하고 있으나 일반적으로 "유월절"(逾越節, Passover), "오순절"(五旬節, Pentecost), "장막절"(帳幕節, Feast of Tabernacle), "나팔절"(喇叭節, Feast of Trumpet), "속죄일"(續罪日, Day of Atonement)을 5대절기로 구분하기도 하고 "안식일"(安息日, Sabbath)과 "초막절"을 합하여 7대절기로 구분하기도 한다.

이와 같은 절기 중에서 유월절, 오순절, 초막절(장막절)은 가장 큰 3대 절기라고 하는데 "이 절기에는 12세 이상의 건강한 남자들은 모두 성전에 모여 축제에 참여할 의무가 있었다."(신16:16, 출 23:14, 17, 출34:23)

그러므로 유대절기는 그들이 살아가는 거룩한 신앙생활의 한 부분으로 지켜졌다. 또한 그들이 절기의 축제일을 지키는 것은 하나님 앞에서 즐겁게 지낸다는 의미가 내포되기도 하였다. 따라서 그들은 여러 가지 절기를 통해서 하나님과 연합하고 백성들이 단합하는 마음을 강화시켰다.

또 절기 중에 "속죄일에는 참회와 금식을 하고"(레23:2, 24) "축제일에는 시편을 노래하고"(시100:1) "춤추며"(출15:20, 삼상 21:11,삼하6:14, 시 149:3) "성전과 성소를 향하여 행렬하는 것이"(삼하6:15, 시편 42 : 4, 사 30:29) 절기의 특색이었다.

1) 안식일〈安息日, Sabbath〉과 절기

(1) 구약시대의 안식일〈安息日, Sabbath〉

유대인들은 1주중에 제7일을 안식일이라고 하였다. 이날은 현재 사용하고 있는 주간의 금요일 저녁부터 토요일 저녁이 되기 전까지 만 하루에 해당하는 기간이다. 안식일<Sabbath>이란 의미는 "일을 하다" "중지한다." "휴식한다."라는 의미를 내포하고 있다.

안식일의 기원설에는 양론이 있는데 첫째는 "천지창조와 관련지어서 나온 설로서 하나님께서 6일 동안 천지 만물을 창조하시고 7일 되는 날에 쉬셨다"(창2:2)는 데에 근거를 두고 있다. 둘째는 여호와 하나님이 이스라엘 민족을 애급에서 구해 내신 것과 관련지어서 하나님이 모세에게 계명을 주신대로 "너희는 안식일을 기억하고 거룩하게 지키라"(출 20:8 11, 출31:14, 레19:3, 23:3, 38, 신5:12) "안식일을 지켜 거룩하게 하라"(신5:12)는 데에 근거를 두고 있다. 따라서 "안식일에는 다른 때와는 달리 수 양 두 마리를 제물로 드리고"(민28:9, 19) "이스라엘 민족의 12지파를 상징하는 12개의 떡덩이를 장막 안에 놓아두었다."(레24:5-8)

이스라엘 백성들은 여러 가지 규율이 있었으나 "포로시대 이후에는 사람들이 지켜야 할 안식일에 대한 여러 가지 규율이 제정되어 엄격히 다스려 졌다."(느13:15-22) 이러한 규율 중에는 "신앙적인 것 외에도 훈련을 위한 규율도 많이 제정하였다."(출16:23-30, 31:12-17, 출 35:1-3, 민 15:32-36) 그 중에도 가장 엄격한 규율은 안식일을 범하는 규율이었다. 이스라엘 백성들은 안식일을 범할 때에 하나님과 이스라엘의 언약을 깨는 것으로 여겼다. 그러므로 "안식일을 범하는 자는 온 회중이 진 밖으로 끌어내어 돌로 쳐서 죽였다."(출31:14-17, 35:2,민15:32-36) 이와 같이 안식일은 사람들의 정신적으로나 육체적으로 휴식을 위해서 시작된 것인데 그보다도 근본적인 의미는 하나님이 사람에 대한 사랑과 이스라엘 민족의 신앙에 기초를 두고 있다. 그러므로 제7일이 되는 안식일에는 모든 일손을 멈추고 하나님의 거룩한 성일로서 피곤한 몸을 쉬며 하나님과 영적 교제하는 날이 되었다.

(2) 신약시대의 안식일(安息日, Sabbath)

안식일에 관한 복음서의 기록을 보면 "예수께서는 안식일에는 자기 규례대로 회당에 들어가서 성경을 읽은 기록을 볼 수 있다. 이때에 안식일을 지킨 내용을 보면 일상생활에서 규례를 지키고 안식일에는 회당에 가서 성경을 읽기도 하고 가르치기도 하였음을 볼 수 있다."(마13:54, 막6:2, 눅4:16) 또 "안식일에 회당에 모인 많은 사람들은 제물을 드리고 기도하며 명상에 힘쓰기도 하고 간단한 순서를 만들어 구약성경 중에서 율법서와 예언서를 읽고 듣고 해석하기도 하였다."(막1:21, 눅4:16,13:10)

안식일에 대한 전통이 그 후에도 오래 지속되었으나 지나친 형식과 율법에 매이는 경향이 있어 바리새인들과 율법사들의 논란이 일기도 하였다. 그러나 "예수께서는 주일에 다윗이 자기와 함께 한 자들과 진설병을 먹은 일을 예로 들어 안식일에 대한 새로운 근본문제를 새롭게 알려주셨다."(마12:1-8, 막2:23-28, 눅6:1-5) 또 "안식일에 소나 나귀를 끌어내어 물을 먹이는 것이 어찌 죄가 되느냐"(마12:10-13, 눅13:14-17, 14:5-6) "안식일은 사람을 위하여 있는 것이지 사람이 안식일을 위하여 있는 것이 아니다. 그러므로 인자가 안식일의 주인이다"(마12:8, 막2:28, 눅6:5) 라는 안식일에 대한 새로운 말씀을 하셨다.

(3) 월삭(月朔, New moon, beginnings of months)

"월삭은 히브리 사람들이 사용하던 역법인 태음력(太陰曆)으로 매달 시작되는 첫날을 의미하며 안식일을 겸하여 지켰다. 특히 새해의 월삭은 가장 엄숙하게 특별한 의식을 행하기도 하였다."(레 23:22-24) 그러므로

"이날은 모든 사람들이 생업을 위하여 장사하는 사람이나 농사를 짓는 사람들은 모든 일을 쉬었다"(암8:5) 그리고 "온 가족이 짐승을 잡아 속죄와 번제를 드리고 음식을 나누기도 하고"(삼상20:5- 6, 18, 24, 겔45:15-17) "나팔을 불었다"(레23:24, 25:9, 민10:10, 29:1, 시 81:3) 또한 주의 선지자에게 나가 일신상의 문제를 의논하는 상담의 날로 정하기도 하였다.

(4) 나팔절(喇叭節, Feast of Trumpet)

"나팔절은 유대력(종교력)의 제7월 1일에 지키는 절기 즉 티쉬리(양력 9월-10월)이다.(레23:24-25, 25:9) 이 날은 모세가 정한 신년제(新年祭)의 날이며 나팔을 불어서 지킨 특별한 성회일이며 안식일로 지켰다. 이때에 부른 나팔은 이스라엘의 악기 중에서 가장 오래된 것인데 양의 뿔로 만든 양각나팔 이였다.

(5) 속죄일(續罪日, Day of Atonement)

속죄일은 매년 새해 축제가 끝나고 10일 동안의 참회 다음에 오는 종교력 7월(티쉬리 달, thisri 9-10월)10일에 지키는 속죄의 날이다. 또 이 날은 "큰 날", "그 날"(the day), "금식하는 절기(The Fast)등으로 불렀다."(행27:9) 이 닐은 세사장이 베옷을 입고 자기와 가속과 온 회중을 위하여 속죄 제물로 소를 잡아 그 피를 속죄 소에 뿌리며 염소 두 마리를 가져다가 하나는 여호와께 하나는 온 회중의 죄를 지워 광야의 아사셀에게로 보냈다. 이 속죄일에는 일을 멈추고 성회로 모여 참회의 기도를 하며 안식하였다.

2) 안식년과 희년

(1) 안식년(安息年, Sabbatical Year)

"안식년은 유대인이 제7일을 거룩한 날로 지켜 온 날이다. 이날은 옛 법에 있는 안식일의 정신을 연장시켜 제7년도 거룩하게 규정하여 쉬게 하였다. 따라서 그들은 6년간 일을 하고 1년을 쉬는 해로 정하여 안식년으로 지켰다."(출21:2-7, 23 :10, 신15;12, 렘34;14) 유대인들은 이때가 되면 일년 동안 농사를 짓지 아니하고 저절로 맺은 과일이나 곡식은 가난한 자와 노예와 나그네의 양식으로 먹게 하였다. 또 이때에는 집안의 일꾼과 짐승까지도 모두 풀어주고 밭에 씨를 뿌리지도 않고 거두지도 않으며 포도나무의 가지도 치지 않았다.

"이와 같은 규례는 가난한자를 돌아보고"(출23:10-11) "토지를 쉬게 하고 저절로 맺은 열매는 가난한 사람이 취하도록 놓아 둔 기록에 근거하고 있다."(출23:10-11) 뿐만 아니라 "가난한 자의 빚을 탕감해 주는 데에까지 엄격하게 지키도록 규정하였다."(출23:10-11)

(2) 희년(禧年, Year of Jubilee)

"희년(禧年, Year of Jubilee)은 7년째 안식년 다음 해인 50년 만에 지켜지는 안식년이다. 희년이 되면 7월10일에 나팔을 불어 전국에 희년의 신호를 알렸다."(레25: 8-10) "희년에는 안식년과 같이 모든 노예를 해방시켜 자유롭게 하여 가족에게로 돌아가게 하고 땅도 쉬게 하여 파종하지 않았다. 또 스스로 난 것은 거두지 않고 모든 빚은 탕감하여주고 빼앗겼던 땅을 도로 찾는 기쁜 해였다"(레25: 8-10)

3) 유대인의 3대 절기(節期, Feast)

유대인이 지켜온 3대 절기는 유대민족들의 역사와 관련지어서 추수와 관계된 태양력을 중심으로 제정한 절기이다. 이때는 모세의 율법에 의하면 건강한 남자는 모두 하나님의 전에 나아가 이 절기를 지켰다.

(1) 유월절(逾越節, Passover)

유월절(逾越節, Passover)이란 말은 "지난다." "뛰어 넘는다" "용서한다."라는 의미를 지니고 있는 절기이다. 이 "유월절은 애굽에서 종살이를 하던 이스라엘 민족이 출애굽 하던 전야에 양의 피를 문설주에 발라서 이스라엘 사람의 집에만 10가지 재앙을 넘어간 것을 기념하고 축하하는 날이다."(출12 :12-14)"유월절은 원래 이스라엘 사람들이 재앙을 넘긴 날(Passover)과 출애굽 한 처음 7일간을 기념하는 무교절(Feast of unleavened Bread)이 결합된 절기이다."(마14:12, 눅 22:1) 이 절기는 히브리인들이 지키는 3대절기 중에서 가장 크게 지키는 절기이다. 또 "이때는 성대한 축제 때가 되어서 이스라엘의 12세 이상 되는 모든 남자들이 여호와의 성소에 모여 절기를 지켰다."(출 23:4-17)

이 절기는 "유대력으로 정월(Abib) 14일 양력으로는 3-4월에 해당하는 때인데"(출13:4, 23:15) "바벨론의 새 이름으로는 니산월(Nisan)이라고 한다."(느2:1, 에3:7) 이때는 양들이 새끼를 낳는 절기여서 "양치는 사람의 절기라고도 하였다."(민28:16) 이때는 "유월절 양을 잡기 전에 누룩을 집안에서 제거하고"(신16:4) "누룩 없는 떡으로 음식을 삼았으나 후에는 하나님께 드리는 희생의 제물로 사용하였다"(레2:4, 10:12-13) 또 "제사장들은 두 마리 소와 한 마리의 수 양, 7마리의 어린양을 번제물로 드렸다."(레23:8, 민28:19-23)

신약성경 복음서에는 "예수께서 유월절을 지키기 위하여 부모를 따라 예루살렘에 올라가 그곳에서 머무르기도 하고"(눅2:41-42) "유월절에 성전에서 장사하던 상인들을 쫓아내고 성전을 정결케 한 것을 볼 수 있다."(요2:13) "이러한 관습은 후에도 유대인들이 자기를 성결케 하기 위하여 예루살렘에 올라가 유월절을 지켰다."(요11:55)

(2) 오순절(五旬節, Pentecost)

오순절은 유월절을 지난 7주일 후 50일째 되는 날을 말한다. 즉 "아빕월(Abib) 16일부터 50일째 되는 날(3월 첫 번째 월삭)을 축제일로 지켰다."(레23:15-21) 이날은 "맥추절(麥秋節, Fesat of Harvest)"(출23:16, 34:22), "칠칠절(七七節, Feast of weeks)"(출34:22, 신16:9-12), "초실절(初實節, Feast of First Fruits)"(출34:22, 민28:26-31)이라고도 하였다. 오순절(Pentecost)에는 두 덩어리의 무교병과 10마리의 깨끗하고 흠이 없는 짐승을 번제물로 드리고 한 마리의 숫염소를 속죄 물로 드리며 1년 된 어린양 2마리를 화목 제물로 드렸다. 뿐만 아니라 이 기간에 가난하고 어려운 사람들을 기억하고 함께 축제에 동참하도록 하였다.

(3) 초막절(草幕節, Feast of Booths)

"초막절(Feast of Booths, Feast of Tabernacle)은 포도 추수 때 포도원에 초막을 지어 사용한 이유로 이때를 초막절이라고 하였다. 이 날은 추수가 끝날 때에 시작되는데 제7월 티쉬리(Tishri)양력 9-10월 15일부터 7-8일간을 지켰으며 첫날과 끝 날에는 대축제로 모이는 성회가 있었다."(출 23:16, 34:22, 레23:34-39, 신16:13-15) 또 "이 때에는 그들의 조상들이 40년간 광야에서 천막생활 한 것을 기념하기 위하여 사람들은 천막을 치고 이 절기를 지내며 수소와 수양, 어린양을 매일 속죄 제물로 드렸다."(민29:12-38) 또 이 초막절을 장막절(帳幕節, Feast of Tabernacle), "수장절(收藏節, Feast of Ingathering)이라고도 하였다. 수장절에는 땅에서 나는 곡식을 거둬드리는 절기여서 이때에는 곡식과 기름, 과일, 술을 준비하여 추수절로 지키기도 하였다."(레23:24, 민29:12)그러나 그들은 추수절과 혼돈을 막기 위하여 하나님께 짐승만을 잡아 제물로 드렸다.

4) 유대인의 소절기(小節期, Feast)

유대인의 소절기는 그들이 지켜 온 3 대 절기 이외의 또 다른 하나의 축제일로 지켜 온 절기이다. 유대인의 소 절기는 대절기와는 달리 부림절(부림절, Fest of Purim), 수전절(修殿節, Feast f dedication), 헌목절(獻木節, Fest of wood-offering) 외에도 지역마다 여러 가지 소 절기를 정하여 지켰으나 널리 퍼지지 않았다.

(1) 부림절(Fest of Purim)

"부림절은 에스더서에 축제의 기원을 설명하고 있는 유대인의 축일이다. 이 절기는 유대력 12월인 봄에 해당하는 절기인데 아달월(3-4월) 14일과 15일에 지킨 명절이다. 그러나 윤달이 있을 때에는 윤달에 지켰고 아달월 14일이 금요일이 될 때에는 금식을 하였다. 이 부림절은 바사제국의 통치를 받던 때(B.C 473년)부터 시작된 유대인의 축제일이다. 이 절기는 에스더와 모르드개를 통하여 이스라엘 민족을 하만의 음모에서 구해낸 것을 기념하는 절기이다."(에3:7, 9:15-32) 그러므로 이 부림절은 다른 종교적인 절기와 구분하여 민족을 구해낸 세속적인 절기로 비중을 함께 두기도 한다.

이 절기에는 별빛이 보이기 시작하는 저녁부터 모든 사람들 앞에서 제사장이 에스더서를 읽는다. 에스더서를 읽는 동안에 하만의 이름만 나오면 모든 사람들은 "그의 이름은 도말 할 지어다, 악인의 이름은 없어지리로다" 라고 일제히 소리치며 악독한 하만의 손에서 구해진 것을 기뻐하고 에스더와 모르드개를 찬양하며 잔치를 베풀었다. 뿐만 아니라 이때에는 가난한자를 구제하고 이웃과 선물을 교환하고 즐거운 놀이의 시간도 가졌다.

그러나 윤달이 있을 때는 윤달에 지켰고 아달월 14일이 될 때에는 금요일에 금식을 하며 의미 있게 보냈다.

(2) 수전절(修殿節, Feast of dedication)

"수전절은 종교력 제9월에 해당하는 기스르월 25일부터 8일간 지킨 명절이다. 이 수전절은 유다 마카빅(B.C 164년)이 창설한 유대 절기이다. 이 절기에는 안식일과 같이 쉬지 않았고 더렵혀진 성전을 정결케 한 것을 기념하여 지켰다."(요10:22) 또 수전절은 "빛의 절기"(Feast of lights)라고도 하였다. 이 절기가 되면 모든 사람들이 집과 성소에 등불을 밝히고 부유한 사람들은 횃불을 하나씩 들고 행렬을 하였다. 뿐만 아니라 수전절에는 사람들이 잘 먹고 즐기며 종려나무 가지나 다른 나무 가지를 들고 성전에 모여 시편113편-118편을 함께 읽기도 하였다. 그러므로 이 절기에는 금식이나 슬픈 일을 하지 않았다.

(3) "헌목절(獻木節, Feast of wood-offering)"[58]

이 절기는 다른 절기와 같이 절기의 이름이 명시되어 있지 않고 "나무

---

58) 헌목절(獻木節, Feast of wood-offering)은 성경에 기록되지 않은 명칭이나 편의상 성경에 기록되어 있는 "나무 드리는 절기"(느헤미야 10:34, 13:31)에 붙인 명칭이다.

드리는 절기"(느10:34, 13:31)로 표시 되어있다. 헌목절은 종교력 제1월에 해당하는 아빕월 15일에 지킨 절기인데 이때에는 레위 사람들과 백성들이 제비를 뽑아 종족대로 정한 기간에 여호와의 전에서 쓸 나무를 드리는 절기로 지켰기 때문에 "나무드리는 절기"라고 하였다. 이 절기에 성전에 드린 나무는 제사장이 아침마다 단위에 나무를 태워 불을 피우고 꺼지지 않게 하는데 사용하였다.

또 제사장이 "불을 피운 위에 번제물을 올려놓고 거룩한 제사를 드리며 화목제의 기름을 살랐다."(레6:9, 12-13)

Ⅷ 교회력과 절기

"하늘이 하나님의 영광을 선포하고 궁창이 그의 손으로 하신 일을 나타내는도다 날은 날에게 말하고 밤은 밤에게 지식을 전하니 언어도 없고 말씀도 없으며 들리는 소리도 없으나 그의 소리가 온 땅에 통하고 그의 말씀이 세상 끝까지 이르도다 하나님이 해를 위하여 하늘에 장막을 베푸셨도다"(시19:1-4)

"온 땅이여 여호와께 즐거운 찬송을 부를 지어다 기쁨으로 여호와를 섬기며 노래하면서 그 앞에 나아갈지어다"(시100:1-2)

교회에서 널리 활용되고 있는 교회력(敎會曆, Church Calender, Christian Year)과 절기는 한국교회에서 이해가 부족하여 그동안 널리 활용되지 않고 있는 형편이었다. 그러나 최근에는 뜻있는 목회자들에 의하여 교회력에 대한 관심이 새롭게 높아지고 있다. 그동안 예전을 중요시하는 전례교회(典禮敎會, Liturgical Church)인 가톨릭교회(Catholic Church)와 개신교회 중에서 루터교회(Lutheran Church), 성공회(Anglican Church)등은 교회력을 오래 전부터 예배의식에 사용해왔다. 이유는 전통적으로 교회력과 절기를 지키는 전례교파는 보다 아름답고 의미 있는 예배를 위하여 도움이 되어왔기 때문에 철저하게 활용하여왔다.

그러나 그 외의 비전례교회(非典禮敎會, Non-liturgical Church)인 장로교, 감리교, 성결교, 침례교, 순복음교회 등 여러 교파에서는 성탄절과 부활절을 제외한 교회력에 속해있는 여러 절기에 대하여는 크게 관심을 두지 않고 유익하게 사용하지 못하고 오히려 배격해왔다. 이유는 종교개혁 이후 칼빈(J. Calvin)을 비롯하여 많은 개혁자들이 교회력은 가톨릭교회에서 사용해온 지나친 예배형식이라고 하여 오랫동안 배격해왔기 때문이다.

이러한 상황에서 한국교회는 질적으로 성장하면서 1960년대 이후부터 예배학을 전공하는 신학자들이 많아지면서 교회력에 대한 관심도 높이지기 시작하였다. 이로 인하여 여러 교회의 목회자들과 신학자들이 보다 아름답고도 의미 있는 예배를 위하여 교회력의 활용을 넓혀 갔다. 그 결과 오늘에 와서는 여러 교회가 목회현장에서 교회력과 절기를 효과적으로 활용하면서 보다 아름답고 의미 있는 예배를 드리고 있다. 따라서 교회력과 예배음악을 이해하고 연구하기 위해서는 먼저 초대교회 이후에 오랫동안 사용되어온 교회력의 배경과 발전되어온 과정을 함께 살펴보아야 한다. 그리고 교회력과 절기에 대한 의미를 이해하고 교회생활에 활용하는 것이 순서라고 하겠다. 그러므로 오랫동안 지켜온 교회력은 오늘에 이르기 까지 예배의식과 신앙생활에 많은 도움을 주고 있다. 그러나 지나치게 교회력에 얽매인 예배의식이나 신앙생활은 바람직하지 못하다.

1. 교회력의 이해

1) 교회력의 의미

교회력(敎會曆, Church Calender, Christian Year)이란 성도들이 교회에서 절기를 지키기 위하여 제정한 축일(Feasts)을 모아 사용할 수 있도록 엮은 월력(Calender)을 말한다. 교회력(敎會曆,)은 예수 그리스도를 구주로 믿는 성도들이 예배의 전통을 이어온 하나의 귀한 유산이다.

교회력은 예수 그리스도께서 구속의 주로 이 땅위에 오셔서 이루어 놓은 구속사업을 근거로 1년을 주기로 제정한 교회의 절기를 모아 배열한 것이다. 현대 교회에서 사용하고 있는 오늘의 교회력은 예수 그리스도의 생애와 그의 구속사업을 기초로 구성되었으며 일반 성도들의 교회생활에 필요한 축일도 함께 배열하였다. 따라서 교회력은 일반 사회에서 사용하고 있는 1월부터 12월까지 정해져 있는 월력(Calender)의 태양력(太陽曆)이나 월력(月曆)과는 다르게 구성되어 있다.

교회력의 발전과정을 보면 그 시작은 예수 그리스도의 부활을 기념하는 "부활절"에서부터 비롯하였음을 알 수 있다. 이유는 성도들이 매 주일 아침에 모이는 공동체의 예배는 예수님의 부활축제를 반복하는 의미를 내포하고 있기 때문이다. 따라서 교회력은 주간 첫날인 주일과 연중 축제의 중심인 부활절과 성탄절이 축을 이루고 있다.

교회력은 한국교회에서 그 동안 루터교회와 성공회를 제외한 일반 교회에서는 널리 사용되지 않고 있었다. 그러나 최근에 한국교회에서도 교회력에 대한 이해가 높아지면서 목회자들과 성도들의 신앙생활에 많은 도움을 주고 있다. 이로 인하여 교회력을 활용하는 교회가 점차로 많아지면서 다양하게 사용하고 있다. 뿐만 아니라 교회력과 관련지어서 교회력과 음악, 교회력과 상징, 교회력과 성서일과(Pericope Texts)등 다양하고 구체적인 내용이 많이 보완되어 활용하고 있다.

2) 교회력의 필요성

교회력(敎會曆, Church Calender, Christian Year)은 종교개혁 이후에 종교개혁자들에 의하여 오랫동안 철저하게 배격 당해왔다. 그러나 교회력에 대한 관심이 새로운 관심을 갖기 시작한 것은 1960년대부터라고 하겠다. 이때에 교회 내적으로는 예배에 대한 관심이 높아지면서 예배학을 전공한 신학자들과 많은 목회자들이 예배와 관련된 교회력에 대한 이해가 새로워지기 시작하였다. 또 1962년부터 1965년까지 로마에서 개최된 가톨릭교회의 제2회 바티칸공의회 이후에는 교회내의 새로운 개혁운동이 일어나는 계기가 되었다. 이 회의에서 예배(미사)와 관련된 의식과 내용을 대폭적으로 개혁하였다. 가장 큰 변화는 이때에 가톨릭교회가 그 동안 사제들만 읽고 부르던 라틴어 성경과 성가를 모든 나라가 자국어로 번역하여 누구나 자유롭게 읽을 수 있게 하였다. 또 개신교회 여러 교파에서도 세계적으로 교회일치운동(The Ecumenical movement)

이 확산되면서 종교개혁 이후에 단절되었던 가톨릭교회와도 협력의 분위기가 조성되었다. 한국교회에서는 교회력의 이해를 돕기 위하여 김동수(金東銖, 1918.2.3-1978.12.4)목사가 1962년 소책자로 "교회력"을 처음으로 발행하였다. 이 책은 교회절기 해설을 쉽게 집필하였기 때문에 많은 교회지도자들에게 교회력의 길잡이가 되기도 하였다. 이때부터 국내에는 교회력과 관련된 서적이 소개되기 시작하면서 교회생활의 단조로움을 해소하기 위하여 많은 목회자들이 교회력의 필요성을 느끼게 되었다. 더욱이 오늘과 같이 급변하는 시대에 교회력의 필요성을 느끼게 된 이유는 다음과 같이 요약할 수 있다.

(1) 성도들의 신앙생활에 변화를 주고 아름다운 영적인 예배와 조화를 이룬다. 또한 교회성장에 균형 있는 발전에 교회력은 많은 도움을 준다.
(2) 예배와 영성훈련을 위하여 조직적이고 단계적으로 교회력과 절기를 운영하는데 많은 도움을 준다.
(3) 예수 그리스도의 생애와 그의 구속 사업에 대한 내용을 절기에 따라 교육하는데 많은 도움을 준다.

3) 교회력의 기원

교회력(Church Calender, Christian Year)의 기원은 구약시대의 유대인들이 사용하던 유대력의 영향을 받아 만들어 졌다. 기독교에서 사용하고 있는 교회력이 만들어진 기원을 살펴보면 하나님의 독생자이신 예수 그리스도가 이 땅에 오셔서 하나님의 뜻을 이루기 위하여 역사하신 사건을 중심으로 만들어졌다. 즉 예수 그리스도께서 만민을 구속하시기 위하여 십자가에 달리시기까지 온 갖 고난과 죽임을 당하시고 부활 승천하신 후 예수를 따르던 제자들이 함께 모여 기도하던 초대교회(행 2:1-47)에서부터 구성되었다고 할 수 있다.

교회력이 처음으로 구성되어 사용하기 시작한 것은 사도들이 예수께서 "예루살렘을 떠나지 말고 내게 들은바 아버지의 약속하신 것을 기다리라"고 하신 때부터라고 할 수 있다. 그들은 주의 말씀대로 재림의 주를 기다리며 모일 때마다 예배를 드렸으나 재림이 늦어지므로 주일마다 예배를 드리게 되었고 후에 신앙생활에 도움이 되는 절기를 제정하여 1년을 주기로 교회력이 만들어졌다. 중세에 이르기까지 사용된 교회력은 지역마다 조금씩 다르게 사용되어 왔으나 1582년 이후에는 그레고리 8세에 의하여 제정된 교회력으로 사용되었다. 이때에 만들어진 교회력은 그가 만들지 않았으나 그의 이름을 따서 「그레고리력」(Gregrian Calender)이라고 소개되었다. 그 후 중세 후기에 와서는 예수 그리스도의 생애 외에도 성자들을 기념하는 날들이 많아져서 교회력이 성도들의 신앙생활에 도움을 주기보다는 오히려 부담이 되는 일이 되어 많은 부분을 생략하여 사용하기도 하였다.

교회력은 말틴 루터(Martin Luther,1483-1546)의 종교개혁 이후 칼빈(J.Calvin)을 중심한 장로교파와 그 외의 비전례교회(非典禮敎會, Non-liturgical)인 여러 교파교회에서는 교회력에 대한 중요성과 의미를 이해하지 못하였다. 비 전례교회에서는 단지 교회력에 대하여 지나치게 형식주의라는 비판을 거듭하고 배격하면서 오랫동안 교회력을 사용하지 않았다.

개혁자들의 교회력에 대한 부정적인 주장은 "모든 날은 하나님의 날이요 복된 날인데 어느 날을 골라서 특정한 날로 뜻을 두는 것은 잘못이며 자유로운 복음의 빛은 어느 날에 제약을 받아서는 안 된다."라는 주장이었다. 또한 살아 역사하시는 하나님의 신령한 말씀이나 은총을 통일된 형식으로 표현하는 것은 잘못된 것이라고 교회력 사용을 오래도록 반박하고 사용을 거부하였다. 그러나 다른 편에서는 종교개혁으로 인하여 오랫동안 버려졌던 아름다운 교회의 의식과 기독교 문화를 다시 회복시키는 운동이 일어나기 시작하였다. 뿐만 아니라 이들은 예수 그리스도의 구속 사업을 기초로 하여 제정한 교회력은 성도들의 신앙생활과 교회성장이 균형 있게 조화를 이루기 위하여 필요하다고 강조하였다. 또한 교회력은 성도들의 신앙생활의 기본이 되는 예배와 영성훈련을 위한 교육, 그 외에 국내외의 선교활동 등 교회의 연중행사를 계획하는데 귀한 가치와 의미를 가지고 있음을 이해하게 되었다.

이와 같이 오랫동안 교회력에 대한 개혁자들의 주장이 양분되어 왔으나 프로테스탄트(Protestant)에 속하는 루터교파(Lutheran)와 성공회(Anglican Church)에서는 목회현장에서 엄격하게 교회력을 오늘까지 사용하고 있다. 그들은 오랫동안 지켜오면서 가꾸어온 아름다운 기독교문화와 전통을 파괴하는 것은 교회에 도움을 주는 일이 아니라는 주장이었다.

이러한 경향은 최근에 무관심하고 있던 한국교회의 장로교 감리교 성결교 등 여러 교파에서도 교회력에 대한 관심이 점차로 높아지고 있다. 그 결과 여러 목회자들과 교회음악지도자들이 교회의 연간계획을 세우는데 교회력을 사용하는 교회가 증가하고 있다.

4) 주 일

주일(Lord's Day, Sunday)은 교회력에서 가장 오래 사용되어 온 날로 "주의 날"을 의미한다. 성경에 기록되어 있는 주일에 관한 내용은 여러 곳(고전16:2, 계1:10, 행20:7)에서 볼 수 있다. 초대교회 이후 주일(Lord's Day, Sunday)은 7일에 1회씩 지켜 내려온 날인데 구약시대부터 이교도들이 해의 신을 제사하던 "해의 날"(Sunday)에서 유래되었다. 그러나 기독교에서는 "의의 태양"(말4:2)이신 예수 그리스도와 관련지어서 "주의 날" 또는 "주일"이라고 하였다. 또 "주일"은 사도시대에 안식일을 대신해서 모든 성도들이 교회에 모여 예배한 날이기도 하다. 이 날은 구약시대의 안식일(安息日, Sabbath)과는 다른 날로서 안식 후 첫날(마28:1)을 "주일"이라고 하였다.

"주일"의 기원은 오순절 성령강림이후에 다락방에서 기도하던 사도들과 많은 성도들이 한마음 한뜻이 되어 날마다 같이 모여 기도하던 때부터라고 할 수 있다. 이들은 모일 때마다 떡을 떼고 음식을 나누며 가르침을 받았는데(행2:42-47, 4:32) 계속 모이기가 어려우므로 후에 모임을 줄여 한 주일에 한 번씩 모이게 되었다. 또 이때의 사람들은 그 동안 구약시대부터 지켜오던 "안식일"보다는 안식일을 제외한 안식 후 첫날에 모이는 것이 합리적이라고 믿었다. 왜냐하면 안식 후 첫날에 예수 그리스도가 부활하셨고 그 날에 제자들에게 나타나셨고 또 오순절 성령강림의 역사도 안식 후 첫날에 일어났기 때문이다. 그러나 초대교회 이후 사도시대의 유대교인들은 기독교로 개종한 후에도 "안식일"과 "주일"을 함께 지켰다.(행21:20)

그 후 오늘과 같이 교회에서 "주일"을 예배하는 날로 정하게 된 것은 4세기부터인데 이러한 제도는 교회와 국가가 함께 법으로 정하였다. 이 법은 엘비라회의(Council of Elvira A.D.306)에서 법령이 제정되었고 콘스탄틴(Constantinus)대제에 의하여 A.D. 321년에 공포되었다. 또 6-13세기까지는 "주일"을 거룩하게 지키기 위하여 생업을 위한 노동은 모두 금하였다. 그리고 모든 성도들은 주일을 지키고 미사(mass)에 참석하도록 명령하였다. 그 때에 가장 엄격하게 "주일"을 지키도록 법으로 강요한 왕은 앵글로 색손왕인 이내(Ine)와 알프레드 대왕(Aflred the great)인데 이들은 "주일"을 지키지 않는 자는 엄벌에 처하기도 하였다.

2. 교회의 절기

교회력(敎會曆, Church Calender, Christian Year)을 구성하는 교회의 절기는 1년을 주기로 전반기에 해당하는 유재기와 후반기에 해당하는 무재기로 구성된다. 교회력의 전반기인 유재기(有齋期)는 예수 그리스도의 탄생에 대한 선지자들이 증언한 예언의 말씀과 예수 그리스도의 생애에 나타난 구속의 역사와 부활 승천하신 후 성령강림하기까지의 행적을 기초로 하여 절기가 구성된다. 또한 후반기에 해당하는 무재기(無齋期)는 성령강림 이후의 삼위일체주일 기간으로 구성된다. 이 기간은 절기가 없는 기간이므로 교회성장과 성도들의 신앙훈련을 위한 기간으로 계획을 세운다.

1) 유재기(有齋期)

유재기(有齋期)는 유제절기(有祭節期)라고도 하는데 교회력의 전반기에 해당하는 축제의 절기이다. 이 절기는 선지자들의 예언대로 예수 그리스도의 탄생을 믿고 기다리는 대강절(待降節, Advent)부터 시작된다. 그리고 예수 그리스도의 탄생과 그의 고난과 속죄, 부활과 승천 후에 오순절 다락방에서 주의 성령이 강림한 "성령강림절"에 이르기까지 그의 행적을 중심으로 만들어진 절기이다. 그러므로 이 절기를 "성자의 계절"이라고도 한다. 즉 이기간은 예수 그리스도께서 만민을 대속하시기 위하여 고난당하시고 십자가에 달려 죽임 당하시기까지의 고난과 관련된 사순절, 죽음에서 살아나신 승리의 부활절, 승천일 등이 포함되어 있는 절기이다.

(1) 대강절(待降節, Advent)

대강절은 그 해의 교회력이 처음 시작되는 시발점이 된다. 그러므로 대강절은 일반사회에서 사용하는 월력(月曆)과 다른 교회력의 정월이 된다. 이 절기는 성탄절(聖誕節, Christmas) 4주전부터 시작되므로 11월 30일에서 가장 가까운 주일부터 시작되므로 11월 27일에서 12월 3일 사이에서 시작되므로 대개 11월 마지막 주가 되거나 12월 첫 주부터 시작되어 4주간 계속된다. 선지자들의 예언대로 예수께서 오심을 기다리는 대강절은 라틴어 "adventus"에서 유래되고 있는데 "내려온다", "강림한다"(to come)라는 뜻을 가지고 있다. 특히 이 기간에는 정숙하고 경건한 마음으로 자신의 신앙을 바르게 세우고 예수 그리스도의 오심을 기다리며 준비하는 절기이다. 대강절(待降節)의 또 다른 명칭으로는 주님의 오심을 기다린다는 대림절(待臨節), 강림절(降臨節) 등으로도 사용하고 있다. 대강절은 기대(expectation)와 준비(preparation)의 4주간으로 그 의미와 정신을 회복하면서 기다림의 절기로 맞아야한다.

대강절의 기간은 교회력이 제정되면서 초기에는 4주에서 7주까지 다양하게 지켰으나 6세기에 로마의 주교가 4주로 확정하였다. 이때부터 목회자들은 구약성경에 기록된 "예수의 탄생"과 관련된 선지자들의 예언과 마리아의 수태 고지에 대한 주제를 설교제목으로 삼는다. 또 모든 성도들은 가정에서 대강절과 관련된 성경말씀을 함께 읽도록 하였고 금식을 권하며 예배에 참석하였다. 가톨릭교회에서는 사순절과 같이 결혼식을 금지하기도 하였다.

특히 이 기간에는 모든 성도들이 대강절에 대한 의미를 깊이 되새기면서 성탄절을 맞이하기 위한 마음의 준비를 하는데 중점을 두었다.

첫째 성자이신 아기 예수께서 육신을 입으시고 탄생하실 주님을 기다리던 이천년 전의 상황을 기념하고 재현하며 밝히 전하는 시기이다. 둘째 겸손하고 경건한 마음으로 옛날 이스라엘 백성들이 메시아의 오심을 기다리던 것처럼 준비하는 시기이다. 셋째 오늘날 우리에게 말씀과 영으로 임하시는 하나님의 은혜와 성령의 역사하심을 사모하며 기다리는 시기이다. 넷째 세상 종말에 영광과 심판의 주로 오셔서 세상을 심판하시고 구원을 완성하실 주님의 영광과 재림을 대망하며 기쁨으로 준비하는 시기이다. 그러므로 대강절의 4주간을 매주 특별한 의미를 부여하고 성탄절을 맞이할 준비를 하며 이 기간을 지내면 더욱 대강절을 뜻있게 보내는데 도움이 될 수 있다.

첫째 주 빛으로 오실 예수 그리스도(요12:46-47)를 기다리는 주간으로 지낸다.
둘째 주 대속의 주(마20:28, 막10:45)로 오실 주를 기다리는 주간으로 지낸다.
셋째 주 평화의 왕(사9:6)으로 오실 주를 기다리는 주간으로 지낸다.
넷째 주 재림의 주(행1:11;살전 4:16)로 오실 주를 기다리는 주간으로 지낸다.

또 이 기간을 의미 있게 보내기 위하여 4개의 초(보라색 초 3개, 장미색 초 1개)를 준비하여 매주 하나 씩 촛불을 밝힌다. 또 크리스마스 전날 밤(Christmas eve)에는 그 동안 꽂아 놓았던 4개의 초를 빨강색 초로 바꾸어 밝힌다. 그리고 성탄 날 자정에는 한 복판 중간에 더 큰 굵은 촛불(흰색)을 밝힌다. 이 흰 초는 "그리스도의 초"(Christ candle)를 상징하여 밝힌다.

(2) 성탄절(聖誕節, Christmas)

대강절(待降節, Advent)을 의미 있게 4주간 보내면 오래 기다리던 아기 예수께서 탄생하신 기쁘고 즐거운 성탄절을 맞이하게 된다. 성탄절은 영국에서 크리스마스(Christmas)라고 하지만 오늘은 만국의 통용어가 되었다. 크리스마스를 독일은 바이나흐텐(Weihnachten) 프랑스는 노엘(Noel)이라고 한다. 기독교인들이 가장 즐겁게 맞이하는 크리스마스는 옛날 영어의 명칭인데 그리스도(Christ's)와 미사(mass)의 합성어로 된 "그리스도의 미사"(Christ's mass)이다.[59] 그러나 오늘과 같이 크리스마스로 표기하기 시작한 것은 16세기경으로 추측하고 있다.

크리스마스(Christmas)는 부활절(Easter)과 함께 1년 중 가장 의미 있는 기독교의 축제일이다. 그러므로 이 때에는 온 교회가 축제 준비를 위하여 많은 시간을 바쳐 마음과 정성을 드리기도 한다. 본래 오늘과 같이 12월 25일을 크리스마스로 지키기 전에 동방교회에서는 1월 6일을 크리스마스로 지켰는데 이날을 예수의 탄생과 세례를 기념하는 이중명절로 지켰다. 그러나 로마교회에서는 4세기에 12월 25일을 예수 그리스도의 탄생일로 정하고 1월 6일은 동방박사가 아기 예수를 방문한 현현일(주현절, Epiphany)로 기념하였다.

성탄절은 영원부터 계신 아들에 대한 예언자들의 예언이 성취된 날이다. 또 이 날은 하나님의 독생 성자 아기 예수가 동정녀 마리아의 몸에서 육신의 몸을 입고 탄생하신 날이다. 그러므로 성탄절의 의미는 한마디로 성육신(成肉身, Incarnation)이라고 요약할 수 있다. 그러나 예수께서 탄생하신 정확한 날은 알려져 있지 않다. 또 지금 사용하고 있는 월력의 연대는 학자들의 착오로 인하여 잘못 기재된 상태에서 사용하고 있다. 그러나 실제 예수 그리스도의 탄생한 해는 주전 4년으로 전해지고 있으며 아기 예수는 늦가을이나 겨울에 탄생하셨을 것으로 알려지고 있

---

[59] Edward T. Horn 「THE CHRISTIAN YEAR」 배한국 역 서울 : 컨콜디아사. 1971. P.88

다. 이유는 마리아와 요셉이 가이사 아구스도의 호구조사를 하라는 칙령에 따라 고향으로 호적 하러 내려가게 된 때가 농업국에서 모든 추수가 끝난 늦은 가을이나 초겨울에 호구조사를 하였기 때문이다. 이때는 연중 해가 떠있는 낮의 길이가 가장 짧은 동지(冬至)였다. 이때의 동지는 지금처럼 12월 22일(21일)이 아니고 12월 25일로 지키는 때였다. 동지가 지나면 "태양의 빛"을 믿는 이교도들은 해가 떠있는 시간이 조금씩 길어져 낮 시간이 길어지므로 "태양이 다시 소생"하는 동지(冬至)를 기념하는 축제로 지켰다.

기독교에서의 성탄절은 어두운 세상을 밝히시려 "의의 태양"이신 예수 그리스도가 "세상의 빛"으로 탄생하신 의미를 내포하고 있다. 그러므로 예수 그리스도의 탄생(요1서 2:8)은 "빛의 탄생"으로 믿고 지켜왔다. 이렇게 의미 있는 날을 성탄절(聖誕節, Christmas)로 선정하게 된 배경은 4세기경에 이교도들이 태양신의 생일(Natalis solis invicti)로 지키던 날을 그리스도의 탄생일로 정한 것이다.

그러므로 성탄절은 의미있게 보내야 한다. 첫째 아기 예수께서 구세주로 이 땅에 오셔서 어두움을 밝히신 것처럼 조용히 불을 밝히고 감격과 기쁨으로 맞이하는 성탄절이 되어야한다. 둘째 우리를 위하여 예수 그리스도가 이 땅에 탄생하신 기쁜 소식을 전해야 한다. 그리고 천사들이 찬양한 대로 "지극히 높은 곳에서는 하나님께 영광이요 땅에서는 기뻐하심을 입은 사람들 중에 평화로다"라고 구원의 메시지를 온 세상에 전파해야 한다. 셋째 예수께서 구속의 주로 이 땅에 오심을 감사하고 찬양하며 주께 영광 돌리는 성탄절로 맞아야한다. 넷째 성탄절은 어렵고 가난한 이웃에게 사랑을 베푸는 절기임으로 몸소 가난한 이웃에게 사랑을 실천하는 절기가 되어야 한다. 이 성탄절은 일반적으로 1월 6일 현현일(주현절, Epiphany)까지 축제로 계속된다.

(3) 주현절(主顯節, Epiphany)

주현절은 현현절(顯顯節)이라고도 하는데 교회력에서 부활절과 오순절 다음으로 오랫동안 지켜온 교회절기인데 2세기경부터 지켜졌다. 주현절은 "나타난다." "밝혀진다."는 뜻을 지니고 있는데 그리스도의 탄생과 세례를 기념하는 날로서 1월 6일에 지킨다. 주현절은 본래 이교도들이 태양신의 생일을 축하하는 축일이었으나 예수 그리스도께서 어둠을 밝히는 빛으로 이방인들에게 나타나신 의미와 배경을 근거하여 기독교의 절기로 지키게 되었다.

그러므로 새해에 주현절을 맞은 교회는 새로운 마음으로 믿음을 회복하기 위하여 "일어나 빛을 발하라"(사 60 : 1)라는 주제로 전도와 선교활동에 역점을 두기도 한다. 또 이 절기는 주현절 외에도 현현축일(Feast of Manifeastation), 빛의 축일(Feast of Light), 그리스도출현의 축일(Feast of the Appearing of christ), 세 왕의 축일(Feast of the three kings)등 여러 명칭으로 알려지게 되었다.

주현절은 오래 전부터 동방교회에서 지켜왔으나 4세기 말엽부터 시작된 동방교회와 서방교회의 축제 일환으로 인하여 그 동안 상대편 교회에서 지키던 절기를 자기들도 함께 지키기 시작하였다. 이때부터 동방교회에서는 이날(1월 6일)을 성탄절로 지키던 습관을 버리고 12월 25일을 성탄절을 지키게 되었다. 그리고 주현절은 예수 탄생과 세례의 축일과 연관 지어 절기를 지켰으나 알메니아 지방의 여러 교회에서는 아직도 1월 6일을 성탄절로 지키고 있다. 또 로마를 중심한 서방교회에서는 별을 보고 찾아와 아기 예수를 경배한 사건과 연관을 지어 주현절을 지키고 있다. 이 날(1월 6일)은 대개 주일이 아니므로 특별한 예배나 행사가 없다. 그러므로 1월 6일이 지난 후에 돌아오는 주일을 주현 후 둘째 주일(Sunday after the Epiphany)이라고 부른다. 주현절의 기간은 사순절이 시작되는 성회수요일(Ash Wednesday)까지 이어진다.

⑷ 수난절(受難節, Lenten Season)

수난절은 사순절(四旬節, 고난절(苦難節) 대제 등 여러 가지 명칭으로 사용하는데 교회력의 절기 중에 가장 중요한 절기중의 하나이다. 또 이 절기를 렌트(Lent)라고 한다. 렌트라는 말은 앵글로색슨어의 'Lencten'(봄)

과 'Lang'(길다), 독일어의 'Lenz'(봄)에서 왔다. 이 절기는 예수님께서 고난 당하시고 십자가에 달려 죽임 당하신 의미와 부활절을 맞이하기 위한 준비 기간이다. 이 수난절(Lent)은 부활절(Easter)을 앞두고 주일을 제외한 40일간을 지키므로 주일을 포함하면 46일이 된다. 그러므로 수난절의 시작은 부활주일(Easter) 6주일 전 수요일(Ash Wednesday)부터 시작된다.

수난절의 기간이 40일로 정해진 것은 4세기였으나 본래는 1세기에 부활절 전에 금식기간으로 40시간으로 지켰다. 이러한 배경은 예수님께서 40일 동안 시험받으심과 십자가에 달려 죽임 당한 예수님의 시체가 40시간동안 무덤 속에 있었던 것과 예수님의 부활에서 승천하기까지의 40일간 등을 일치하기 위해서라고 전해지고 있다. 또 모세가 시내산서 40일간의 금식(출 34:28)과 이스라엘 민족의 40년간 광야생활(신 8:2, 29:5)등을 상징적으로 나타내고 있다. 그 후 3세기에는 사순절이 40시간이 6일간으로 늘어나게 되었다. 그러나 "4세기에 예루살렘에서 성주간(Holy Week), 성금요일(Good Friday), 부활절(Easter)이 독립된 절기로 발전되었다."[60] 주후 313년 콘스탄틴 대제(Constatinus)의 밀라노(Milano)칙령이 내려진 후에는 6일간의 사순절이 1년 365일의 11조인 36일간으로 길어졌다. 이 11조의 기간은 금식과 참회를 위한 수님께 바치는 기간이었다. 그 후 8세기 초에 4일이 더 추가되어 40일간의 현재 수난절이 되었다.

수난절이 시작되는 "성회수요일"(聖灰水曜日, Ash Wednesday)은 2월 4일부터 3월 10일 사이에 온다. 이 날은 사제들이 지난해 종려주일에 사용했던 종려나무 가지를 태워서 이 예식의 재를 만들어 참회자의 머리에 뿌리는 예식이 중세기부터 있었다. 이 예식에 사용되는 재(ash)는 회개의 상징이기 때문이었다. 이러한 관습은 세상의 "모든 육체는 풀과 같고 그 영광이 풀의 꽃과 같아서 풀은 마르고 꽃은 떨어진다."(벧전 1:24)

---

60) Edward T. Horn 「THE CHRISTIAN YEAR」 배한국 역 서울 : 컨콜디아사, 1971. P. 125

는 상징적인 의미와 "너는 흙에서 왔으니 흙으로 돌아갈 것이라"(창3:19)라는 엄숙한 인생의 교훈을 주는 관습이 있었다. 가톨릭교회에서는 지금도 매년 성회수요일에 성도들에게 죄를 용서받은 징표로 재를 이마에 찍어 바른다.

또한 성회수요일부터 시작되는 수난절 기간은 고난의 십자가를 깊이 생각하며 구속의 은총을 감사하며 경건생활에 힘쓰는 기간으로 삼아야 한다. 특히 성회수요일인 이날저녁은 모든 성도들이 교회에 모여 참회를 위한 기도회를 갖는다. 이 수난절 기간에는 또 "나를 따라 오려거든 자기를 부인하고 자기십자가를 지고 나를 좇을 것이니라."(마16:24 ; 막8:34)라고 제자들에게 하신 예수님의 말씀을 명상하고 자신이 주님을 위한 헌신을 다짐하기도 한다. 그러므로 이 기간은 구약성경과 신약성경의 "사복음서에 기록된 수난에 관한 성경"(마26:1~27:66 ;막14:1~15:47 ;눅 22:1-23:56 ; 요18:1~19:42)을 읽으면서 고난 당하신 의미를 깊이 깨닫고 확인하며 경건생활에 힘쓰는 절기이다. 뿐만 아니라 이 기간은 자신의 믿음을 돌아보고 확인하는 계절로 신앙생활에서 1년 중 가장 귀하고도 의미 있게 보내며 부활절을 기다리는 기간이다.

그러므로 교회에서는 모든 성도들이 신앙을 바르게 회복하기 위하여 자신의 죄를 참회하고 새로운 삶을 다짐하는 시간을 가진다. 또한 향락적인 활동은 피하고 기도에 힘쓰며 영적 성장을 위한 훈련의 기간으로 삼는다. 또 화려한 옷차림을 피하고 검소한 생활에 힘쓰며 가급적이면 결혼식이나 그 외의 경축행사도 이 수난절 기간이 지난 후에 하는 것이 바람직하다. 그러나 이 기간에 어렵게 지내는 이웃(고아원, 양노원, 병원 등)을 위한 프로그램도 계획할 수 있다.

(5) 수난주간(受難週間, Holy Week)

수난절의 절정을 이루는 마지막 주간(a week)이 시작되는 여섯째 주일은 종려주일(棕櫚主日, Palm Sunday)이다. 이날은 온 인류의 영원한 통치자로서 예수님께서 나귀를 타고 예루살렘에 입성하신 날을 기념하는 주일이다. 이때에 많은 사람들이 길가에 나와 예수님을 맞이하였다. 이들은 예수님을 맞이하기 위하여 "자기 겉옷을 벗어 길에 펴고 앞에서 가고 뒤에서 따르며 종려나무 가지를 흔들며 호산나 찬송하리로다 주의 이름으로 오시는 이여 찬송하리로다."(마 21:7-9 ; 막11:7-10 ; 요 12:12-13) 소리치며 예수님을 환영하였다. 그래서 이날을 호산나주일(Hosanna)이라고도 한다.

　이날부터 부활주일 전까지 한 주간은 예수님께서 빌라도의 법정에 서시고 십자가에 달려 죽임 당하기까지 온갖 고난을 다 당하신 가장 의미 있는 수난주간(또는 고난주간苦難週間, Passion Week, Holy Week)이다. 이 주간은 예수님께서 예루살렘에 입성하신 후 성전 안에서 매매하는 자들을 쫓아내고 돈 바꾸는 자들의 상과 비둘기 파는 자들의 의자를 둘러엎으셨다. 또 물건을 가지고 성전 뜰을 지나다니는 것도 못하게 하셨고 성전에서 가르치기도 하셨다. 그리고 예수님은 최후의 만찬을 베푸신 후 베드로와 야고보와 요한을 데리고 겟세마네동산에 올라가 따로 기도하시고 세상 죄를 지시고 십자가의 고난과 죽임 당하시기까지 의미 있는 한 주간을 보냈다. 그러므로 예수님께서 수난 당하시고 죽임 당하신 한 주간의 삶을 명상하는 기간으로 보낸다. 또 예수님의 수난에 관한 성경 말씀 중에서 이사야서(49장 51장 53장)에 기록된 수난에 관한 기록과 사복음서에 기록된 "십자가위의 일곱 마디 말씀"을 읽으면서 예수님께서 고난당하신 의미를 깊이 깨닫고 기도하며 경건한 마음으로 조용한 시간을 갖는다.

예수님이 수난주간에 지낸 행적

요 일	예수의 행적	성 경 본 문 성 구
종려주일	예루살렘 입성	마21:6-11 ; 막 11:6-10 ; 눅19:28-38 ; 요12:12-19
월요일	성전 숙정의 날	마 21:12-13 ; 막 11:15-18 ; 눅19:45-47 ; 요2:13-22
화요일	가르치심과 논쟁의 날	마21:23-39 ; 막12:1-34 ; 눅 20:1-38 ;
수요일	베다니에서 쉬신 날 가롯 유다의 배반	마26:6-13 ; 막14:1-9 ; 마26:14-16 ; 막14:10-11 ; 눅 22:3-6

요일	예수의 행적	성경본문성구
목요일	제자들의 발을 씻기심	요 13: 4-15
	최후의 성만찬	마26:20-29 ; 막14:17-25 ; 눅 22:14-20 ; 고전11:23-25
	겟세마네동산의 기도	마26:36-46 ; 막14:26-42 ; 눅 22: 39-42
금요일	수난의 날(십자가에 달려 죽임 당함)	마26:57-27:50 ; 막14:34-15:47 ; 눅 22: 54-23:49 ; 요 18:12-19:30
토요일	돌무덤 속의 하루	마27:57-61 ; 막15:42-47 ; 눅 23:50-56 ; 요 19:38-42

① 세족목요일(Maundy Thursday)

수난주간 중에도 목요일과 금요일은 특별히 예수님의 수난을 강조하는 한 주간의 중심을 이루고 있다. 이유는 예수님께서 몸소 제자들에게 사랑의 본을 보여주셨기 때문이다. 수난주간의 목요일은 세족목요일이라고 하는데 이날은 교회에서 오래 전부터 목사가 성도들의 발을 씻겨주는 세족식이 지켜오기도 하였다. 세족목요일의 마운디(Maundy)는 세족식의 의미를 지니고 있는 날이다. 이 말은 라틴어의 만다둠(Mandatum)이라는 어원에서 온 말인데 "명령"이란 뜻을 지니고 있다.

또 예수님은 "제자들과 함께 떡을 떼시고 잔을 나누시며 나를 기념하라" 명하셨다. 그리고 "이것은 너희를 구원하는 하나님의 새 계약의 표니 내가 너희를 위하여 내 피를 흘려서 맺는 새 언약의 피다."(마26:20-29; 막14:17-25 ; 눅22:14-20)라고 말씀하셨다. 이날은 "예수님께서 저녁잡수시던 자리에서 일어나 겉옷을 벗고 수건으로 허리에 두르고 대야에 물을 담아 제자들의 발을 씻기시고 수건으로 씻겨주시며 몸소 사랑의 본을 보이신 날"(요13:4-15)이다. 그러므로 이 날은 제자들의 발을 씻기신 본을 받아서 이날을 기념하고 몸소 섬김의 교훈을 본받는 기회로 삼아야한다. 이 말씀에 근거해서 각 교회에서는 세족목요일 저녁에 성찬식을 거행하고 있으나 한국교회에서는 세족목요일이 아닌 성금요일에 성찬식을 거행하는 교회도 많이 있다. 이러한 세족식(Maundy)은 한국교회에 일반화되지 않았으나 목요일 밤에 가톨릭교회와 일부 교회에서는 목회자들이 성도들의 발을 직접 씻겨주는 세족식을 갖기도 한다. 이러한 세족식은 "내가 너희를 사랑한 것 같이 너희도 서로 사랑하라" 라는 "예수님께서 분부하신 사랑의 새 계명"(요13:34, 15:12-17)을 의미하고 있다.

② 성금요일(Good Friday)

세족목요일이 지나면 다음날은 성금요일이다. 성금요일이란 명칭은 "하나님의 금요일"(God's Friday)에서 왔다. 본래 이날은 초대교회에서는 부활주일에 세례 받을 사람들이 십자가의 고난을 묵상하며 금식일로 지켰다. 성금요일은 하나님의 독생 성자 예수 그리스도께서 관원들에게 끌려가 빌라도의 법정에서 재판을 받으시고 십자가에 달려 죽임 당하신 치욕의 날이다. 또한 성 금요일은 예수님께서 당하신 십자가의 고난과 희생으로 인하여 인류의 구속 사업을 완수하셨다. 그러므로 이 날은 그리스도의 십자가의 고난과 우리 죄를 위하여 죽임 당하신 깊은 뜻을 묵상하고 금식하며 다 함께 고난에 동참하는 날로 보낸다. 그리고 이날의 수난예배는 우리를 위해 지신 십자가를 묵상하며 자신의 죄를 고백하고 참회와 헌신을 다짐하는 거룩한 영적예배가 되어야한다.

특히 이날 정오에는 예수께서 "십자가위에서 남기신 일곱 마디 말씀"을 중심으로 예배를 드리며 십자가의 고난에 대한 의미를 재확인한다.

십자가상의 일곱 말씀

차 례	십자가 상의 일곱 말씀	인용 성구
첫째말씀	아버지여 저들을 사하여 주소서	눅23:34
둘째말씀	진실로 오늘 내가 너와 함께 낙원에 있으리라	눅23:43
셋째말씀	여자여 보소서 보라 네 어머니이다	요19:26, 27
넷째말씀	아버지여 어찌하여 나를 버리셨나이까?	마27:46;막15:34
다섯째말씀	내가 목마르다	요19:28
여섯째말씀	다 이루었다	요19:30
일곱째말씀	아버지여 내 영혼을 아버지 손에 부탁 하나이다	눅23:46

또 저녁예배는 예수께서 당하신 수난의 내용을 중심으로 수난음악예배로 드리기도 한다.

그 외에 저녁에는 촛불을 들고 고요하고 엄숙한 "흑암의 예배"로 드리기도 하는데 이와 같은 "촛불 예배"를 테네부레 예배(The Service of Tenebrae)라고 한다. 테네부레(Tenebrae)라는 말은 흑암 또는 암흑(darkness)을 의미한다. 본래 "흑암의 예배"는 수난주간 마지막 3일(목. 금. 토)동안 새벽에 주님의 수난을 회상하고 기념하는 예배인데 새벽을 피하고 전날 저녁에 드리기도 한다. 이 예배는 일반예배와 달리 오르간 연주나 성도들의 찬송과 찬양대의 성가도 부르지 않고 시편과 자신의 부정함을 고백하면서 촛불을 하나씩 끄고 마지막 하나는 촛대에 꽂아놓는다. 그리고 말없이 조용히 각자 돌아간다.

다음날인 성토요일은 예수 그리스도가 무덤에서 안식한 날이다. 이날은 강단의 모든 장식을 거두어 버리고 촛불도 하나만 두고 모두 끈다. 그리고 교회의 종도 치지 않고 조용히 성경을 읽으며 침묵으로 보낸다.

(6) 부활절(復活節, Easter)

부활절은 교회력의 절기 중에서 가장 오랫동안 지켜온 축제의 날이다. 본래 부활절에 대한 옛 이름은 "넘긴다"라는 뜻을 가진 "파스카"(Pascha)이다. 또 이 절기에는 앵글로색슨 사람의 축제인 봄의 여신 "이오스터"(Eostre)를 봄 축제로 해마다 춘분에 행하였는데 이 두절기가 거의 같은 때였으므로 혼돈하게 되었다. 이러한 절기의 혼돈은 후에 기독교에서 "파스카"(Pascha)와 "이오스터" 두 축제일을 합하여 부활절로 부르기 시작하였다.

부활절은 "큰 날이요" "기독교절기의 여왕"이라고도 부른다. 이 부활절은 예수님께서 고난당하시고 십자가에 죽임 당하셨으나 주간 첫날에 다시 사심을 기뻐하고 경축하는 축제였다. 따라서 매 주일을 "작은 부활절"(a Little Easter)로 경축하며 지켰다. 이렇게 부활의 축일이 매주 첫날에 지켜지면서 예배일도 안식일(토요일)에서 주일(일요일)로 바뀌어졌다. 부활절은 고대교회에서 8일간 경축하였다. 또 부활절기는 부활일부터 성령강림절까지 50일간 계속되었으나 후에 부활절, 승천일, 성령강림절로 구분되었다. 승천일은 부활절 후 40일째의 날이다. 이날은 언제나 목요일이 되기 때문에 승천일은 성목요일로도 알려졌다.

부활절은 예수께서 죽음의 권세를 이기고 살아나신 승리(victory)의 날이요 기쁨(joy)의 날이며 희망(hope)의 날이다. 또 그리스도의 부활을 통해 우리는 날마다 주를 바라보고 하나님의 은혜에 감사하고 그에게 영광을 돌린다. 그러므로 기쁨을 주는 절기이기도하다. 왜냐하면 부활절은 믿는 성도들에게 새 생명의 보증이 되었고 첫 열매가 되었으므로 예수님의 부활신앙을 영적으로 체험하는 계기가 되기 때문이다. 부활절을 뜻있게 맞기 위하여 온 교우들이 교회에 나와 대청소를 하고 강단과 모든 예배용 성물(聖物)을 손질한다. 또 부활을 상징하는 백합꽃으로 강단을 장식하고 각종 축제 프로그램을 개발하여 준비한다.

부활절의 새벽예배는 사복음서에 기록된 예수의 부활에 관한 기사에 근거하여 모이는 집회라고 할 수 있다. 즉 "안식일 다음날 이른 새벽에 막달라 마리아가 무덤에 가서 예수의 부활하심을 보고 돌아가 제자들과 다른 사람에게 알려준" 의미를 새확인하는 예배라고 하겠다. 그러므로 부활절의 새벽예배는 죽음의 권세를 이기시고 부활하신 예수를 만방에 선포하고 감사하는 예배가 되어야 한다.

부활절은 성탄절과 같이 정해진 날이 아니므로 오랫동안 논쟁이 있었으나 주후 325년 니케아 회의(the Council of Nicea)에서 확정지어 오늘까지 지켜오고 있다.

이 회의에서 정해진 부활절은 "춘분(3월21일 혹은 22일) 이후의 만월(滿月, full moon) 다음에 오는 첫째 주일을 부활절로 확정하였다. 또는 만월이 주일과 겹치면 그 다음 주일을 부활절로 한다."라고 결의하였다. 그러므로 현대 교회에서 지키고 있는 부활주일은 3월22일에서 4월25일 사이에 오게 된다.

연도별 교회력

연 도	성회수요일	부 활 절	승 천 일	성령강림절	대 강 절
2000	3월 8일	4월 23일	6월 1일	6월 11일	12월 3일
2001	2월 28일	4월 15일	5월 24일	6월 3일	12월 2일
2002	2월 13일	3월 31일	5월 9일	5월 19일	12월 1일
2003	3월 5일	4월 20일	5월 29일	6월 8일	11월 30일
2004	2월 25일	4월 11일	5월 20일	5월 30일	11월 28일
2005	2월 9일	3월 27일	5월 5일	5월 15일	11월 27일
2006	3월 1일	4월 16일	5월 25일	6월 4일	12월 3일
2007	2월 21일	4월 8일	5월 17일	5월 27일	12월 2일
2008	2월 6일	3월 23일	5월 1일	5월 11일	11월 30일
2009	2월 25일	4월 12일	5월 21일	5월 31일	11월 29일
2010	2월 17일	4월 4일	5월 13일	5월 23일	11월 28일
2011	3월 9일	4월 24일	6월 2일	6월 12일	11월 27일
2012	2월 22일	4월 8일	5월 17일	5월 27일	12월 2일
2013	2월 13일	3월 31일	5월 9일	5월 19일	12월 1일
2014	3월 5일	4월 20일	5월 29일	6월 8일	11월 30일
2015	2월 18일	4월 5일	5월 14일	5월 24일	11월 29일
2016	2월 10일	3월 27일	5월 5일	5월 15일	11월 27일
2017	3월 1일	4월 16일	5월 25일	6월 4일	12월 3일
2018	2월 14일	4월 1일	5월 10일	5월 20일	12월 2일
2019	3월 6일	4월 21일	5월 30일	6월 9일	12월 1일
2020	2월 26일	4월 12일	5월 21일	5월 31일	11월 29일

부활절을 기준한 교회력

부활주일	성회수요일	승 천 일	성령강림절	대 강 절 첫 주 일
3월 22일	2월 4일	4월 30일	5월 10일	11월 29일
3월 23일	2월 5일	5월 1일	5월 11일	11월 30일
3월 24일	2월 6일	5월 2일	5월 12일	12월 1일
3월 25일	2월 7일	5월 3일	5월 13일	12월 2일
3월 26일	2월 8일	5월 4일	5월 14일	12월 3일
3월 27일	2월 9일	5월 5일	5월 15일	11월 27일
3월 28일	2월 10일	5월 6일	5월 16일	11월 28일
3월 29일	2월 11일	5월 7일	5월 17일	11월 29일
3월 30일	2월 12일	5월 8일	5월 18일	11월 30일
3월 31일	2월 13일	5월 9일	5월 19일	12월 1일
4월 1일	2월 14일	5월 10일	5월 20일	12월 2일
4월 2일	2월 15일	5월 11일	5월 21일	12월 3일
4월 3일	2월 16일	5월 12일	5월 22일	11월 27일
4월 4일	2월 17일	5월 13일	5월 23일	11월 28일
4월 5일	2월 18일	5월 14일	5월 24일	11월 29일
4월 6일	2월 19일	5월 15일	5월 25일	11월 30일
4월 7일	2월 20일	5월 16일	5월 26일	12월 1일
4월 8일	2월 21일	5월 17일	5월 27일	12월 2일
4월 9일	2월 22일	5월 18일	5월 28일	12월 3일
4월 10일	2월 23일	5월 19일	5월 29일	11월 27일
4월 11일	2월 24일	5월 20일	5월 30일	11월 28일
4월 12일	2월 25일	5월 21일	5월 31일	11월 29일
4월 13일	2월 26일	5월 22일	6월 1일	11월 30일
4월 14일	2월 27일	5월 23일	6월 2일	12월 1일
4월 15일	2월 28일	5월 24일	6월 3일	12월 2일
4월 16일	3월 1일	5월 25일	6월 4일	12월 3일
4월 17일	3월 2일	5월 26일	6월 5일	11월 27일
4월 18일	3월 3일	5월 27일	6월 6일	11월 28일
4월 19일	3월 4일	5월 28일	6월 7일	11월 29일
4월 20일	3월 5일	5월 29일	6월 8일	11월 30일
4월 21일	3월 6일	5월 30일	6월 9일	12월 1일
4월 22일	3월 7일	5월 31일	6월 10일	12월 2일
4월 23일	3월 8일	6월 1일	6월 11일	12월 3일
4월 24일	3월 9일	6월 2일	6월 12일	11월 27일
4월 25일	3월 10일	6월 3일	6월 13일	11월 28일

(7) 성령강림절(聖靈降臨節, Pentecost)

성령강림절은 오순절(五旬節)이라고도 한다. 오순절이란 말은 글자 그대로 50일을 의미한다. 이날은 부활절이 지난 7주째 되는 주일로 성령강림주일이다.

본래 오순절은 유대인들이 지키던 절기로 유월절부터 7주 후에 맞는 칠칠절(출 34:22; 신16:10 ; 레 23:15-22)이다. 이날은 무교절 초막절의 마지막 날이다.(레 23:36 ;민29:35) 또 오순절은 유대인들에게 맥추절(출 23:16)이기도하다. 유대인들은 이날을 다 함께 수확의 기쁨을 즐거워하며 하나님께 제물을 드리는 축제의 날로 지켰다. 구약시대에 축제의 날로 지켜오던 유대절기인 오순절(五旬節, Pentecost)은 신약시대에 와서 보다 새롭고 감격적인 절기로 바뀌었다. 성령강림절인 신약시대의 오순절은 예수께서 부활 승천하신 후에 그를 따르던 제자들과 맺은 언약이 성령의 임재로 이루어짐을 경축하는 날이다. 이날은 예루살렘을 떠나지 말고 약속하신 성령을 기다리라고 하신 예수의 말씀을 듣고 다락방에 모여 기도하던 120명의 성도들이 각 사람에게 성령이 충만하게 임하신 날이다.

"오순절 날이 이미 이르매 그들이 다같이 한곳에 모였더니 홀연히 하늘로부터 급하고 강한 바람 같은 소리가 있어 그들이 앉은 온 집에 가득하며 마치 불의 혀처럼 갈라지는 것들이 그들에게 보여 각 사람 위에 하나씩 임하여 있더니 그들이 다 성령의 충만함을 받고 성령이 말하게 하심에 따라 서로 다른 언어로 말하기를 시작 하니라"(사도행전 2:1-4)

성령강림절은 성령을 보내주겠다고 약속하신 말씀을 성취한 날이며 처음으로 교회가 탄생된 날이므로 교회의 생일을 축하하고 기념하는 날이기도 하다. 성령강림절이 지나면 교회력의 전반기인 유재기가 끝나고 후반기인 절기가 없는 무재기가 시작된다.

2) 무재기(無齋期)

무재기는 교회력의 전반기인 유재기가 끝난 다음에 오는 비축제기인 후반기인데 성령강림절이 지난 다음 주일부터 시작된다. 무재기가 시작되는 성령강림절후 첫째주일을 삼위일체주일(Trinity Sunday)이라고 한다. 그러므로 삼위일체주일 후 첫째주일은 성령강림절후 둘째 주일이 된다. 또 성령강림절은 9월 말 주까지 계속되고 이어서 10월 첫 주부터 다음해 교회력이 시작되는 대강절(대림절, Advent) 전까지의 기간을 왕국절(Kingdom tide)이라고 하는데 성령강림절 이후부터 왕국절 까지를 삼위일체기(Trinity Season)라고도 한다. 이 기간은 짧으면 25주가 되며 기간이 길어질 때에는 28주가 되는 때도 있다.

(1) 삼위일체기(Trinity)

성령강림절 이후의 삼위일체기는 특별한 절기가 없는 기간이어서 신앙생활이 나태하기 쉬운 계절이나 교회에서 자유로운 계획을 세우는 계절이기도하다. 이 계절은 사계절 중에 낮의 해가 길어서 활동하기 좋은 여름부터 가을로 이어지는 절기이기 때문에 신앙생활을 소홀히 하고 자유롭게 휴가철을 보내기도 한다. 그러나 이때는 하나님께서 창조하신 모든 만물이 성장하고 결실 하는 계절이며 가장 힘써 일하는 계절이므로 성도들의 신앙성장의 계절로 삼아야 한다 또 이 절기에 교회의 모든 프로그램은 첫째 성도들의 영성 훈련을 위한 교육과 훈련, 둘째 하나님 나라 확장(교회성장)을 위한 복음전도와 선교, 셋째 이웃사랑을 위한 성도간의 교제와 봉사, 등으로 변화를 주는 계절로 삼아야한다.

삼위일체기에는 특별한 절기가 있는 유재기와 달라서 이 기간은 영원하신 하나님과 구원의 역사를 이루신 성자 예수 그리스도, 우리와 함께 하시는 보혜사 성령이신 삼위일체 하나님에 대한 속성을 바르게 배우는 절기이기도하다. 또한 이 절기에는 예수님께서 말씀하신 대로 "마음을 다하고 목숨을 다하고 뜻을 다하여 주 하나님을 사랑하고 네 이웃을 네 몸과 같이 사랑하라"라고 하신 계명을 순종하며 살기 위해 노력해야 한다. 그러므로 하나님의 크신 사랑과 은총을 몸소 실천하는 절기로 선용해야한다. 뿐만 아니라 믿음을 굳게 하고 이웃과 더불어 사랑을 나누며 성숙된 신앙생활에 역점을 두는 삶의 지혜가 필요하다.

따라서 교회의 모든 프로그램은 변화를 주는 계절로 삼고 폭넓게 다양하고도 보다 적극적인 신앙생활을 하도록 프로그램을 개발해야한다. 그러므로 이 기간은 아래와 같은 중점 목표를 세우고 생활지침 기간을 설정하는 것도 바람직한 일이다.

① 하나님의 부르심과 소명의식에 순종하는 기간으로 삼는다.
② 성도들의 영성 훈련을 위한 교육과 훈련기간으로 삼는다.
③ 의와 진리로 거듭난 삶으로 새로워지는 기간으로 삼는다.
④ 하나님나라 확장(교회성장)을 위한 복음전도와 선교의 기간으로 삼는다.
⑤ 이웃사랑을 위한 성도간의 교제와 봉사의 기간으로 삼는다.
⑥ 하나님이 창조하신 자연을 보호하고 가꾸는 기간으로 삼는다.

(2) 교회력의 보완

교회력(敎會曆, Church Calender, Christian Year)은 교회가 오랫동안 성장하면서 사용해 왔으나 최근에 새롭게 절기를 보완하여 폭넓게 활용되고 있는 경향으로 바뀌고 있다. 이러한 경향은 최근에 예수 그리스도 중심의 교회력이 지니고 있는 약점을 보완하기 위한 주장이 일어나면서 거론되었다. 교회력의 보완내용은 창조주이신 성부의 하나님 계절을 보완하자는 구미 각 국에 신학자들의 의견을 존중하여 보완된 것이다. 이 내용은 그리스도론을 중심으로 한 교회력에 성부의 하나님에 대한 계절을 보완한 것이다. 특히 동방교회 콘스탄티노풀 총주교(Dimitros)의 제안으로 보완된 교회력에는 성부의 창조세계를 존중하여 창조주 하나님을 영화롭게 하는 날을 포함시켰다. 그리고 하나님의 창조세계에 대한 우리들의 책임으로 모든 피조물을 사랑하며 자연을 보호하는 내용과 이웃사랑에 대한 내용까지 보완하였다.

따라서 그 동안 사용하던 예수 그리스도 중심의 교회력을 성부 성자 성령 삼위일체 하나님 중심의 구속 사업을 1년을 주기로 구분하여 놓았다. 그 동안 사용하던 교회력을 새롭게 보완하여 제정한 내용은 일 년을 하나님의 구원활동과 연관지어서 삼위일체 하나님의 속성을 적절하게 배열하고 있다. 이렇게 보완된 교회력은 성령강림절 이후 8월말까지를 "성령의 계절"이라고도 한다. 그리고 9월부터 다음 대강절(Advent) 이전까지를 창조절(Creation tide)이라고도 한다. 이 절기는 성부이신 하나님 아버지의 창조의 능력과 역사를 주관하시는 하나님의 크신 뜻을 강조하고 변함없는 구속 사업에 역점을 두는 절기이기도하다. 이와 같이 그동안 소외되었던 창조절의 절기는 최근에 "성부의 계절"로 보완하였다. 그리고 교회력의 중점을 두고 있는 성탄절에서 성령강림절 이전까지를 예수 그리스도의 생애를 중심으로 한 "성자의 계절"로 의미를 두었다. 그 다음은 성령강림절 이후 8월말까지를 위에서 밝힌 대로 "성령의 계절"로 구분하고 있다.

그 외에도 교파에 따라서 여러 가지 축일을 정하고 의미 있게 절기를 지키며 신앙생활에 도움을 주고 있으나 특정교파에서 제정한 절기는 본 장에서 다루지 않았다.

3. 교회의 축일

현대교회는 오래 전부터 내려오는 교회절기 외에도 시대와 교회의 형편에 따라서 신앙생활에 도움이 되는 절기를 보완하여 교회력과 함께 지키고 있다. 교회에서 특별한 의미를 보완하여 지키는 절기는 교파와 지역에 따라서 많은 차이가 있다. 그러나 일반적으로 세계교회에서 지키고 있는 절기와 축일 외에도 한국교회에서 교회력과 함께 자연스럽게 지키는 절기나 교회창립일과 같은 특별한 기념일은 교회에서 많은 관심을 가져야한다.

1) 새해아침

새해아침은 새해를 맞는 감격의 아침시간이다. 묵은해를 보내며 새해를 맞는 이 뜻 깊은 시간은 엄숙한 마음으로 지난 한해의 모든 일을 돌아보고 반성하며 아쉬움으로 한해를 마감하고 기쁨과 소망으로 맞이하는 새해아침이기 때문이다. 그러므로 새해아침은 하나님께 새해를 맞아서 첫 번째로 예배를 드리는 뜻있고 의미 있는 아침이다. 또 예배를 마치면 온 집안이 함께 모여 어른께 세배도하고 서로 덕담을 나누며 좋은 음식을 나누는 시간이 되어야한다.

2) 어린이주일

한국교회의 '어린이주일'은 5월 첫 주일로 지키고 있다. 그러나 1960년대 초까지만 해도 선교사들의 영향을 받아 6월 둘째 주일에 미국교회에서 지키고 있던 꽃주일을 한국교회에서도 어린이주일을 대신하여 지켰다. 이때는 산과 들에 여러 가지 꽃들이 많이 피는 때이므로 예쁜 꽃으로 교회를 아름답게 단장하고 어린이들을 사랑하며 많은 관심을 갖기도 하였다. 또 모범 어린이 표창도하고 어려운 어린이들을 돕는 프로그램을 다양하게 준비하여 즐거운 시간을 가졌다. 그러나 어린이주일은 정부에서 어린이날의 제정과 함께 거의 때를 함께 하여 지켜왔다. 본래 '어린이 날'은 3·1운동을 계기로 어린이들에게 민족정신을 심어주기 위하여 1922년에 제정되었다. 그 당시 어린이운동에 앞장섰던 소파(小波) 방정환(方定煥) 선생과 일본유학생들로 구성된 '색동회'가 주축이 되어 5월1일을 어린이날로 정하고 매해 전국적으로 행사를 해왔다. 그 후 해방된 다음해인 1946년에 어린이날을 5월1일에서 5월5일로 바꾸었고 1957년 5월5일 제35회 어린이날에는 그해 2월에 제정한 '어린이 헌장'을 공포하였다. 이때부터 5월 5일을 어린이날로 제정한 이후 교회에서도 5월 첫째 주일을 어린이 주일로 지키게 되었다. 이유는 어린이들이 하나님 나라의 주인공으로 교회에서 자라야하기 때문이다. 이로 인하여 6월 둘째 주일에 지키던 꽃주일은 자연히 없어졌다. 따라서 한국교회의 어린이주일은 교회에서 지켜오면서 일반사회에서 지키고 있는 어린이날과 함께 자연스럽게 토착화되었다고 할 수 있다.

이 날은 예수님께서 주신 "어린이 영접에 대한 말씀"을 깊이 교훈 삼아 어린이들과 함께 어린이주일을 즐겁고 뜻있게 지내는 것이 중요하다. 예수님은 "어린아이와 같지 않으면 결단코 천국에 들어갈 수 없다고 말씀하시고 어린아이 하나를 영접하는 것이 곧 나를 영접함과 같다고 말씀하시며 어린아이를 실족케 하지 말라"고 말씀하셨다."(마18:3-6) 또 "어린아이들을 용납하고 내게 오는 것을 금하지 말라"(마9:14)고 하신 말씀대로 어린아이들을 귀하게 여기고 뜻있게 보내야한다. 그러기 위해서 어린이들을 위한 예배에서 유아세례도 주고 어린이들의 신앙생활에 도움이 되는 그 외에 다양한 프로그램을 개발하는데 많은 시간과 노력을 드려야한다. 그러나 지나치게 어린이들을 즐겁게 하는 유흥에만 빠지게 하거나 피곤하게 하는 것은 삼가야 한다.

3) 어버이주일

한국교회에서 5월 둘째 주일을 어버이주일로 지키기 시작한 것은 오래되지 않았다. 본래 처음에는 미국 버지니아주 웹스타 감리교회 주일학교 교사였던 저비스 부인이 세상을 떠난 후 그를 추모하는 예배에서 그의 딸이 예배참석자들에게 카네이션 꽃을 선물한 것이 효시기 되었다. 이 소식을 들은 백화점 왕인 와나베커가 이 운동에 동참하여 자기 백화점에서 5월 둘째 주일에 어머니를 위한 감사모임을 가졌다. 이 행사가 신문에 보도되자 1914년 미국 상원의회 결의와 윌슨 대통령의 선언으로 5월 둘째 주일을 어머니주일로 지키게 되었다. 이때부터 어머니가 생존해있는 사람은 붉은 카네이션 꽃을 달고 돌아가신 사람은 흰 카네이션 꽃을 달고 예배를 드렸다. 미국교회는 이때부터 어머니께 감사하며 카네이션 꽃을 달고 예배하는 관습이 생겨 오늘까지 이어지고 있다.

한국교회는 미국교회의 본을 따서 한때는 5월 둘째 주일을 어머니주일로 지켰다. 그러나 1973년 정부에서 5월 8일을 어버이날로 제정하면서 교회에서도 자연스럽게 5월 둘째 주일을 어버이주일로 바꾸어 지키게 되었다. 이때부터 어린이날은 교회학교 어린이들과 청년들이 어머니

뿐 아니라 아버지, 할아버지, 할머니와 모든 교회의 어른께 카네이션 꽃을 달아드리는 아름다운 전통이 세워졌다. 부모를 공경하는 것은 십계명에도 있으나 사도 바울의 부모에 대한 사상도 엄격하게 명하고 있다. "자녀들아 주안에서 부모를 순종하라 이것이 옳으니라. 네 아버지와 어머니를 공경하라 이것이 약속하는 첫 계명이니 이는 네가 잘되고 땅에서 장 수 하리라."(엡 6:1-2) 그러므로 어버이주일은 평소에 느끼지 못했던 부모님의 사랑에 대한 고마움을 일깨워 주고 감사하는 마음을 갖는 주일이기도 하다.

또한 어버이 주일은 우리들과 함께 생활하는 부모님을 잘 섬기는 것이 보이지 않는 하나님을 섬기는 지름길이며 기본임을 깨닫게 하는 의미를 내포하고 있다. 뿐만 아니라 이날은 교회의 어른에 대한 존경심과 경노사상을 일깨우는 교육도 필요하다. 백발이 되도록 믿음을 지켜가며 살아온 나이 많은 어른들의 삶은 그 자체만으로도 존경의 대상이 되기 때문이다. 그러므로 교회에서는 이 주간에 어른들을 위한 새로운 프로그램을 마련하여 경로잔치를 베풀거나 어려운 가정을 돌보는 미풍을 세우는 일도 중요한 일이라고 하겠다.

4) 종교개혁주일

종교개혁주일은 중세기의 종교개혁가인 마틴 루터(M. Luther,1483-1546)가 기독교역사에 새로운 장을 열어놓은 날을 기념하는 날이다. 당시 어거스틴파 수도사이며 비텐베르크대학 교수였던 마틴 루터는 1517년 10월31일 비텐베르크성문교회 문에 면죄부에 관한 95개조의 부패성을 내걸고 종교개혁을 일으켰다. 마틴 루터의 개혁사상은 로마서 3장 22-28절을 주석하면서 복음에 대한 새로운 발견과 신학을 정립하기 시작하였다.

그는 새로운 신앙을 회복하고 신학을 적립하기 위하여 오직 믿음으로만(sola fide), 오직 은총으로만(sola gratia), 오직 성서로만(sola scliptura)을 강조하고 이전에 잘못된 모든 교리와 형식을 개혁하여 개신교회

(protestant)의 새로운 신학을 확립하여 놓았다. 이때에 예배와 관련된 개혁은 성경과 찬송의 자국어(독일어)로 번역하고 예배의식을 개혁한 것이다. 그 동안 사제들과 성가대원들만이 강단에서 알아듣지 못하는 라틴어 성경을 읽고 라틴어성가를 부르던 예배(미사)를 모두 바꾸어 놓았다. 마틴 루터는 종교개혁을 하면서 라틴어성경을 독일어로 번역하고 라틴어성가도 독일어로 번역하여 예배를 위한 성가를 직접 작사 작곡도 하였다. 그리고 예배에 참석한 사제들과 평신도들이 모두 자유롭게 알아들을 수 있는 독일어로 성경을 읽고 찬송을 부를 수 있도록 예배순서를 바꾸어 놓았다. 이때에 모든 성도들이 쉽게 부를 수 있도록 만든 찬송의 형식을 코랄(Choral)이라고 한다.

그 후 구라파 여러 교회(루터파교회)에서 종교개혁일도 루터생일(11월10일)에 지키기도 하고 아우그스부르크 고백서를 제출한 날(6월25일)을 지키는 등 지역마다 달리 지켰으므로 한동안 종교개혁일에 대한 혼란이 있었다. 그러나 종교개혁 150주년 기념행사 때인 "1667년에 색소니 선제후였던 요한 죠지 2세(John george Ⅱ)는 종교개혁기념을 10월31일에 지키도록 명하였다."[61] 그 후 모든 교회는 10월31일을 종교개혁의 날로 지켰고 이날과 가까운 10월 마지막 주일을 종교개혁주일로 지키게 되었다.

5) 추수감사절

추수감사절은 미국교회에서 11월 셋째 주일을 지키고 있다. 추수감사절의 유래는 영국교회의 박해를 벗어난 102명의 청교도들이 신앙의 자유를 찾아 나선 때부터의 역사를 알아야한다. 청교도들은 메이풀라워(May Flower)호를 타고 3,400마일의 대서양을 건너 63일간의 긴 항해 끝에 1620년 9월6일 아메리카 신대륙에 도착하였다. 그곳에서 가을부터 겨울을 지나는 동안 추위와 굶주림과 질병 또 인디안 들의 습격 등 온갖

---

61) 배한국, op. cit., P. 245.

고난을 극복하고 첫해에 추운 겨울을 보내었다. 그러나 어려움을 감당치 못한 사람들은 다시 영국으로 돌아갔다. 그리고 많은 사람이 굶주림과 질병으로 죽고 견디기 어려운 혹한을 잘 넘긴 청교도들은 남자 27명과 여자 21명이었다. 이들은 봄이 돌아오자 농토를 개간하고 씨를 뿌려 가꾸어 그해 가을(1621년 11월)에 처음으로 추수한 곡식으로 감사예배를 드리고 칠면조를 잡아 원주민과 토인들을 초청하여 함께 3일 동안 축하의 잔치를 베풀었다. 이것이 미국교회에서 처음으로 지킨 추수감사절인데 오늘날 교회에서 지키고 있는 추수감사절의 기원이 되었다. 그 후 1789년 미국의 초대 대통령 죠지 워싱턴이 11월 26일을 추수감사절로 정하였으나 아브라함 링컨 대통령이 11월 마지막주간 목요일을 감사절로 개정하였다. 그러나 1939년 루즈벨트 대통령이 11월 3째 목요일을 추수감사절로 재차 개정하여 오늘까지 지키고 있다.

한국교회는 선교사들의 영향을 받아 11월 3째 목요일을 추수감사절로 지켰으나 현재는 대부분의 교회에서 11월 3째 주일을 지키고 있다. 그러나 오래 전부터 한국의 전통적인 명절 추석을 감사주일로 토착화하여 지키자는 의견도 있다. 이 절기는 하나님께서 우리를 지켜주시고 혼란한 세상을 무사히 지낼 수 있도록 도우시고 보호하여 주심을 마음속 깊이 감사하는 절기로 삼아야한다. 또 하나님 앞에 한 해 동안 논과 밭에서 추수한 오곡백과로 감사드리고 이웃과 함께 즐거움을 나누는 것도 중요한 일이다.

4. 교회력과 성서일과

1) 예배와 성서일과

성서일과(Pericope Texts)는 교회력에 맞추어 하나님의 말씀을 체계적으로 배열하여 때를 따라 의미 있는 예배와 신앙생활에 도움이 되도록 만든 것이다. 이 성경일과는 2세기경부터 사용하였는데 오늘에 이르도록 계속 변천되어왔다. 그 동안 성서일과를 사용하면서 구약성경에 대한 경시, 복음서와 서신서의 편중 등 여러 가지 문제도 있었으나 미비점을 보완하여 교파마다 적절하게 사용하고 있다. 현재 가톨릭교회와 영국성공회 독일루터교회에서는 성서일과를 예배에서 의미 있게 사용하고 있다. 그러나 한국교회에서는 가톨릭교회와 성공회, 루터교회는 오래 전부터 자기 교파에서 제정한 성서일과를 사용하고 있으나 그 외의 교회는 예전을 중요시하는 몇 교회에서만 성서일과를 사용하고 있다.

2) 한국교회와 성서일과

한국교회는 성서일과에 대하여 무관심하게 지내왔으나 장로교회, 감리교회, 성결교회, 침례교회, 순복음교회 등 여러 교파에 성경일과가 처음으로 소개된 것은 1962년에 당시 성광교회에서 김동수 목사(1918~1978)가 펴낸 「교회력」62)에 수록된 내용이었다. 그 「교회력」 책에 소개된 성경일과의 내용은 로마교회와 영국성공회, 독일복음교회(루터교)에서 사용하고 있는 성서일과였다.

그 후 10년이 지난 1974년에 출판된 김소영 저인 「예배와 생활」63)을 비롯해서 김수학 저 「개혁파예배학」64), 정장복 저 「예배학」65), 정정숙 저 「교회음악행정의 이론과 실제」66)등 여러 문헌에 성서일과를 만들어 소개하였다. 그러나 프로테스탄트(Protestant)의 일반교회에서는 아직도 성서일과에 대한 이해가 부족하여 목회현장에서 널리 사용하지 않고 있으며 자유롭게 성경본문을 택하여 설교준비를 하는 목회자들이 대부분이다.

특히 정장복 교수의 저서 「예배학」67)에 수록된 성서일과 내용은 3년을 주기로 사용할 수 있도록 소개되었으나 다음에 소개된 내용은 김

---

62) 김동수, 「교회력」 서울:人文社, 1962.
63) 金昭暎, 「禮拜와 生活」 서울:大韓基督敎書會, 1974, PP.129-131
64) 金壽鶴, 「改革派禮拜學」 서울:보문출판사, 1982. PP.229-232
65) 정장복, 「예배학」 서울:종로서적, 1987. PP. 260-268
66) 정정숙, 「교회음악행정의 이론과실제」 부천:서울신학대학출판부,1988. PP.62-69
67) 정장복, op. cit., PP.260 - 268

소영 저 「예배학」과 김수학 저 「개혁파예배학」의 1년에 사용할 수 있도록 편집한 내용을 참고하였다.

교회력에 따른 성서일과

절기	주 일	의 미	구 약	복 음 서	서 신
대강절	첫째주일	새 출발	말 3:1-7	막 13:33-37	롬 13:8-14
	둘째주일	말씀은 영원히 폐지하지 않는다	사 11:1-10	눅 1:26-35	살전 5:1-11
	셋째주일	약속의 성취	사 62:10-12	눅 3:2-6	고전 4:1-5
	넷째주일	약속에서 이루기까지	사 7:10-14	마 1:18-25	딛 2:11-3:7
성탄절	성탄절	아들로 말씀하심	사 4:2-6	눅 2:1-20	갈 4:1-7
	성탄후첫째주일	율법에서 구해주신 주	사 42:1-9	요 1:1-14	요일 4:9-16
	새해 첫날	새 이름의 백성	슥 2:10-13	눅 2:21-33	히 1:1-12
현현절	첫째주일	영원한 생명으로서의 영광	사 60:1-6	마 2:1-12	엡 3:1-12
	둘째주일	천한자에의 영광	사 49:8-13	마 5:14-20	엡 2:123-18
	셋째주일	교만한자의 넘어짐	삼상 1:19-28	눅 2:39-52	고후 4:1-6
	넷째주일	이 세상임금에게서 해방	욘 3:1-5	요 12:20-36	고전1:18-31
	다섯째 주일	인내하시는 영광의 주	호 6:1-3	요1:19-30	갈 1:21-24
	여섯째 주일	예수만이 아버지영광 나타냄	렘 10:1-7	요 4:7-26	행 8:26-35
수난절	성회수요일	수난절 시작	요엘 2:12-17	마 6:16-34	고전9:24-27
	첫째주일	사탄의 추방	겔 33:7-16	요 14:15-24	요일 2:1-17
	둘째주일	세상을 버리고 가심	출 33:18-23	마 17:1-9	히 12:18-39
	셋째주일	내 혈육을 버리고	암 7:7-16	막 10:17-27	롬 6:15-23
	넷째주일	하나님 아버지를 믿음	애 3:22-26	눅 18:1-14	고후 6:1-10
	다섯째 주일	아들 되신 하나님을 믿음	창 22:1-13	요 11:47-53	히 9:11-14
	종려주일	성령을 믿음	슥 9:9-12	눅 19:29-40	빌 2:5-11
	세족목요일	제자의 발을 씻김	출 12:6-27	막 14:17-25	고전11:23-26
	성금요일	십자가에 달리심	사52:13-53:12	눅 23:33-38	히 10:4-23
부활절	부활주일	무덤에서 부활하심	사25:1-9	막16:1-7	행13:26-33
	부활후1주일	신자와 세상의 싸움	욥19:1-27	요20:19-31	고전15:12-22
	부활후2주일	백성의 목자이신 그리스도	사12:1-6	요6:37-41	롬6:3-11
	부활후3주일	세상승리는 거짓	겔34:11-31	요10:11-16	벧전2:19-25
	부활후4주일	세상의 참 모습	신7:6-11	요16:16-22	고후5:1-10
	부활후5주일	신자는 주의 통치아래 있음	신10:12-11:1	요17:1-5	요일5:1-11
	승천주일	세상을 다스리는 자	단7:9-14	눅24:44-53	엡1:15-23

절기	주 일	의 미	구 약	복음서	서 신
오순절	성령강림절	오순절의 사실	렘31:31-34	요14:15-27	행2:1-21
	삼위일체주일	삼위일체의 도리	출3:1-15	마28:16-20	롬11:33-36
	성령강림후2주일	부드러운 진실한 초대	창3:1-23	마11:2-6	행3:1-21
	성령강림후3주일	굳은 약속의 초대	창9:8-15	눅10:1-11	행4:8-20
	성령강림후4주일	부르심의 넓고 높으심	창28:10-22	요3:4-17	행9:22-31
	성령강림후5주일	세상과 연대성	창45:4-11	마16:13-19	행15:1-11
	성령강림후6주일	봉사에의 초대	출20:1-20	눅19:1-10	행16:1-10
	성령강림후7주일	근본 회개	민27:12-20	요10:1-10	행18:24,19:6
	성령강림후8주일	긍휼하심으로 된 회개	수24:1-24	눅8:14-15	행17:21-31
	성령강림후9주일	좁은 길로서의 회개	삿7:2-22	마10:16-23	행20:17-32
	성령강림후10주일	회개의 긴급성	롯1:1-19	눅15:1-10	행28:16-31
	성령강림후11주일	유대인과 헬라인이 차별 없음	삼상9:15-10:1	눅18:18-30	롬8:14-39
	성령강림후12주일	율법에서의 해방	삼상16:1-13	눅11:1-13	고후3:4-18
	성령강림후13주일	의문과 영의 사역	삼상12:1-13	마11:25-30	엡3:8-21
	성령강림후14주일	신앙과 사업	대상28:1-10	마20:20-28	엡6:10-20
	성령강림후15주일	일과 열매	대하6:1-21	요2:1-11	엡4:1-8
	성령강림후16주일	새 사람과 창조의 은사	잠16:1-9	막14:3-9	엡4:4-20
	성령강림후17주일	그리스도의 내재	신18:15-22	눅7:11-17	엡3:1-21
왕국절	왕국절1주일	기독가이 안전	대상29:10-18	마25:31-40	계19:1-8
	왕국절2주일	두 계명	왕상18:21-39	눅16:10-15	딤전6:6-19
	왕국절3주일	새 생명의 내용	사6:1-8	막10:28-30	고후5:17-6:2
	왕국절4주일	새 생명의 확실성	욥1:1-21	마7:15-23	골3:1-15
	왕국절5주일	새 생명의 힘	나1:1-8	마18:15-22	히13:1-16
	왕국절6주일	남은 빛	미6:1-8	마8:23-27	히11:1-6
	왕국절7주일	천국의 시민권	겔18:23-32	눅21:1-4	약1:17-27
	왕국절8주일	천국의복	암5:18-24	마25:14-30	딤후2:1-13
	왕국절9주일	죽음에서 구원	사55:1-7	눅15:11-32	빌1:1-16
특별일	성서주일		신30:8-20	눅4:10-21	롬15:4-13
	신년새날		전11:6-9	눅9:57-52	계21:1-6
	가정주일		잠31:10-31	마19:1-14	엡5:25-6:4
	종교개혁주일		느8:1-8	요2:13-16	갈3:23-26
	감사절		신8:7-18	눅12:16-31	고후9:6-12

5. 교회력과 색깔

교회에서 사용하고 있는 색깔은 구약시대부터 교회의 절기와 의식에 변화를 나타내기 위하여 특별한 의미를 부여하고 다양하게 사용하였다. 특히 교회에서 의식을 중요시하는 예전적(liturgical)인 가톨릭교회와 동방교회 또 성공회, 루터교회에서는 여러 가지 색깔을 교회력의 절기에 맞추어 적절하고도 다양하게 사용하고 있다. 그러나 마틴 루터(M. Luther)의 종교개혁 이후에 비예전적(Non-liturgical)인 장로교회, 감리교회, 성결교회 침례교회, 순복음교회 등 여러 개혁교회에서는 절기와 의식을 위하여 색깔에 대한 상징적인 의미를 전연 두지 않고 지냈다. 단지 십자가의 색깔을 붉은 색으로 사용하고 목사들이 착용하는 예복(Gown)의 색깔만 검정색으로 사용하는 정도이다.

그러나 1855년 미국에 개혁자 찰스 베어드(Charles Baird)가 예전을 위한 색깔을 사용하면서 그 동안 외면하였던 색깔에 대한 시각적인 의미를 회복하게 되어 널리 사용되고 있다. 이러한 색깔은 교회력과 절기에 맞추어 상징적인 색깔을 맞추어 만든 제단보를 준비하여 강단 정면에 설교대(pulpit)와 교독대(lectern), 그리고 제단(alter)에 드리웠다. 그리고 목사의 드림천(stole)과 성가대의 가운(Gown)도 같은 색깔로 맞추어 사용한다. 그러나 한국교회는 아직도 교회력과 색깔에 대한 이해가 부족하여 널리 사용되지 않고 있다.

1) 색깔과 상징

하나님은 천지를 창조하시고 절기를 구분하기 위해서 사계절을 주셨다. 때를 따라 아름답게 창조하신 하나님의 사계절은 사람들의 생활을 즐겁고 풍요롭게 한다. 한파가 몰아치는 겨울이 지나면 따뜻한 봄빛이 얼어붙었던 자연을 녹아내린다. 이때가 되면 추위를 이겨낸 생명이 새로운 싹을 돋아내고 대지는 푸르게 물든 옷으로 갈아입는다. 또 대지에 울긋불긋 곱게 피어오른 아름다운 꽃들도 하나님의 오묘하신 솜씨를 노래하며 만방에 선포한다. 봄이 지나고 녹음이 짙어지는 여름이 오면 울

창한 초목은 줄기차게 솟아오르고 따가운 햇빛을 피하는 그늘이 된다. 빨간 단풍으로 물드는 가을이 오면 풍성한 오곡백과 거둬드리고 하나님께 감사 찬송 높이 부른다. 찬바람 몰아치고 만물이 얼어붙는 추운 겨울에는 온 세상을 흰눈으로 덮어 주시며 창조의 질서를 깨닫게 한다.

교회력은 자연 질서의 변화에서 볼 수 있는 색깔을 상징적인 의미를 두어 오래 전부터 예배에 사용되었다. 교회에서 색깔을 사용하는 것은 시각적인 감각으로 교회력의 상징적인 중심사상을 마음에 전달하는 의미가 내포되어 있다. 그러나 비예전적(Non-liturgical)교회에서는 색깔사용은 지나친 형식으로 보았다. 그리고 상징적 장식이나 색깔을 배격하고 사용하지 않았다. 그러나 상징이란 어떠한 사상이나 행동하려는 의도를 대행해주는 역할을 하는 것으로서 사용하는데 따라서 전달하는 매체나 수단으로 효과적이고 필요한 것이다. 교회력과 절기에 사용하고 있는 색깔은 다섯 가지색깔을 상징적인 의미를 두어 사용하고 있으나 교파마다 조금씩 대용색깔을 사용하기도 한다.

(1) 흰색(whit)

흰색은 모든 색의 바탕이 되는 색이다. 교회에서 흰색은 승리와 순결, 결백과 기쁨 그리고 광명의 색으로 상징적인 의미를 부여하고 있다. 성경에는 "지은 죄가 주홍같이 붉을 지라도 주님의 보혈로 죄를 씻으면 눈보다 더 희게 된다."(사1:18)라고 흰색에 대한 순결에 의미를 부여하고 있다. 그러므로 흰색은 흠과 티가 없으신 예수 그리스도의 색으로 사용하고 또 영원하시고 거룩하신 삼위일체 하나님의 색깔로 사용하기도 한다.

따라서 교회력의 성탄절 주현절, 부활절, 그리고 결혼식 등 교회의 모든 축제일과 절기에는 흰 색깔을 상징적으로 사용하고 있으나 황금색으로 대신하기도 한다.

(2) 붉은색(red)

붉은색은 예수님이 십자가상에서 흘리신 보혈을 상징하는 의미 있는 색깔이다. 교회에서 십자가를 붉은 색으로 표시하고 있는데 이 역시 예수님의 보혈을 상징하는 의미를 내포하고 있다. 또 복음 선교를 위한 순교의 피를 상징하기도 한다. 뿐만 아니라 붉은색은 붉게 타오르는 불꽃과 열기를 상징하고 있기 때문에 성령의 불을 상징하는 의미를 부여하기도 한다. 따라서 교회에서는 성령의 색깔, 순교의 색깔로 사용하기도 한다. 그러므로 교회력의 성령강림주일, 교회창립기념일, 종교개혁주일, 교회헌당식, 감사주일에는 붉은색을 상징적으로 사용한다.

(3) 초록색(green)

초록색은 자연의 색이며 생명을 상징하는 의미 있는 색깔로 사용한다. 또한 초록색은 성장의 색이며 희망과 평화를 상징하는 의미를 부여하고 있는 색깔이다. 그러므로 초록색은 성령강림절이 지나서 삼위일체기를 맞으면서 사용한다. 이때부터 교회에서는 영적 성장의 계절을 맞이하여 희망과 평화를 위한 교육과 훈련을 위한 프로그램을 개발하고 각종집회를 개최한다. 이 절기는 일 년 중 낮이 가장 긴 여름철이어서 만물이 성장하는 절기이므로 교육하기에 좋은 절기이기 때문이다. 특히 초록색은 성장기에 있는 청소년들의 활동에 많이 쓰이는 색깔이기도 하다.

(4) 자색(purple, violet)

자색은 명상과 참회를 상징하는 색깔로 사용하며 회개와 비애를 상징하는 의미 있는 색깔로 사용한다. 또한 자색은 사람의 마음을 어둡고 무겁게 하는 상징적인 의미를 내포하고 있다. 그런데 여러 교회에서 자색을 보라색과 혼돈하여 사용하기도 하는데 자색은 붉은 색이 아주 짙어질 때 나타나는 색이다. 그러므로 자색은 첫째 예수님이 탄생하신 성탄절을 기다리며 준비하는 의미 있는 대강절부터 성탄절 전날 밤까지 사용하며 둘째 예수님이 고난당하신 사순절기간에 사용한다. 즉 성회 수요일부터 부활절 전인 성금요일까지 자색을 사용한다.

(5) 검정색(black, brown)

검정색은 암흑과 죽음을 상징적인 의미를 내포하고 있는 색깔이다.

또한 검정색은 비애의 색, 죄에 대한 탄식의 색깔로 사용하고 있으나 갈색이나 청색으로 검정색을 대신하기도 한다. 그러므로 검정색은 예수께서 죽임당하시고 무덤에 장사되어있던 기간에 사용된다. 즉 교회력의 성금요일 저녁부터 성토요일에 사용하고 있다. 그 외에 평일에는 일반적으로 장례식에 검정색을 많이 사용한다.

그 외에 일상생활에서 사용하는 다양한 색깔은 여러 지역의 전통과 풍습에 따라서 색깔의 의미를 달리하고 있다. 인류의 오랜 역사를 지니고 있는 중국에서는 흰 색깔을 비애를 상징하고 있다. 또한 인도에서는 붉은 색을 악령으로 상징하기도 한다.

2) 예복의 의미

현대교회에서 가톨릭교회(Catholic)의 신부나 프로테스탄트(Protestant)의 목사나 성가대원들이 사용하고 있는 예복(Gown)은 오랜 전통을 이어 오면서 그 상징적인 특별한 의미와 배경을 두고 있다. 예배에서 착용하는 예복은 아름다운 옷감이나 색깔 그 외에도 모형이나 장식품은 모두가 상징적인 의미를 두고 있어 예배의식에 많은 도움을 준다.

예복에 대한 성경의 기록을 보면 구약시대에 상황을 조금은 이해할 수 있다. "네 형아론을 위하여 거룩한 옷을 지어서 영화롭고 아름답게 할지니…"(출 28:2)라는 기록을 보면 영화롭고 아름답게 하기 위해서 옷도 거룩하게 지어 입어야한다는 말씀이라고 보아야하겠다. 예식을 중시하던 구약시대에는 제사장들이 옷을 입는데 까지도 신경을 써서 옷의 디자인이나 장식까지도 의미를 주어 만들어 입었고 전통적으로 사용하는 구별된 장식들도 있었다고 보아진다. 구약성경 출애굽기와 레위기를 보면 하나님께서 건축이나 의상을 어떻게 만들라고 지시하신 것을 볼 수 있다. 구약시대 제사장들의 의상은 대부분이 화려하고 복잡하며 위엄 있는 특징이 있었다고 볼 수 있다. 그때에 하나님을 섬기며 제사의식을 담당한 제사장들은 축제 때에 "물로 몸을 깨끗하게 씻고"(레 8:6-9 ; 16:4, 24)백색 세마포로 만든 옷을 입고 그 위에 "금실과 청색 자색 홍색

실과 가늘게 꼰 베실로 공교히 짠 화려한 겉옷(에봇)을 걸쳐 입었으며"(출 28:6) 흉패를 달고 머리에는 관을 씌우고 그 관 위 전면에 금패를 만들어 그 위에 '여호와께 성결'(출 28:36)이라고 새겨서 붙였다."(출 29:5, 39:21 ; 레위기 6:10, 8:7-9,16:4) 이러한 제사장들이 입는 "아름답고 거룩한 옷"(시 29:2)은 여호와께 경배하기 위한 예복으로 입었다. 이유는 제사장들은 부정한 일상복장을 벗고 반드시 아름답고 거룩한 예복을 입어야 하나님 앞에 나아갈 수 있었기 때문이다. 그러므로 제사장의 "예복은 정성을 드려 고운 금실 청색 자색 홍색실과 가는 베실로 짠 옷을 만들었다."(출 28:5,32)

신약시대에 예수님의 십자가에 달리심과 부활 승천하신 후 탄생한 초대교회는 3~4세기까지 박해가 심하여 구별된 사제들의 예복이 따로 없었다. 그러나 A.D. 313년 콘스탄티누스 Ⅰ세(Constantinus Ⅰ)가 칙령을 내린 후 기독교의 박해가 사라진 때부터 성직자들의 옷도 나타나게 되었다. 그들이 처음 예복을 입었을 때에는 교회력의 색깔과 무관하게 사용하였다. 그러나 성직자들은 11세기부터는 미사 때에 정해진 예복을 입었고 12세기에는 예복의 색깔에 대한 의미를 교회력과 절기에 관련지어서 착용하여 왔다. 또한 종교개혁 이후에는 성직자들의 상징적인 제복이 있었으나 이용하는 일이 점차로 줄어졌고 성직자들 중에는 학자들이나 교사들이 입는 검정 예복을 입고 설교하였다고 한다.

그러나 최근에 한국교계는 성직자들의 예복도 오랫동안 이어온 전통적인 예복을 착용하여 왔으나 그 외에도 새롭게 변하여 다양해지고 있다. 현재 경동교회의 성가대는 예복의 토착화를 주장하며 새로운 모형으로 된 한국고유의 성직자 예복을 도포형을 감미하여 새롭게 제작된 예복을 주일예배 시에 착용하고 있다. 또한 한신대학교 학위수여식 때에는 한국형 예복과 관을 쓰기도 한다. 이러한 성직자의 예복에 대한 새로운 운동은 1970년대부터 일부 교회에서 바람을 일으키기 시작하였으나 한국교회에 크게 영향을 미치지는 못하고 있는 실정이다. 이와 같이 경동교회와 한신대학교에서 새로운 예복을 처음으로 착용하였을 때에는 어색한 감도 있었으나 현재에는 불평 없이 잘 적응해가고 있다. 그러나 대부분의 한국교회 성가대 예복을 보면 아무 의미 없이 가운색깔을 선택하는 사례가 많은데 색깔의 상징적인 의미를 알고 절기에 맞추어 예복을 바르게 착용하는 것이 바람직하다. 그러므로 교회를 담임하고 있는 목회자나 교회음악지도자들은 예복에 대한 현대적 의미를 바르게 이해하고 절기에 맞추어 예복을 입어야한다.

(1) 가운은 예배인도자가 입는 성직자의 예복이다. 예배인도자의 가운은 구약시대부터 제사장들이 입었던 세마포나 에봇과 같은 상징적인 의미를 내포하고 있는 역사적인 예복이다.
(2) 가운은 제사장의 거룩함과 위엄을 상징적으로 나타내는 의미를 내포하고 있는 예복이다. 그러므로 예배인도자들이 입는 가운은 몸을 깨끗하게 하고 입는 정결한 예복이다.
(3) 가운은 구약시대에 거룩한 성전에서 하나님을 찬양하고 노래하는 제사장들이 예복으로 입었던 상징적인 의미를 지니고 있다. 현대교회에서 찬양대원들이 입고 있는 가운도 구약시대에 노래하는 제사장들이 입었던 의미를 알아야한다
(4) 찬양대의 가운은 교회에서 뽑아 세운 찬양대원으로서의 소명감과 자부심을 같게 하며 충성을 다짐하는 상징적인 의미를 지니고 있다.
(5) 찬양대의 가운은 교회에서 하나님을 찬양하는 음악지도자임을 표시하고 소속감과 책임의식을 인식시키는 의미를 지니고 있다.
(6) 찬양대의 가운은 찬양대원들이 자유롭게 입고 있는 다양한 복장과 외모로 풍기는 빈부의 차이를 없애는 의미를 지니고 있다.

IX 예배음악 선곡법

"새 노래로 여호와께 노래하라 온 땅이여 여호와께 노래할 지어다 여호와께 노래하여 그 이름을 송축하며 그의 구원을 날마다 전파할지어다 그의 영광을 백성들 가운데서 그의 기이한 행적을 만민가운데에 선포할지어다"(시96:1-3)

"그러므로 우리는 예수로 말미암아 항상 찬송의 제사를 하나님께 드리자 이는 그 이름을 증언하는 입술의 열매니라"(히13:15)

예배음악은 어떻게 선곡해야 아름답고 영적예배가 될 수 있나? 우리는 그동안 예배음악의 선곡에 대한 관심을 가져본 일이 없이 아름다운 곡을 쉽게 선곡하여 왔다. 그러나 예배음악을 깊이 연구하여보면 예배에 적합한 예배음악을 선곡하는 것이 쉽지 않음을 알 수 있다. 이유는 예배음악은 내용과 형식이 매우 다양하기 때문이다. 그러므로 예배음악의 선곡은 예배의 아름다움과 생동감이 넘치는 예배를 위하여 매우 중요하다. 그러나 한국교회는 대부분의 목회자나 교회음악 지도자들이 예배음악에 대한 이론과 선곡 법에 대한 전문지식이 부족하기 때문에 예배를 위한 회중찬송을 비롯하여 찬양대의 찬양 곡과 오르간 곡에 이르기까지 바르게 선곡하지 못하고 있는 현실이다. 왜냐하면 대부분의 교회음악 지도자들과 목회자들이 예배에서 부르는 다양한 내용의 예배음악과 일반연주회에서 부르는 성가 곡을 구분하지 못하고 분별없이 선곡하기 때문이다. 또한 한국에 교회음악 출판사들이 편집한 성가집은 예배용으로 편집되지 않은 성가집이 대부분이기 때문이다. 이러한 원인으로 인하여 분별없이 선곡하는 원인 중의 하나라고 하겠다. 예배를 위한 선곡의 가장 중요한 점은 먼저 찬양의 대상을 확실히 알고 선곡을 해야 한다. 그리고 예배음악의 내용은 하나님의 영광과 존귀를 높이고 하나님께 대한 찬양과 감사와 헌신의 내용이어야 한다. 예배음악은 예배자들 자신의 신앙고백이며 자신이 바라고 원하는 간구이다. 그리고 예배음악은 때때로 성도들과 세상을 향한 선포적인 내용이 포함되기도 한다. 이러한 예배에서의 모든 예배음악은 회중 찬송이나 찬양대의 찬양 그리고 오르간 음악에 이르기까지 모두가 하나님께 드리는 찬미의 제사가 되어야 하므로 예배음악의 선곡은 매우 중요하다.

1. 예배음악 선곡계획

1) 선곡의 중요성

예배음악의 선곡 법은 회중찬송 외에도 찬양대의 성가합창이나 오르간음악에 대한 선곡 법을 나누어 설명할 수 있으나 편의상 예배음악 전반에 대한 선곡 법을 다루고자 한다.

다양하고도 변화 있는 예배음악의 선곡법은 여러 가지 방법이 있겠으나 목회자나 교회음악지도자 들에게 도움이 되기 위하여 첫째 가사에 의한 선곡법과 둘째 음악에 의한 선곡 법 셋째 음악성에 의한 선곡 법 넷째 행사를 위한 선곡 법 등으로 구분하여 정리하였다.

특히 예배에서의 회중찬송은 성도들이 자유롭게 부를 수 있는 곡을 선곡해야 한다. 그러기 위해서는 먼저 찬송을 많이 배워서 익혀야 한다. 또 찬송을 배우기 위해서는 성도들을 위한 찬송공부 시간을 많이 가져야 한다. 그리고 모르는 찬송은 가사의 내용을 바르게 이해하고 곡을 잘 부를 수 있도록 계속 불러서 익혀야 한다. 아무리 좋은 찬송곡이라도 성도들이 모르는 찬송이면 따라 부를 수가 없다. 그러므로 현재 사용 중인 찬송가에 수록되어 있는 찬송곡을 얼마나 부를 수 있느냐에 따라서 선곡의 폭이 정해질 수 밖에 없다.

여기에 소개하는 예배음악 선곡법은 필자가 오랫동안 기도하며 예배음악을 선곡한 사례를 중심으로 정리한 내용이다.

2) 선곡을 위한 준비

일반적으로 예배에서 많은 순서와 시간을 차지하고 있는 예배음악의 선곡은 회중찬송이나 찬양대의 찬양 곡과 오르간이스트의 음악은 예배에 큰 영향을 끼치므로 그 비중도 크다. 하나님의 영광과 존귀를 높이 찬양하고 자신의 신앙을 솔직히 고백하고 자신의 잘못을 참회하고 간구하는 모든 행위를 음악예술로 고백하며 표현하기 때문이다. 그러나 목회자나 교회음악을 담당하고 있는 교회음악 지도자들이 선곡에 대한 이해가 부족한 상황에서 예배음악을 선곡하기 때문에 대부분의 교회가 의미 있고 아름다운 예배찬송을 부르지 못하고 있다. 그러므로 의미 있고 은혜로운 음악을 예배에서 부르기 위해서 교회음악지도자들은 예배음악을 선곡할 때에 설교자가 설교준비를 하는 심정으로 해야 한다.

(1) 예배의 의미와 순서 이해

예배음악을 창의적이고 은혜로운 선곡을 위해서는 예배에 대한 의미와 순서를 이해하는 것이 선행되어야한다. 오늘의 예배는 지역과 교파에 따라 다르기도 하고 개 교회 목회자의 신학적인 배경과 예배학에 대한 이론에 따라 예배의 의미와 순서가 다양하게 변하고 있다. 그러므로 교회음악 지도자는 모든 예배순서에 대한 의미와 목적에 기초가 되는 예배학의 이해가 선행되어야 한다.

(2) 예배음악의 유형과 특징

예배음악을 바르게 선곡하기 위해서는 예배음악의 유형과 특징을 이해해야 한다. 예배에서 사용되는 모든 음악은 회중들과 찬양대의 회중찬송 그리고 오르간이스트가 담당하고 있는 오르간 곡의 다양성과 그 특징이 예배에서 아름답게 표현되어야한다. 예배음악은 모든 순서의 의미를 잘 나타내고 있으므로 예배자들의 마음을 잘 이끌어준다.

(3) 예배음악이 끼치는 영향

예배인도자는 예배음악이 성도들에게 끼치는 영향을 이해해야 한다. 뿐만 아니라 예배음악은 예배의 교독문, 신앙고백, 기도, 헌금, 등 다른 순서와 연관된 내용으로 밀접한 관계가 있으므로 모든 예배음악은 순서에 합당한 음악으로 감동을 주어야한다. 이유는 예배순서와 관계없는 음악으로 예배자들의 마음에 감동을 줄 수 없기 때문이다.

(4) 풍부한 예배음악 자료

아름답고 영감이 넘치는 성가곡을 다양하게 선곡하려면 국내외에서 발행된 예배용 음악자료를 충분히 갖추어야 한다. 이유는 언제어디서나 은혜로운 찬양을 자유롭게 선곡할 수 있기 때문이다. 뿐만 아니라 새로운 예배음악 개발을 위한 관심이 필요하다. 특히 시대적으로 대표적인 작곡가의 작품을 충분히 준비해야 한다.

(5) 변질된 예배음악 검토

한국교회에서 사용하고 있는 현재의 찬송가는 예배에 합당한 찬송가 외에 부흥회와 사경회에서도 사용할 수 있도록 편집되었으므로 찬송가에 수록된 가사와 곡의 특징을 잘 파악해서 사용해야한다. 그러므로 최근에 예배 시에 불러지고 있는 복음성가나 C. C. M의 가사와 음악을 잘 검토해야 한다.

2. 가사에 의한 선곡법

예배음악은 무엇보다도 가사가 중요하기 때문에 가사에 의한 선곡법은 예배순서에 맞추어서 선곡해야한다. 예배음악의 가사는 삼위일체 하나님의 거룩하심과 존귀를 찬양하고 감사하는 가사 외에도 구속의 은총으로 거듭난 자신의 신앙을 고백하는 내용들이다. 그러나 이러한 가사를 어떠한 방법으로 선곡을 해야 하는가? 특히 교회음악 지도자들은 일반성도들의 신앙생활에 많은 영향을 끼치고 있는 회중찬송을 가사에 의해서 자유롭게 선곡할 수 있어야 한다. 가사에 의한 선곡법은 첫째 예배 순서에 의한 선곡법 둘째 교회력에 의한 선곡 법 등 가장 광범위한 방법이므로 언제나 적절하게 선곡할 수 있는 방안을 제시하고자 한다.

1) 예배순서에 의한 선곡법

예배순서에 의한 선곡 법은 예배 시작부터 마칠 때까지의 모든 순서에 합당한 예배음악을 선곡하는 방법이다. 이와 같은 선곡 법은 예배순서를 구성하고 있는 요소를 잘 이해하고 드림(Self Offering)과 받음(Gift)과 나눔(shared)의 요소가 조화를 이루도록 예배음악을 선곡하면 다양하고도 폭 넓은 선곡을 할 수 있다. 그러므로 예배순서에 의한 선곡을 위해서 가사의 내용을 첫 절부터 끝 절까지 읽어보고 예배순서에 합당한 찬송을 선곡을 해야 한다. 그러나 이와 같은 선곡법은 예전적인 교회와 비 예전적인 예배순서가 다르므로 선행연구가 있어야 한다. 또한 같은 교파라도 교회마다 예배순서가 다른 면도 있으므로 예배순서가 어떻게 작성되느냐에 따라서 선곡은 바뀌어 질 수 있다. 참고로 예배순서에 의한 선곡은 찬송가 제목분류를 참고하여 선곡 할 수 있으나 현재 사용 중인 찬송가는 제목분류가 잘 되지 않은 부분도 있음으로 선별해서 선곡해야한다.

(1) 경배와 찬양의 선곡

예배(1-72), 주일(56-58), 성부(73-80), 성자(81-168), 성령(169-181)

(2) 참회와 속죄의 선곡

구원(182-219), 회개와 사죄<330-339>

(3) 위로와 간구의 선곡

시련과 극복(363-367), 평안과 위로(464-478), 기도와 간구(479-483)

(4) 말씀과 확신의 선곡

천국(220-233), 성경(234-241), 하나님나라(242-250), 신뢰와 확신(340-345), 전도와 선교(251-277)

(5) 감사와 헌신의 선곡

소명과 헌신(346-362), 봉사와 충성(368-383), 은혜와 사랑(403-418),

축복과 감사(488-489)

(6) 축복과 결단의 선곡

폐회(59-62), 송영과 영창(546-558), 분투와 승리(384-402), 주와 동행(490-504), 주를 본받음(505-508), 제자의 길(509-522), 소망(531-545),

(7) 만남과 교제의 선곡

친교와 봉사(278-280), 성도의 교제(523-527)

2) 교회력에 의한 선곡법

(1) 유재기(有齋期)

교회력의 전반기에 해당하는 절기를 유재기라고 한다. 이 유재기는 앞장(Ⅷ.교회력과 절기)에서 자세히 밝힌 대로 구약성경에 기록된 선지자들의 예언대로 예수 그리스도의 탄생을 기다리며 준비하는 대강절(Advent)부터 시작된다. 대강절이 지나면 기다리던 성탄절(Christmas)과 현현절(주현절, Epiphany)로 이어진다. 그 다음은 예수께서 고난당하신 절기로 성회수요일부터 시작되는 수난절을 맞게 된다. 수난절의 절정인 종려주일부터 시작되는 고난주간과 부활절을 보내고 오순절 성령강림절까지의 기간이다. 이 절기에는 예수 그리스도의 탄생부터 고난과 속죄, 부활과 승천, 성령강림에 이르기까지의 예수의 행적을 중심으로 한 축제의 절기이다. 그러므로 이기간의 선곡은 예수그리스도와 관련된 내용을 중심으로 선곡을 하면 다양하고도 폭 넓은 선곡을 할 수 있다.

① 대강절(Advent)의 선곡

대강절(Advent)은 교회력의 시작인 동시에 성탄절전 4주간을 지키며 세상만민을 구속하시기 위해 오실 성탄절을 맞이하기 위하여 기다리는 기간이며 준비하는 기간이다. 또 이 기간은 예수님께서 약속하신 대로 재림을 기다리는 기간으로 지내기도 한다. 그러므로 회중찬송의 선곡은 찬송가 제목분류 강림(104-107)과 재림(161-168)에서 선곡하고 그 외에 대강절과 관련된 가사의 내용을 선곡해야한다. 찬양대와 오르간의 선곡도 예수 그리스도의 오심을 기다리는 내용을 주제로 된 곡을 선곡하면 음악으로 대강절의 의미를 나타낼 수 있다. 그러므로 대강절(Advent)의 찬송선곡은 하나님의 독생자가 탄생하시겠다는 예언의 말씀과 관련된 가사와 곡을 선곡해야한다. 참고로 위에 소개한 제목분류의 "강림"과 "재림" 외의 대강절과 관련된 찬송가 곡을 소개하면 아래와 같다.

　28장　복의 근원강림하사
　34장　전능왕 오셔서
　44장　찬송하는 소리 있어
　52장　햇빛을 받는 곳마다
　55장　하나님의 크신 사랑

대강절기간 중에 12월 2째 주일은 전 세계가 만국성서주일로 지키고 있으므로 이 날은 성서와 관련된 가사를 선곡하는 것도 성서주일을 의미 있게 지키는데 도움이 된다. 찬송가 제목분류에서 성경(234-241)과 그 외에 하나님의 말씀과 관련된 가사의 내용을 선곡하면 더욱 성서주일에 대한 의미를 살려서 의미 있는 예배를 드릴 수 있다.

찬양대의 성가합창곡도 회중찬송과 같이 대강절의 의미를 내포하고 있는 곡으로 선곡해야한다. 아래의 성가합창곡은 대강절 기간에 적합한 성가 합창곡이다.

　너희 문을 열라(Gounod)
　오 예수님 우리의 소망과 위로를 주시옵소서(C. Franck)
　구름 타고 오실 주(Owen)
　임마누엘 오소서(Goodwin)
　오 기뻐하라 너희 왕 오신다(Willan)
　크게 기뻐하라(Woodward)
　깨끗게 하시리라(G. F. Händel)
　주의 영광 나타나리라(G. F. Händel)
　오 기쁜 소식을 전하는 자여((G. F. Händel)
　주여 오소서(나운영)

② 성탄절(Christmas) 음악의 선곡

성탄절은 하늘의 영광을 떠나서 이 땅위에 마리아의 몸을 통하여 하나님의 독생자이신 예수 그리스도가 육신의 몸으로 탄생하신 날을 기쁨으로 맞으며 축하하는 날이다. 그러므로 예수 그리스도의 탄생과 관련된 성탄찬송의 가사를 선곡해야한다. 찬송가 제목분류의 탄생(108-126)에서 예수 그리스도의 탄생과 관련된 여러곡이 수록되어 있으나 오래 전부터 불러온 성탄찬송은 몇 곡 되지 않고 여러 나라의 캐롤(carol)이 많이 편집되어 있다.

찬양대의 성가합창곡도 회중찬송과 같이 아기예수가 탄생하신 성탄절의 의미를 내포하고 있는 곡으로 선곡해야 한다. 아래의 성가합창곡은 성탄절에 적합한 성가 합창곡이다.

오 놀라우신 구주의 탄생(Tomas Luis da Vittoria)
베들레헴의 빛(Franz Abt)
그 이름 찬양하리(J. S. Bach)
우리 위해 한 아기 나셨다(J. S. Bach)
주께 영광(J. S. Bach)
우리를 위해 나셨다(G. F. Händel)
주께 영광(G. F. Händel)
우리 위해 임마누엘 나셨다(Praetorius)
높은 곳에 영광(Antonio Vivaldi)
주 앞에 찬송드리세(Saint Saëns)
찬양하라 하늘의 왕(David H. Williams)
찬양하라 하늘의 왕(Mark Andrews)
기뻐하라(Arr. by Ellen Jane Lorens)
축하하세 노엘(황철익)
크리스마스(윤학원)

송구영신과 신년

교회에서 기쁜 성탄절이 지나면 한해를 결산하며 연말을 맞게 되어

송년주일과 함께 송구영신을 맞게 된다. 묵은해를 보내며 새해를 맞는 이 뜻 깊은 시간은 엄숙한 마음으로 지난 한해의 모든 일을 돌아보고 반성하며 아쉬움으로 한해를 마감하고 기쁨과 소망으로 새해를 맞는 감격의 시간이다. 그러므로 지난날을 회고하며 희망찬 새해를 맞이하기 위한 송구영신예배에 합당한 찬송가를 선곡해야한다. 따라서 송구영신의 예배를 위한 선곡은 찬송가 제목분류에서 신년(296-297)과 그 외에 송년주일, 송구영신 등 신년과 관련된 가사의 내용을 선곡해야한다. 참고로 신년 제목분류 외의 송년주일, 송구영신, 신년과 관련된 찬송가 곡과 성가합창곡을 소개하면 아래와 같다.

송구영신의 찬송가 선곡
　　297장　종소리 크게 울려라
　　405장　나 같은 죄인 살리신
　　438장　예부터 도움 되시고
　　459장　지금까지 지내온 것

새해아침의 찬송가 선곡
　　 42장　찬란한 주의 영광은
　　 68장　하나님 아버지
　　248장　시온의 영광이 빛나는 아침
　　296장　오늘까지 복과 은혜
　　358장　아침 해가 돋을 때

성가합창곡 선곡
　　새날은 왔네(J. Christopher Marks)
　　신의 영광(L. Van Beethoven)
　　종을 울려라((Gounod)
　　종소리 크게 울려라(Moffatt)
　　주여 인도하소서(Jean Sibelius)

③ 현현절(주현절, Epiphany)의 선곡
현현절(주현절, Epiphany)은 일반사회에서 사용하고 있는 월력의 새해

첫째주간과 함께 접하게 되는 주간이기도 하다. 그러므로 의의 태양이신 하나님의 영광을 높이 찬양하며 "일어나 빛을 발하라"(이사야서 60:1)라고 한 이사야 선지자의 말씀에 새해의 의미를 둘 수 있다. 어두운 세상을 밝히기 위하여 하늘에 영광을 떠나서 이 땅에 빛으로 오신 예수 그리스도의 뜻을 상징적으로 나타내기 위한 주현절이기 때문이다. 그러므로 새해를 맞이하여 기쁨과 희망이 넘치는 한해를 기원하는 찬송을 선곡하여 부르면 보다 의미 있는 새해 첫 주일을 맞을 수 있다. 또 주현절은 사순절에 이르기까지 이어지는 기간이므로 가사의 내용이 밝고 환희와 희망이 넘치는 성가를 선곡하는 것이 바람직한 선곡방법이라고 할 수 있다.

회중찬송의 선곡
　　9장　거룩 거룩 거룩
　　10장　거룩하신 하나님
　　11장　거룩한 주님께
　　13장　기뻐하며 경배해서
　　19장　내 영혼아 찬양하라
　　21장　다 찬양하여라
　　31장　영광의왕께
　　36장　주 예수 이름 높이어
　　94장　예수님은 누구신가

성가합창곡 선곡
　　주님은 참된 빛(Coller)
　　모두 일어나 빛을 발하라(Willan)
　　길 되신 주(Carl F. Mueller)
　　신성(N. Lindsay Norden)
　　모든 나라들아 주를 찬양하라(J. Truman Wolcoot)
　　우리의 기쁨 되신 예수(J. S. Bach)
　　하나님을 찬송하자(Mit freuden Zart)
　　기쁜 찬송 드리세(L. Van Beethoven)
　　시편 150편(C. Franck)

④ 수난절(Lent)의 선곡

수난절 기간에는 회중을 위한 찬송이나 찬양대의 선곡은 예수그리스도의 수난에 관한 내용을 주제로 된 가사를 선곡해야 한다. 즉 하나님의 어린 양, 예수께서 당하신 고난과 십자가, 보혈, 자비, 참회 등의 가사로 된 회중찬송이나 성가합창곡을 선곡해야한다. 특히 교회음악지도자는 이 기간에 어느 때보다도 기도하면서 선곡해야 하며 특별히 주의해야한다. 또한 이 기간은 모든 성도들이 예수 그리스도께서 고난당하신 고난에 동참하는 기간으로 지내야한다. 그러므로 사순절 기간의 예배에서는 오래 전부터 '할렐루야'나 '하나님의 영광을 찬양'하는 가사의 내용은 회중 찬송이나 성가대의 성가를 부르지 않는다. 이유는 이러한 가사는 예수 그리스도의 고난당하심을 찬양하는 결과가 되기 때문이다. 그러므로 이 사순절기간은 화려하고 경쾌한 성가합창곡은 되도록 피하고 예수님께서 당하신 고난을 묵상하며 부를 수 있는 조용한 단음계의 성가를 선곡하는 것이 바람직하다. 그러나 한국교회음악지도자들은 이러한 의미를 모르고 찬송곡이나 찬양대의 성가 곡을 자유롭게 선곡하고 있으므로 바르게 선곡하기 위해서는 철저한 교육이 있어야 하겠다.

사순절 기간에 의미 있고 뜻있는 예배를 드리려면 매주일 특별한 관심을 가지고 선곡해야한다. 첫째 주일은 하나님의 무한하신 사랑과 자비하심에 대한 내용의 가사를 선곡한다. 둘째 주일은 우리의 죄를 사하시려 구속의 주로 오신 예수님을 깊이 생각하며 "세상 죄를 지고 가는 하나님의 어린양"(요1:29)에 대한 내용의 가사를 선곡한다. 셋째 주일은 자신의 죄를 자복하고 회개하며 부르는 참회와 속죄에 관한 내용의 가사를 선곡한다. 넷째 주일은 예수그리스도께서 당하신 고난에 관한 내용의 가사를 선곡한다. 다섯째 주일은 갈보리 언덕의 십자가와 흘리신 보혈에 관한 내용의 가사를 선곡한다. 사순절기간에 이러한 방법으로 선곡하여 찬송을 부르면 자신의 신앙이 한층 성숙해지는 마음을 갖는 계기가 되기도 한다. 그러나 이러한 선곡법 외에도 다른 의미를 부여하고 선곡할 수도 있다. 사순절 기간의 찬송가 선곡은 주제 분류에서 예수 그리스도의 고난에 관한 내용(134-148)과 그 외에도 여러 곳에 수록되어 있는 수난에 관한 찬송을 선곡해야한다.

찬양대의 성가합창곡도 회중찬송과 같이 예수님의 수난에 관한의미를 내포하고 있는 곡으로 선곡해야 한다. 아래의 성가합창곡은 수난절에 부를 수 있는 적합한 성가 합창곡이다.

예수를 생각하며(R. Proulx)
오 귀하신 예수(T. Tallis)
찬송합니다 주 예수여(H. Schütz)
하나님께서 사랑하셨네(J. Stainer)
주님의 살과 흘리신 피(V. Eville)
죽임 당하신 주(J. S. Bach)
보라 세상 죄를 지고 가는 하나님의 어린양(G. F. Handel)
하나님의 어린 양(G. Bizet)
하나님의 어린양(장수철)
골고다의 언덕길(나운영)
보라 하나님의 어린양을(박재훈)

⑤ 종려주일(Palm Sunday)의 선곡

여섯째주일은 사순절 마지막주일이 되는 종려주일이다. 이날은 예수님께서 십자가에 달리시기 위해서 예루살렘에 입성하신 날을 기념하는 주일이다. 그러므로 이 날은 군중들이 길가에 나와서 종려나무 가지를 꺾어들고 예수님을 맞으며 부르던 호산나 찬미를 선곡하면 그 의미를 잘 나타낼 수 있다. 현재 사용 중인 찬송가 중에 종려주일 찬송은 3곡(130-132)이 있으나 제목분류에서 생애로 분류되어 선곡하기에 혼돈을 일으킬 수 있으므로 종려주일로 정정해야 한다. 이 종려주일부터 한주간은 수난주간이므로 평소와는 달리 더욱 경건생활이 요청되며 아울러 예수님의 수난에 관한 찬송을 부르며 한 주간을 보내야 한다.

찬양대의 성가합창곡도 회중찬송과 같이 종려주일에 관한 의미를 내포하고 있는 곡으로 선곡해야 한다. 아래의 성가합창곡은 종려주일에 부를 수 있는 적합한 성가 합창곡이다.

　종려나무(J. B. Faure)
　호산나(Christian Gregor)
　다윗의 아들에게 호산나(Healey Willan)
　예루살렘 입성(나운영)
　맞으라 만왕의 왕(윤학원)

⑥ 부활주일(Easter)의 선곡

부활절은 예수 그리스도께서 죽음의 권세를 이기고 살아나신 승리의 날이기도 하다. 이 부활주일은 사순절을 보내고 맞이하는 부활의 기쁨과 소망으로 가득 찬 주일을 맞이하여 예배음악도 모두 새롭게 선곡해야한다. 또한 죽음의 권세를 이기고 부활하신 예수를 만방에 선포하고 감사하는 내용으로 선곡하여 기쁨이 넘치는 예배가 되도록 정성을 드려야 한다.

그러므로 부활절부터는 사순절기간에 부르지 않았던 '할렐루야'나 '하나님의 영광'으로 된 가사의 회중찬송이나 성가합창곡을 자유롭게 선곡하여 부를 수 있다. 그러나 교회음악지도자들의 무지로 인하여 부활주일에도 수난에 관한 찬송을 선곡하여 부르는 교회가 간혹 있음은 하루속히 시정되어야한다. 또 부활절에 관한 선곡은 부활주일에만 선곡하는 것은 바람직하지 않다. 그러므로 성령강림절 전까지 계속 부활의 기쁨을 찬양하기 위한 선곡도 무방하다. 이 절기의 부활찬송은 찬송가의 제목분류 부활찬송(149-160)에서 선곡해야 한다. 찬양대의 성가합창곡도 회중찬송과 같이 부활절에 관한 의미를 내포하고 있는 곡으로 선곡해야한다. 아래의 성가합창곡은 부활절에 부를 수 있는 적합한 성가 합창곡이다.

　기쁜 성도들아 찬양하자(Arr. by Antonio Lotti)
　부활송가(William Billings)
　내 주님은 어디 계시온지(J. Stainer)
　하늘과 땅들아 크게 기뻐하라(Arr. by Halter)

부활승천한 주께서(나운영)

⑦ 성령강림절(Pentecost)의 선곡

성령강림절은 부활절 후 50일 만에 맞는 절기이다. 이 날은 예루살렘을 떠나지 말고 약속하신 성령을 기다리라고 하신 예수님의 말씀을 듣고 기도하며 기다리던 제자들에게 성령이 임하신 날이다. 또한 이 날은 제자들에게 약속하신 말씀이 성취한 날이며 성령이 충만하여 초대교회가 탄생한 날이므로 이와 관련된 예배음악을 선곡하면 그 의미를 잘 나타낼 수 있다. 그러므로 성령강림절은 찬송가의 제목분류 성령(169-181)에서 선곡하거나 그 외에 성령과 관련된 내용의 가사를 선곡해야한다. 찬양대의 성가합창곡도 회중찬송과 같이 성령강림절에 관한 의미를 내포하고 있는 곡으로 선곡해야 한다. 아래의 성가합창곡은 성령강림절에 부를 수 있는 적합한 성가합창곡이다.

성령이여 임하소서(G. P. da Palestrina)
주 안에 위로 있네(E. Titcomb)
성령의 노래(Negro Spiritual)
불같은 성령 임하셔서(J. W. Peterson)

(2) 무재기(無齋期)의 선곡법

무재기는 교회력의 후반기에 해당하는 절기이다. 이 절기는 유재기 이후의 절기로 성령강림절 이후에 이어지는 삼위일체기(Trinity Season)라고 한다. 그러나 최근에는 교회력의 후반기를 보완하여 8월 말 까지를 "성령의 계절"로 지키기도 하고 9월부터 성탄절 이전까지의 기간을 성부에 관한 절기를 보완하여 "창조절"(Creation tide)로 지키기도 한다.

이 무재기의 기간은 비축제의 기간으로 지나게 되는데 짧으면 25주가 되며 기간이 길어질 때에는 29주가 되는 때도 있다. 이 절기에는 성령강림절 이 후의 절기에 해당하므로 일반성도들의 신앙생활에 중점을 두어 선곡을 해야 한다. 그러므로 무재기에 해당하는 삼위일체기에는 회중찬송과 성가합창곡은 전도와 선교, 교육과 훈련, 친교와 봉사 등 교회성장과 관련된 내용을 중심으로 선곡을 하면 언제나 새롭고 변화 있는 선곡을 할 수 있다. 이 기간의 예배음악 선곡은 자유롭게 선곡할 수 있으나 목적이 분명해야한다. 다음에 소개한 성가합창곡은 비교적 예배에 적합한 곡을 선곡하여 소개한다.

성가합창곡
　　살아계신 주(Bill Gaither)
　　사나운 파도친다(T. T. Noble)
　　방황하는 자들아(H. T. Burleigh)
　　내 본향 가려네(A. Dvorak)
　　본향을 향하네(김두완)
　　너 시험을 당해(나운영)
　　능하신 주의 손(김연준)
　　복 있는 사람(전희준)
　　복 있는 사람들(김성균)
　　영광의 주(김희조 곡, 백선용 편곡)

① 전도와 선교의 선곡

이때는 여름휴가 기간이므로 교회마다 농어촌교회 봉사, 미자립교회 방문, 병원위문심방 등 각종 전도활동에 관한 프로그램을 계획하기도 한다. 최근에는 교회마다 청장년들이 해외로 나가서 의료봉사를 통하여 단기 선교활동을 활발하게 전개하기도 한다. 그러므로 청장년들을 위한 교회성장과 선교에 관한 내용을 폭넓게 선곡하면 더욱 효과적인 활동이 될 수 있다. 회중찬송가의 제목분류에서 하나님나라(242-250), 전도와 선교(251-277), 부르심과 영접(313-329)을 근거해서 선곡해야한다. 따라서 찬양대의 성가합창도 같은 방법으로 교회와 선교에 관한 내용을 선곡하면 예배음악에 통일성을 이룰 수 있다.

② 교육과 훈련의 선곡

여름철에는 교회마다 교육프로그램으로 인하여 가장 분주하게 지내는 때이다. 이유는 교육과 훈련을 위하여 교육기관의 하기학교가 개설되고 여러 가지 신앙성장을 위한 프로그램을 계획하고 진행하기 때문이다. 또한 이 계절은 만물이 성장하는 계절이므로 자연과 더불어 친숙하고 환경을 보호하는 찬송의 내용도 좋은 소재로 삼을 수 있다. 특히 유초등부와 청소년들을 위한 교육과 훈련에 관한 내용을 선곡하면 더욱 효과적인 결과를 가져올 수 있다. 회중찬송은 찬송가의 제목분류에서 헌신과 충성 (368-383), 분투와 승리(384-402), 시련과 극복(363-367)을 근거해서 선곡해야 한다.

③ 친교와 봉사의 선곡

위에서 언급한 대로 여름철에는 교회마다 전교인을 대상으로 여름철 프로그램을 계획하기도하고 교회학교를 비롯하여 각 기관에서 프로그램을 계획하고 있다. 그 중에서 남녀전도회의 여름수련회와 그 외의 여러 가지 계획도 빼어놓을 수 없는 중요한 프로그램이다. 이들은 한적한 산장의 기도원을 찾기도 하고 해변에서 휴식을 즐기며 다양한 프로그램을 진행하기도 한다. 그러므로 평소에 가깝게 지내지 않던 사람까지도 수련회 기간에 자연스럽게 친교하며 교제할 수 있는 좋은 기회이다. 그러므로 만남과 사귐에 관한 프로그램을 개발하고 여기에 걸 맞는 내용을 적절하게 선곡하면 좋은 효과를 가져 올 수 있다. 회중찬송은 찬송가의 제목분류에서 친교와 봉사(278-280), 성도의 교제(523-527), 제자의 길(509-522)을 근거해서 선곡해야한다.

④ 창조절의 선곡

창조절은 하나님의 주권을 강조하고 천지만물을 주관하시는 아름다운 세계를 소재로 한 가사를 선곡하는 것이 바람직하다. 찬송가의 제목분류에서 창조와 섭리(73-80)에서 선곡할 수 있다. 또 이 절기에는 종교개혁주일과 추수절기가 함께 있는 때이므로 개혁과 분투와 승리, 오곡백과를 추수한 기쁨과 감사, 은혜와 사랑 등의 내용을 중심으로 선곡할 수 있다. 위의 제목분류 외에 창조절과 관련된 찬송 곡을 참고로 소개하면 아래와 같다.

　26장　만유의 주 앞에 다 경배하여라
　27장　빛나고 높은 보좌와
　40장　주 하나님 지으신 모든 세계
　50장　큰 영화로신 주
　88장　내 진정 사모하는
　89장　샤론의 꽃 예수
　312장　묘한 세상주시고
　438장　예부터 도움 되시고

⑤ 행사에 의한 선곡

절기와 행사는 교회력 이외의 교회에서 제정하여 지키는 어린이주일, 어버이주일, 만국성서주일, 종교개혁주일, 감사절예배를 위한 선곡과 그 외에도 성만찬예배를 위한 선곡, 임직예배, 헌당예배 등 각종행사를 위한 선곡도 소홀히 할 수 없으므로 적절한 선곡이 이루어 져야한다. 회중찬송선곡은 찬송가 제목분류에서 선곡할 수 있다. 아래의 찬양대에서 부를 수 있는 성가합창곡은 교회에서 제정한 여러 가지 절기와 행사에 적합한 성가합창곡이다.

　성만찬
　　　나 주님을 찬송하리(D. S. Bortniansky)
　　　오 생명의 주여(E. Thiman)
　　　떡과 포도주(김두완)
　임직
　　　충성하라(D. H. Engel)
　감사절
　　　감사하며 주를 찬송하라(Joseph Barnby)
　　　감사합니다 주님(D. S. Bortniansky)
　　　은혜를 감사(Arr. by Ray Bayne)
　　　모든 것 주심 감사(J. A. Hulmant)

감사하라(이문승)

3) 예배성격에 의한 선곡법

 교회마다 주일아침예배 이외에도 여러 가지 집회를 준비하려면 교회음악지도자들은 언제나 부담을 갖는다. 적절한 곡을 선곡하기가 어렵기 때문이다. 그러나 집회의 성격을 알면 쉽게 선곡할 수 있다. 국가적인 기념일(3·1절 기념예배, 8·15광복절)기념예배나 부흥회, 기도회, 외에도 교회 내의 각종 경조모임까지도 소홀하지 않고 성의껏 선곡해야 한다. 일반 회중찬송선곡은 찬송가 제목분류에서 적절하게 선곡할 수 있으나 찬양대의 선곡도 집회성격에 맞도록 선곡하면 모든 집회를 잘 마칠 수 있다.

(1) 기념예배

　내 목자는 사랑의 왕(H.R. Shelly)
　가라모세(Arr. by Bill Ingram)
　여호와는 위대하다(J. B. Herbert)
　주께 감사(G. F. Handel)

(2) 부흥사경회

　나를 인도하소서(E. K. Heyser)
　주님을 찾아 볼지어다(J. varley Roberts)
　우리 눈 여소서(Will C. Macfarlans)

(3) 기도회

　고요한 저녁에(G. Rittenhouse)
　저녁 찬송 들리도다(D. S. Bortniansky)
　주여 내 죄를 사하소서(A. S. Sullivan)

4) 설교내용에 의한 선곡법

 설교에 의한 선곡은 이상적인 선곡법이나 다른 선곡법에 비하여 어려운 선곡 법에 해당한다. 이유는 선곡하기 전에 설교주제와 성경본문을 알아야 하기 때문이다. 뿐만 아니라 설교내용과 성경본문에 합당한 찬송이 없는 경우도 있으므로 이런 경우에는 설교 내용과 가장 유사한 내용을 적절하게 선곡하는 지혜가 있어야 한다.

(1) 주제에 의한 선곡 법

설교 제목에 의한 선곡이 되려면 언제나 설교자의 설교 제목과 주제가 정해져야 한다. 그러므로 1년 동안 52주의 설교를 위해서 매주일 혹은 매월 담임목사와 긴밀한 협의가 선행되어야 가능한 일이다. 그리고 더욱 관심 있게 선곡하려면 설교 내용을 요약해서 들으면 음악지도자가 선곡하기에 크게 어려움 없이 선곡할 수 있다.

(2) 성경본문에 의한 선곡법

성경본문에 의한 선곡이 되려면 역시 설교제목과 함께 성경본문이 정해지므로 설교자와 긴밀한 협조가 이루어져야한다. 그러므로 설교에 의한 선곡이 원만하게 이루어지기 위해서는 교회음악지도자 자신이 먼저 성경에 대한 깊은 이해가 있어야 한다. 이러한 교회음악지도자는 설교자와 긴밀한 협조가 이루어질 수 있다.

5) 계층에 의한 선곡법

계층에 의한 선곡은 찬송을 부르는 계층에 따라서 적절하게 선곡하는 방법이다. 청소년층과 장년층 그리고 노년층은 계층마다 모든 생각과 생활습관이 다르므로 계층의 특수성을 감안하여 적절하게 찬송을 선곡해야 한다.

(1) 청소년층의 선곡법

청소년층은 현실생활의 만족보다는 내일의 소망을 품고 살면서 성장과정에서 무한한 상상력과 잠재력을 지니고 있는 계층이다. 그러므로 이들에게 젊은이의 이상과 꿈을 안겨주고 힘과 용기를 북돋아주는 씩씩하고 용맹스런 가사와 곡의 찬송을 선곡하는 것이 바람직하다. 제목분류에서 어린이(298-301), 청년(302-303), 신뢰와 확신(340-345), 분투와 승리(384-402)에서 선곡하면 그 의미를 잘 나타낼 수 있다.

(2) 장년층의 선곡 법

장년층은 가정과 사회의 일원으로 믿음의 반석 위에 굳게 서서 생활하는 계층이다. 그러나 이 때에는 이상과 현실의 갈등을 일으키기도 하며 삶 속에서 어려운 시험에 빠질 때도 있다. 그러므로 현실에 충실한 삶의 내용과 믿음 위에 굳게 서서 하나님과 몸된 교회에 충성하고 이웃과 더불어 사랑을 나누는 내용이 적합하다. 또한 지역사회를 위한 봉사와 긍정적인 삶에 도움이 되는 내용의 가사와 곡을 선곡하는 것이 바람직하다. 제목분류에서 소명과 헌신(346-362), 시련과 극복(368-383), 기도와 간구(479- 487)에서 선곡하면 그 의미를 잘 나타낼 수 있다.

(3) 노년층의 선곡법

노년층은 지나온 나날을 돌아보며 그 동안의 삶을 정리하는 계층이라고 할 수 있다. 그들의 특징은 일반적으로 지난날 살아온 나날에 대한 그리움과 앞으로 남은 때의 삶에 대한 여러 가지 염려가 교차되는 때라고 요약할 수 있다. 이들은 노년기를 맞으면서 세월이 지날수록 젊은 때의 활동범위가 점점 좁아지고 있음을 느끼며 외로움을 달래기도 한다. 그러므로 노년층은 하나님의 사랑과 내세에 대한 소망으로 살아가는데 도움이 되는 가사와 곡을 선곡하는 것이 바람직하다. 제목분류에서 은혜와 사랑(403-418), 인도와 보호(419-463), 평안과 위로(464-783), 소망(531-545)에서 선곡하면 그 의미를 잘 나타낼 수 있다.

6) 지역에 의한 선곡법

현대사회의 일반성도들은 농어촌에 살던 옛날과 달라서 삶의 터전이 많이 변하여 지역에 따라 신앙생활도 다양하게 변하고 있다. 따라서 성도들이 부르는 찬송도 지역에 따라 조금씩 다른 면을 볼 수 있다. 생활과 동떨어진 찬송은 마음에 감동을 주기 어렵기 때문이다. 그러므로 도시생활이나 농어촌의 생활을 감안하여 그 지역에 생활과 관련 있는 특수성을 살려서 적절하게 선곡해야 한다.

(1) 도시지역의 선곡법

도시생활은 복잡하고 분주하여 신앙생활에 많은 어려움이 있다. 거친 세상에서 쉼 없이 바쁘게 생활을 하기 때문이다. 그러므로 주어진 여건에서 성실하게 신앙생활을 하며 부르는 찬송을 선곡해야한다. 복잡한 도시생활일수록 찬송생활로 인하여 새로운 신앙생활에 도움이 되어야한다.

509장   거친 세상에서
492장   나의 영원하신 기업
332장   나 행한 것 죄뿐이니
333장   날마다 주와 버성겨
389장   믿는 사람들은 군병 같으니
373장   세상 모두 사랑 없어
521장   어느 민족 누구 게나
366장   어지러운 세상 중에
206장   오랫동안 모든 죄 가운데 빠져

(2) 농어촌지역의 선곡법

농촌이나 어촌의 생활은 도시생활에 비하여 단순한 생활이다. 농어촌의 생활은 아침 일찍 일어나 들에 나가던지 어장에 나가서 자연과 더불어 살아가기 때문이다. 그러므로 농어촌의 문화를 이해하고 그들의 생활과 관련된 찬송을 선곡하는 지혜가 있어야 한다. 농어촌과 관련된 찬송 곡을 참고로 소개하면 아래와 같다.

 75장   저 높고 푸른 하늘과
 78장   참 아름다워라
 89장   샤론의 꽃 예수
260장   새벽부터 우리 사랑함으로서
442장   선한 목자되신 주여
312장   묘한 세상 주시고
311장   산마다 불이 탄다
298장   실로암 샘물가에 핀

335장 양떼를 떠나서
191장 양 아흔아홉 마리는 우리에 있으나
237장 저 높고 넓은 하늘이
233장 황무지가 장미꽃같이
276장 하나님의 진리등대
258장 물 건너 생명줄 던지어라
 84장 주 예수 해변서
408장 내주 하나님 넓고 큰 은혜는

7) 주제에 의한 선곡법

주제에 의한 선곡법은 회중을 위한 회중찬송 선곡법 보다는 찬양대의 찬양곡을 선곡할 때에 관심을 두어야 할 부분이라고 하겠다. 따라서 주제에 의한 선곡 방법은 첫째 주별로 변화를 주기 위하여 선곡하는 법과 둘째 월별로 변화를 주기 위하여 선곡하는 법 등을 활용할 수 있다.

(1) 주별 주제에 의한 선곡법

주별 주제에 의한 선곡 법은 매월 첫 주부터 넷째 주까지 매주일 새롭게 변화를 주기 위하여 선곡하는 방법이다. 예를 들면 첫째 주는 찬양을 주제로 선곡한다. 둘째 주는 감사를 주제로 선곡한다. 셋째 주는 신앙고백을 주제로 선곡한다. 넷째 주는 기원을 주제로 선곡한다. 다섯째 주는 세상을 향한 선포를 주제로 선곡한다.

① 첫째 주 찬양의 성가

하나님을 찬양하는 내용의 회중찬송이나 찬양대의 성가는 예배에서 성도들과 찬양대에서 가장 많이 불리진 가사의 내용이다. 이러한 찬양의 성가는 하나님의 속성에 관한 내용으로 거룩하심과 존귀하심을 찬양하고 그의 영광을 높이 찬양하는 내용이다. "하나님은 거룩하십니다." "주께 영광 돌립니다." "주를 찬양합니다."의 가사로 된 성가가 예배용으로 적합하다. 그러나 한국교회 성가대에서 불리고 있는 대부분의 성가 가사 내용이 하나님께 드려지는 내용이 아닌데 문제가 있다. "찬양하세"

"찬양하라" "찬양드리자" 등 찬양대에서 부르는 찬양은 대부분이 성도들을 향한 선포적인 가사내용이 대부분이기 때문이다. 이러한 내용의 성가는 일반 연주회에서 여러 장르의 합창곡과 함께 성가합창을 부를 수 있다. 그러나 하나님께 드려지는 찬양은 '찬미의 제사'가 되는 내용이 되어야 한다. 이러한 가사는 원래가사의 내용을 한국교회의 상황에 맞는 가사 번역이 되도록 관심을 갖아야 한다.

성가합창곡
  오라 와서 예배드리자(G. P. da Palestrina)
  오 세상에 구세주(John Goss)
  하나님께 찬송 드리세(G. F. Handel)
  천사의 찬송(D. S. Bortniansky)
  축복(H. R. Evans)
  주 안에 늘 기뻐하라(H. Purcell)
  새 노래로 주 찬양하세(Anonymous)
  흰옷 입은 사람들(J. Stainer)
  자연의 찬미(Sullivan-Shephed)

② 둘째 주 감사의 성가

성도들의 신앙생활은 어떠한 상황에서도 온전히 감사의 생활로 이어질 때 바른생활을 할 수 있다. 그래서 사도 바울은 성도들에게 "범사에 감사하라"(살전5:18)고 권하고 있다. 시편기자는 "내가 여호와께 그의 의를 따라 감사함이여 지존하신 여호와의 이름을 찬양하리로다"(시7:17)라고 노래했듯이 우리의 신앙생활은 하나님의 크신 은혜에 대한 사랑과 감사의 찬양이 넘치는 생활이 되어야한다. 우리를 구원하신 사랑을 감사하고 아름다운 계절을 주신 것도 감사해야 할 부분이다. 또한 우리가 살아가는 동안 성령으로 지키시고 보호하여 주시며 언제나 푸른 초장으로 인도하여 주심을 감사해야 한다. 현재 사용 중인 찬송가는 제목분류가 잘 되어 있지 않으나 "은혜와 사랑"(403-418)에서 적절하게 선곡하여 부를 수 있다.

③ 셋째 주 기원의 성가

기원찬송은 자신이 하나님 앞에 바라고 원하는 일들을 간절히 간구하는 찬송이다. 자신의 죄인된 모습을 돌아보고 참회하며 사죄의 은총을 베푸시는 사랑의 하나님께 간구하는 기원이 모두 이에 속하는 곡조 붙은 기도를 의미한다.

    331장   나 주를 멀리 떠났다 이제 옵니다
    336장   여러 해 동안 주 떠나
    347장   겸손히 주를 섬길 때 괴로운 일이 많으나
    349장   나 주의 도움 받고자
    337장   인애하신 구세주여
    372장   나 맡은 본분은

성가합창곡

    하늘의 주(L. F. Rossi)
    사슴이 시냇물 갈급함 같이(G. P. da Palestrina)
    내 기도 들으소서 주여((A. Arkhangelsky)
    오 예수님 우리의 소망과 위로를 주시옵소서(J. W. Franck)
    목마른 사슴같이(박재훈)
    어지신 목자(김두완)
    나 깊은 곳에서(백경환)
    선하신 목자(이안삼)

④ 넷째 주 신앙고백의 성가

신앙을 고백한 찬송은 우리가 즐겨 부르는 찬송 중에서 자신의 신앙을 솔직하게 고백한 찬송이다. 이러한 찬송은 전능하신 하나님의 크신 능력과 그의 섭리하심을 의심 없이 고백하며 부르는 찬송들이다. 이유는 언제나 성령께서 우리를 지키시고 인도하여 주심을 감사하며 앞으로도 주께서 모든 일을 주관하시는 주님이심을 고백하는 내용의 찬송이다.

    330장   고통의 멍에 벗으려고

342장 어려운 일 당할 때 예수 의지 합니다
348장 나의 생명 드리니 주여 받아 주셔서
349장 나 주의 도움 받고자
364장 내주를 가까이 하려함은
459장 지금까지 지내온 것
469장 내 영혼의 그윽히 깊은데서

성가합창곡
오 은혜로우신 주님(Richard Farrant)
오 예수 그리스도(Jacobus van Berchem)
하늘 아버지(G. F. Händel)
하늘 아버지(P. K. Biggs)
시편 23편(A. by Katherine Davis)
나는 알파와 오메가(J. Stainer)

⑤ 다섯째 주 선포의 성가

한국교회 찬양대에서 가장 많이 불러지고 있는 성가이다. 선포의 찬양은 하나님께 드려지는 성가가 아니다. 가사내용이 예배에 참석한 성도들을 향한 권유적인 것과 교훈적인 가사내용으로 되어 있기 때문이다. 이러한 가사는 대부분이 "찬양하라" "찬양하세" "드리세" 드리자"등으로 되어 있다. 그러므로 선포적인 가사내용의 찬송은 성도들에게 하나님께 찬양하라고 권유할 때에 부르는 것이 바른 마음가짐이다.

255장 너 시온아 이 소식 전파하라
259장 빛의 사자들이여
273장 저 북방 얼음산과
318장 예수가 우리를 부르는 소리
326장 죄 짐에 눌린 사람은
327장 죄 짐을 지고서 곤하거든
329장 형제여 지체 말라

(2) 월별 주제에 의한 선곡 법

월별주제에 의한 선곡 법은 1월부터 12월까지 1년 동안 매월 주제를 정하여 주제에 맞추어 선곡하여 활용하는 방법이다. 교회에서 1년 52주의 예배계획이 세워질 때 월별 주제가 정해지면 그 계획된 내용을 참고하여 매월 정해진 주제에 맞는 회중찬송이나 찬양 곡을 선곡할 수 있다. 그러나 담임목사가 이러한 월별 주제계획을 원치 않을 때에 무리하게 독단적으로 계획할 필요는 없다. 교회음악지도자는 담임목사의 목회방침을 따라야 하기 때문이다.

일반적으로 월별 주제를 설정할 때에는 3년 주기로 변화를 주어 선곡할 수 있다.

월별주제 설정

월별	1 차 년 도	2 차 년 도	3 차 년 도
1 월	희망의 달	기획의 달	설계의 달
2 월	친교의 달	사귐의 달	교제의 달
3 월	수난의 달	고난의 달	애국의 달
4 월	부활의 달	자연의 달	희망의 달
5 월	가정의 달	화목의 달	청년의 달
6 월	호국의 날	성상의 날	기도의 달
7 월	교육의 달	연단의 달	극기의 달
8 월	훈련의 달	애국의 달	광복의 달
9 월	부흥의 달	추모의 달	성장의 달
10 월	결실의 달	소망의 달	경노의 달
11 월	감사의 달	추수의 달	은혜의 달
12 월	회고의 달	결산의 달	정리의 달

8) 때와 계절에 의한 선곡법

하나님은 세상을 아름답게 창조하시고 때를 따라 계절의 변화를 주셨다. 그리고 사람들은 때와 철을 따라 적응하며 살아가게 하셨다. 그러므로 사람은 때와 계절을 벗어나서 살아갈 수 없으므로 때와 절기에 알 맞는 찬송은 우리들의 삶에 새로운 활력소가 되기도 한다. 그런데 한국찬송가에는 때와 절기에 맞는 찬송이 풍부하지 않아서 선곡하기 어려우나 찬송선곡에 관심을 두어야 한다.

(1) 때에 의한 선곡법

우리의 생활은 이른 아침부터 하루가 시작된다. 동녘하늘에 찬란한 햇빛이 온 천지를 비쳐오면 하나님이 우리 모두에게 맡겨주신 일을 위하여 한 낮이 지나도록 쉴 사이 없이 분주하게 하루를 지낸다. 그러다 보면 어느새 해가 저물어 밤이 되어 조용히 하루를 돌아보며 피곤을 풀고 휴식을 취한다. 그리고 따뜻한 가족들과 담소를 나누며 하루를 정리하고 잠자리에 들게 된다. 이렇게 하루를 지나는 동안 때를 따라 부르는 찬송이 우리의 생활을 더욱 아름답게 이끌어 준다.

① 아침 찬송

우리는 언제나 좋은 아침이 되기를 바란다. 새 아침에 새로운 기분으로 하루를 시작하기를 바라고 원하기 때문이다. 그러므로 아침에 일어나 부르는 찬송은 지난밤을 편히 쉬게 주의 품에 고이 품어주시고 하루를 시작하게 하심을 감사하고 찬양하는 찬송이어야 한다. 새 아침을 주신 거룩하신 하나님께 감사하고 영광의 찬송을 부르며 아침을 맞이해야 하기 때문이다. 그리고 아침찬송은 새날을 주신 하나님께서 하루의 모든 생활도 인도하실 줄 믿고 찬양하는 기쁨과 소망이 되는 찬송을 선곡해야 한다. 아침찬송은 현재 사용 중인 찬송가 중에서 64장, 68장, 248장, 260장, 358장 등을 부를 수 있다. 또한 자유롭게 활동하는 한낮에는 담당해야할 계획된 일과 맡겨진 일을 위하여 충실히 감당해야 한다. 이러한 주제는 찬송가 분류의 봉사와 충성(368-383)에서 선곡해서 부를 수 있다.

② 저녁찬송

우리의 생활은 하루를 시작하는 아침도 귀하고 중요한 때이지만 하루를 정리하고 쉬는 저녁 시간도 아침과 같이 중요하고도 귀한 시간이다. 혼란한 세상에서 열심히 일하고 피곤하고 지친 때에 평강과 위로를 주시는 하나님께 감사하며 부르는 찬송이 언제나 우리들에게 새로운 소망을 주신다. 시편기자는 "낮에는 여호와께서 그 인자하심을 베푸시고 밤에는 그 찬송이 내게 있어 생명의 하나님께 기도하리로다."(시42:8)라고 고백하고 있다. 저녁에 하루를 보내고 기도하며 부르는 찬송은 63장, 65장, 67장, 531장 등을 부를 수 있으나 그 외에도 적절하게 선곡해서 부를 수 있다. 그러나 최근에 저녁예배가 오후 예배로 바뀌어 지면서 저녁 찬송은 옛날같이 은혜롭게 부르는 기획가 줄어들었고 가정에서 온 가족이 모여 잠들 기전에 부르는 정도로 변하였다.

(2) 계절에 의한 선곡법

사람은 일 년을 주기로 반복되는 봄, 여름, 가을, 겨울은 하나님의 아름다운 세계와 창조의 신비 속에서 살아가고 있다. 이러한 창조의 신비 속에서 살아가는 성도들의 삶은 때를 따라 변하는 사계절에 아름다운 찬송생활로 더욱 풍요로운 믿음을 가꾸어 나갈 수 있다. 이른 봄에 따뜻한 햇빛과 훈풍으로 온갖 꽃을 피우는 봄철이나 뜨거운 햇빛과 이른 비와 늦은 비를 내리며 만물을 성장 시키는 여름철, 또 산들바람이 불어오면 산과 들에 단풍이 들고 오곡백과가 무르익어 추수하는 기쁨을 다함께 마지하고 추운 겨울을 준비하게 된다. 또 눈보라 몰아치는 겨울이 오면 만물이 동면을 하는 동안 사람들은 따뜻한 봄을 기다리며 깊은 사색에 들기도 한다. 창조주 하나님은 사람들에게 이렇게 철따라 변하는 아름다운 자연을 가꾸며 들짐승까지도 잘 다스리라고 명하셨다. 그러므로 성도들은 창조주 하나님의 뜻을 따르며 늘 자연의 아름다움을 찬송하며 살아야한다. 이유는 하나님의 뜻을 따라 아름다운 자연을 훼손하지 않고 자연을 가꾸고 보호해야할 책임을 부여받았기 때문이다. 이러한 삶을 위하여 구원 받은 백성은 하나님께서 만물을 창조하신 솜씨를 철 따라 부를 수 있도록 찬송선곡에 관심을 두어야 한다. 이러한 가사내용의 찬송은 찬송가 제목 분류 "창조와 섭리"(73-80)에서 선곡 할 수 있다.

찬송가 40장

　　주 하나님 지으신 모든 세계 내 마음속에 그리어 볼 때

하늘의 별 울려 퍼지는 뇌성 주님의 권능 우주에 찼네
주님의 높고 위대하심을 내 영혼이 찬양하네
주님의 높고 위대하심을 내 영혼이 찬양하네(2-4절 생략)

찬송가 78장
참 아름다워라 주님의 세계는
저 솔로몬의 옷보다 더 고운 백합화
주 찬송하는 듯 저 맑은 새소리
주 하나님의 지으신 그 솜씨 깊도다(2-3절 생략)

위의 40장과 78장의 찬송은 하나님이 창조하신 아름다운 세계를 찬양하는 대표적인 찬송이라고 할 수 있다. 이와 같이 창조주 하나님이 창조하신 아름다운 자연을 소재로 한 찬송을 사철 변화 있게 부를 수 있는 찬송이 더 많이 개발되어야하겠다.

3. 음악에 의한 선곡법

1) 조성에 의한 선곡법

조성에 의한 선곡 방법은 찬양대원들의 음역을 참작하여 무리하지 않고 편안하게 아름다운 소리로 부를 수 있는 회중찬송이나 성가곡을 선곡하는 방법이다. 뿐만 아니라 음악의 악상(Dynamic)까지 잘 표현할 수 있는 곡을 선곡하면 더욱 좋은 효과를 거둘 수 있다. 아무리 아름답고 훌륭한 곡이라도 찬양대원들이 소리를 내지 못하면 좋은 합창을 만들 수 없다. 그러므로 은혜롭고 좋은 찬양을 위해서는 찬양대원들이 잘 연습하고 소화할 수 있는 곡을 선곡해야한다.

2) 형식에 의한 선곡법

형식에 의한 선곡은 찬양의 변화를 주기위하여 여러 가지 형식의 찬양곡을 변화 있게 선곡하는 방법이다. 찬양대에서 부르는 화성적인 성가합창곡 중에도 비교적 변화가 많지 않은 단순한 풀 앤덤(Full Anthem)

과 곡 중에 변화를 주기 위하여 독창이나 중창과 함께 부르는 버스 앤덤(Verse Anthem)이 있는데 이러한 여러 가지 형식의 아름다운 곡을 적절하게 선곡하면 더욱 새롭고도 변화 있는 성가를 부를 수 있다. 대표적인 앤덤(Anthem)을 소개하면 다음과 같다.

① 풀 앤덤(Full Anthem)
　오 귀하신 예수(Thomas Tallis)
　우리의 기쁨 되시는 예수(J. S. Bach)
　신성(N. Lindsay Norden)
　신의 영광(Ludwig Van Beethoven)
　주여 인도하소서(Jean Sibelius)

② 버스 앤덤(Verse Anthem)
　생명의 양식(César Franck)
　기쁜 찬양드리세((Ludwig Van Beethoven)
　저 하늘은 주 영광선포하고(F. J. Haydn)
　찬양하라 하늘의 왕(David H. Williams)
　여호와는 나의 목자시니(나운영)

3) 선율에 의한 선곡법

선율에 의한 선곡은 곡의 조성과 명암의 변화를 주기 위한 선곡법이다. 회중찬송이나 찬양대가 부르는 성가를 같은 성질의 선율을 부르면 지루하기만 하므로 다양하고도 아름다운 선율을 변화 있게 선곡하면 언제나 새로운 찬양을 할 수 있다. 최근에 찬양 곡을 보면 대부분이 행진곡과 같은 경쾌하고도 힘이 넘치는 곡을 많이 선호한다. 또 성가곡의 끝 부분에 종지를 보면 대부분이 고음으로 마치고 있다. 뿐만 아니라 이러한 성가 곡은 지휘자들이 강하고 힘 있게 끝나야 성도들에게 칭찬을 받기도 한다. 찬송가나 성가 곡의 선율은 가사의 아름다움을 한층 더하여 준다. 그러므로 변화 있게 성가 곡을 선곡하기 위해서는 장음계와 단음계의 조성의 변화를 주거나 중세의 교회 선법으로 된 다양한 선율의 성가 곡을 자유롭게 선곡할 수 있다.

4) 리듬에 의한 선곡법

리듬에 의한 선곡은 박자와 템포의 변화를 주는 선곡법이다. 언제나 변화가 없는 같은 리듬과 템포의 찬송이나 성가는 지루한 감을 주기 때문이다. 3박자, 4박자, 6박자, 때로는 변박자의 곡을 선곡하기도하고 템포 변화를 주기위하여 빠른 곡을 선곡한 다음에는 대조적으로 빠르지 않은 곡을 선곡하면 늘 긴장된 상태에서 언제나 변화 있는 곡을 부를 수 있다.

뿐만 아니라 찬송의 리듬은 가사의 의미를 더욱 확실하고 분명하게 전달하는데 중요한 역할을 한다. 또한 찬송의 리듬은 다양하기 때문에 복잡한 리듬의 찬송은 피하는 것이 좋다. 더구나 한국교회에서 부르고 있는 찬송은 가사와 리듬이 맞지 않는 찬송이 많으므로 리듬을 잘 맞추어 불러도 가사전달이 어색하거나 전연 다른 의미로 이해되기도 한다. 그러므로 가사와 곡이 잘 어울리는 리듬은 좋은 찬송의 첫째 조건이 될 수 있다.

5) 시대에 의한 선곡법

시대에 의한 선곡 법은 시대마다 독특한 성가의 특성을 살려 선곡하는 선곡법이다. 이러한 선곡은 각 시대에 따라서 대표적인 성가나 찬송이 있기 때문이다. 찬송가 중에서 참고로 소개하면은 다음과 같다.

3-10세기의 찬송
    103장 참 목자 우리 주(Clement of Alexandria, c.150-c.220)
    68장 하나님아버지(Gregory the Great, c.540-604)

11-15세기의 찬송
    85장 구주를 생각만 해도(Attr. Bernard of Clairvaux, 1150)
    104장 곧 오소서 임마누엘(Latin, 12th Century)

그 외에 각 시대의 대표적인 곡은 앞장(Ⅵ.예배음악의 변천)에서 소개한 곡을 참고하여 선곡하면 무리 없이 선곡할 수 있다.

6) 작곡자에 의한 선곡법

작곡자에 의한 선곡 법은 작곡자에 따라서 성도들이 좋아하는 대표적인 찬송가나 성가를 선곡하는 방법이다. 한국인의 작곡가 중에 나운영의 대표적인 성가 "시편 23편"과 찬송가는 "디베랴 맑은 바다" "성부여 의지 없어서"이다. 작곡가 박재훈의 대표적인 찬송가는 317장 "어서 돌아오오" 256장 "눈을 들어 하늘 보라" 작곡가 구두회의 대표적인 찬송가 305장 "사철에 봄바람 불어 잇고" 304장 "어머니의 넓은 사랑" 장수철의 대표적인 찬송가 453장 "주는 나를 기르시는 목자" 등이다. 이러한 찬송은 한국인의 대표적인 찬송이므로 교회에서 애창되고 있기 때문에 위의 작곡자들이 작곡한 그 외도 작곡자를 찾아서 선곡하는 사례가 자주 있는데 이러한 선곡은 작곡자에 의한 선곡법이라고 할 수 있다.

4. 음악성에 의한 선곡법

음악성에 의한 선곡 법은 찬송을 부르는 자들의 음악성을 참작하여 선곡하는 방법이다. 예배에 참석한 성도들이 회중찬송을 어느 정도 자신 있게 부를 수 있는가? 또 찬양대에서 부르는 찬양곡을 어느 정도 자신 있게 따라 부를 수 있는가? 에 따라서 선곡해야 한다. 아무리 좋은 예배음악이라도 음악성의 차이가 있어서 함께 부르지 못하면 그러한 예배음악은 선곡을 피해야 한다. 예배음악은 같은 가사라 하더라도 부르는 성도들의 음악성의 정도에 따라서 그 곡의 아름다움과 성격을 다양하게 선곡 할 수 있기 때문이다.

1) 독보력에 의한 선곡법

독보력에 의한 선곡은 가장 기본적인 선곡법이다. 누구나 예배시간에 회중찬송이나 찬양대에서 부르는 성가악보를 바르게 볼 줄 알면 쉽게 선곡할 수 있다. 은혜롭고 아름다운 곡의 흐름을 빨리 익히고 언제나 쉽게 선곡할 수 있기 때문이다. 악보를 읽을 수 없으면 부득이 가사에 의한 선곡이 될 수밖에 없다. 비록 악보를 읽을 수 있어도 악보가 복잡하면 쉽게 읽어갈 수 없기 때문에 언제나 독보능력을 감안하여 선곡해야 한다.

2) 시창능력에 의한 선곡법

악보를 읽을 수 있어도 시창능력이 좋은 것은 아니다. 그러므로 시창능력에 따라 선곡하는 것은 매우 지혜로운 선곡법이다. 일반적으로 악보를 보고 시창이 가능한자는 교회에 별로 많지 않기 때문이다. 그러므로 장기간 훈련계획을 세우고 특별한 교육으로 시창능력을 키워야 좋은 찬양대가 될 수 있다. 한국교회의 일반성도들은 그동안 체계적인 시창훈련 없이 대부분이 오랫동안 예배시간에 옆에 앉은 사람들을 따라 부르며 찬송을 배웠기 때문이다.

3) 음역에 의한 선곡법

찬송을 선곡할 때에 관심을 가져야할 부분은 언제나 회중찬송이나 성가를 부르는 자의 음역에 맞는지 확인을 해야 한다. 아무리 좋은 찬송이라도 부르는 자의 음역과 맞지 않으면 아름다운 고음을 내지 못하는 경우가 생기기도하고 저음을 내지 못하여 아름답고 은혜로운 찬송을 바르게 부르지 못하는 경우가 있기 때문이다. 그러나 독창자의 경우에는 반주자에게 자기의 음역에 맞도록 이조를 부탁하면 쉽게 해결할 수 있으나 예배에서 부르는 회중찬송의 경우는 재치 있게 반주자가 알아서 이조를 해서 전주를 하면 회중들은 쉽게 따라 부를 수 있다.

4) 난이도에 의한 선곡법

찬송은 선율이나 리듬이 어렵지 않을 때 널리 불러졌다. 그런데 최근에 젊은 청년들이 부르는 복음성가나 C. C. M은 따라 부르기가 어려운 곡들이 수 없이 교회 내에 밀려오고 있다. 찬송은 지나치게 까다로운 음정이나 리듬은 성도들이 잘 부르지 못하는 원인을 제공하기도 한다. 그러므로 찬송은 되도록 음정이나 리듬이 쉽게 부를 수 있도록 작곡된 곡을 선곡해야 한다. 누구나 부르는 사람이 부담 없이 부를 수 있기 때문이다.

5. 행사를 위한 선곡법

1) 부흥회를 위한 선곡법

부흥집회를 위한 선곡은 복음을 전하는 내용의 곡이므로 일반 예배음악의 선곡과 내용이 다르다. 그러므로 부흥집회는 첫째 성도들의 연약한 신앙을 더욱 바르게 세우고 주 예수 그리스도인으로서 주의 본분을 다하도록 하는 데 목적을 두고 있다. 즉 성도들의 신앙 훈련기간이라고 할 수 있다. 둘째 "너희는 온 천하에 다니며 만민에게 복음을 전파하라"(막16:15)고 분부하신 예수님의 말씀을 순종하며 복음을 전하는 귀한 집회이다. 이 기간에 그리스도의 복음을 모르는 비신자들에게 예수 그리스도의 복음을 전하여 교회 성장의 기간으로 삼기도 한다. 그러므로 부흥집회에서의 선곡은 대부분이 찬송이나 성가는 곡조 붙은 메시지를 선곡해야 한다. 그러므로 부흥집회를 위해서는 복음전파를 위한 곡을 선곡해야 한다.

부흥집회의 선곡은 찬송가 제목분류에서 성령(169-181), 구원(182-219), 성경(234-241), 전도와 선교(251-277), 부르심과 영접(313-329), 회개와 사죄(330-339), 은혜와 사랑(403-418)등에서 선곡할 수 있다.

2) 음악예배를 위한 선곡법

음악예배의 선곡을 위해서는 음악예배의 목적과 성격이 뚜렷해야 한다. 또한 교회성도들에게 음악예배에 대한 이해를 바르게 가르쳐주어야 한다. 음악예배는 일반 음악발표회와 구별된 하나님께 드려지는 찬미의 제사가 되어야하기 때문이다. 그러면 음악예배를 어떠한 순서로 어떻게 드릴 것인가? 구체적으로 계획을 세우고 음악예배의 목적과 성격에 따라 하나님이 기뻐하시는 음악예배가 되도록 노력해야 한다. 정성으로 하나님께 드리는 찬미의 제사는 뿔과 굽이 있는 황소를 드림보다 하나님은 더 기뻐하시기 때문이다.(시69:31) 그러므로 음악예배는 일반 공연 무대에서 사람에게 보이기 위한 성가발표회보다 더 정성으로 준비하여 성도들과 함께 드려지는 음악예배가 되어야한다.

(1) 음악예배의 계획

음악예배를 위한 계획을 할 때에는 먼저 어떠한 곡을 어떤 방법으로 진행할 것인가? 음악예배를 위하여 전체적으로 사전에 구체적인 계획이 수립되어야 하는데 일반적으로 다음과 같이 두 가지 방법으로 계획할 수 있다. 첫째 다양한 성가곡으로 계획하는 법, 둘째 하나의 작품으로 계획하는 법으로 요약할 수 있다.

① 여러 가지 다양한 성가곡을 선곡하여 설교 전 후에 독창, 중창, 합창 등을 다른 순서와 함께 계획하는 방법이다. 이러한 음악예배의 장점은 여러 작곡가들의 특징 있는 곡을 배울 수 있는 계기가 된다. 그런데 많은 교회찬양대에서는 1부 예배순서 2부 음악순서로 예배를 진행하기도 한다. 그러나 이러한 순서는 마치 1부는 하나님께 드리는 예배이며 2부는 성도들을 위한 음악발표회순서로 오해하는 사례가 많으므로 평소에 음악예배에 대한 교육이 잘 이루어져야 한다.

② 하나의 교회음악 작품을 기도로 시작하여 기도로 끝나도록 계획하는 방법이다. 이러한 방법은 대개 오라토리오(Oratorio)나 절기에 맞는 칸타타(Cantata), 수난곡(Passion), 미사곡(Mass), 모테트(Motet) 등 여러 작품 중에서 아름답고 은혜로운 작품을 선곡하여 음악예배를 준비해야 한다. 그러나 찬양대원의 수준을 고려하여 구성인원과 소요시간 등을 참고해서 지루하지 않도록 선곡해야한다. 지나치게 지휘자가 욕심을 부려서 선곡을 하면 연습하는 동안 지치기 때문에 은혜로운 음악예배가

되기 어렵다.

(2) 음악예배의 선곡

음악예배의 선곡은 절기음악예배와 특별행사를 위한 음악예배를 위해 선곡하는 방법이다. 매년 맞이하는 절기음악예배는 성탄절이나 부활절 또는 수난절을 감사절을 의미 있게 맞으면서 음악예배를 준비하는 선곡법이다. 또한 특별행사를 위한 음악예배는 교회창립예배, 성전헌당예배, 그 외에 신년음악예배, 송년음악예배, 선교음악예배, 구제 사업을 위한 음악발표회 등을 위해 선곡하는 방법이다. 음악예배 선곡을 위한 작품이 교회음악출판사에서 여러 가지 출판되었으나 시대적으로 대표되는 작품 중에서 오라토리오, 칸타타 자료를 요약정리하면 다음과 같다.

특히 교회창립을 기념하는 예배의 선곡은 매우 중요한 일이다. 교회는 하나님의 뜻을 이루어가며 세상을 변화시키는 사명을 담당해야하기 때문이다. 그러므로 교회창립 기념예배는 교회마다 특별한 의미를 부여하고 그동안 교회를 성장시켜주신 하나님께 온 성도들과 함께 감사하고 찬양하며 기쁨을 나누는 찬송으로 선곡되어야한다. 교회창립예배를 위한 선곡은 찬송가 제목분류"하나님 나라"(242-250)에서 선곡할 수 있다. 또한 온 성도들이 정성으로 힘을 모아 새로운 성전을 건축하고 봉헌하는 예배는 특별한 의미가 있으므로 정성을 드려야한다.

① 성전봉헌
 오 아름다운 성전(R. Vaughan Williams)

② 크리스마스
 한 아기 나셨다(J. S. Bach)
 크리스마스 오라토리오(Christmas Oratorio, <J. S. Bach>)
 글로리아(Gloria, <A. Vivaldi>)
 크리스마스 오라토리오(Christmas Oratorio, <Saint-Saëns>)
 크리스마스 칸타타(나운영)

평화의 왕(고희준)
성탄의 메시지(김명엽 편)
성탄의 찬가(김명엽 편)

③ 수난절
마태 수난악(Heinrich Schütz)
십자가상의 죽음(The Crucifixion, <John Stainer>)
십자가상의 칠언(F. G. Haydn)
십자가상의 칠언(Théodore Dubois)
마가 수난악(박재훈)

④ 부활절
죽음에 누이신 그리스도(Christ Lag in Todesbanden, <J. S. Bach>)
그리스도의 속죄(Atonement<Sedeney Peters>)
부활절 칸타타(나운영)
승리의 그리스도(김두완)
아버지시여(이동일)
부활의 메시지(김명엽 편)

⑤ 특별행사
특별행사를 위한 선곡은 하나의 작품(오라토리오, 칸타타, 수난곡, 미사곡 등)을 택할 수도 있고 작품의 변화를 주기 위하여 여러 작품 중에서 자유롭게 선곡할 수 있으나 행사의 성격에 맞도록 선곡해야한다.

천지창조(Creation, <F. G. Haydn>)
메시아(Messiah, <G. F. Händel>)
대관식미사(Coronation, <A. W. Mozart>)
엘리야(Elijah, <Felix Mendelssohn>)
사도 바울(St. Paul, <Felix Mendelssohn>)

자유로운 선곡
거룩(C. Gounod)

대영광송(C. Gounod)
존귀하신 구주(W. A. Mozart)
영광송(W. A. Mozart)
영화롭도다(W. A. Mozart)
천사의 합창(L. van Beethoven)
그가 이스라엘을 지키신다(F. Mendelssohn)
시편 150편(C. Franck)
크고 영화로우시다(F. G. Haydn)
할렐루야(Louis Lewandowski)
할렐루야(G. F. Händel)
주의 이름 크시고 영화롭도다(Clarence Dickinson)
여호와는 나의 목자시니(나운영)
시편 23편(이동훈)
내 눈을 열어주소서(박재훈)
깨어라 먼동이 튼다(김대현)
영광송(김대현)
야웨법을 따라가는 사람들(박재훈)
주여 내가 깊은 곳에서(박재훈)

⑥ 그 외의 선곡법

음악예배를 위한 선곡법은 위의 방법 외에도 여러 가지 방법을 개발하여 장르별로 구분하여 선곡하는 법도 시도할 수 있다. 작사자, 작곡자, 나라, 시대 등을 분류하여 선곡할 경우 언제나 새로운 성가작품만을 선곡하여 찬양의 밤을 계획할 수도 있다.

작사자 : 왓츠<I. Watts>, 웨슬리<C. Wesley>, 크로스비<F. J. Crosby>, 하바갈 <F. R. Havergal>, 심프손<A. B. Simpson>, 사사오<T. Sasao>, 전영택, 이호운, 윤춘병, 석진영, 반병섭, 정용철, 정치근, 황금찬

작곡자 : 파레스트리나<G. P. Palestrina>, 바흐<J. S. Bach>, 헨델<G. F. Händel>, 모짤트<W. A. Mozart>, 베토벤<L. V. Beethven>, 프랑크<C. Franck>, 박태준, 이유선, 장수철, 이동훈, 나운영, 박재훈, 곽상수, 구두회, 김두완, 한태근, 황철익, 나인용, 이건용, 이영조, 허방자, 김성균, 이문승

시대별 : 16세기, 17세기, 18세기, 19세기, 20세기

나라별 : 한국, 영국, 미국, 독일, 오스트리아, 프랑스, 네덜란드, 일본, 러시아, 아프리카

X 영적예배를 위한 교육

"할렐루야 내 영혼아 여호와를 찬양하라 나의 생전에 여호와를 찬양하며 나의 평생에 내 하나님을 찬송하리로다(시146:1-2)

"형제들아 무엇에든지 참되며 무엇에든지 경건하며 무엇에든지 옳으며 무엇에든지 정결하며 무엇에든지 사랑받을 만하며 무엇에든지 칭찬받을 만하며 무슨 덕이 있든지 무슨 기림이 있든지 이것들을 생각하라 너희는 내게 배우고 받고 듣고 본바를 행하라 그리하면 평강의 하나님이 너희와 함께 계시리라(빌4:8-9)

1. 예배를 위한 교육의 필요성

사람은 누구나 교육을 통하여 사상과 감정 가치관이 변하여지고 생활이 변하여진다. 또한 교회에서 영적예배를 위한 예배음와 교육은 교회마다 새로운 정보와 훈련을 통하여 자연스럽게 교육이 되어왔다. 뿐만 아니라 영적예배와 음악을 위한 교육은 과정교육이 아니므로 교회마다 정해진 교육프로그램이 따로 없이 자유롭게 진행되어왔다. 이유는 언제나 신앙생활을 하는 동안 자연스럽게 예배생활과 예배음악이 익숙해지기 때문이다. 그러나 영적예배를 위한 교육은 바른 성도들의 신앙생활을 위하여 성도들에게 반드시 있어야 한다. 왜냐하면 성도들이 신령과 진정으로 드리는 예배가 되기 위하여 예배인도자나 예배참석자가 다 같이 일정한 교육이 필요하기 때문이다. 그동안 한국교회의 예배를 돌아보면 다수의 교회가 영적예배를 위한 교육이 소홀하였기 때문에 하나님이 기뻐하시는 예배가 이루어지지 않는 경우가 허다하였다. 특히 예배인도자를 비롯하여 예배순서 담당자들이 준비 없이 예배순서를 담당할 때에 예배를 진행하는 과정에서 실수하는 사례가 빈번히 일어나고 있다. 또한 예배에 참석한 성도들이 의미 없이 예배시간을 보내는 사례가 우리 주변에서 자주 경험하고 있다.

1) 예배를 위한 교육프로그램

그러므로 이러한 문제를 해결하기 위하여 교회를 담임하고 있는 목사와 교회음악 지도자, 그 외에 예배를 담당하고 있는 교회지도자들은 영적예배를 위한 기본적인 교육프로그램을 개발하여 철저하게 시행해야 한다. 영적예배를 위한 교육은 예배에 대한 이론을 철저히 가르치고 배운 것을 실제 훈련을 통해서 익히고 생활화하는 실용적인 산교육이 될 때 효과를 걸을 수 있다. 이와 같은 영적예배를 위한 창의적인 교육이 바르게 이루어 질 때 예배자들의 마음과 삶의 질이 변하여 질수 있다. 그러면 영적예배를 위한 교육의 목표를 어떻게 세워야하는가? 함께 연구해야할 과제로 삼아야한다. 시편기자는 다음과 같이 노래하고 있다.

"여호와여 주의 도를 내게 보이시고 주의 길을 내게 가르치소서 주의 진리로 나를 지도하시고 교훈하소서 주는 내 구원의 하나님이시니 내가 종일 주를 기다리이다…여호와는 선하시고 정직하시니 그러므로 그 도로 죄인을 교훈 하시리로다 온유한자를 정의로 지도하심이여 온유한 자에게 그의 도를 가르치시로다"(시25:4-8)

2) 주일예배의 준비

성도들이 살아가는 오늘의 생활은 모두가 분주하게 살다보면 거룩한 주일을 맞아도 마음에 감동을 느끼지 못한다. 이러한 생활은 일반적으로 준비 없이 습관적으로 예배에 참석하는 경우가 허다하므로 예배에서의 음악도 습관적일 수 밖에 없다. 그러나 한 주간을 지내면서 모처럼 맞이하는 주일 아침예배는 정성을 다하여 예배를 준비하는 마음이 중요하다. 따라서 주말이 되면 우리는 주일 예배를 위하여 먼저 마음가짐도 중요하지만 몸도 깨끗이 하고 주일을 맞을 준비를 미리 해야 한다. 세상에서 더럽혀진 몸을 정결케 하고 예배하는 것이 하나님이 기뻐하시는 예배가 되기 때문이다. 그러므로 머리에서부터 발끝까지 깨끗하게 하여 몸과 마음을 바쳐 예배하기에 부족 없도록 해야 한다. 또한 주말인 토요일에는 주일 아침예배를 위하여 복장은 깨끗하게 손질하고 구두도 잘 닦아 놓아야 한다. 이유는 예배를 위한 정성된 마음의 준비가 있어야 하기 때문이다.

2. 예배의 마음가짐과 시간의 이해

1) 예배의 마음가짐

거룩하신 하나님 앞에 예배하는 자의 마음가짐은 가장 솔직하고 흠이 없는 마음이 있어야한다. 비록 세상에서 바르게 살지 못하고 죄로 인하여 부끄러운 마음으로 나왔을지라도 지난 생활을 참회하고 사죄의 은총을 힘입어 깨끗한 마음으로 예배에 참석해야 한다. 그리고 예배참석자들은 신령과 진정으로 예배드리는 마음으로 예배에 임해야 한다. 뿐만아니라 예배참석자는 "모든 사람으로 더불어 화평함과 거룩함을 좇아야 한다"(히12:14) 하나님과 거룩하고 온전한 만남이 이루어질 수 있는 마음가짐이 먼저 선행되어야 하기 때문이다. 예배참석자는 하나님께 찬양하고 감사하며 예배하는 마음가짐 외에 결코 자신의 욕망이나 한 풀이가 되는 예배가 되지 않도록 세심한 주의가 필요하다. 따라서 예배에 참석한 모든 성도들은 다음과 같은 마음가짐과 준비가 있어야 한다.

(1) 마음과 뜻과 정성을 모아 드리는 영적예배가 되도록 노력해야 한다.
(2) 삼위일체 하나님께 그의 영광과 존귀를 찬양하고 감사하는 시간이 되어야 한다.
(3) 세상에서 잘못된 생활을 참회하고 자신의 신앙을 고백하는 시간이 되어야 한다.
(4) 예배를 위하여 마음가짐도 중요하지만 외모의 복장을 단정히 해야 한다.

2) 예배시간의 이해

하나님께 나아와 예배하는 시간은 믿음으로 살아가는 성도들의 생활 중에서 가장 귀하고 소중한 시간이다. 왜냐하면 하나님께서 주의 백성들에게 거룩한 주일을 허락하시고 하나님을 찬양하고 감사하며 예배하는 귀한 시간을 주셨기 때문이다. 특히 주일아침 예배시간은 세상에서 분주하게 살아가는 시간과 구별된 시간이므로 가장 거룩하고 복된 시간임을 알아야한다. 그러므로 예배드리는 이 시간은 언제나 예배 자에게 주어진 새로운 하나님의 시간임을 알아야 한다. 지난 주일의 시간은 영원히 다시 오지 않기 때문이다. 또 예배드리는 시간은 자신의 시간이 아니며 하나님의 말씀과 기도로 이어지는 하나님께 바치는 귀한 시간임을 알아야 한다.

(1) 예배시간은 하나님의 시간

예배시간은 하나님이 계획하신 시간이다. 그러므로 하나님께 찬양하고 감사하는 가장 귀하고 소중한 시간임을 알아야 한다. 이유는 이 시간은 하나님께서 거룩한 안식일을 주시고 우리에게 예배하게 하신 시간이므로 나의 시간이 아니며 하나님께 바치는 시간이기 때문이다.

(2) 예배시간은 묵상의 시간

예배시간은 하나님께 바치는 시간이므로 하나님이 기뻐하시는 진실한 예배가 되기 위하여 늦어도 예배 시간 10분에서 15분전에 나와서 조용히 묵상의 시간을 가져야 한다. 이 시간에 예배를 위한 마음의 준비가 있어야하기 때문이다.

(3) 예배시간은 하나님께 바쳐진 시간

예배시간은 하나님께 바쳐진 시간이므로 복잡한 생활 속에서 일어나는 여러 가지 세상에 잡념을 일체하지 않아야 한다. 이 시간은 예배를 위하여 온전히 거룩하신 하나님 앞에 바쳐지는 예배시간이 되어야 하기 때문이다.

(4) 예배시간은 정숙한 시간

예배시간은 정숙한 시간이므로 모처럼 반가운 사람을 만났을 때도 눈으로 인사하고 잡담은 절대 금해야 한다. 옆에 있는 예배자에게 방해가 되기 때문이다. 특히 예배 시작 전에 오르간 전주가 이어지는 동안에 성도들은 조용히 묵상하고 있기 때문이다. 예배를 마친 후의 후주 때에도 옆 사람에게 방해가 되지 않도록 주의해야 한다.

3) 예배순서의 참여의식

일반적으로 성도들이 예배 인도자에 따라 이끌려서 피동적으로 예배에 참석하는 예가 오늘의 예배모습이다. 이러한 예배는 대부분의 성도들이 예배시간에 구경꾼이 되는 경우가 허다하다. 진정한 예배는 자신이 몸과 마음을 다하여 정성을 드리는 거룩한 예배가 될 수 있도록 찬송과 교독문, 성만찬, 성도의 교제 등 모든 순서에 적극적으로 참여해야 한다. 그러므로 오늘의 예배는 드림과 받음 그리고 나눔의 조화를 이루는 참된 예배만이 하나님이 기뻐하시는 바람직한 예배가 될 수 있다. 또 예배에서의 부르는 모든 찬양은 하나님께 드리는 것이지 사람을 위한 것(God word, not man word)이 아니며 예배의식에 덧붙여지는 장식품이 되어서도 안 된다.

1) 예배자들은 하나님과 깊은 영적인 만남을 위하여 예배순서를 바르게 이해하고 예배자가 담당해야할 순서를 찾아본다.
2) 예배자들은 예배순서에 의한 피동적인 이끌림보다는 모든 순서에 적극적이고도 능동적인 참여의식을 가져야 한다.
3) 예배자들은 구경꾼으로 앉아 있는 형식적인 예배보다는 신령과 진정으로 예배하는 마음이 필요하다.
4) 예배자들은 나 자신과 내 이웃이 함께 공동체를 이루는 예배가 되도록 협력자가 되어야 한다.

3. 예배순서 담당자의 준비

예배를 가장 은혜롭고 바르게 드리기 위해서는 예배순서 담당자들이 먼저 기도하는 마음으로 철저히 준비하여 예배참석자들이 신령과 진정으로 예배를 드릴 수 있도록 불편이 없게 해야 한다. 그러기 위해서는 예배순서 담당자들은 교회에 일찍 와서 자신의 마음을 깨끗이 정돈하고 자기의 순서를 충분히 준비 할 수 있도록 여유 있는 시간을 가져야 한다. 또한 예배드리기 위한 마음가짐 외에도 예배인도자는 가운(Gown)을 깨끗하게 준비해야한다. 가운은 예배인도자의 상징적인 예복이다. 예배인도자, 기도자, 설교자, 찬양대원 들의 가운은 모형이나 색깔까지도 모두가 상징적인 의미를 내포하고 있기 때문에 잘 알고 준비해야 한다. 조명, 음향, 그 외에 냉 온방 시설 등 세심한데 까지 점검해야 한다.

뿐만 아니라 예배순서 담당자는 마이크 앞에서 음성을 잘 조절해야 한다. 음성이 지나치게 크거나 작은 소리를 내면 예배순서 진행에 어려움이 있고 예배자들이 바르게 예배드리기 어려움으로 특별히 관심을 가져야한다. 그러므로 마이크를 사용할 때에는 적당한 거리를 두고 소리 조절을 해야 한다.

1) 예배인도자(사회자)

예배인도자는 예배참석자들이 편안한 마음으로 거룩하신 하나님 앞에 예배할 수 있도록 모든 순서를 차질 없이 진행해야할 임무와 책임이 있다.

(1) 복장을 단정히 하고 예배시간 30분전에 일찍 교회에 나와서 주보에 기록된 순서와 예배순서 담당자를 확인하고 사전에 예배순서 진행을 위한 협조를 당부한다. 특별한 사정이 있어서 예배순서 담당자가 빠졌거나 순서 담당이 어려울 때에는 관계자들과 협의하여 신속히 대처해야한다.

(2) 예배순서가 잘 진행될 수 있도록 마음의 준비를 하고 조용히 기도 시간을 가져야 한다. 또한 이 시간에 예배순서에 있는 교독문, 성경본문, 설교제목, 교회소식 등 모든 내용을 세심하게 모두 읽어 보아야 한다.

(3) 마이크는 너무 가깝거나 멀리 떨어져서 사용하면 소리가 지나치게 크거나 잘 들리지 않으므로 적당한 거리에서 소리조절을 하며 사전

X. 영적 예배를 위한 교육 321

　　에 연습을 하여 익히고 예배에 방해가 되지 않도록 주의해야 한다.
(4) 예배순서가 바뀌거나 건너뛰지 않도록 주보를 잘보고 유연하게 진행한다. 특히 예배 시작 때에 예배의 부름과 기원의 순서를 정성껏 준비해야 한다.
(5) 모든 성도들이 잘 알아들을 수 있도록 언어 표현을 잘해야 한다. 가급적이면 순서 이외의 불필요한 언사를 피하고 되도록 주보의 순서대로 진행해야하고 지나친 지방 사투리나 세속적인 저속한 언어 표현은 가급적 피해야 한다.
(6) 예배순서를 진행하는 동안 예배 참석자들과 호흡을 같이해야 한다. 예배시간을 단축하기 위하여 순서와 순서사이이의 여유를 두지 않고 사회자가 일방적으로 진행 할 때에는 예배 자들이 사회자를 따르지 못하므로 무리가 생긴다. 특히 성도들이 찬송을 부른 후에 교독문을 찾는 시간의 여유를 두어야한다. 또한 계속해서 이어지는 신앙고백 순서와 기도 후에 순서는 모두 숨을 돌리는 여유를 두어야 한다.
(7) 음악지도자(찬양대지휘자, 오르간이스트, 독창자)는 모든 순서진행을 위하여 사전에 충분한협의가 있어야 무리 없게 모든 예배순서를 진행할 수 있다.
(8) 회중 찬송은 예배순서에 기록된 찬송가의 장수를 확인하고 가사와 곡을 사전에 모두 불러보고 익혀서 예배 참석자들을 잘 인도해야 한다. 지나치게 빠르거나 느리지 않도록 주의해야 하고 사회자가 임의로 찬송의 절수를 생략하지 말고 끝 절까지 모두 불러야 한다.

2) 기도자

　예배시간에 예배자들을 대표하는 공중기도는 개인기도의 내용과 형식이 달라야 한다. 공중기도는 모두가 함께 공감하는 기도가 되어야 하기 때문이다. 그러므로 나 개인을 위한 기도보다 예배에 동참하고 있는 우리들 모두를 대표해서 다 함께 우리들을 위한 공동기도가 되어야한다.

특별히 기도자는 같은 목적을 위하여 간절히 기도할 때 예배자들이 아멘으로 화답할 수 있다.

(1) 공중예배 시에 예배참석자를 대표하여 많은 사람 앞에서 기도를 할 때에 먼저 하나님 앞에 찬양과 감사를 드리는 순서가 있어야 한다. 그리고 모든 성도들이 공감할 수 있는 참회의 기도도 있어야 한다. 가급적이면 목회기도와 중복되지 않도록 주의해야 한다.

(2) 기도자는 중언부언 하지 않도록 기도문을 작성하는 방법도 좋은 습관이 될 수 있으나 지나치게 원고에 집착하는 일이 없도록 주의해야 한다.

(3) 공중예배 시에는 개인적인 기도내용은 가급적 피하는 것이 좋으며 기도내용에 대한 준비를 사전에 충분히 해야 한다. 기도할 때 성경구절을 지나치게 많이 인용하는 것은 오히려 인용하지 않는 것보다 못하다.

(4) 기도자는 무엇보다도 가식이 없는 믿음과 솔직한 심정으로 구체적으로 간구하는 기도가 되어야한다. 그렇게 될 때에 모든 사람들과 공감을 받을 수 있다.

(5) 모든 성도들이 알아들을 수 있도록 기도해야한다. 기도소리가 너무 작으면 대표기도가 언제 끝나는지 몰라서 성도들이 아멘으로 화답하기 어려우므로 다함께 기도를 마칠 수가 없다.

3) 설교자

교회음악지도자는 간단한 설교를 할 수 있어야 한다. 설교는 듣는 사람들이 감동을 받을 때 진정한 하나님의 음성이 될 수 있다. 지나치게 성경구절을 많이 인용하거나 유명 인사들의 말을 나열하거나 여러 가지 예화를 열거하는 설교가 되지 않도록 기도하며 성경본문을 중심으로 준비해야 한다.

(1) 설교자는 먼저 설교주제와 본문에 충실한 내용으로 영감 있는 설

교를 충분히 준비해야 한다.
(2) 지나치게 예화가 많거나 시사성이나 신학적인 용어를 많이 쓰면 그 시간의 설교내용을 희석시킬 수 있다.
(3) 주제에 합당한 설교내용으로 핵심을 분명히 전하여 듣는 사람들에게 은혜가 되어 아멘으로 받아드릴 수 있게 해야 한다.
(4) 예배에 참석한 계층이 다양하므로 남녀노소 누구나 쉽게 이해할 수 있는 설교내용이 되어야 한다.
(5) 성도들의 인기를 끌기 위하여 내용이 빈약한 설교를 흥미위주로 하지 말고 경건치 못한 몸동작은 피해야 한다.
(6) 설교시간이 너무 길면 성도들이 설교내용을 정리하기 어렵다.

4) 헌금위원

헌금위원은 사전에 교육을 받은 사람으로 복장을 달리하거나 가운을 입고 일반성도들과 구별되어야 한다. 하나님 앞에 드리는 헌금은 액수의 많고 적은 것을 떠나서 드리는 정성이 무엇보다 중요하다. 최근에 경제적인 사정이 좋지 않아 생활이 어려워도 헌금을 소홀히 하는 일이 없도록 해야 한다.

(1) 헌금위원은 사전에 배정된 좌석에서 헌금바구니를 돌리고 한쪽으로 몰리는 일이 없도록 하여 가급적 헌금시간을 단축시킨다.
(2) 헌금순서는 하나님 앞에 드리는 거룩한 예물이므로 많고 적은 것보다는 모든 성도들이 다 함께 참여하고 정성을 모아 드리도록 협력하는 것이 더 중요하다.
(3) 헌금순서는 여러 명의 헌금위원이 움직임으로 예배참석자들에게 불편하지 않도록 주의하고 엄숙하게 진행한다.
(4) 헌금 후에 헌금위원은 잡담을 피하고 뒤에서부터 줄을 지어 질서있게 앞으로 행진해서 나온다.
(5) 모든 헌금은 소리가 나지 않도록 정해진 헌금함에 넣고 관리는 철저히 한다. 특히 누락 되는 자가 없도록 세심한 주의가 필요하다.

⑹ 헌금계수는 정확하게 하고 헌금을 옮길 때는 두세 사람이 동행하여 신속히 지정된 거래은행에 입금해야 한다.

5) 성만찬 집례자와 배종자

성만찬은 세례식과 함께 예수님께서 몸소 행하시고 명하신 성례식이다. 그러므로 십자가에 달리시기 전날 밤에 행하신 최후의 만찬의 의미를 이해하고 성만찬 시간에 받아 먹는 떡과 포도주에 대한 깊은 뜻을 알고 거룩하게 참여해야 한다. 성만찬의 의미를 모르는 초신자들은 그 의미를 알고 난 후에 참여하도록 교육이 필요하다. 배종자들은 집례자의 인도에 따라 모든 순서를 엄숙하게 진행해야 한다.

⑴ 집례자는 예배 전에 배종자 좌석배치를 고르게 하고 배종자가 한 쪽으로 몰리는 일이 없도록 사전에 준비를 철저히 해야 한다.
⑵ 집례자는 배종하는 동안에 교회음악지도자와 호흡이 잘 맞도록 협조해야한다.
⑶ 떡과 포도주가 모자라지 않도록 준비해야 한다. 또한 빠지는 자가 없도록 해야 한다.
⑷ 배종자는 집례자의 인도에 따라 배종하는 동안 엄숙하게 진행하고 성찬집기를 바닥에 떨어지지 않도록 조심한다.

6) 음악지도자

교회의 음악지도자는 예배음악을 계획하고 지도하고 예배를 인도하는 예배담당자이다. 그러므로 설교자를 비롯하여 기도자나 헌금위원, 찬양대원 등 예배순서 담당자들과 유기적인 관계를 가지고 서로 협력하여 하나님이 기뻐하시는 예배가 될 수 있도록 노력해야한다. 모든 예배순서는 음악지도자와 오르간이스트에 의하여 음악으로 진행되기 때문이다.

⑴ 예배순서의 모든 음악순서 중에 회중찬송이나 성가대의 영감 있는 송영과 찬양 그리고 오르간음악을 책임 있게 준비한다.
⑵ 예배시간에 늦지 않도록 10분전에는 모든 준비를 마치고 자리에서

예배시간을 기다려야 한다.
(3) 음악지도자는 예배순서 담당자들과 협의하여 예배의 시작부터 마칠 때까지 모든 순서를 책임 있게 진행해야 한다.
(4) 성가합창 지휘자는 자신을 나타내기 위한 과장된 지휘는 피해야 한다.
(5) 성가대원들의 예배드리는 태도를 잘 지도하고 특히 예배 시에 잡담을 하거나 졸지 않도록 주의해야 한다.
(6) 음악지도자는 노래하는 제사장으로서의 임무를 잘 담당 하도록 영으로 충만해야 한다.
(7) 찬양대를 지휘할 때에는 찬양대원이나 성도들에게 불필요한 시선을 집중시키지 않도록 시계, 반지 등을 몸에 착용하지 말아야 한다.

7) 오르간이스트

오르간이스트는 예배시작부터 마칠 때까지 예배전체를 이끌어가는 중요한 예배인도자이다. 일반적으로 교회에서는 합창 지휘자를 돕는 반주자로 이해하는 경우가 많으나 잘못된 생각이다. 이유는 합창반주나 회중찬송의 반주는 오르간이스트가 담당하는 임무 중에 극히 제한된 일이기 때문이다. 그러므로 예배시간에 오르간이스트의 임무와 역할을 성실하게 잘 담당할 때에 아름답고도 신령한 예배를 드릴 수 있다.

(1) 오르간이스트는 예배음악 준비를 위하여 마음과 뜻과 정성을 드려야 한다.
(2) 예배순서에 있는 기악음악(전주, 간주, 후주) 성가대의 합창(송영, 성가합창) 일반성도들의 회중찬송 등 모든 예배음악은 음악지도자와 충분히 협의한다.
(3) 예배순서에 있는 회중찬송을 주중에 충분히 연습해야한다. 특히 예배순서지에 있는 찬송곡과 다른 곡을 전주하지 않도록 주보에 기록된 순서를 잘 보아야한다. 오르간이스트가 종종 실수하는 예가 있기 때문이다.

⑷ 예배시의 전주곡과 후주곡은 오르간이스트가 오르간음악을 연주하는 동안 자신의 신앙을 고백하는 소중한 시간이다 그러므로 충분히 연습하여 예배자의 마음을 잘 이끌어 주어야한다.
⑸ 성가대의 송영곡이나 성가합창곡은 지휘자와 성가대원이 호흡을 잘 맞도록 충분히 연습을 해야 한다.
⑹ 독창곡의 반주는 독창자가 편하게 부를 수 있도록 요청하는 대로 따라 주어야 한다. 결코 오르간이스트가 독창자를 이끄는 상태가 되지 않도록 주의해야 한다.
⑺ 오르간이스트는 조급하거나 서두르지 말고 충분한 여유를 가지고 모든 순서를 이끌어 주어야 한다.

8) 독창자

독창자는 찬양대원 중에서도 음악적으로 본이 되는 대원이 되어야한다. 그러므로 독창자는 남보다 좋은 소리를 가졌으므로 더욱 겸손한 마음으로 맡겨진 일에 충성을 다해야 한다. 지휘자와 반주자에게 부담을 주기 보다는 좋은 동반자가 되어야 한다.

⑴ 복장을 단정히 하고 복잡한 장식품과 짙은 화장은 가급적 피하는 것이 좋다.
⑵ 헌금시간의 독창은 하나님 앞에 봉헌하는 찬송을 준비하여 부른다.
⑶ 헌금시간 외의 독창 순서는 그날의 예배순서와 성격에 맞는 성가곡을 준비한다.
⑷ 자기의 음역에 맞는 곡을 반주자와 충분히 연습을 하고 가능하면 외워서 부르면 더욱 좋다.
⑸ 자신의 소리를 자랑하는 자리가 되지 않도록 주의하고 믿음으로 자신의 신앙을 고백하는 영감 있는 독창이 되도록 노력한다.
⑹ 독창자의 독창은 내가 감상하는 것이 아니라 나를 대신해서 나와 함께 하나님께 드리는 독창임을 성도들이 깨닫게 한다. 또 독창을 마친 후에 잘했다고 박수를 치는 것 보다 아멘으로 화답하는 것이

예배자들의 바른 마음자세이다.

9) 찬양대원

찬양대원은 노래만 잘한다고 찬양대원이 될 수 없다. 믿음으로 거듭난 생활로 본이 되어야하기 때문이다. 찬양대원은 교회에서 노래하는 제사장으로 뽑아 세운 귀한 직분임을 깊이 생각하고 경건생활에 힘쓰며 맡겨진 일을 성실히 담당해야 한다. 그러므로 찬양대원은 평소에 믿음 안에서 하나님의 말씀과 기도로 성결한 생활을 하며 하나님나라 확장에 힘쓰며 교회의 성도들 앞에서 본이 되어야한다.

(1) 찬양대원들은 예배순서의 찬양순서뿐 아니라 예배순서의 모든 송영을 잘 부를 수 있도록 지휘자 반주자와 함께 충분히 연습해야 한다.

(2) 찬양대원들은 예배 때에 부르는 모든 성가곡을 외워서 지휘자를 보고 부르는 것이 가장 좋은 방법이다. 이러한 방법은 성가 곡의 가사 전달이나 성가 곡에 나타나있는 악상을 잘 나타낼 수 있기 때문이다.

(3) 찬양대원은 성도들이 부르는 회중찬송도 잘 부를 수 있도록 찬송곡의 빠르기와 틀리기 쉬운 음정이나 리듬을 잘 이끌어 주어야한다. 회중찬송을 부르는 동안 잡담이나 회중석을 여기저기 돌아보며 사람을 찾는 일은 좋지 않은 습관이다.

(4) 성가대원은 예배를 돕는 자가 아니라 예배인도자임을 자각하고 예배시작부터 마칠 때까지 흐트러 짐이 없는 자세로 예배참석자들의 본이 되어야 한다.

(5) 찬양은 하나님께 드리는 '찬미의 제사'이므로 담임목사나 성도들을 의식하고 부르는 일은 삼가야 한다. 사람을 위한 찬양대의 성가합창은 일반음악회에서 부르는 합창발표와 다를 바 없으므로 바른 찬양의 자세가 아니다. 예배에서 찬양대의 찬양은 하나님께 드려지는 찬미의 제사가 되기 때문이다.

4. 예배협력자의 준비

우리는 주일 아침 예배를 드리기 위하여 예배당에 들어갈 때 자주 경험하는 일이 있다. 예배당에 들어갈 때 주보를 거꾸로 받아들거나 예배당 내에서 안내자가 돌아다니며 소란을 피우는 일은 자주 경험하는 일이다. 또 음향시설이 잘 되지 않아 기도할 때나 설교 중에 소음이 커져서 귀를 막는 경우도 경험한 일이다. 이러한 일들은 담당자들이 조금만 신경을 쓰면 모두 해결될 수 있는 일이다. 그러므로 거룩한 예배를 드리기 위해서는 예배를 위한 협력자들의 준비도 예배순서 담당자들과 같은 정성을 드려야 한다. 이들의 담당해야할 일은 예배 인도자나 예배참석자들이 어려움 없이 예배를 드릴 수 있도록 도움을 주어야 한다. 강단 위의 시설 준비 담당자나 방송실 담당자들의 협력이 잘 이루어질 때에는 예배 인도자들의 불편을 덜어준다. 또한 주보배포 자나 안내위원들은 예배참석자들에게 불편하지 않도록 도움을 주어야 한다. 무엇보다도 순서담당자는 빠지지 말고 맡겨진 순서를 성실하게 잘 담당해야한다. 특별한 사정이 돌발적으로 일어났을 때에는 신속히 교회에 연락을 해야 한다. 이유는 갑자기 담당자가 연락도 없이 빠질 때에 대치하기가 어렵기 때문이다.

1) 강단담당자

강단의 시설과 청소를 담당한자는 교회의 강단 구조에 따라 조금씩 다르겠으나 강단에 있는 예배순서 담당자들에게 불편하지 않도록 모든 준비를 성실하게 해야 한다. 더구나 외부 강사가 강단에 오를 때에는 더욱 완벽한 준비를 해야 한다.

(1) 강단의 청소상태와 비품이 제자리에 정돈되어 있는지 확인한다.
(2) 강단에 필요한 메모지와 필기도구를 준비하였는지 확인한다.
(3) 강단의 좌석을 확인하고 조명과 그 외의 시설을 확인한다. 특별한 행사에 초대된 내빈의 자리는 혼잡을 방지하기 위하여 명패를 써서 붙여 자리를 찾아 앉도록 한다.

⑷ 강대상에 음료수와 내프킨(휴지)을 준비해야 한다.
⑸ 강단의 온 냉방 시설상태를 확인한다.

2) 가운(Gown) 관리자

예배 인도자나 찬양대원들이 착용하는 가운은 구약시대부터 이어오는 거룩한 예복이므로 관리자는 언제나 깨끗하게 관리해야 한다. 뿐만 아니라 가운은 몸을 깨끗하게 하고 정결하게 입어야 한다. 가운 관리자는 솜씨가 좋은 권사나 집사가 담당하면 간단한 수선이 가능하고 효과적으로 관리할 수 있다.

⑴ 인도자(사회자), 기도자, 설교자, 헌금위원, 등의 가운이 깨끗하게 정돈되어 있는지 확인해야 한다.
⑵ 찬양대원의 개인의 가운은 번호를 붙여서 바뀌지 않도록 주의해야 한다. 뿐만 아니라 개인 가운장이 있으면 개인이 관리하도록 하는 것도 좋은 관리법이다.
⑶ 성가대원들의 키에 맞는 가운을 입을 수 있도록 상중하로 구분하여 정돈하여 가운장에 놓는다.
⑷ 수선이 필요한 가운은 주일예배에 사용할 수 있도록 뽈 수 있는 대로 속히 수선해 놓아야 한다.

3) 방송담당자

방송담당자는 예배를 위한 음향을 책임 지고 있는 중요한 직분자이다. 그러므로 방송담당자는 방송전문인이어야 한다. 음향관계나 방송시설을 자유롭게 조절하고 관리 할 수 있어야하기 때문이다. 특히 예배시간에 음향조절이 미흡하면 예배를 바르게 진행할 수 없고 오히려 예배 참석자들에게 방해가 된다. 교회 안에 적절한 방송담당자가 없을 때에는 성실하게 담당할 수 있는 자를 장기적으로 양성해야 한다.

⑴ 강대상 위와 독창자나 성가대용의 마이크 위치는 예배시간 1시간 전에 제 위치에 있는지 확인하고 사전에 음량조절을 해야 한다. 왜

냐하면 예배당에 일찍 나온 성도들 앞에서 강단을 오르내리며 음향조절을 하고 소란을 피우면 조용한 분위기를 해친다.
(2) 성도들이 예배당에 나오기 전에 V. T. R 카메라위치와 모니터의 위치 그리고 화면을 잘 조절해야 한다. 화면이 너무 밝거나 흐리면 오히려 시각에 장해를 일으킬 수 있고 예배에 방해가 된다.
(3) 방송실에는 비상사태를 대비하여 긴급전화를 설치해야 한다. 또한 전등과 필요한 공구를 항상 준비하고 있어야한다. 그 외에 쉽게 교환할 수 있는 간단한 부속품과 자재를 예비로 준비해둔다.

4) 안내위원

안내위원은 오래된 성도들이라도 언제나 친절히 맞이하여 예배참석자들에게 교회의 훈훈하고 사랑이 넘치는 분위기를 쉽게 느끼게 한다. 그러므로 안내위원은 처음 보는 성도라도 반갑게 인사를 나누고 편안한 마음으로 호감을 갖게 하며 안내하기 전에 자신을 먼저 소개할 필요가 있다.

(1) 안내위원은 단정한 복장과 안내명찰을 가슴에 부착하여 처음 나온 성도들이라도 쉽게 인사하고 교제할 수 있게 한다.
(2) 예배당에 들어온 성도들에게 밝은 표정으로 인사를 나누고 간단한 안부를 나누며 반가이 맞아준다.
(3) 예배당 내의 좌석은 소란하지 않게 앞자리부터 순서대로 빈자리가 없도록 안내하는 것이 좋다.
(4) 안내위원은 예배가 시작되면 예배당 안을 돌아다니지 말아야 한다. 그리고 뒤에서 조용히 빈자리를 찾아 안내할 때에 예배의 질서를 유지할 수 있다.
(5) 예배가 시작되면 안내위원은 가급적이면 말을 삼가는 것이 좋다. 부득이한 말이 필요할 때는 조용히 남에게 방해가 되지 않도록 한다. 가급저이면 말보다는 눈과 손으로 암시해 주는 것이 좋다.

5) 주보배포자

주보배포 담당자는 예배하러 나온 성도들과 가장 자연스럽게 교제할 수 있는 위치이다. 그러므로 처음 보는 성도들이라도 주보를 주기 전에 반갑게 인사를 나누며 교제를 하면 서로 쉽게 가까워질 수 있다. 처음 만나는 성도라도 자신을 알리기 위하여 교회에서 준비한 명찰을 왼쪽 가슴에 부착하면 자신을 쉽게 상대방에게 알릴 수 있다.

(1) 주보배포 담당자는 단정한 복장과 밝은 표정으로 있어야 친근감을 줄 수 있다. 그러나 지나치게 화려한 복장이나 짙은 화장은 오히려 예배참석자들에게 거부감을 줄 수 있다.
(2) 예배당에 오는 성도들과 눈을 마주칠 때 반갑게 인사를 나누고 짧은 문안의 말을 나누면 더욱 친근감을 줄 수 있다.
(3) 성도들에게 주보를 바르게 주어야 한다. 급하게 서두르다가 거꾸로 주거나 뒤집어서 주는 일이 없도록 주의해야 한다.

5. 예배의 생활화

1) 주일 성수

바르게 신앙생활을 하기 원하는 성도들이라면 주일은 어떠한 날이며 왜 우리가 거룩한 날로 지켜야하는가? 성수주일은 어떻게 지킬 수 있는가? 예배에 대한 가장 기초적인 문제를 먼저 해결하고 생활화가 되어야 한다. 이를 위해서 주일에 대한 바른 이해가 선행되어야 하며 거룩한 주일의 생활화에 대한 훈련이 함께 이루어져야 한다. 주일은 우리가 잘 아는 대로 하나님께서 엿새 동안 천지만물을 창조하시고 일곱째 날은 거룩한 날을 제정하신 주님의 날이다. 그러므로 이 날은 우리가 세상일을 멈추고 거룩하신 하나님께 예배하며 거룩한 날로 지내야 한다.

2) 기도의 생활화

기도의 생활화는 성도들에게 영적 생활을 위하여 귀한 일이다. 하나님과 깊은 만남의 시간은 우리들 신앙생활에서 게을리 할 수 없는 가장 소중한 시간이 되기 때문이다. 왜냐하면 기도는 영적생활의 호흡이므로 기도를 하지 않는 생활은 영적으로 죽은 상태이기 때문이다. 우리의 생명을 유지하기 위해서는 호흡이 중단되지 않고 계속되어야 하는 원리와 같다. 호흡이 중단되면 생명을 연장할 수 없기 때문이다. 우리는 믿음으로 승리한 사람들의 생활을 보면 모든 일을 기도로 시작하여 기도로 마치는 모습을 볼 수 있다. 조용한 시간에 나의 모든 생활을 돌아보고 즐거운 일이나 어려운 일을 하나님께 아뢰면서 기도하고 새로운 생활을 계획하며 살아가는 생활은 가장 아름다운 생활이기도 하다.

우리들은 새로운 일을 계획할 때에 자신의 지혜와 노력만 믿고 행할 수 없기 때문이다. 모든 일을 자신의 능력만을 믿고 노력하는 것은 미련하고 어리석은 일이다. "마음의 경영은 사람에게 있어도 말의 응답은 여호와 하나님께로부터 나오기 때문이다."(잠16:1) 사람이 계획하는 모든 일은 하나님께서 이루어 주실 때에 가능하다는 진리를 알아야 한다. 그러므로 하나님의 뜻에 합당한 기도를 해야 한다. 성경에는 하나님의 뜻에 합당한 기도로 응답받은 예를 여러 곳에서 볼 수 있다. 야곱의 기도(창32:9-12), 모세의 기도(출33:12-18), 솔로몬의 기도(왕상3:4-13, 대하1:3), 야베스의 기도(대상4:9-10), 히스기야의 기도(왕하20:1-6,사38:2-5), 에스더의 기도(에4:16), 에스겔의 기도(겔9:8-11) 고넬료의 기도(행10:1-4) 등은 믿음으로 살아가는 우리가 본을 받아야 할 기도생활이라고 할 수 있다. 그러므로 우리가 세상에서 살아가는 동안 영적으로 건강한 믿음을 지켜가기 위해서는 기도생활이 중단 되지 않도록 항상 깨어 기도해야 한다. 또 우리가 바라고 원하는 일을 위하여 하나님께 간절히 기도하면 이루어주신다.

3) 성경 읽기의 생활화

성경말씀은 우리의 신앙생활에서 가장 큰 비중을 차지하고 있다. 이유는 성경은 우리에게 영의 양식이 되며 우리의 일상생활까지도 바르게 이끌어 주는 하나님의 귀한 말씀이 되기 때문이다. 그러므로 믿음의 생활은 여호와의 율법을 즐거워하여 그 율법을 주야로 묵상하며 살아가는 생활이 되어야 한다. 왜냐하면 주님의 말씀대로 사는 사람은 시냇가에 심은 나무와 같이 철을 따라 과실을 많이 맺으며 그 잎사귀가 마르지 아니함같이 되고 우리의 생활은 만사가 다 형통하게 되기 때문이다.(시1:2-3)

그러므로 성경말씀은 우리의 생활 속에서 언제나 가까이 해야 한다. 우리는 시편기자와 같이 "주의말씀은 내 발의 등불"이라고 고백했듯이 우리들의 영의 양식이 되는 성경말씀을 쉬지 않고 매일 읽으며 살아갈 때에 하나님의 크신 뜻을 알게 되고 그 뜻대로 순종하며 언제나 좌우로 흔들리지 않는 믿음으로 살아 갈 수 있기 때문이다.

> "내 아들아 네 아비의 명령을 지키며 네 어미의 법을 떠나지 말고 그것을 항상 네 마음에 새기며 네 목에 매라 그것이 네가 다닐 때에 너를 인도하며 네가 잘 때에 너를 보호하며 네가 깰 때에 너와 더불어 말하리니 대저 명령은 등불이요 법은 빛이요 훈계의 책망은 곧 생명의 길이라"(잠6:20-23)

하나님은 우리에게 오늘도 시편기자를 통하여 "주의 법을 사랑하는 자에게 큰 평안이 있으니 저희에게는 장애물이 없으리이다"(시119:165) 라고 노래하고 있다. 그런데 이 말씀은 우리에게 성경말씀에 대한 중요성을 다시 한 번 강조하는 내용임을 깨달아야 할 것이다.

4) 찬송 부르기의 생활화

찬송은 성경과 함께 우리의 신앙을 언제나 새롭게 일깨워 준다. 따라서 하나님을 찬양하는 신앙생활은 하나님의 깊은 뜻을 깨닫게 하며 우리의 마음을 정결하고 부드럽게 하며 풍요롭게 해준다. 뿐만 아니라 보다 깊은 영적신앙에 도달할 수 있게 되며 보다 담대한 믿음으로 설수 있게 된다. 시편기자는 새 노래로 여호와께 노래하라고 권하고 있다. 그러므로 찬송생활은 곡조 붙은 주의 말씀이요 곡조 붙은 기도이기 때문에 마음속 깊은 곳에 울어 나오는 찬송은 언제나 은혜가 넘친다. 믿음으로 가식이 없는 진실한 찬송은 하나님이 기뻐하시는 찬송이 된다. 또 이러한 찬송은 부르는 자나 듣는 자가 모두 마음에 감동을 준다. 따라서 믿음으로 사는 사람은 찬송생활로 하나님께 영광을 돌리며 언제나 기쁨과 소망이 넘치는 생활을 할 수 있다. 개혁자 마틴 루터(M. Luther)는 어릴 때부터 찬송생활로 하나님의 뜻을 깨닫게 되었고 스스로 찬송을 창작하여 부르며 종교개혁을 일으키기도 하였다.

5) 가정예배의 생활화

오늘의 생활은 너무도 분주한 생활이 되어서 가정예배를 드리기가 매우 어려운 때이다. 현대사회는 한 가족이라도 모두가 생활이 다르기 때문이다. 그러나 복잡하고 분주한 세상이지만 아침이나 저녁시간에 온 가족이 모여서 가정예배를 드리는 것은 가장 아름다운 일이다. 찬송하고 성경보고 기도하는 예배로 하루를 시작하고 예배로 하루를 정리하고 잠자리에 드는 것이 건전한 가정생활을 이어가는 바른 길이기 때문이다. 옛날 우리들의 생활은 아침기도회(새벽기도회)를 마치면 언제나 한 가족의 생활이 아침식탁에서 시작 되었고 함께 종일 분주한 생활을 하여도 온 가족이 모여 저녁식탁에서 하루를 돌아보며 정리하고 저녁기도회에서 하루생활을 마치고 잠자리에 들기도 하였다. 그런데 오늘의 생활은 모두가 제각기 분주하게 살아가기 때문에 옛날같이 가정예배를 드리기가 어려운 때이다. 그러나 아침시간이나 저녁시간 중에서 편리한 시간을 한차례 택하여 온 가족이 한자리에서 가정예배를 드리는 생활은 무엇보다 소중하고 귀한 생활임을 알아야 한다.

참고문헌

기독교대한성결교회역사편찬위원회,「韓國聖潔教會史」서울:기독교대한성결교회출판부, 1992.
김경선,「찬송가학」서울: 기독교서회, 1980.
김남수,「예배와 음악」대전: 침례신학대학교 출판부, 2003.
김상태,「음악미학」서울:세광출판사, 1982,
김소영,「예배와 생활」서울: 대한기독교서회, 1974.
김이호,「찬송가연구」제1권 서울:지혜원, 1999.
민경배,「한국찬송가사」서울: 연세대학교출판부, 1997.
박은규,「예배의 재발견」서울:대한기독교출판사, 1993.
_____,「예배의 재구성」서울:대한기독교출판사, 1996.
_____,「21세기의 예배」서울:대한기독교서회, 2004.
박재훈,「찬송가 작가면모」서울 : 교회음악사,
이유선,「기독교음악사」서울: 총신대학교출판부, 1977.
이중태,「한국교회음악사」서울: 예찬사, 1992.
_____,「예배와 교회음악」서울:예찬사, 1988.
전희준·이택희,「예배음악의 이론」서울: 교회음악사, 1984.
정장복,「예배학개론」서울: 종로서,1993
정정숙,「교회음악행정의 이론과 실제」서울: 서울신학대학교출판부, 1988.
정진경,「목회자의 지성과 인격」서울:도서출판 일정, 1998.
소기년,「예배갱신의 신학과 실세」서울:대한기독교시회, 1999.
조숙자, 조명자,「찬송가학」서울: 장로회신학대학출판부, 1989.
조숙자,「한국개신교찬송가연구」서울: 장로회신학대학출판부. 2003.
조선출,「그리스도교대사전」서울: 대한기독교서회, 1972.
지원용,「루터의 사상」서울:컨콜디아사, 1982 .

■ 번역서
David P Appleby,「교회음악사」박태준 역, 서울: 미파사, 1974.
David R Breed,「찬송가학」박태준역, 서울: 미파사, 1977.
Donald Joy Grout,「A HISTORY OF WESTERN MUSIC」서우석, 문호근 공역, 서울:수문당, 1988.
Jack R, Taylor「찬양 중에 거하시는 하나님」이석철 역, 서울:요단출판사, 1985.
Lewis W. Spitz, 「The Reformation」서영일 역, 서울 : 기독교문서선교회, 1983.
Raymond Abba,「基督教禮拜의 原理와 實際」허경삼 역, 서울: 대한기독교서회, 1974 .
Roland H Bainton, "Here I Stand,「A Life of Martin Luther」Nashville :

Abingdon Press
이종기역, 서울 : 생명의말씀사, 1982.
Russel N. Squire, 『敎會音樂史』이귀자 역, 서울:메시아, 1984.
William Jensen Reynolds, 「찬송가학」이혜자 역, 서울: 이화여자대학교출판부, 1990.
쥴리에트 알빈, 「태초에 노래가 있었다」김종해 역, 서울: 오른사, 1980.
津川主一, 「敎會音樂 5,000年史」문덕준 역, 서울: 에덴문화사, 1978.
칼튼 R. 영, 「마음의 음악」박은규 옮김, 서울 : 대한기독교서회, 2000.
후고·라이히텐트리트, 「음악의 역사와 사상」김진균 역, 서울: 형설출판사, 1975.

■ 외국서적

Blackwood A. W., 「The Fine Art of Public Worship」 Nashville : Abingdon Press, 1934.
Bailey, A E., 「The Gospel in Hymns」 New York : Charles Scribner's Songs, 1950.
Charles A. Tidwell, 「Educational Ministry of a Church」 Nashville :Tennessee Broadman Press, 1982.
Franklin M. Siegler, 「Christian Worship」 Nashville :Tennessee Broadman Press, 1967.
Halter, Carl., 「The Practice of Sacred Music」 st Louis : Concordia Publishing House, 1955.
Joseph N. Ashton, 「Music in Worship」 Boston, Chicago:The Pilgrim press, 1943.
Lovelace A C, and Rice W C., 「Music and Worship in the Church」 Nashville : Abingdon Press, 1976.
McCutchan R.G., 「OUR HYMNODY」 New York·Nashville : Abingdon Press, 1937.
Paul McCMMON, 「Music in the Bible」 Nashville :Tennessee Convention Press, 1956.
Sydnor, James R., 「Planning for Church Music」 Nashville :Abingdon Press, 1961.
Young Carlton R., 「COMPANION TO THE UNITED METHODIST HYMNAL」 Nashville :Abingdon Press, 1993.
W. Morris Ford, 「Music in Worship」 Nashville :Tennessee Convention Press, 1960.

■ 일반 논문

전희준, "Martin Luther의 음악 사상이 종교 개혁에 기친 영향" 「敎授論文集」第一號 大韓基督敎神學校, 1990.
_____, "한국찬송가의 편집에서 나타난 문제점" 계간 「교회음악」 서울 :교회음악사, 1977. 봄호
_____, "찬송가의 변천과정과 한국교회의 현황" 월간 「복된말씀」 1979.6월호
_____, "한국찬송가와 성악음악의 비교연구" 「논문집 제7집」 강남사회복지

학교 현. 강남사회복지학교 출판부, 1980.
_____, "우리찬송가의 어제와 오늘" 월간「신앙세계」1980.11월호
_____, "한국찬송가의 뿌리" 크리스챤신문, 1982.12.4.-1983.2.26 제1067호-1078호
_____, "牧會者와 讚頌歌" 월간「牧會」1984. 1월호
_____, "韓國讚頌歌의 變遷史" 月刊「풀빛牧會」1984. 9월호
_____, "한국초기찬송가에 관한 연구"「교수논문집」4호 大韓基督敎神學大學,1995. 9 -찬미가(윤치호 역술)를 중심으로-
_____, "한국찬송가의 진단과 과제"「敎授論文集」6輯 1998. 대한기독교신학대학 -찬송가의 편집과 구성을 중심으로-
_____, "효과적인 음악전도를 위한 전도음악의 의미와 역할"「敎授論文集」8輯, 서울기독대학교, 2001.

■ 찬송가

H. G Underwood,「찬양가」서울:예수성교회당, 1894.
Geoge A Jones, Louise C Rothweiler,「찬미가」<제3판> 서울:미감리회선교부, 1895.
G. Lee, Mrs. M. H Gifford,「찬셩시」평양:북장로회선교부, 1895.
윤치호 역술,「찬미가」서울:광학서포, 1908.
A. A. Piters,「찬숑가」 서울:조선예수교서회, 1908.
C. E. Cawman, E. A. Kilbourne,「신증복음가」서울:동양선교회, 1919.
C. E. Cawman, E. A. Kilbourne,「부흥성가」서울:동양선교회<OMS>, 1930.
조선예수교연합공의회 찬송가개정위원회,「신뎡찬숑가」서울:조선예수교서회, 1931.
조선예수교장로회총회 찬송가편찬위원회,「신편찬송가」조선예수교장로회총회 종교교육부, 1935.
한국찬송가위원회,「찬송가」서울: 대한기독교서회, 1955.
한국찬송가위원회,「찬송가」서울: 대한기독교서회, 1967.
한국찬송가공회,「찬송가」서울: 대한기독교서회, 1983.
「The Methodist Hymnal」Nashville Tennessee : The Methodist Publishing House, 1966.
「The United Methodist Hymnal」Nashville Tennessee : The United Methodist Publishing House, 1989.
「The Presbyterian Hymnal」Louisville Kentucky :Westminster/John Knox Press, 1990.
「SING TO THE LORD」Lillenas Publishing Co. Kansas City MO, 1993.
「WESLEY HYMNS」Lillenas Publishing Co. Kansas City MO, 1982.

교회성장을 위한
예 배 와 음 악

2006년 11월 25일 초판 인쇄
2006년 11월 30일 초판 발행

저 자 : 전 희 준
발행자 : 송 재 명
발행처 : 도서출판 미드웨스트
인 쇄 : 보 이 스 사
등 록 : 제2-2679호
주 소 : 서울시 종로구 연지동 136-46
         한국기독교회관 810호
전 화 : (02)3672-4515
         (02)387-3968(야간)
팩 스 : (02)3672-4517
홈페이지: www.midwest.edu
E-mail : midwest@korea.com

ISBN   89-950580-8-0

값 15,000원

ⓒ 판권 소유 저자

※ 이 책은 저작권법으로 보호받는 저작물이므로
   일부분이라도 저자의 허락없이 무단 복제를 할 수 없습니다.
   Printed in Korea